존 웨슬리의 기독교 해설 1

하나님과 섭리

Copyright © 2012 by Thomas C. Oden
Originally Published in English as *John Wesley's Teachings 4, Ethics and Society*
by Zondervan, Grand Rapids, Michigan 49530, U.S.A.
All Rights Reserved.

This Korean Edition Copyright © 2017 by Wesley Renaissance, Bucheon-si,
Republic of Korea

Published by arrangement with Zondervan Corporation L.L.C., a division of
HarperCollins Christian Publishing, Inc. through arrangement of rMaeng2,
Seoul, Republic of Korea.

이 한국어판 저작권은 알맹2 에이전시를 통하여 Zondervan과 독점 계약한 웨슬리 르네
상스에 있습니다. 신저작권법에 의하여 한국 내에서 보호받는 저작물이므로 무단 전제와
무단 복제를 금합니다.

존 웨슬리의 기독교 해설 1

하나님과 섭리

토머스 C. 오든

웨슬리 르네상스

역자 후기

지난 2년 간 「존 웨슬리의 기독교 해설」 시리즈 번역에 전념한 끝에 마침내 전권을 출판하게 되면서 두 마음이 교차합니다. 하나는 국내의 척박한 웨슬리 신학 토양에서 겨우 이 네 권이 무엇을 할 수 있겠는가 하는 안타까움입니다. 해외와 달리 웨슬리 연구 자료가 턱없이 부족한 우리의 현 상황에서, 국내 웨슬리안 교단과 신학교들이 웨슬리 신학 해외 명저의 번역과 출판에 더 관심을 갖게 되기를 간절히 바랍니다.

다른 한편으론 국내 독자들이 이 시리즈라도 접할 수 있게 된 것이 기쁩니다. 개인적으로 저는 박사 과정에서 이 시리즈의 전작인 토머스 오든 교수의 *John Wesley's Scriptural Christianity: A Plain Exposition of His Teaching on Christian Doctrine*을 읽고 큰 유익을 얻었습니다. 이 시리즈는 그것을 네 배로 확장한 후속편으로, 활용방법에 따라 캐낼 수 있는 보화가 다를 것입니다. 부디 독자들께서 이 책을 안내서로 삼아 여기에 소개된 웨슬리 자신의 글들을 직접 읽고 영성의 보화를 발견하시기를 소망합니다.

책의 본문과 각주에서 웨슬리 자료의 출처는 많은 경우 원서 제목을 그대로 옮겼습니다. 아직 번역되지 않은 자료가 많은 데다, 전문 연구자의 편의를 고려한 것입니다. 영어로 표기된 설교의 우리말 자료가 필요한 경우 책의 부록에 있는 '영어 알파벳순 웨슬리 설교 목록'과 '우리말 웨슬리 설교 목록'을 참고해주시기 바랍니다.

번역과 출판을 마무리할 수 있도록 시간과 건강, 여건을 허락해주신 하나님께 감사와 영광을 돌립니다. 함께 시리즈를 번역하며 수고를 다해준 가족들에게는 사랑과 고마움을 전합니다. 또 1권과 2권의 번역비를 후원해주신 서울신학대학교 웨슬리신학연구소 김성원 소장님께 깊이 감사드립니다. 표지를 정성껏 만들어주신 도서출판 토비아의 오인표 목사님과 글을 수정하고 다듬어주신 이주련 전도사님의 수고에도 감사드립니다. 끝으로 여러 모로 웨슬리 르네상스를 후원해주시는 목사님, 교회, 성도님들과, 크라우드 펀딩으로 출판을 후원해주신 모든 분의 따뜻한 마음 늘 잊지 않겠습니다.

2021년 4월
장기영 박사

책을 집필하는 동안 웨슬리에 관해 학문적 대화를 나눈 주요 학자들은 아래와 같다. 이 중 많은 이가 드루 대학교 신학대학원에서 수년간 내게 여러 웨슬리 과목을 배운 제자들이며, 현재 웨슬리 신학 및 연관 분야의 교수로 가르치고 책을 저술하고 있다. 나는 이들과의 대화에서 말할 수 없는 유익을 얻었다.

케네스 콜린스(Kenneth Collins) 교수, 애즈베리 신학대학원(켄터키주 윌모어)

존 타이슨(John Tyson) 교수, 휴튼 대학(뉴욕주 휴튼)

챈슬러 크리스토퍼 홀(Chancellor Christopher Hall) 학장, 이스턴 대학교 팔머 신학대학원(펜실베이니아주, 세인트데이비스)

조엘 엘로스키(Joel Elowsky) 박사, 컨콜디아 대학교(위스콘신주 밀워키 메퀀)

데이비드 이튼(David Eaton) 총장, 웨슬리안 대학교(오클라호마주 바틀즈빌)

도널드 톨슨(Donald Thorsen) 교수, 아주사퍼시픽 신학대학원(캘리포니아주 아주사)

레스터 롱든(Leicester Longden) 교수, 더뷰크 신학대학원(아이오와주 더뷰크)

스티븐 시맨즈(Stephen Seamands) 교수, 애즈베리 신학대학원(켄터키주 윌모어)

토머스 버컨(Thomas Buchan) 박사, 애즈베리 신학대학원(플로리다주 올란드)

데이비드 포드(David Ford) 교수, 세인트 티혼 신학대학원(펜실베이니아주 사우스 케이넌)

마이클 크리스텐슨(Michael Christensen) 박사, 드루 신학대학원(뉴저지주 매디슨)

윌리엄 유리(William Ury) 교수, 웨슬리 성서신학대학원(미시시피주 잭슨)

켈리 스티브 맥코믹(Kelley Steve McCormick) 교수, 나사렛 신학대학원(미주리주 캔자스시티)

케네스 브루어(Kenneth Brewer) 교수, 서머싯 기독대학(뉴저지주 제어패스)

크리스토퍼 바운즈(Christopher Bounds) 교수, 인디애나 웨슬리안 대학교(인디애나주 매리언)

스티븐 플릭(Stephen Flick) 박사, 웨슬리 성서신학대학원(미시시피주 잭슨)

르로이 린지(Leroy Lindsey) 학장, 멕시코 OMS 성서신학대학원(멕시코, 멕시코시티)

우드로 위든(Woodrow Whidden) 교수, 앤드류스 대학교(미시간주 베리언 스프링스)

심건식(Gunshick Shim) 박사, 감리교(UMC) 뉴욕연회 감리사(뉴욕주 롱아일랜드)

고(故) 제프리 핀치(Jeffrey Finch) 신부, *Ancient Christian Commentary on Scripture*의 번역자

차례

머리말　13
약어표　19

서론　25

A. 기독교 교리 교육의 매개로서의 설교　25
　1. 웨슬리의 가르침의 범위　25
　2. 교육적 설교　26
　3. 신학 전체의 범위　27

B. 웨슬리의 영성 훈련을 위한 연합체　30
　1. 연합체　30
　2. 오늘날의 웨슬리안 연합체의 범위　31

C. 이 책의 목적　32
　1. 웨슬리에 대한 책을 쓰게 된 이유: 개인적 소명　32
　2. 분명한 해설　34
　3. 원자료에 충실하기　35

D. 역사와 교리　36
　1. 현대 웨슬리 연구의 최고의 스승　36
　2. 웨슬리는 조직신학자였는가?　38
　3. 이 책을 어떻게 활용할 것인가?　41

1장 하나님　47

A. 하나님의 속성　48
　1. 하나님의 영원성　49
　2. 시간　51
　3. 하나님의 편재성　59
　4. 하나님의 일체성　67
　5. 관계적 속성: 선함, 자비, 거룩함, 영적 존재　69
　6. 하나님, 행복, 종교　72
　7. 참 종교와 거짓 종교　75
　8. 하나님의 사려 깊은 지혜　78
　9. 영국 국교회 신조 제1조: 하나님에 대하여　83

B. 성부, 성자, 성령이신 하나님　89
        1. 삼위일체에 대하여　89
        2. 영적 예배-삼위일체적 영성　99

2장 성경의 수위성(首位性)　109

    A. 성경의 권위　110
        1. 성경의 수위성 및 규범으로서의 권위　110
        2. 신앙의 유비　115
        3. 성령과 성경　117
        4. 성경, 양심, 일반 계시　119

    B. 성경의 영감　122
        1. 성경의 신적 영감에 대한 명확하고 간결한 증명　123
        2. 성경 주석가로서의 웨슬리　128
        3. 하나님의 말씀을 부패시키는 것에 대하여　132

    부언: 하나님께서 일하시는 특별한 방법　138

3장 전통　143

    A. 사도적 가르침의 수용으로서의 전통　144
        1. 변하지 않는 성경적 가르침으로서의 사도적 전통　144
        2. 기독교 고전 편집자로서의 웨슬리　150

4장 이성　163

    A. 이성에 대하여　164
        1. 하나님의 선물인 이성　164
        2. 성경으로 추론하기　165
        3. 공평하게 숙고된 이성의 역할　168
        4. 이성이 할 수 있는 일과 할 수 없는 일　172
        5. 인간 지식의 불완전함　176

    B. 자연철학　184
        1. 자연철학은 점진적으로 진보하는가?　184
        2. 인간 이해에 대하여　187

5장 경험   199

    A. 경험에 대하여   200

        1. 기독교에서 경험의 필요 및 한계   200
        2. 영적 감각에 대하여   204
        3. 하나님 없는 삶에 대하여: 고목 속 두꺼비 비유   206
        4. 신생과 영적 감각   207

    B. 광신에 대하여   210

        1. 광신의 본성   210
        2. 광신의 종류   211
        3. 성경은 어떻게 경험을 바로잡는가?   215

    C. 관용의 정신   218

        1. 관용의 전제   218
        2. 자유주의에 대한 반박   223
        3. 로마 가톨릭교도에게 보낸 평화의 메시지   228

    D. 편협한 믿음에 대한 경고   230

        1. 왜 편협한 믿음은 관용의 정신에 반대하는가?   230
        2. 편협한 영을 가졌는지 시험하는 방법   233
        3. 우리 자신의 편협성을 점검하는 방법   234

6장 창조, 섭리, 악   241

    A. 창조의 선함   242

        1. 하나님이 시인하신 일들   242
        2. 자유의지에 대한 옹호   247

    B. 영적 세계   252

        1. 선한 천사들에 대하여   253
        2. 악한 천사들에 대하여   262

    C. 하나님의 섭리   268

        1. 하나님의 섭리에 대하여   268
        2. 특별 섭리   275
        3. 하나님의 주권에 대하여   279

D. 신정론   287
    1. 악은 어디에서 왔는가?   287
    2. 미래에 가능하게 될 이해에 대한 약속   290

E. 악의 문제   298
    1. 자연적 악에 대하여   298
    2. 피조물의 탄식과 우주적 구원   299

7장 인간   315

A. 창조 시 인간, 타락한 인간, 구원받은 인간   316
    1. 메소디스트 신조의 인간론   316
    2. 타락 이후의 자유의지(메소디스트 신조 제8조)   318

B. 하나님의 형상   320
    1. 자기 형상대로   320
    2. 하나님 형상의 회복은 가능한가?   324

C. 인간에 대한 두 편의 설교   326
    1. 첫 번째 설교: 제한된 시공간에서 사는 인간   326
    2. 시공간의 제약을 받는 인간 영혼의 위대함   327
    3. 또 다른 세상이 존재하는가?   328
    4. 두 번째 설교: 인간은 생각한다   329
    5. 꿈과 같은 인생   333
    6. 질그릇에 담긴 하늘의 보배   337
    7. 자연과학의 범위를 넘어선 주장에 대한 논박   341

8장 죄   349

A. 마음의 기만   350
    1. 인간의 마음에 대한 낙관주의자들의 오판   350
    2. 성경이 가르치는 죄의 현실: 왜 인간의 마음은 몹시 악한가?   351
    3. 왜 사람의 마음은 만물보다 거짓된가?   353
    4. 스스로를 기만하는 의지를 바로잡으려면   354

B. 인류의 타락에 대하여   356
    1. 왜 하나님은 세상에 불행과 마음의 고통을 허락하시는가?   356
    2. 몸과 영혼의 연합체에 미친 죄의 영향   357

C. 영적 우상숭배　359
　　1. 자신을 지켜 우상에게서 멀리하라　359
　　2. 육욕이라는 형태의 우상숭배　360
　　3. 교만이라는 형태의 우상숭배　360
　　4. 상상력이라는 형태의 우상　361
　　5. 돈과 성에 대한 과도한 집착　363
　　6. 회개하는 믿음은 우상숭배의 속박을 끊을 수 있는가?　363

9장 원죄　367

A. 성경, 이성, 경험에 기초한 원죄 교리　368
　　1. 웨슬리는 왜 죄를 주제로 가장 긴 논문을 썼는가?　368
　　2. 죄는 사회적으로 전파되는 질병인가?　372
　　3. 원죄를 부인한 이신론자를 논박함　374

B. 역사에서 드러난 죄의 증거　377
　　1. 인류 역사가 타락의 보편성을 입증함　377
　　2. 인류의 타락과 불행은 보편적인가?　378

C. 인간 타락의 보편성에 대한 사회학적 증거　382
　　1. 무신론적 문화에서의 죄의 보편성　382
　　2. 유신론적 문화에서의 죄의 보편성　386
　　3. 기독교 문화에서의 죄의 보편성　387
　　4. 전쟁은 사회적 죄의 표본인가?　388
　　5. 경험적 자기 성찰은 죄의 보편성을 입증함　389
　　6. 인간의 불행은 인간의 의지의 악함 때문임　391

D. 원죄에 대한 성경의 가르침　392
　　1. 죄의 첫 번째 원형　392
　　2. 사람이 죄로 인해 고통받을 수 있는가?　393

E. 죄와 죽음　395
　　1. 육체적 죽음과 영적 죽음의 차이　395
　　2. 구원은 아담 안에서 잃은 것을 회복시키는가?　395
　　3. 웨스트민스터 요리문답의 가르침　396

F. 언약의 수장인 아담과 하와의 협력   398
   1. 아담이 지닌 공적 지위: 언약의 수장   398
   2. 아담의 타락 이후 인간 역사에 초래한 결과   399
   3. 인류가 빠져든 구렁텅이   400
   4. 원죄와 자범죄의 구별   402

G. 죄의 은밀한 전파에 관한 질문에 답함   403
   1. 세대를 뛰어넘는 죄의 사회적 성격   403
   2. 온 인류에게 퍼진 아담과 하와의 죄   404
   3. 하나님과의 교제를 상실한 것이 더 큰 고통의 원인이 되는가?   405
   4. 신자에게도 죄로 향하는 성향이 남아있는가?   406
   5. 죄책이 다른 사람에게 전가될 수 있는가?   408

H. 구원과 원죄 사이의 감추어진 연관성   409
   1. 원죄와 신생   409
   2. 현대 문화 속에 재구성한 웨슬리의 원죄 교리   410

I. 결론   412

부록1 - 알파벳순 웨슬리 설교 목록   417
부록2 - 우리말 웨슬리 설교 목록   423

머리말

이 책은 존 웨슬리의 가르침에 대한 독자 안내서다. 시리즈 전체는 『하나님과 섭리』(1권), 『그리스도와 구원』(2권), 『목회 신학』(3권), 『사회와 윤리』(4권) 등의 주제에서 기독교의 근본 교리에 관해 그의 사상을 소개한다. 책의 순서는 웨슬리가 사용한 주제 배열 방식을 따랐는데, 그의 방식은 기독교에서 전통적으로 합의되어 온 친숙한 순서를 그대로 따른 것이다. 이 해설서는 웨슬리의 신학적 저술들을 분명하게 설명하기 위한 것이므로, 책 전체에서 웨슬리의 말을 계속 인용할 것이다.

나는 웨슬리가 분명히 가르치려 했던 내용을 우리가 일상적으로 사용하는 현대어로 명확히 설명하기 위해 노력했다. 웨슬리의 의도는 그가 쓴 원문을 통해 직접 확인할 수 있도록 주(註)를 달아놓았다. 나는 현대 독자에게 웨슬리의 의도를 최대한 명확히 전달하기 위해 고어나 모호한 표현 사용을 자제했다.

주요 원자료 버전 표기

이 책에서 가장 중요하게 사용한 학문성이 뛰어난 웨슬리 전집은 옥스퍼드(Oxford)·애빙던(Abingdon) 출판사의 200주년 기념판(옥스퍼드 출판사는 1975-83년, 애빙던 출판사는 1984년 이후)으로, 'B'로 표기할 것이다.[1]

인쇄를 거듭해 가장 많이 출판되었고, 보통 도서관이나 목회자의 책장에서 유일하게 발견되는 전집은 1829-31년에 처음 출판된 토머스 잭슨(Thomas Jackson)판인데, 이는 'J'로 표기할 것이다. 따라서 각주에 'B'나

---

1   간혹 석든(Sugden)판 웨슬리 『표준설교집』(*Standard Sermons*, 약어 'SS')에서 인용할 경우에는 특별히 그가 주해한 내용을 설명할 것이다.

'J'가 나오면 독자는 200주년 기념판(B)이나 잭슨판(J)으로 기억하기 바란다. 이 작업이 필요한 이유는 대부분 두 전집 중 하나만 가지고 있지, 둘 모두를 가지고 있지는 않기 때문이다. 잭슨판은 200주년 기념판보다 훨씬 많이 배포되어 있다.

연구 자료 활용을 위한 핵심 지침은 아래와 같다.

- 아라비아 숫자로 표기된 책은 200주년 기념판을 가리키고, 대문자 로마 숫자로 표기된 책은 잭슨판을 가리킨다.

- 200주년 기념판('B'로 표기)과 잭슨판('J'로 표기) 모두는 검색용 CD나 온라인으로 사용할 수 있다. 200주년 기념판 CD는 아직 불완전하고, 전집의 완성을 위해서는 아직 많은 책을 더 출판해야 한다.

- 잭슨판과 200주년 기념판을 구분하는 것은 쉽다. 첫 번째 숫자가 아라비아 숫자면 200주년 기념판을 가리키고, 대문자 로마 숫자면 잭슨판을 뜻한다. 예를 들어, 'B 4:133'은 200주년 기념판 4권 133페이지, 'J IV:133'은 잭슨판 4권 133페이지를 가리킨다.

- 더 자세한 논의를 위해 새로운 설교를 소개할 경우, 200주년 기념판은 괄호에 'B, 설교 번호, 설교 날짜, 권수, 페이지' 순으로, 잭슨판은 'J, 설교 번호, 권수, 페이지' 순으로 표기할 것이다.

- 200주년 기념판 설교의 번호와 순서는 간혹 잭슨판과 다르다.[2]

이런 표기를 하는 이유는 서로 다른 버전의 웨슬리 자료를 가지고 있더라도 편리하게 원문을 확인할 수 있도록 돕기 위해서다. 대부분은 잭슨판이나 200주년 기념판 중 한 가지만 사용할 것이기 때문이다. 이를 감안해 나는 두 버전을 모두 표기할 것이다. 이 시리즈 각 권 뒤에는 모두 부록으로 '알파벳 순서별 웨슬리 설교 출처, 200주년 기념판 & 잭슨판'을

---

[2] 예를 들어 "선한 사람들의 괴로움과 쉼"은 200주년 기념판에서는 설교 109번(B #109), 잭슨판에서는 설교 127번(J #127)이다. 두 전집의 설교 번호는 같은 경우가 더 많지만 일부는 다르다.

수록했다. 학술적으로 연구하는 사람이라면 가능한 한 200주년 기념판을 사용하기 바란다.

성경 구절 인용 표기

웨슬리는 일반 예배에서 사용되던 영어 흠정역 성경(KJV)의 가치에 늘 감사하는 마음을 가졌지만, 그가 성경을 연구할 때는 대체로 원어 성경을 사용했다. 이 책에서 성경 구절을 인용할 때 별다른 언급이 없는 경우에는 웨슬리가 설교하거나 글을 쓸 때 주로 사용한 킹제임스 성경을 인용할 것이다.

웨슬리는 자신이 헬라어를 직접 번역한 신약 성경을 출판할 때, 평이한 영어를 사용하던 1700년대 청중과의 교감을 위해 1611년 판 영어 흠정역 성경의 많은 본문을 수정했다. 그렇더라도 웨슬리가 자신의 헬라어 영역본 신약 성경이 앞으로 수세기 동안 영국 독자를 위한 결정판이 될 것이라고 여겼다고 생각할 필요는 없다. 과거 수십 년 동안 영국 사람들의 언어의 용례와 기법이 자주 바뀌어 왔듯, 웨슬리 이후로도 그럴 것이기 때문이다.

웨슬리가 늘 킹제임스 성경으로 작업했을 것으로 추측하는 사람은, 그가 헬라어 신약 성경을 능숙하게 읽을 수 있었음을 알 필요가 있다. 그는 날마다 이른 아침과 저녁, 말씀 묵상과 연구를 위해 헬라어 신약 성경을 사용했다.

다른 웨슬리 전집

웨슬리 생전에 출판된 유일한 전집은 32권짜리 브리스톨판 「웨슬리 전집」[*The Works of the Rev. John Wesley* (Bristol, UK: William Pine, 1771-74)]이었다.

웨슬리 사후에 출판된 두 번째 전집은 조셉 벤슨(Joseph Benson)이 편집한 *The Works of the Rev. John Wesley*, 17 vols. (London: Conference Offices, 1809-13; 1826-27년에 뉴욕과 필라델피아에서 10권으로 재출판됨)이다.

세 번째 전집은 현재 미국에서 가장 많이 사용되고 있고 이 책에서도 가장 중요하게 사용할 두 전집 중 하나로, 토머스 잭슨이 편집한 *The Works of the Rev. John Wesley*, 14 vols. (London: 1829-31)이다.[3]

200주년 기념판이 나오기 전, 현대적 기준에 따라 웨슬리의 글에 학자의 서문을 싣고 주해를 붙인 전집에는 1916년에 출간된 느헤미아 커녹(Nehemiah Curnock)의 *The Journal of John Wesley* (약어 '*JJW*'), 1921년에 출간된 에드워드 석든(Edward H. Sugden)의 『표준설교집』(*Standard Sermons*, 약어 '*SS*'), 1931년에 출간된 존 텔포드(John Telford)의 *The Letters of John Wesley* (약어 '*LJW*'), 1964년에 알버트 아우틀러(Albert C. Outler)가 선별한 『존 웨슬리 저작선』(*John Wesley*) (New York: Oxford University Press, 1964)이 있다. 이 책은 이 모든 자료를 중요하게 다룬다. 옥스퍼드·애빙던 출판사의 200주년 기념판(약어 'B')[4]은 앞으로 오랜 기간 웨슬리 전집의 결정판으로 자리매김할 것이다.

---

3 200주년 기념판 설교집이 텔포드·석든·커녹·잭슨판을 거의 언급하지 않는 이유는 여전히 수수께끼로 남는다. 그 모든 자료가 연구에 적절하고 유용한 해설을 담고 있기 때문이다. 존 에머리(John Emory)가 잭슨판에 기초해 편집한 미국판은 1831년 뉴욕에서 출간됐다. 현재 많은 도서관이 잭슨판만 가지고 있다.

4 '신조'(Articles of Religion, 약어 Art.)라는 말로 내가 지칭하는 것은 웨슬리가 영국 국교회 39개 신조를 편집, 수정해 만든 24개 신조다(미국 감리교회는 1784년에 25번째 신조를 추가했다). 이 신조는 미국 웨슬리안 교리 전통에서 핵심적 역할을 해왔으며, 웨슬리안 전통 교회 대부분의 헌법에 포함되어 있다. '신앙고백'(Confession, 약어 Confes.)이라는 말은 1962년에 복음주의 형제연합교회(The Evangelical United Brethren) 신앙고백서에 제시된 웨슬리안 신앙 개요를 지칭하는데, 이 개요는 이후 헌법적 구속력이 있는 규정에 의해 연합감리교회(The United Methodist Church)의 교리적 표준이 되었다. 신앙고백 제1조는 'Confes. 1'로 표기할 것이다.

웨슬리가 남긴 유산

웨슬리는 엄청난 분량의 저작물을 남겼다. 이 방대한 저작물은 151편의 교육적 설교, 거의 60년치의 출판된 일지(1735-91), 자필 일기, 8권 분량의 편지, 신학 논문, 교리에 관한 소책자, 필요에 따라 쓴 글과 서문들이다. 막대한 분량의 찬송은 대부분 동생 찰스 웨슬리가 썼지만, 그것을 편집한 사람은 형 존 웨슬리다. 이 모든 것은 아주 오랜 기간 그들이 편집하고 출판한 결과물이다. 18세기에 존 웨슬리처럼 방대한 저작물을 남긴 사람은 다시 찾기 힘들다.

   이 시리즈는 웨슬리에 대한 전문 지식이 없는 독자를 위해 웨슬리가 남긴 유산 전체의 요지를 조직신학적으로 체계화해 전달하고자 한다. 이는 그의 기독교 해설에 담긴 근본적 지혜를 보게 하는 하나의 창을 제공할 것이다. 비록 그의 가르침을 총망라하지는 못하더라도, 이 시리즈는 그의 다양한 장르의 저작물 전체에 담긴 핵심적 통찰을 빠짐없이 담고자 노력했다.

   이는 웨슬리의 방대한 작품을 점검하는 일에 왜 여러 권의 책이 필요한지에 대한 설명이 될 것이다. 짧은 시리즈로는 핵심 내용을 희생시킬 수밖에 없기 때문이다. 특정 교리나 사상에 대한 관심으로 이 책을 읽는 독자라면, 시리즈의 특정 부분을 더 심도 있게 읽는 것이 도움이 될 것이다.

이 시리즈에 관해

존더반(Zondervan)은 참고자료와 고전 출판에 탁월한 명성을 가진 출판사로, 출판한 많은 책이 시리즈로 되어 있다. 나는 이 시리즈가 평신도와 신학자 모두에게 충분히 유용한 자료로 인정받고 적절한 시기에 디지털

화되어 앞으로 수십 년 동안 세계의 독자들이 활용할 수 있게 되기를 바란다. 지금까지 웨슬리 연구에서 웨슬리가 가르친 내용과 그 내용을 담고 있는 원문을 하나하나 소개하면서 해설한 이런 연구서는 없었다.

존더반은 1994년에 이 시리즈의 전작 웨슬리 신학 연구서인 *John Wesley's Scriptural Christianity: A Plain Exposition of His Teaching on Christian Doctrine* (약어 '*JWSC*')을 출판했다. 이 시리즈는 단행본의 내용을 상당 부분 개정하고 분량을 네 배로 확장했다.

약어표

ACCS	*The Ancient Christian Commentary on Scripture.* 29 vols. Edited by Thomas C. Oden. Downers Grove, IL: InterVarsity, 1997-2010.
AHR	*American Historical Review.*
AM	*Arminian Magazine.*
Art.	Twenty-Five Articles of Religion.
AS	*Asbury Seminarian.*
B	Bicentennial edition of *The Works of John Wesley.* Edited by Frank Baker and Richard Heitzenrater. Oxford: Clarendon, and New York: Oxford University Press, 1975-83; Nashville: Abingdon, 1984 - ; in print: vols. 1, 2, 3, 4, 7, 18, 19, 20, 21, 22, 23, 24.
BCP	Book of Common Prayer.
BETS	*Bulletin of the Evangelical Theological Society.*
Bull.	Bulletin.
CCD	"A Clear and Concise Demonstration of the Divine Inspiration of Holy Scripture."
CH	*A Collection of Hymns for the Use of the People Called Methodists,* vol. 7 of the Bicentennial edition.
Chr.	Christian.
ChrCent	Christian Century.
CL	A Christian Library.
COC	*Creeds of the Churches: A Reader in Christian Doctrine.* Edited by John H. Leith. Atlanta: John Knox, 1982.
Confes.	1962 Confession of the Evangelical United Brethren.
CWT	Robert W. Burtner and Robert E. Chiles. *A Compend of Wesley's Theology.* Nashville: Abingdon, 1954.
Diss.	Dissertation.
DOS	*The Doctrine of Original Sin according to Scripture, Reason, and Experience.*
DPF	"Dialogue between a Predestinarian and His Friend."

DSF	"The Doctrine of Salvation, Faith and Good Works Extracted from the Homilies of the Church of England."
DSWT	Thomas C. Oden. *Doctrinal Standards in the Wesleyan Tradition*. Grand Rapids: Zondervan, 1988.
EA	"An Earnest Appeal to Men of Reason and Religion."
ENNT	*Explanatory Notes upon the New Testament.*
ENOT	*Explanatory Notes upon the Old Testament.*
EQ	*Evangelical Quarterly.*
ETS	Evangelical Theological Society.
EWT	Paul Mickey. *Essentials of Wesleyan Theology*. Grand Rapids: Zondervan, 1980.
FA	"A Farther Appeal to Men of Reason and Religion."
FAP	Francis Asbury Press, Zondervan.
FB	Howard A. Slaatte. *Fire in the Brand: Introduction to the Creative Work and Theology of John Wesley*. New York: Exposition, 1963.
FW	Kenneth Collins. *A Faithful Witness: John Wesley's Homiletical Theology*. Wilmore, KY: Wesleyan Heritage, 1993.
FWAT	Mildred Bangs Wynkoop. *Foundations of Wesleyan-Arminian Theology*. Kansas City, MO: Beacon Hill, 1967.
HSP	*Hymns and Sacred Poems.*
J	Jackson edition of Wesley's Works. Edited by Thomas Jackson, 1829 – 32. The 1872 edition has been reprinted in many 14-volume American editions (Eerdmans, Zondervan, Christian Book Distributors, et al.); digitally available on Wesley.nnu.edu.
Int	*Interpretation - Journal of Bible and Theology.*
JBR	*Journal of Bible and Religion.*
JJW	*The Journal of John Wesley*. Edited by Nehemiah Curnock. 8 vols.
JTS	*Journal of Theological Studies.*
JWO	*John Wesley.* Edited by Albert C. Outler. Library of Protestant Theology. New York: Oxford University Press, 1964.
JWPH	Robert Monk. *John Wesley: His Puritan Heritage*. Nashville: Abingdon, 1966.
JWSC	Thomas C. Oden. *John Wesley's Scriptural Christianity: A Plain Exposition of His Teaching on Christian Doctrine*. Grand Rapids: Zondervan, 1994.

JWTT	Colin Williams. *John Wesley's Theology Today.* Nashville: Abingdon, 1960.
KJV	King James Version.
LCM	Letter to the Rev. Dr. Conyers Middleton (January 4, 1749).
LJW	*Letters of John Wesley.* Edited by John Telford. 8 vols. London: Epworth, 1931.
LLBL	A Letter to the Right Reverend Lord Bishop of London.
LPC	Letter on Preaching Christ (same as Letter to an Evangelical Layman, December 20, 1751).
LQHR	*London Quarterly and Holborn Review.*
LS	Thomas C. Oden. *Life in the Spirit.* San Francisco: HarperSanFrancisco, 1992.
MH	*Methodist History.*
Minutes	"Minutes of Some Late Conversations between the Rev. Mr. Wesley and Others."
MLS	*Martin Luther: Selections from His Writings.* Edited by John Dillenberger. New York: Doubleday, 1961.
MM	*Methodist Magazine.*
MOB	William M. Arnett. "John Wesley: Man of One Book." PhD diss., Drew University, 1954.
MPL	*Patrologia latina (Patrologiae cursus completus: Series latina).* Edited by J.-P. Migne. 217 vols. Paris: 1844-64.
MQR	*Methodist Quarterly Review.*
MR	*Methodist Review.*
NDM	Reinhold Niebuhr. *The Nature and Destiny of Man.* 2 vols. New York: Scribner, 1941, 1943.
NIV	New International Version
NRSV	New Revised Standard Version.
NT	New Testament.
OED	*Oxford English Dictionary.*
OT	Old Testament.
PACP	*A Plain Account of Christian Perfection.*
PCC	"Predestination Calmly Considered."
PM	*Preacher's Magazine.*
Pref.	Preface.
Publ.	Publishing, Publishers.

PW	*Poetical Works of Charles Wesley and John Wesley.* Edited by George Osborn. 13 vols. London: Wesleyan Methodist Conference, 1868-72.
PWHS	*Proceedings of the Wesley Historical Society.*
Q	Quarterly.
QR	*Quarterly Review.*
RC	Roman Catholic.
RE	*Realencyklopädie für protestantische Theologie und Kirche.* Edited by J. J. Herzog and A. Hauck. 24 vols. Leipzig: J. H. Hinrichs, 1896-1913.
RJW	George Croft Cell. *The Rediscovery of John Wesley.* New York: Henry Holt, 1935.
RL	*Religion in Life.*
SS	*Wesley's Standard Sermons.* Edited by Edward H. Sugden. 2 vols. London: Epworth, 1921; 3rd ed., 1951.
SSO	John Wesley. *Sermons on Several Occasions.* 3 vols. London: W. Strahan, 1746.
SSM	*Sunday Service of the Methodists of the United States of America* (1784). Edited by Edward C. Hobbs. Nashville: Methodist Student Movement, 1956.
TCNT	Twentieth Century New Testament.
TIRC	"Thoughts on the Imputation of the Righteousness of Christ."
TJW	William R. Cannon. *Theology of John Wesley: With Special Reference to the Doctrine of Justification.* New York: Abingdon, 1946.
TUN	"Thoughts upon Necessity."
UMC	United Methodist Church.
unpubl.	Unpublished.
WC	John Deschner. *Wesley's Christology.* Grand Rapids: Zondervan, 1989.
WHS	Lycurgus M. Starkey. *The Work of the Holy Spirit.* Nashville: Abingdon, 1962.
WMM	*Wesleyan Methodist Magazine.*
WQ	Donald Thorsen. *The Wesleyan Quadrilateral: Scripture, Tradition, Reason, and Experience as a Model of Evangelical Theology.* Grand Rapids: Zondervan, 1990.
WQR	*Wesleyan Quarterly Review.*
WRE	John W. Prince. *Wesley on Religious Education.* New York: Methodist Book Concern, 1926.

WS	Harald G. A. Lindström. *Wesley and Sanctification*. Nashville: Abingdon, 1946.
WTH	Albert C. Outler. *The Wesleyan Theological Heritage: Essays of Albert C. Outler*. Edited by Thomas C. Oden and Leicester R. Longden. Grand Rapids: Zondervan, 1991.
WTJ	*Wesleyan Theological Journal.*
XXV	Twenty-Five Articles. Adapted from the *Sunday Service* of 1784.
XXXIX	Anglican Thirty-Nine Articles of Religion.

서론

A. 기독교 교리 교육의 매개로서의 설교

웨슬리는 1771년 전집의 독자 서문에서 자신의 교육적 설교의 대략적인 순서를 미리 설명했다. "나는 이 설교들에 적절한 제목을 붙여 분류한 후, 유사한 주제의 설교를 함께 묶고, 하나의 설교가 다른 설교의 의미를 더 분명히 밝혀주도록 순서를 정해 설교를 체계화했다. … 자주든 가끔이든 실천적 주제와 논쟁적 주제를 포함해 신학의 중요한 주제들 중 다루지 않은 것은 거의 없다."[1] 우리는 웨슬리가 자신의 글에 주의 깊게 순서를 매겨 조직신학적으로 체계화한 것에 기초해 우리의 작업을 진행해나갈 것이다.

1. 웨슬리의 가르침의 범위

웨슬리는 기독교의 주요 교리 중 어느 것도 경시하지 않는다. 그는 놀라운 내적 일관성을 가지고 전통적 신학의 핵심 주제들을 다룬다. 내 목표는 웨슬리의 다양한 가르침에 흐르는 내적 일관성을 제시하는 것이다.

웨슬리가 쓴 많은 설교와 논문에서는 순서에 대한 직관적 감각이 드러난다. 나는 웨슬리의 가르침을 그의 신학 체계에 부합하면서도, 그에게 영향을 끼친 고전적 기독교 전통과 조화를 이루도록 체계적으로 정리하고자 한다. 웨슬리는 초기 기독교의 가르침에 체계적으로 정리되어 있던 구원의 순서를 감사하는 마음으로 상속받았을 뿐, 이 순서를 만들

---

1   1774년에 출판한 12절판 32권에 대한 독자 서문, "Preface to the Third Edition," J I:3.

어낸 사람이 아니다. 이 구원의 순서는 니케아 공의회의 결정문에서도 함축적으로 나타나고, 예루살렘의 키릴로스(Cyril of Jerusalem), 다마스쿠스의 요한(John of Damascus), 토마스 아퀴나스(Thomas Aquinas), 존 칼빈(John Calvin) 등의 문헌에서도 공통적으로 나타난다. 이 순서는 영국 신학자로는 토머스 크랜머(Thomas Cranmer)나 존 주얼(John Jewel), 존 피어슨(John Pearson) 등에게서 두드러지게 나타난다.

웨슬리의 설교는 대체로 한 성경 본문을 집중적으로 풀어나가는 방식의 교육적 설교다. 그래서 사람들은 웨슬리의 설교를 읽으면서도 그것들이 온전한 조직신학 체계를 형성하고 있음을 쉽게 알아차리지 못하는 경향이 있다. 나는 이 책에서 웨슬리의 많은 글이 전통적 신학 논제(신학의 요점) 전체를 빠짐없이 다루고 있음을 보여줄 것이다. 많은 신학 논제 중에서 이제까지 역사신학적으로나 조직신학적으로 충분히 연구가 이루어진 주제는 원죄나 구원의 방법 같은 몇몇 주제뿐이다.

웨슬리는 글을 쓸 때 과거 리처드 후커(Richard Hooker)처럼 교회의 신학을 포괄적으로 저술하거나, 존 피어슨처럼 신조 해설서 저술을 목적으로 삼지 않았다. 그는 자신이 만든 영적 훈련 연합체[2]의 구성원을 위해 기독교가 가르쳐온 모든 중요한 주제를 할 수 있는 한 쉽게 설명하고자 했다.

2. 교육적 설교

웨슬리는 출판된 설교를 통해 메소디스트 연합체를 가르쳤다. 그중 초기 설교들은 『표준설교집』(Standard Sermons)으로 묶여 (48개, 52개, 53개

---

[2] 오래전 영국에서 '연합체'(connexion)라는 용어는 모범적인 회원을 지칭했다. 이 용어는 영국의 전통적 메소디스트들 외에는 잘 사용하지 않았다. 현대 독자에게는 이 용어가 어색할 수 있기에 나는 이 용어를 고집하지는 않을 것이다.

등 다양한 편집본으로) 자주 출판되었다.

18세기 영국 국교회 신학자들이 기독교 교리를 가르친 방법은 로코코 양식의 두꺼운 책들이 아니라 출판된 교육적 설교를 통해서였다. 웨슬리는 이렇게 설교로 신자를 지도한 영국 국교회의 중도주의(via media) 신학 전통에서 태어나고 자라났다.

권위를 인정받아 신뢰할 만한 것으로 전해 내려온 설교들을 엮은 설교집을 교회의 교리적 표준으로 삼는 경향은 토머스 크랜머, 란슬롯 앤드루스(Lancelot Andrewes), 존 주얼, 매튜 파커(Matthew Parker) 등을 따르는 영국 국교회 전통의 익숙한 방식이었다. 영국 국교회 설교집은 회중에게 기독교의 표준 교리를 가르치려는 목적으로 내용이 충실한 교육적 설교들을 주제별로 엮은 것이었다.³ 웨슬리가 겸허한 태도로 자신의 교육적 설교를 통해 자신의 연합체에 속한 사람들의 영적 성숙을 도모한 것은, 영국 국교회의 이러한 200년 된 전통을 따른 것이었다.⁴

3. 신학 전체의 범위

우리는 존 칼빈이나 프란시스코 수아레스(Francisco Suárez), 또는 필립 멜랑히톤(Philip Melanchthon)에게서처럼 웨슬리에게서 신학 주제들을 종합적이고 체계적으로 구성한 완성된 조직신학을 전수받지는 못했다. 그에게서 받은 것은 상황적 필요에 따라 작성된 교육적 설교들로, 그

---

3 LJW 1:305, 312; 3:382; 4:125–26, 379–81; JWO 119–33, 204–6, 417; FA, B 11:175, 279를 참고하라. 또 존 코신(John Cosin)과 제레미 테일러(Jeremy Taylor)를 보라.

4 '설교'(homily)의 어원은 'homos'로, 같은 어원에서 'homogeneity' 'homogenize' 'homoousian' 등의 용어가 파생되었다. 'homilios'는 회중을, 'homilia'는 모인 회중을 향한 의도적이고, 사려 깊으며, 신중한 가르침을 말한다. 많은 사람이 위협적·율법주의적 주정주의(emotivism)에 반감을 가진 나머지 '설교'(sermon)라는 말 자체를 싫어하므로, 나는 현대의 더 기술적인 용어로 '교육적 설교'(teaching homily)라는 말을 선호한다. FW 11–14를 참고하라.

중 많은 것은 그가 영국, 스코틀랜드, 아일랜드를 장기간 순회하면서 수없이 되풀이해 설교한 것들이다. 비록 그 설교들은 조직신학 자체는 아니지만 교리적 표준을 가르치기 위해 저술되었고, 이후에도 참고할 수 있도록 출판되었으며, "신학의 전체 범위"를 포괄하는 복음주의 연구의 전체 커리큘럼에 대한 정보를 분명하게 제공하기 위해 의도된 것이다.[5]

웨슬리는 평생 자신에게 쏟아진 다양한 비난[6]에 세세하게 응답했는데, 그중에는 롤란드 힐(Roland Hill)이 웨슬리는 "복음에 관한 모든 근본 교리에서 전적으로 불안정"하며, "어느 학파의 두 사람이 논쟁을 하더라도 웨슬리가 자기 자신과 충돌하는 것과 같지는 않을 것"[7]이라며 비난한 데 대한 응답도 있었다. 웨슬리는 상세하고도 흥미로운 내용으로 롤란드 힐, 코니어스 미들턴(Conyers Middleton), 조지 라빙턴(George Lavington) 같은 혹평자들에게 편지를 써, 자신이 일생 가르쳐온 것에 일관성이 있음을 주장했다. 즉, 내적으로 모순 있는 주장을 해왔다는 비난에 대해 스스로를 변호하면서, 다른 사람들이 발견해냈다고 생각하는 불일치점들은 18세기 독자들의 경솔한 허위 진술 때문이거나 자신의 의도를 파악하지 못했기 때문임을 간곡히 설명했다.[8]

웨슬리나 그의 계승자들은 웨슬리의 저서를 전통적 조직신학의 일반

---

5   *LJW* 4:181; 5:326.
6   사람들은 특히 자기모순, 불일치(B 9:56, 375), 회피(B 9:374–75), 위선(B 9:304) 등을 이유로 웨슬리를 비난했다.
7   "Some Remarks of Mr. Hill's 'Review of All the Doctrines Taught by Mr. John Wesley,'" J X:377에서 롤란드 힐의 말을 인용함.
8   "Some Remarks of Mr. Hill's 'Review of All the Doctrines Taught by Mr. John Wesley,'" J X:381. 웨슬리는 힐에 대한 응답으로 24개의 제목 아래 101개의 구체적인 주장을 펼쳐 끈기 있게 논박했다. 옥스퍼드 대학교의 능숙한 논리학 교수였던 그는 자신이 "교묘하게 뒤섞인 진리와 거짓을 바르게 분리해 문제를 해결"할 수 있다는 자신감을 가지고 있었다.

적 순서에 따라 계획적으로 출판한 적이 없다.[9] 나는 웨슬리 설교와 신학 논문들이 얼마나 체계적으로 연결되어 있는지와 그 범위를 보여주고자 한다. 이 작업이 수십 년 전에 이루어졌다면, 사람들은 일반적으로 19세기 웨슬리 학자들이 그랬던 것처럼 웨슬리를 실용적 조직가라는 고정 관념으로만 이해하지 않고, 더 일찌감치 그를 매우 중요한 개신교 신학자로 인정했을 것이다.

나는 웨슬리에게 체계적으로 사고하는 능력이 부족했다고 생각하는 이들[10]에게, 웨슬리의 교육적 설교들은 이를 더욱 보완하는 신학 논문, 일지, 서문, 편지들과 함께 전통적 기독교의 모든 중요한 가르침을 망라하고 있으며, 거기서 발견되는 실수나 부조화는 최소한일 뿐임을 보여줄 것이다.[11] 50년이 넘는 오랜 기간의 저술 활동을 통해 웨슬리는 신론, 기독론, 구원론, 교회론, 목회와 윤리 등 사실상 기독교 신학의 모든 핵심 주제를 빠짐없이 다루었다. 기독교 교리의 주요 주제 중 그가 부적절하게 경시한 주제는 찾아보기 힘들다.

앞으로 살펴보겠지만, 웨슬리나 대다수 영국 국교회 자료는 17세기 루

---

9   웨슬리 연구의 역사가 오래되어 많은 자료가 쌓였음에도, 지금까지 어떤 학자도 이 시리즈처럼 웨슬리의 주요 작품 전체를 살피되 그의 글을 하나하나 자세히 다루면서, 그가 사용한 언어로 그의 가르침의 핵심 내용을 쉽게 설명하려는 시도를 하지 않았다는 것이 놀랍다.

10 웨슬리의 기독론에 대한 최고의 연구서를 저술한 존 데쉬너(John Deschner)는 이렇게 주장한다. "웨슬리는 칼빈이나 슐라이에르마허처럼 교리를 체계적으로 정립하지는 않았다. 그러나 열정을 가지고 기독교의 핵심 메시지를 일반 대중이 이해할 수 있도록 쉽게 정리했다"(WC 14). 참고. Albert C. Outler, "John Wesley: Folk-Theologian," *Theology Today* 34 (1977): 150–66; 조지 크로프트 셀(George Croft Cell), 알버트 아우틀러(Albert Outler), 토머스 랭포드(Thomas Langford), 존 데쉬너, 리처드 하이첸레이터(Richard Heitzenrater), 도널드 톨슨(Donald Thorsen) 같은 저명한 웨슬리 해석자들은 웨슬리가 조직신학자였다는 주장을 불편해한다. 그들은 웨슬리를 교의학자나 조직신학 교사, 꼼꼼한 교리문답 교사로 여기는 것을 지나친 상상력의 산물로 생각한다. 그러나 나는 웨슬리를 조직신학자로 여기는 것이 매우 합리적임을 보여주고자 한다.

11 *LJW* 5:326.

터교나 개혁주의의 정통교의학 서적처럼 두껍고 무거운 외형을 가지진 않았으나, 신앙의 어떤 본질적 조항도 다루지 않은 것이 없다.[12]

B. 웨슬리의 영성 훈련을 위한 연합체

1. 연합체

'웨슬리의 연합체'에 소속되어 있다는 것은, 영적 성숙을 위해 그를 의지한다는 것을 의미한다. 18세기와 19세기에는 사람에 따라 정도의 차이는 있었으나 수십만 명의 신자가 충성스럽게 이 연합체 안에 있었다. 초기 메소디스트 운동 전체는 자발적이고도 직접적으로 이 놀랄 만한 목회적 지침의 지도를 받았다. 웨슬리는 신자들의 영적 성숙을 위해 영국, 아일랜드, 웨일즈, 스코틀랜드의 무수한 마을을 쉴 새 없이 여행하면서 수천 명을 목회적으로 돌보는 일에 자신을 던졌다.

오늘날에도 많은 사람이 여전히 웨슬리의 복음적 연합체에 머물러 있거나, 시간과 역사적인 면에서 더 거리가 있는 이후의 단체들에 소속되어 간접적인 관계를 맺고 있다. 웨슬리의 사역으로 태어난 교회들에 여전히 헌신적인 사람들 중 일부는, 지금 자신들이 어떻게 웨슬리의 지혜, 그의 메시지에 담긴 진리, 기쁨을 주는 그의 신학적 사고의 통전성으로 다시금 교회를 새롭게 할 수 있을지 방법을 모색하고 있다. 복음주의 교회 중 웨슬리안 대가족에 속하지 않은 다른 사람들은 웨슬리에게서 특별한 영적 능력을 가진 경건한 지도자의 모범을 봄으로 유익을 얻을 것이다.

근대의식에 전적으로 몰두해 있는 사람들이 웨슬리의 글이나 설교뿐

---

12 메소디스트 교리를 요약한 내용은 JWO 183-85, 386 이하를 보라.

아니라 그가 도움을 받은 원천들, 특히 교부 전통, 영국 국교회 전통, 성결 전통, 개혁주의 전통을 연구하면서 여전히 웨슬리의 조언에서 유익을 얻고자 노력하는 것은 놀라운 일이다. 지구상의 무수한 사람이 심지어 의식하지 못하면서도 웨슬리의 정신에 직접적 영향을 받으며 살아 왔다.

2. 오늘날의 웨슬리안 연합체의 범위

웨슬리의 사역으로 생겨난 교회 가족은 거대하고 전 세계에 퍼져 있다. 여기에는 신자 수가 8백만 명으로 미국의 루터교와 성공회 신자들을 합친 수보다 많은 연합감리교회(United Methodist Church)뿐 아니라, 메소디스트 성결 부흥 운동에서 분리되어 나온, 뚜렷한 정체성을 가진 전 세계 다수의 교단이 포함된다.

이 그룹에 속하는 주된 교단은 웨슬리안 교단(The Wesleyan Church), 자유감리교회(The Free Methodist Church), 나사렛교회(The Church of the Nazarene), 구세군(The Salvation Army), 아프리카 감리교 감독 교회(The African Methodist Episcopal Church), 아프리카 감리교 감독 시온 교회(The AME Zion Church) 등이다. 세계적으로 이보다 더 많은 신자를 가진 그룹으로는 완전성화와 확신, 거룩한 삶을 가르치는 많은 은사주의 및 오순절주의 교단이 있다. 그중에서도 특히 아프리카에서 일어난 아프리카 독립교회(The African Initiated Churches) 운동은 웨슬리의 가르침에 크게 영향을 받았다. 웨슬리의 가르침은 현대 세계 복음주의 신학의 가장 중요한 본보기가 되었다. 세계 복음주의 사상사를 진지하게 설명하려면 누구도 웨슬리를 빼놓을 수 없다.

C. 이 책의 목적

1. 웨슬리에 대한 책을 쓰게 된 이유: 개인적 소명

나의 개인적 소명을 기술하는 일은 독자들이 내가 이 연구에 헌신하게 된 동기를 이해하는 데 어느 정도 도움이 될 것이다. 1970년 이후 내 소명은 초기 기독교, 특히 교부 시대 초기의 가르침을 회복하는 데 초점이 맞추어져 있었다. 오랫동안 그 소명의 중요한 일부는 이 전통 안에서 목사 안수 후보자들을 가르치는 일이었다. 이 일은 더 넓은 웨슬리안 교단과 복음주의 전반, 그중 특히 자신들의 가장 중요한 역사적 뿌리를 되찾으려 노력하는 이들을 위해 학문적 자료를 공급하는 일로 확대되었다.

이것이 내가 이 책을 저술하는 이유다. 이 일은 내게 단지 부수적인 소명이 아니다. 또 최근 몇 년간 포스트모던 정통주의와 초기의 일치된 기독교에 집중해온 나의 소명과 무관하지 않다.[13]

1980년대와 1990년대 초, 나는 고전적이고 역사적인 기독교의 가르침에 기초한 조직신학을 꾸준히 연구했다. 그때 쓴 세 권의 책이 지금은 전반적 개정을 거쳐 『고전적 기독교: 조직신학』(Classic Christianity: A Systematic Theology) (San Francisco: HarperCollins, 2009)이라는 제목의 단권의 책으로 나와 있다. 1979년 이후 나는 내가 제시하는 신학의 어떤 요소도 그것이 마치 사도들의 가르침과 그에 대한 초기 기독교의 해석보다 훨씬 발전된 독창적인 것인 양 하지 않을 것을 독자들에게 진지하게

---

13 나는 대초원에서 자란 사람으로서 35년 동안이나 뉴욕 지역에서 가르쳐왔지만 여전히 오클라호마 평원의 먼지는 내 안검 아래에 남아 있다. 전형적인 국제 도시에서 일하면서 나는 개신교에서 두 번째로 큰 교단에서 목사 안수를 받았고, 일류 교육 기관에서 가르치고 있다. 나는 이를 인간의 계획을 초월하는 하나님의 숨겨진 섭리로 느낀다. 그것은 나에게 웨슬리뿐 아니라 현재의 감리교회에 충성해야 한다는 무거운 도전과 함께 그렇게 할 수 있는 기회도 부여한다.

약속해왔다.

    교부 문서에 초점을 맞춘 「교부들의 성경 주해」(*Ancient Christian Commentary on Scripture*, 분도출판사) 시리즈14를 17년 동안 편집한 후, 나는 다시 동일한 고전적 기독교 계보의 18세기 복음주의 형태에 관한 연구로 돌아갔다. 고전적 기독교 신앙의 현대적 표현은, 내가 그 안에서 태어나고 세례 받았고 목사가 된 신앙 공동체이다. 나는 목사가 되고 나서도 오랜 시간이 지난 후에야 거듭나 이 신앙을 갖게 되었다.

    나는 어떻게 그 교부 전통의 한 특별한 지류인 웨슬리 신학이 초기 기독교의 보편적 가르침이라는 동일한 근원에서 발원해 자라날 수 있었는지를 보여주고자 한다. 18세기의 웨슬리 운동은 초기 4세기 동안의 보편적 합의를 이룬 기독교의 가르침과 그대로 일치한다. 웨슬리의 가르침은 그 자신이 소문자로 '보편적 정신'(catholic spirit)이라고 불렀던 그 기독교 전통에서 돋아났다.15

    나는 교부들의 기독교 해설과 웨슬리의 설교라는 두 가지 연구 과제가 서로 충돌하는 것이 아니라 서로를 보완한다고 생각한다. 초기 기독교의 보편적 가르침을 재발견하는 일과, 점점 발전해가는 웨슬리안 전통에 고전적 기독교를 회복시키는 일, 이 두 과제는 모두 내 소명의 핵심이다.16 이 둘의 연관성은 지금까지의 연구서들에서 간과되어왔다. 많은 초현대적

---

14 Thomas C. Oden, ed., *Ancient Christian Commentary on Scripture*, 29 vols. (Downers Grove, IL: InterVarsity, 1993–2010).
15 나는 『조직신학』(*Systematic Theology*)에서 독자들에게 아르미니우스주의나 웨슬리안, 또는 개신교 사상을 조금도 자의로 변경하지 않겠다고 약속했다. 즉, 전통적 기독교의 지혜를 뒤엎고 새로운 것을 가르치지 않겠다고 말했다. 이 시리즈에서도 그 약속은 유효하다.
16 나는 지금 내가 초기에 일치를 이루었던 기독교의 현대적 표현으로서 나 자신이 속한 웨슬리안 전통에 다시 집중하고 있다는 이유로, 독자들이 내가 오랫동안 전념해온 교부 전통에 관한 연구를 그만두었다는, 내 의도와 다른 결론을 도출하지 않기를 바란다.

웨슬리 해석자들은 웨슬리를 현대의 청중에게 적합한 방식으로 적용하는 데 주안점을 둔다. 그중 어떤 이들은 해방 신학이나 과정 신학, 여성 신학 연구 등을 위해 웨슬리를 완전히 다르게 변형시켜, 그를 매우 모호한 인물로 만들어버린다. 나는 웨슬리 자신이 자신의 언어로 현대의 신자에게 말하게 하고자 한다.

2. 분명한 해설

본문 자체와 그 본문이 말을 걸고 있는 우리의 현재의 언어 환경이라는 두 가지 기준점은 한결같이 연결되어 있다.

나는 웨슬리 자신의 글에 충실하도록 신중히 설명하되, 웨슬리의 가르침을 오늘날의 언어로 현재적으로 해석하고 설명하고자 한다.

18세기 청중을 위해 쓰인 본문과 그 본문이 여전히 말을 걸고 있는 우리의 현대 언어 환경이라는 두 세계관은 끊임없이 연결되어 있다.

만약 귀납적 해설 방법을 택한다면, 그 고유한 순서는 자연히 체계적일 수밖에 없다. 나는 겸허하게 단지 웨슬리의 글들을 초기 기독교 저자들이 주로 사용하던 전통적 순서로 배열하고 해설하되, 웨슬리 자신의 우선순위나 구어적 표현과 관용구, 그가 유달리 중시한 요소를 특별히 드러나게 하고자 한다.[17] 여기서 '전통적 순서'라는 말은, 이레나이우스(Irenaeus)와 예루살렘의 키릴로스에서 다마스쿠스의 요한과 토마스 아퀴나스를 거쳐 존 칼빈과 존 피어슨에 이르기까지 기독교 전통에서 보편적으로 발견

---

17 전통적 순서에 따라 웨슬리의 글을 살펴보면, 반복이 거의 없는 것이 놀라울 정도다. 이는 저술가와 편집자로서 그가 실속을 매우 중시했기 때문이다.

되는 일련의 신학적 논리를 의미한다.[18]

3. 원자료에 충실하기

이 연구를 위해 나는 의도적으로 원자료에 초점을 맞추고, 웨슬리가 당시의 사회적 정황에서 어떤 신학적 변화를 겪었는지 그의 일대기에서 발전적 요소를 추적해나가는 일은 다른 사람, 특히 웨슬리에 관해 조직신학적 관심보다 역사적 관심을 가진 사람들을 위해 남겨두고자 한다.[19] 세밀한 심리적, 사회적, 역사적 접근이 아무리 내게 흥미를 불러일으켰다 해도 그런 연구만으로는 심오한 신학적 통찰을 산출해낼 수 없었다. 이러한 신학적 통찰은 웨슬리가 강조한 것처럼 신앙의 유비(analogy of faith)에 기초한 검증된 해석 방법론을 필요로 한다. 그 방법론은 사도적·정경적 증언의 내적 통일성과 일관성, 지속성, 그리고 절충적(conciliatory) 태도라는 기준을 적용한다. 이 연구에 사용한 해석학적 방법론은 웨슬리의 신학적 발전의 역사보다는 원자료 자체의 본문 간 관계에 내재된 신학적 진리와 더 씨름하는 것이다.[20]

---

[18] 지금까지의 연구는 성경 해석 방법론을 웨슬리의 글에 철저히 적용하지는 않았다. 알버트 아우틀러, 프랑크 베이커(Frank Baker), 리처드 하이첸레이터 같은 가장 훌륭한 웨슬리 해석자들은 현명하게 그를 역사적 맥락에서 이해했고, 그의 성경 해석 방법론은 간결하게 설명해 아직 미해결 상태로 남겨두었다. 웨슬리 신학에 대한 전반적 해설을 시도한 학자들에 관해서는 서론 끝부분에 있는 '더 깊은 이해를 위한 독서 자료'를 참고하라.

[19] 특히 랜디 매닥스(Randy Maddox), 케네스 콜린스(Kenneth Collins), 시어도어 러넌(Theodore Runyon), 윌리엄 아브라함(William Abraham) 같은 학자는 웨슬리 신학에 대해 매우 의미 있는 연구를 진행하고 있다. 그들은 웨슬리 신학의 타당성을 드러내는 광범위한 제2차 자료를 다루는 일에 능숙하며 그 일에 전념하고 있다. 이는 이 시리즈에서는 시도하지 않으나 매우 가치 있는 일이다.

[20] 비록 내가 제2차 문헌을 다루는 동료 학자들의 책을 추천하기는 하지만, 그런 책은 읽으면 읽을수록 지나친 역사주의의 한계를 드러낸다. 이를 보완하려면 현대 역사학자들의 글보다 웨슬리 자신이 쓴 글에서 신학 주제들에 대한 해설을 직접 들으며 그와 공감하는 것이 필요하다. 이 시리즈는 의도적으로 웨슬리 자신의 글에 초점을 맞춘다.

이 방법론은 웨슬리 자신의 글을 충분히 읽어보지도 않고 (웨슬리의 분명한 바람과는 정반대로) 그를 펠라기우스주의자 또는 올바른 은총의 교리를 가르치지 않은 사람으로 비난하는 일부 칼빈주의자의 주장과 충돌한다. 어떤 루터란들은 웨슬리가 은혜에 의해 믿음으로 얻는 칭의의 진리를 굳게 붙들었다는 사실을 믿지 못한다. 또 일부 영국 국교회주의자는 웨슬리에 대해 단 하나만 기억하는데, 곧 웨슬리가 마음으로 꺼리면서도 결국 메소디즘이 영국 국교회에서 분리되는 것을 허락했다는 것이다. 그들은 웨슬리 자신이 평생 영국 국교회 성직자로 남아 있었으며 온 힘을 다해 그 분리를 막고자 노력했다는 사실은 잊어버린다. 무엇보다 웨슬리 자신의 글들은, 그의 실천적 재능은 지나치게 감성적·이상적으로 다루면서 그가 독립적 사상가였다는 사실을 진지하게 받아들이지 않는 웨슬리안들을 반대한다.

D. 역사와 교리

1. 현대 웨슬리 연구의 최고의 스승

이 연구 시리즈는 내 최고의 스승이신 알버트 아우틀러의 연구 업적에 감사를 표현하기 위한 것으로, 그의 연구에 공감하며 이를 보완한다. 나는 초기 기독교에 뜨거운 관심을 가진 조직신학자로 학자의 삶 대부분을 보냈다. 반면 아우틀러는 초기와 현대 기독교의 일치된 진리에 열정적 관심을 가진 역사신학자로 평생을 살았다. 내 연구 방법이 주로 조직신학적이라면, 아우틀러의 방법은 주로 역사신학적이다. 이 두 연구 방법은 상호 보완적이다.

이 연구의 기초가 되는 신학방법론은 건전한 역사적 연구의 전제로서 하나님의 계시를 훨씬 비중 있게 다룬다. 보편적 역사의 의미는 매우 중요한 신학 훈련의 주제라 할 수 있기 때문이다. 아우틀러의 방법론은 신학적 함의를 간과하지 않으면서도 역사적 문제를 더 비중 있게 다루는 것이었다. 이것이 내가 아우틀러의 위대한 공헌에 언제나 감사하면서도, 일반적으로 증거에 관해 협소한 관점을 지닌 세밀한 역사적 방법론에 쉽게 얽매이지 않는 이유다. 1970년대 이후 내 모든 글에서 나는 증거의 범위를 (판넨베르크가 주장한) '역사로서의 계시'를 포함하는 데까지 확장시키고자 했다. 이것이 웨슬리의 가르침과 일치하는 방법론임에도, 나는 대(大)키릴로스(Cyril the Great)를 읽기 전까지는 이를 충분히 깨닫지 못했다.

이 연구는 웨슬리의 사상을 응집력 있게 종합적이고 체계적으로 배열하려는 시도다. 그러나 이는 내 소중한 스승 알버트 아우틀러가 열망하지도 않았고, 사실 다소 경시한 작업이기도 하다.

아우틀러는 웨슬리를 철저히 그가 속한 역사적 상황에 위치시켜 그를 형성한 원천들을 보여주고, 그의 사상을 당시의 역사적이고 자서전적 발전 과정 속에서 정확히 기술하고자 했다. 그리고 그는 이 일을 훌륭하게 해냈다. 나는 그가 이룬 이러한 학문적 업적을 바탕으로 겸허하게 이 연구를 시도한다. 나는 아우틀러의 연구와 그가 웨슬리 연구의 '제3단계'로 묘사한 최근의 다른 역사가들의 연구를 토대로 작업을 했는데, 이 3단계 연구 방법론은 비록 훌륭한 학자들임에도 성경을 평이한 의미로 해설한 웨슬리의 타당성을 인정하려 하지 않았던 역사가들에 의해 좌우되어 왔다.[21]

---

21 나는 웨슬리를 진지하게 신학자로 여기지 않는 역사학자와, 그가 속했던 역사적·지성적 배경에서 그를 이해하려 하지 않는 신학자 모두에 대해 마음이 편하지 않다.

2. 웨슬리는 조직신학자였는가?

나는 사람들이 엘리 할레비(Élie Halévy), 비비안 휴버트 하워드 그린(V. H. H. Green), 리처드 하이첸레이터를 주로 역사가로 여기는 것 같은 의미에서 역사가가 되기를 열망한 적은 없다. 그럼에도 고전 문헌에 관한 정통주의 학자로서 역사적 지혜에 일평생 관심을 가져왔음을 당당히 말할 수 있다. 나는 오늘날 우리가 계시 신학으로 부르는 모든 것의 토대를 형성한 고전적 기독교의 주석 방법론에 따라 연구해온 것을 부끄러워하지 않는다.[22] 때때로 역사가들이 그런 작업을 그럴듯하지 않거나 심지어 불가능한 것으로 여겨왔다면, 나는 그것이 특별한 신학의 장, 웨슬리의 가르침에서는 가능함을 보여주고자 한다.[23] 알버트 아우틀러는 웨슬리안

---

[22] 만약 누군가 내가 웨슬리를 지나치게 조직신학자로 주장하려는 것으로 오해한다면, 나는 내 의도를 좀 더 온건하게 표현하고자 한다. 웨슬리는 자신의 광범위한 자료가 응집력과 일관성이 있는지에 대해 끊임없이 지적 관심을 가진 복음적 설교자였다. 그 점에서 웨슬리는 아퀴나스, 칼빈, 바르트만큼은 아니었으나, 루터나 뉴먼(Newman)보다는 체계적이었고, 크랜머나 에드워즈와는 유사한 정도의 체계성을 보인다.

[23] 이 시리즈의 방법론은 역사적 지식을 과학적·경험적 증거에 한정해 계시에 대한 모든 논의를 배제하려는 강한 경향에 반대한다. 웨슬리는 그런 방식으로 역사적 증거를 축소하지 않는 옥스퍼드 역사학자의 가르침을 받았다. 현대의 일부 역사학자는 정통 기독교 교사들에 대해 산더미같이 많은 증거를 무시하고, 복합적인 발전적 요소를 알아차리는 데 실패하며, 당시의 상황이 끼치는 영향을 간과한 채 언제나 성급하게 결론을 내리는 사람들인 양 왜곡하는 경향이 있다. 정통 기독교 교사들은 역사적 지식을 경험적·과학적 지식으로 한정하지 않았기 때문에 현대 역사가들보다 광범위한 자료를 활용할 수 있었다. 현대 역사가들은 자주 순간적 증거의 파편에 집착하면서 더 큰 그림을 보지 못해, 한 사람의 변화하는 관점이 어떻게 여러 돌연변이 속에서도 일관성을 지니는지에 대해 판단 내리기를 주저한다. 어떤 학자는 배경의 특정한 요소에 지나치게 집착한 나머지, 본래 그 역사적 인물을 중요하게 여기게 만든 요소가 무엇이었는지 분별력이 흐려진다. 웨슬리 연구에서 나는 알버트 아우틀러, 프랑크 베이커(Frank Baker), 리처드 하이첸레이터, 알란 K. 왈츠(Alan K. Walz), 그리고 드루 대학교의 존경받는 동료들인 케네스 E. 로우(Kenneth E. Rowe)와 찰스 이리고옌(Charles Yrigoyen)같이 철저한 역사학자들의 탁월한 업적을 존경한다. 그러나 보편적 역사를 바르게 이해하려면 신적 계시와 사도들의 권위 있는 가르침이 필요하다는, 웨슬리가 매우 중요하게 여긴 신학적 전제에 따르면, 그들의 눈부신 업적은 여전히 더 확장된 증거 제시를 필요로 한다.

들이 웨슬리를 '대중 신학자'(folk theologian)로 이해할 수 있게 해주었다. 나는 비웨슬리안들이 웨슬리를 명철한 전통적 기독교의 스승으로 이해할 수 있도록 하기 위해 노력할 것이다.

나는 웨슬리 신학이 시간이 흐름에 따라 어떻게 발전하고 변화되었는가 하는 흥미로운 질문을 거부하거나 무시하지 않으면서 질문을 달리할 것이다. 즉, '웨슬리가 신학적으로 공헌한 것이 있다면, 그 전체 골자는 실용적이고 체계적인 개념과 목적으로 어느 정도까지 일관된 결속을 나타내고 있는가' 하는 것이다.[24]

처음부터 그러한 일관성이 전혀 없다고 주장하려는 사람들은 웨슬리의 글 자체에서 그것을 입증할 수 있어야 할 것이다. 그러나 만약 그것이 아니라면, 웨슬리 해설자는 그의 글에 참으로 일관된 가르침과 견고한 핵심이 있음을 원문으로 입증할 의무가 있다.[25] 이것이 바로 내 과제다.

사람들은 웨슬리의 글이 주로 상황적 필요에 따라 쓰였고, 방법론적으로도 체계적으로 배열되지 않았다는 이유로 섣불리 그를 비체계적이라고

---

24 웨슬리의 가르침을 연구한 제2차 문헌에서 조직신학적으로 가장 간과되어온 요소는, 메소디스트 영적 훈련, 성례전, 목회적 실천, 도덕적 추론 전체를 포괄하는 웨슬리 신학의 삼위일체적 구조다. 나는 이 책 중 삼위일체를 다루는 부분(3장 A. 2.)에서 삼위일체적 구조가 웨슬리에게 얼마나 중요했으며, 어떻게 삼위일체적 사고가 성부 하나님, 성자 하나님, 성령 하나님에 대한 교리를 포함해 그의 신학 체계 전체에 스며들어 있는지 드러낼 것이다.

25 반드시 요구되는 중요한 질문들은 다음과 같다. 웨슬리의 가르침은 오늘날 복음적 목회 사역의 의미를 명백히 밝혀주고 있는가? 웨슬리 신학에서 창조, 섭리, 삼위일체 하나님, 신학 방법론, 죄와 은혜, 칭의와 성화, 말씀과 성례, 종말에 관한 교리는 얼마나 발전되어 있는가? 웨슬리가 신학 분야 중 구원론, 교회론, 성령의 역사와 같은 특정한 분야에 특별한 관심을 보였다는 사실은 학자들이 일반적으로 인정하지만, 기독교 교리 전반에 대한 신뢰할 만한 인도자라고 해도 좋을 만큼 충분히 넓은 영역의 신학적 질문을 다루고 있는가? 웨슬리의 논문이나 설교, 그 외 상황적 필요에 따라 작성한 글들을 전통적 조직신학의 교리적 범주에 따라 구분해 그 내용을 간결하게 살펴보는 것이 가능한가?

결론내린다.[26] 이에 나는 상황적 필요에 따라 저술한 그의 모든 글이 분명히 일관성이 있고 은연중 체계적 핵심을 지니고 있음을 드러내고자 한다. 공정한 자세로 이를 점검하고자 한다면 누구나 그 핵심을 문헌적으로 확인할 수 있다.

웨슬리는 특별한 부류의 조직신학자로, 서로 밀접하게 연결되어 있는 그의 사상의 단편들은 그가 적극적으로 관여한 광범위한 목회활동에서 직접적으로 비롯된 것이다. 이 사실은 특히 그의 편지에서 잘 드러나는데, 그의 편지들은 목회적·도덕적 조언과 영적 권고로 가득하면서도, 그 모든 조언과 권고 전체를 종합하면 신중한 생각이 서로 연결된 형태를 이룬다. 목회에 탄탄한 기초를 둔 조직신학자를 찾으려 한다면, 표면적으로는 실제보다 더 조직신학적으로 보이는 프리드리히 슐라이어마허나 칼 바르트보다 웨슬리에게서 필요한 것을 더 많이 발견할 것이다. 이 시리즈의 다른 책들은 사실상 웨슬리의 가르침 중 목회적·도덕적 요소들에 할애할 것이다.

한편, 흔히 사람들은 웨슬리가 지나치게 진지하고 유머가 없다고 상상하지만, 나는 그의 번득이는 위트와 재치 있는 생각이 드러나는 많은 재밌는 대목을 발견했다. 나는 그것들을 유머란에 따로 구분해 모으기보다, 독자들이 예기치 않게 발견하도록 본문에 그대로 놔두기로 했다. 내가 웨슬리를 연구하며 발견한 한결같은 기쁨, 그중에서도 특히 하나님이 직접 찾아오시는 복음을 누리는 즐거움을 적극적으로 독자들과 나누려는 것보다 나에게 더 큰 동기는 없다.

---

[26] 웨슬리가 특별한 도전에 응답해 상황적 필요에 따라 글을 썼더라도 그것이 다른 문헌 전반과 조화를 이룬다면, 그 사실이 그의 생각에 일관성이 있었음을 부정하는 근거가 되지는 않는다.

3. 이 책을 어떻게 활용할 것인가?

서문에서는 이 책이 어떤 실제적 활용도나 도덕적 타당성을 갖는지를 대략적으로 설명하는 것이 일반적이다. 예를 들어, 이 시리즈는 경건을 위한 독서나 도덕적 연구, 주제 설교 준비 등을 위한 실제적인 활용이 가능하다. 나아가 웨슬리의 사상과 생각의 범위를 알아보기 위한 참고 도서로도 활용 가능하다. 색인과 '더 깊은 이해를 위한 독서 자료'는 생태 회복, 도덕적 상대주의, 열광주의, 포용주의, 신앙적 체험, 낙원, 최종적 칭의, 섭리, 또는 그 외의 수없이 많은 주제 중 특정 주제에 특히 관심 있는 독자들을 위한 지침이 될 수 있을 것이다. 이러한 주제들은 이에 관심 있는 사람들의 흥미를 끌고, 경건한 사람들에게 영감을 주며, 선한 일을 하다 지친 사람들에게 용기를 줄 것이다.

웨슬리의 가르침은 중독 행동, 가난, 펑크 허무주의(punk nihilism) 등 현대 사회의 많은 시급한 문제에 유익하게 적용될 수 있다. 그러나 이 책에서 가장 유익을 얻을 수 있는 내용은 웨슬리의 건전한 판단력과 실천적 지혜, 비사변적인 현실적 사실주의 같은 것이다.

더 깊은 이해를 위한 독서 자료

웨슬리 신학 개요

Baker, Frank. "The Doctrines in the Discipline." In *From Wesley to Asbury: Studies in Early American Methodism*, 162–82. Durham, NC: Duke University Press, 1976.

Burwash, Nathaniel. *Wesley's Doctrinal Standards*. Introduction. Toronto: William Briggs, 1881; reprint, Salem, OH: Schmul, 1967.

Campbell, Ted A. *Methodist Doctrine: The Essentials*. Nashville: Abingdon, 1999.

Cannon, William R. *Theology of John Wesley: With Special Reference to the Doctrine of Justification*. New York: Abingdon, 1946.

Cell, George C. *The Rediscovery of John Wesley*. New York: Henry Holt, 1935.

Coke, Thomas, and Francis Asbury. *The Doctrines and Discipline of the Methodist Episcopal Church in America*. Philadelphia: Henry Tuckniss, 1798.

Collins, Kenneth J. *A Faithful Witness: John Wesley's Homiletical Theology*. Wilmore, KY: Wesleyan Heritage, 1993.

_____. *The Theology of John Wesley: Holy Love and the Shape of Grace*. Nashville: Abingdon, 2007.

_____. *Wesley on Salvation*. Grand Rapids: Zondervan, 1989.

Harper, Steve. *John Wesley's Message for Today*. Grand Rapids: Zondervan, 1983.

Lee, Umphrey. *John Wesley and Modern Religion*. Nashville: Cokesbury, 1936.

Mickey, Paul. *Essentials of Wesleyan Theology*. Grand Rapids: Zondervan, 1980.

Norwood, Frederick A. "Roots and Structure of Wesley's Theology." In *The Story of American Methodism*, chap. 3. Nashville: Abingdon, 1974.

Outler, Albert C. "John Wesley as Theologian: Then and Now." *MH* 12, no. 4 (1974): 64–82.

_____. "Toward a Reappraisal of John Wesley as Theologian." *Perkins School of Theology Journal* 14, no. 2 (1961): 5–14.

_____, ed. *John Wesley*. Introduction, 3–33. Library of Protestant Theology. New York: Oxford University Press, 1964.

Pope, William Burt. *A Compendium of Christian Theology*. 3 vols. London: Wesleyan Methodist Book-Room, 1880.

Ralston, Thomas N. *Elements of Divinity*. New York: Abingdon, 1924.

Slaatte, Howard A. *Fire in the Brand: Introduction to the Creative Work and Theology of John Wesley*. New York: Exposition, 1963.

Sugden, Edward H. *Wesley's Standard Sermons*. London: Epworth, 1921; 3rd ed., 1951. 서문과 주해를 참고하라.

Summers, Thomas O. *Systematic Theology*. 2 vols. Edited by J. J. Tigert. Nashville: Methodist Publishing House South, 1888.

Watson, Philip. *The Message of the Wesleys*. New York: Macmillan, 1964.

Watson, Richard. *Theological Institutes*. 2 vols. New York: Mason and Lane, 1836, 1840; edited by John M'Clintock, New York: Carlton & Porter, 1850.

Williams, Colin W. *John Wesley's Theology Today*. Nashville: Abingdon, 1960.

웨슬리 신학 관점의 조직신학

Banks, John S. *A Manual of Christian Doctrine*. 1st American edition. Edited by J. J. Tigert. Nashville: Lamar & Barton, 1924.

Binney, Amos, with Daniel Steele. *Theological Compend Improved*. New York: Phillips and Hunt, 1875.

Burwash, Nathaniel. *Manual of Christian Theology*. 2 vols. London: Horace Marshall, 1900.

Gamertsfelder, S. *Systematic Theology*. Harrisburg, PA: Evangelical Publishing House, 1952.

Merrill, Stephen M. *Aspects of Christian Experience*. New York: Methodist Book Concern, 1862.

Miley, John. *Systematic Theology*. Reprint, Peabody, MA: Hendrickson, 1989.

Miner, Raymond. *Systematic Theology*. 2 vols. Cincinnati: Hitchcock and Walden, 1877–79.

Outler, Albert C. *Theology in the Wesleyan Spirit*. Nashville: Tidings, 1975.

Pope, William Burt. *A Compendium of Christian Theology*. 3 vols. London: Wesleyan Methodist Book-Room, 1880.

Ralston, Thomas N. *Elements of Divinity*. New York: Abingdon, 1924.

Summers, Thomas O. *Systematic Theology*. 2 vols. Edited by J. J. Tigert. Nashville: Methodist Publishing House South, 1888.

Tillett, Wilbur. *Personal Salvation*. Nashville: Barbee and Smith, 1902.

Watson, Richard. *Theological Institutes*. 2 vols. New York: Mason and Lane, 1836, 1840; edited by John M'Clintock, New York: Carlton & Porter, 1850.

Weaver, Jonathan. *Christian Theology*. Dayton, OH: United Brethren Publishing House, 1900.

Wynkoop, Mildred Bangs. *Foundations of Wesleyan-Arminian Theology*. Kansas City, MO: Beacon Hill, 1967.

웨슬리의 생애와 신학

Clarke, Adam. *Memoirs of the Wesley Family*. London: J. & T. Clarke, 1823.

Coke, Thomas, and Henry Moore. *The Life of the Rev. John Wesley*, A.M. London: G. Paramore, 1792.

Gambold, John. "The Character of Mr. John Wesley." *MM* 21 (1798).

Green, Vivian H. H. *The Young Mr. Wesley*. London: Edward Arnold, 1961.

Heitzenrater, Richard P. *The Elusive Mr. Wesley*. 2 vols. Nashville: Abingdon, 1984.

_____. *Mirror and Memory: Reflections on Early Methodism*. Nashville: Abingdon, 1989.

Schmidt, Martin. *John Wesley: A Theological Biography*. 2 vols. in 3. Nashville: Abingdon, 1963–73.

Tuttle, Robert. *John Wesley: His Life and Theology*. Grand Rapids: Zondervan, 1978.

Tyerman, Luke. *The Life and Times of the Rev. John Wesley*. 3 vols. New York: Harper, 1872.

웨슬리 문헌 목록

Baker, Frank, comp. *A Union Catalogue of the Publications of John and Charles Wesley*. Durham, NC: Duke University Press, 1966.

_____. "Unfolding John Wesley: A Survey of Twenty Years' Study in Wesley's Thought." *QR* 1, no. 1 (1980).

Bassett, Paul M. "Finding the Real John Wesley." *Christianity Today* 28, no. 16 (1984).

Green, Richard. *The Works of John and Charles Wesley: A Bibliography*. 2nd ed. New York: AMS, 1906.

Jarboe, Betty M. *John and Charles Wesley: A Bibliography*. Metuchen, NJ: Scarecrow, 1987.

Jones, Arthur E. *A Union Checklist of Editions of the Publications of John and Charles Wesley: Based upon the "Works of John and Charles Wesley: A Bibliography" by Richard Green (1906)*. Madison, NJ: Drew University, 1960.

Rowe, Kenneth E. *Methodist Union Catalogue*. Metuchen, NJ: Scarecrow, 1975–.

웨슬리의 유머

Crawford, Robert C. "John Wesley's Humour." *WMM* 157 (1934): 313–15.

Foster, Henry J. "Wesley's Humour." *WMM* 126 (1903): 446–49.

Page, W. Scott. "Wesley and the Sense of Humour." *MR* (1906): 13.

Perkins, J. P. "The Humour of John Wesley." *WMM* 143 (1920): 697–98.

1장

하나님

1장 하나님

웨슬리는 노년에 설교를 통해 하나님의 속성, 특히 영원성, 편재성, 일체성을 꼼꼼하고 상세하게 가르쳤다. 설교의 수가 많지는 않지만 웨슬리가 하나님에 관해 가르친 교리의 주된 내용이 충분히 담겨 있다.

A. 하나님의 속성

웨슬리가 옹호했던 영국 국교회 복음주의의 토대가 된 것은 초기 기독교 저술가들과 가장 이른 시기의 에큐메니칼 공의회들이다. 또 웨슬리는 하나님에 관한 지식과 하나님의 속성에 관해 루터와 아우크스부르크 신앙고백이나 칼빈과 하이델베르크 신앙고백 등 전통적 개신교 신학의 원천과 매우 유사한 입장을 취했다.

웨슬리는 잘 알려져 있는 "로마 가톨릭 교도에게 보내는 편지"(A Letter to a Roman Catholic)에서 자신이 믿는 하나님에 관한 교리의 요점을 다음과 같이 축약했다. "나는 무한한 자존자가 계시며 그분은 오직 한 분임을 확신합니다. 또한 유일하신 하나님께서 모든 존재의 아버지, 특별히 자기 결정권을 가진 이성적 피조물의 아버지이심을 믿습니다. 하나님은 성령에 의해 중생하게 하시고 성자 안에서 양자 삼아 주심으로 그분과 함께 하나님의 것을 상속하게 하신 자들에게 특별한 방법으로 아버지가 되십니다."[1] 웨슬리는 하나님의 영원성을 설교 54번 "영원에 대하여"에서 더 분명하게 다룬다.

---

1 "A Letter to a Roman Catholic," JWO 494.

1. 하나님의 영원성

a. 과거로의 영원과 미래로의 영원

설교 "영원에 대하여"의 본문은 시편 90:2의 "영원부터 영원까지 주는 하나님이시니이다"라는 말씀이다 [설교 #54 (1789), B 2:358–72; J #54, VI:189–98].

광대함이 무한한 공간을 말하듯, 영원함은 "무한한 시간"을 말한다.[2] 편재하심이 어디나 존재하시는 하나님의 공간성을 말하듯, 영원성은 하나님께서 시간의 통치자 되심을 말한다. 하나님은 시간의 모든 순간에 직접적으로 현존하신다.

과거의 어느 시점에도 하나님께서 계시지 않았던 때는 단 한순간도 없었다. 미래의 어느 시점에도 하나님께서 존재하시지 않는 때는 한순간도 없을 것이다.[3] 만약 영원함이 영원부터 영원까지를 말한다면, 영원은 다음 두 가지로 구분해 생각할 수 있다. (1) 과거의 영원이란 이전 방향으로의 영원, 창조 이전의 영원에까지 미치는 시간의 지속, 현재 및 이전에 있었던 모든 현재보다 더 앞서 있는 영원(*a parte ante*)이다. (2) 앞으로 다가올 영원이란 영원에까지 이르게 될 시간의 끝없는 지속, 미래의 방향으로 영원할 현재 이후의 시간 전체(*a parte post*)다.[4] 전체로서 시간이란 "과거와 미래 양면의 영원에서 분리한 하나의 파편"[5] 같은 것이다. 하나님의 영원성은 시간을 품고 그것을 둘러싼다. 시간이란 세상이 시작될 때 시작해

---

2 "On Eternity," B 2:358, sec. 1.
3 "On Eternity," B 2:359, J VI:189–98, sec. 3; JWO 455.
4 "On Eternity," B 2:362, J VI:189–98, sec. 7; 참고. "The Unity of the Divine Being," 4:60, 서문.
5 "On Eternity," B 2:360, J VI:189–98, sec. 3; "On Predestination," B 3:416–17, sec. 5; Augustine, *Confessions* 11–12.

세상이 마지막 날에 이르렀을 때 끝나는 제한된 지속 기간이다. 우리가 볼 수 있는 것은 시간 전체가 아니라 단지 눈 깜짝할 순간뿐으로, 우리는 그것을 현재라 부른다.[6]

b. 현재가 결정짓는 영원

신자는 언제나 영원이라는 실재를 마주하는 방식으로 하나님 앞에 서 있다. 그리고 그 신앙이 하나님을 시간의 주인으로 받아들이면 모든 것이 변화된다. 모든 관계가 새롭게 형성되고, 모든 것이 거듭나고, 모든 사물이 새로워진다. 사회적, 도덕적 책임성은 한 사람 한 사람씩 각 사람의 마음이 변화될 때 생겨나, 때가 되면 정치 질서와 경제 생활의 흐름에도 영향을 끼친다. 오직 영원을 진지하게 생각하는 새롭게 된 전인(全人)만이 더 나은 사회를 만들기 위해 효과적으로 일할 바른 준비를 갖춘 것이다.

웨슬리는 자신의 설교를 듣는 사람들이 상상력을 발휘해 긴급한 결정을 내리기 직전의 상황에 이르게 해 하나님의 영원성을 개인적으로 생각해볼 실제적인 방법을 제공한다. 즉, 자신을 지금 영생을 받아들이거나 거부하는 자로 생각해 보라는 것이다. 설교를 듣는 각 사람은 행복한 영원, 즉 영원히 복된 삶을 선택하거나, 반대로 영원히 선하며 하나님께 예배하게 할 만큼 훌륭한 그 무엇을 받아들일 기회를 잃어버리는 불행을 선택함으로 영원하신 하나님과의 영원한 관계로 초청된다. 이는 새롭게 드러난 하나님의 통치가 요구하는 선택이다. 사람들은 현세에서의 모든 순간에 은연중에 이 선택을 한다. 이 선택의 요구는 인간이 경험하는 매 순간에 조용히 숨겨져 있다.

이 계속되는 선택의 행위는 인간의 행복과 관련해 막대한 결과를 초래

---

6 "The Imperfection of Human Knowledge," B 2:570, J VI:339, sec. 1. 3.

한다. 인간 존재가 영원한 생명의 기쁨 또는 영원한 공허라는 절망을 향해 매 순간 선택을 하고 있다고 보는 것은 결코 과장이 아니다.[7] 오직 우리가 자신을 영원한 행복이나 불행의 가장자리에 서있는 것으로 생각할 때 '어떻게 현재의 삶을 살아야 하는가'는 비로소 의미심장하고 중차대한 문제가 된다. "창조주께서는 당신에게 손을 뻗어 이 중 하나를 선택하라고 명령하신다."[8]

심지어 이 사실을 의심하더라도, 우리는 우리 개인의 삶이 육체의 죽음을 넘어 영원에서 계속될 것이라는 가정이 사실인지 시험해볼 수 있다. 우리 모두는 우리의 영원한 미래와 관련해 첨예한 이해관계를 가지고 있다. 이 전제는 그 자체만으로도 인간의 행동을 바꿀 만한 잠재력이 있다.

2. 시간

a. 쏜살같이 날아가는 시간

시간은 처음부터 끝까지 매 순간 쏜살같이 날아가는 특징이 있다. 그것이 시간을 시간 되게 하는 것이다.[9] 시간은 하나님 안에서 특정한 시작점이 있었고, 현재는 쏜살같이 날아가며, 결국 하나님 안에서 완전히 끝나는 한 시점이 있을 것이라는 것이 우울한 생각은 아니다. 신자는 시간의 주권자께서 본래 선하게 지음받았으나 타락한 창조세계를 적절한 절차에 따라 완성하시고 깨끗이 보수하고 계심을 안다. 왜곡된 역사 안에서 일어난 어떤 일도 하나님께서 시간 속에서 갖고 계신 장기적이고 영원한 목적을 취소하게 하지 못한다.[10]

---

7 "Human Life a Dream," B 4:108–19; J VII:318–25.
8 "On Eternity," B 2:368–71, secs. 17–19.
9 B 2:360.
10 B 2:358–70, 420–24; 3:196–97.

우리가 우리의 살아있는 영혼을 오직 공간 안에서 구체화된 것으로 경험한다는 사실은 분명하다. 이와 유사하게 우리가 영원을 경험하는 것은 오직 시간이라는 파편 안에서다. 이것이 시간과 그 요건들에 갇힌 우리가 유한성의 지배를 받는 이유다. 우리는 시간에 갇혀 있기 때문에 영원이라는 개념 자체를 이해하는 데 큰 어려움을 겪는다. 우리가 스스로를 날아가는 시간 속에 있는 피조물로 아는 것은 영원에 대해 단지 베일에 가려진 것 같은 개념만 형성할 수 있는데, 그조차도 어설픈 비유들을 통해서만 가능하다. 하나님의 광대하심이 우리가 상상하는 제한된 광대함을 초월하듯, 하나님의 영원성 역시 우리가 상상할 수 있는 시간의 지속을 초월해 무한하다.[11]

시간에 매여있는 우리의 사고에서 시간은 끊임없이 흘러가는 신비로운 것이다. 우리의 유한한 사고로는 마치 시간을 초월해 사고하거나, 시간을 벗어난 어느 한 시점에서 시간을 인식하는 것처럼, 뒤로 물러나 경험할 수 있는 비시간적 순간이나 공간이 존재할 수 없다. 시간은 대단히 신비롭다. 우리가 시간 속에 잠시 머무르는 피조물이라는 이유만으로 우리의 생각을 그 속에 묶어 두기는 힘들다. 우리는 시간 속에서 그 시간을 주신 분께 책임 있는 태도로 세상을 살면서 우리 자신을 영원이라는 기준의 틀에서 바라보아야 한다.[12]

b. 현재의 하나님

과거와 미래를 구분 짓는 것은 현재인데, 이것은 우리가 결코 고정된 실체로 소유할 수 없도록 계속 날아가버리는 짧은 순간이다. 우리는 시간

---

11 "On Eternity," B 2:360, secs. 4-5.
12 "On Eternity," B 2:360-61, secs. 4-6.

을 기억이라는 보잘것없는 형태로가 아니면 한순간도 붙잡거나 간직할 수 없다. 이것이 우리가 현세의 삶을 하나의 꿈으로 비유하는 것이 마땅한 이유다.[13] 우리가 '현재'로 부르는 것은 끊임없이 사라지고 우리 손을 벗어나며 그 얼굴을 바꾼다. 그럴지라도 현재란 모든 사람이 '지금'이라 부르는, 즉 끊임없이 사라지는 순간이라는 작은 열쇠 구멍을 통해 세상을 보고 알 수 있는 유일한 지점이다. 이 날아가는 현재는 "두 영원 사이에"[14] 놓여 있다. 우리가 '지금'이라고 여기는 순간은, 우리가 소리를 내어 "지금"이라고 말하는 순간 이미 사라지고 없다. 우리가 가진 것은 계속 흘러가는 시간의 작은 파편으로, 그 자체가 영원의 계속적인 반영이다.[15]

하나님은 시간 안에서 우리를 만나주시지만, 그 자신은 비교할 만한 대상이 없는 시간의 창조주로서 시간에 매여있지 않으시다. 시간의 모든 순간마다 동시에 현존해 계시는 유일하신 분만이 과거와 미래의 영원의 범위를 온전히 아신다.[16] 그 유일하신 분을 우리는 하나님이라 부른다.

c. 시간 속에서 시간 이해하기

피조물들은 기억력 및 상상력과 연결되어 있는 쏜살같이 날아가는 일순간의 연속 안에서 사는 데 비해, 하나님은 영원 속에 거하신다는 점에서 피조물과 근본적으로 다르시다.

하나님께서는 모든 과거 및 미래의 순간과 현재적 관계를 맺고 계시므로, 우리가 아는 것보다 훨씬 광범위하게 시간을 아신다. 시간 전체는 우

---

13 "Human Life a Dream," B 4:109–14, secs. 1–9.
14 "On Eternity," B 2:360, sec. 4.
15 시간이 영원을 모방한 표현이라는 플라톤의 생각은 그리스도의 성육신에 의해 수정되었다. 웨슬리의 관점에서 보면, 우리가 지금 경험하는 것은 성자의 탄생에 관한 성경의 계시에서 알 수 있듯이 영원이 시간 속으로 뚫고 들어온 것이다.
16 "On Eternity," B 2:366–70, secs. 14–18.

리 지각의 범위를 넘어선다.

하나님께서 가지신 시간에 대한 완전한 기억력과 예지는, 앞으로 일어날 사건을 강제로 미리 결정짓는다거나 이미 일어난 일을 마음대로 되돌려 놓는 능력이 아니다.[17] 하나님께서 과거나 미래와 맺고 있는 관계는 우리와 전혀 다르다. 시간에 매여 있는 우리의 사고방식은 과거에 대해서는 기억을 통해, 미래에 대해서는 상상을 통해 제한적으로만 접근할 수 있다. 그러나 영원하신 하나님은 과거에 언제나 이미 현존해 계신다. 하나님은 각 시간과 그 전체를 품고 계신다.

그보다 더 이해하기 어려운 것은 하나님께서는 모든 미래의 순간에도 현존해 계신다는 전제인데, 이는 영원하신 하나님에 관한 기독교의 가르침을 위해 필연적이다. 즉, 하나님은 모든 순간에 현존하시므로 미래조차 이미 알고 계신다는 것이다. "엄격히 말해, 하나님께서는 '뒤늦게 아심'(afterknowledge, 후지)이 있을 수 없듯, '미리 아심'(foreknowledge, 예지)도 있을 수 없다. 하나님은 영원부터 영원까지 모든 것을 현재적으로 아신다."[18]

이는 하나님께서 인간의 자유를 무시하거나 마음대로 파기할 정도로 미래를 결정해 놓으셨음을 의미하지 않는다. 하나님의 예지는 예정을 의미하지 않는다. 하나님의 예지하심은, 하나님께서 미래의 시간에도 거하고 계시므로 피조물의 자유가 어떤 결과를 가져오게 될지를 알고 계신다는 것이다. 전지(全知)하신 하나님은 가능한 선택의 모든 진행 단계에 현존하시기에, 피조물의 자유로운 선택이 어떻게 헤아릴 수 없을 정도로 무수히 많은 우연적 사건과 상호작용할 것인지 알고 계신다. 역설적이게도,

---

[17] "On Eternity," B 2:359, sec. 3.
[18] *ENNT* 벧전 1:2; "On Predestination," B 2:420, sec. 15.

하나님은 그 최종적 결과가 이미 담보되어 있는 역사 속에 계시되셨으면서도, 그 전개의 과정은 여전히 시간 내에서 자유로운 피조물들의 다양한 결정을 통해 이루어진다.[19] 하나님께서 현재뿐 아니라 미래에도 현존하고 계시다는 사실은, 실제 상황 속 인간의 선택에서 어떤 것도 빼앗아 가지 않는다.

d. 영적 피조물은 시간 속에서 시작되었는가?

인간의 '영혼'[헬라어 '프쉬케'(psuche), 라틴어 '아니마'(anima)]은 시간 속에서 존재하는 인간 실존의 살아있는 요소다. 우리에겐 임신과 출생을 통해 영혼이 주어지는데, 이것이 생명 곧 육체의 활력이다. 영혼은 하나님의 선물로 유성생식 과정에서 부여된다. 한 번 부여된 프쉬케는 영원하신 생명 수여자와의 관계 속에서 육체적 죽음을 초월해 그 존재를 지속한다. 유대교와 기독교의 성경은 마지막 날 부활 시 영혼이 육체와 재결합할 것임을 확정적으로 말씀한다. 영혼은 창조되었으므로 과거로는 영원하지 않으나, 한 번 창조된 후에는 육체의 죽음으로도 궁극적으로 소멸되지 않는다.

시체는 생명 없는 몸으로 그 안에 영혼이 거하지 않는다. 죽음이란 하나님께서 사람 몸에 불어넣으신 생명이 몸에서 분리되는 것으로 정의할 수 있다. 몸의 움직임이 멈추면 심혈관의 동작과 호흡이 멈춘다. 이로써 하나님께서 몸속에 불어넣으신 생명이나 영혼은 몸을 떠나지만, 몸은 그것으로 끝나지 않고 최종 심판을 기다린다. 마지막 때 일어날 사건을 우리는 보편적 부활이라 부른다. 역사의 마지막에 일어날 일은 영화된(glorified) 몸 안에서의 육체적 부활이라는 신비적 사건이다. 영화된 몸은 단순한 물

---

19 "On Eternity," B 2:360-61, secs. 4–5.

질적 특성을 초월하지만, 그럼에도 부활하는 몸은 예전의 바로 그 몸이다. 죽음은 영혼의 생명을 끝낼 수 없고, 심지어 몸의 생명 역시 최종적으로 끝낼 수 없다. 부활 때 몸과 영혼은 재결합할 것이기 때문이다.[20]

e. 물질적 창조세계는 영원한가?

물질은 창조되었기에 영원하지 않다. 그러나 한 번 창조된 후에는 소멸하지 않고, 본래의 창조의 아름다움과 선함을 다시 반영할 수 있도록 궁극적 변화를 겪게 될 것이다. 하나님께서는 물질을 만드신 후에는 그것이 끊임없이 변화하도록 허락하시지만, 소멸되는 것까지 허락하지는 않으신다. 전능하신 하나님은 물론 원자까지 소멸시킬 만한 충분한 능력을 가지셨으나 그렇게 하실 이유가 없기 때문이다.[21]

웨슬리는 어떤 우주적 변화가 발생하든 원자물질은 남을 것이라고 주장했다. 피조물이 현재 형태를 잃고 영원 안에서 시간의 목적이 성취될 때까지 이런저런 형태로 변형될 때도 모든 원자의 하위입자는 남을 것이다. 심지어 물질 중 가장 단단한 다이아몬드조차 엄청난 열기로 가루가 되어 버릴 수 있지만, 가루 형태로라도 지속될 것이다.[22]

어떤 피조물도 영원한 자존성이라는 속성을 하나님과 공유할 수 없다. 영원한 자존성은 하나님께서 필연적 존재이심을 의미한다. 그의 존재는 시작이 없다. "그러나 모든 피조물이 미래에 영원할 것이라고 생각하는 것은 전혀 불합리하지 않다. 모든 물질은 확실히 끊임없이 변한다. … 그러나 변한다는 것이 소멸되어 사라진다는 의미는 아니다. 비록 무수히 다른

---

20 "On Eternity," B 2:361, sec. 6.
21 "On Eternity," B 2:362, sec. 7.
22 같은 곳.

형태를 취하더라도 본질은 동일하게 남아있을 수 있다."[23]

새 창조의 약속은 옛 창조의 멸절이 아닌 변화를 의미한다. 하나님께서 약속하신 것은, 어떤 것도 파괴하지 않는 새 하늘과 새 땅, 즉 소멸 없이 이루어지는 전적 쇄신이다. 옛 창조세계는 "녹아내리더라도" "사라져 없어지지는 않을" 것이다.[24] 물질은 형태가 바뀌더라도 이전과 다른 형태 속에서도 그 본질이 유지되는 것처럼, 영혼 역시 육체의 죽음 이후에도 생명이 지속되지만 그 생명은 예전과 다른 영적인 형태를 띠게 될 것이다.[25]

f. 신앙은 어떻게 일시적인 세상을 변화시키는가?

끊임없이 흘러가는 시간으로 인해 인간이 갖는 절망의 치료책은 신앙이다. 신앙은 하나님의 은혜에 의해 생명의 수여자이신 영원하신 하나님을 신뢰할 수 있는 분으로 믿는 것이다. 영혼이 영원히 행복할 것인지 아니면 스스로를 그 행복에서 제외시킬 것인지는, 우리가 만물보다 먼저 계시고 또 이후에도 계실 하나님을 신뢰할 수 있는 분으로 믿는지 아닌지에 달려있다.

신앙은, 소멸되지 않으시며 모든 일시적인 것을 그 적절한 가치에 따라 적절한 관점으로 보게 하시는 하나님을 날마다 묵상하면서, 눈에 보이지 않는 영원하신 하나님을 끊임없이 의식하며 살아가게 한다.[26]

하나님께서는 인내로 모든 개인의 삶을 주관하시기를 마치 온 우주를 주관하는 것같이 하신다. 우리 각 사람은 육체적으로는 살아가는 시간이 짧아 기껏해야 수십 년, 또는 그보다 매우 짧은 시간을 살 뿐인데, 이는 젊

---

23 "On Eternity," B 2:360, sec. 7.
24 "On Eternity," B 2:361, sec. 7.
25 "On Eternity," B 2:361–63, sec. 7.
26 "On Eternity," B 2:368–72, sec. 17.

고 건강한 사람도 쉽게 사고와 질병으로 해를 입기 때문이다. 그러나 아무리 약한 사람도 시간이 오고 가는 것을 어느 정도 인식할 능력을 가지고 있다. 우리의 짧은 삶을 이해할 수 있게 하는 결정적인 틀은 영원으로, 이 영원에 대한 생각은 우리를 진지하게도, 행복하게도 만든다.[27]

g. 신앙은 어떻게 결단을 요구하는가?

영원에 대한 생각은 말씀을 듣는 각 사람을 영원한 결과와 관련해 지금 이곳에서의 결단으로 이끈다.[28] 웨슬리는 영원에 대해 사변적 이론을 제시하기보다, 청중 개개인에게 진지하게 '여러분의 삶의 시간은 언제나 영원과 연결되어 있는데 그 시간으로 무엇을 하기로 선택할 것인가?'라고 물었다. 영원은 우리 삶에 결정적 도전을 던지고, 우리를 특별한 결단으로 초대한다. 영원하신 생명의 수여자와 함께함으로 영원한 행복을 택할 것인지, 영원한 행복의 길을 떠나 영원한 불행을 택할 것인지의 결단이다. 우리는 이성적 피조물이며 선택할 수 있는 능력을 가지고 있다. 이 세상에서 우리가 어떤 삶을 사는지가 영원을 결정짓는다.[29]

복음적 설교는 한 지점으로 향한다. 그것은 우리 각자가 영원을 결정지어야 하는 시점이 지금이라는 것이다. 우리의 시간을 영원과 연관 지어야 하는 때는 바로 지금이다. 복음은 그렇게 할 수 있는 방법을 제공한다. 지금이란 결국 우리가 구체적으로 경험하는 유일한 순간이다. 세상의 물질적인 것을 잃어버리더라도 하나님을 영화롭게 하면서 영원히 행복하게 사는 영혼과, 물질적인 것의 상실을 영원히 슬퍼하면서 주셨다 가져가신

---

27 "On Eternity," B 2:368–71, secs. 17–19.
28 B 1:549; 2:286, 296–97; 4:327, 402.
29 "On Redeeming the Time," B 3:322–32; 참고. Charles Wesley, "Awake, Thou That Sleepest," B 1:142–58.

분께 분개하는 영혼 사이에는 엄청난 차이가 있다.[30]

사람은 스스로 선택한 결과에 따라 영원히 행복하거나 불행해진다.[31] 은혜의 하나님은 우리가 진리를 향해 나아갈 수 있도록 계속 선택권을 부여하신다. 시간이 시작되기도 전 우리를 불행으로 운명 짓거나, 인간이 자유를 발휘하지 못하도록 무조건 행복으로 결정해 놓는 신적 예정이란 있을 수 없다.

하나님께서는 그 아들을 통해 주시는 하나님의 영원한 생명에 믿음으로 참여하는 사람을 끝없이 복된 영원으로 들어가게 하신다. 만약 행복한 삶이 역사 속에서 하나님의 창조 의지와 그 사역에 동참하는 것이라면, 불행한 삶은 그와 정반대로 하나님의 생명에서 분리되어 완전히 멀어지는 것이다. 우리가 모든 한정된 가치를 지닌 존재의 원천과 목적 되시는 창조주 하나님보다 일시적인 것에 더 가치를 두면, 그 삶은 불행해진다. 시간적 지속성에서든, 그 가치에서든 그런 것들은 인생의 목적으로 삼을 만한 것이 될 수 없기 때문이다. 인류의 원초적 타락으로 인해 이러한 불안정 상태가 우리에게 만연하게 되었으며, 이는 하나님의 은혜로 천지만물이 변화되는 그 순간까지 계속될 것이다.[32]

하나님의 영원성과 밀접하게 병행을 이루는 주제는 하나님의 편재성인데, 웨슬리는 이 주제를 설교 118번에서 다룬다.

3. 하나님의 편재성

설교 "하나님의 편재하심에 대하여"의 성경 본문은 예레미야 23:24의

---

30 "On Eternity," B 2:368–72, secs. 17–20.
31 "On Eternity," B 2:372, sec. 20.
32 "On Eternity," B 2:368–72, secs. 17–20.

"여호와가 말하노라 나는 천지에 충만하지 아니하냐"라는 말씀이다 [설교 #118 (1788), B 4:39–47; J #118, VII:238–44].

유한한 존재는 하나님의 편재하심을 충분히 이해할 수 없는데, 이는 그가 인식하는 모든 것이 공간의 제약 속에서 이루어지기 때문이다.

a. 하나님은 어디에나 계시는가?

우리는 하나님에게서 도망할 때조차 우리가 피해 도망하는 그분을 마주하고 있음을 깨닫는다(시 139편). "피조세계 안이든 밖이든 하나님이 계시지 않은 공간은 없다."[33] 웨슬리는 하나님께서 세상을 창조하신 후에는 스스로 움직이도록 내버려두셨다고 주장함으로 창조주 하나님이 세상에서 아무런 역할을 하시지 않는 것처럼 말하는 이신론자들을 반대했다.

하나님의 거룩하심은 영적, 물질적 창조세계 전체에 가득하고, 그 전체에서 드러난다. "주님께서는 '내가 천지에 충만하지 아니하냐'고 선언하신다." 보이지 않는 영적 세계와 보이는 물질 세계 전체는 영원한 하나님의 현존하심으로 가득하다. 요나가 발견한 것처럼, 모든 공간을 창조하고 보존하시는 분의 현존을 벗어나 숨을 수 있는 곳은 어디에도 없다.[34] 신자는 모든 시간과 공간을 초월하기도 하시고 그 품에 품기도 하시는 하나님의 광대하심을 찬양한다.[35] 모래알 하나를 손에 올려놓은 후 그 크기를 모래 언덕, 아니 온 우주와 비교해보라. 온 우주라도 하나님의 끝없는 광대하심과 비교하면, 백만 분의 일로 쪼갠 모래 한 알을 우주 전체 크기와 비교하는 것과 같을 것이다. 우주는 매우 광대하지만 그 크기를 측정할 수

---

33 "On the Omnipresence of God," B 4:42, sec. 1.1.
34 "On the Omnipresence of God," B 4:42, sec. 1.1; 4:39–47; J VII:238–44.
35 *LJW* 5:300; B 1:123–24; 2:502, 538–39, 569–70; 4:39–50.

있고 끝이 있다. 그 모든 물리적 지표는 유한하기에, 무한과 비교하면 없는 것이나 다름없을 정도로 미미하다.[36] 그러나 하나님의 광대하심은 시간과 공간을 초월한다.

우주를 만들고 측정하시는 광대하신 분을 공간의 단위로 측량하는 것은 불가능하다. 사람이 우주의 광대함을 어떻게 상상하든 하나님은 가장 작은 모래 알갱이 하나, 가장 작은 참새 한 마리, 모든 시간과 공간의 틈새, 가장 먼 바다와 하늘, 우리가 알지 못하는 은하계에 이르기까지 서로 다른 모든 장소에 계신다.[37]

b. 또 다른 우주가 존재하는가?

다른 우주들이 존재하는 것이 가능한가? 우주가 물질로 채워져 있는가 하는 것은 우리가 경험적으로 알 수는 없지만, 우리는 신앙의 유비를 통해 어떤 우주가 존재하든 그곳에는 "만물 안에서 만물을 충만하게 하시는"(엡 1:23) 창조주 하나님이 계시다는 사실을 안다.

우리가 인식 가능한 우주 너머의 또 하나의 우주를 상상한다고 해보자. 웨슬리는 누군가가 제기한 '우주 너머의 우주'라는 공상적 가설이 실제로 가능성이 있는지를 다루었다. 우리가 우주 전체의 범위를 상상할 수 있다고 해보자. 그렇다면 우주 밖에 또 다른 공간이 있을 수 있는가? 만약 그렇다면 그 공간 역시 하나님의 무한하심에 비하면 유한한 공간에 불과하다. 유일한 창조주이신 하나님은 우리가 상상할 수 있는 모든 세계보다 크시기 때문이다.

---

36 "On the Omnipresence of God," B 4:42, secs. 1.2, 3; 참고. "What Is Man?" Ps. 8:3–4, B 3:458, sec. 2.3 에서 키프리아누스의 말을 인용함.
37 "The Imperfection of Human Knowledge," B 2:570, J VI:338, sec. 1.2.

심지어 우리가 알지 못하는 무수히 많은 다른 피조세계를 가정하더라도 동일한 논리가 적용된다. 유일하신 하나님은 우리가 존재할 가능성이 있다고 상상하는 그 모든 피조세계에 현존하신다. 하나님은 단지 우리가 눈으로 보는 우주만이 아니라, 우리가 상상할 수 있는 모든 것의 창조주이시기도 하다. 그렇지 않다면 하나님은 그보다 더 큰 분을 상상할 수 없는 필연적 존재가 될 수 없을 것이다. 어떤 피조물도 창조자를 가정하지 않고는 상상할 수 없다. 만약 설계자가 없다면 어떤 우주의 설계도 없었을 것이다.[38]

편재하시는 하나님은 마치 온 우주에게 하듯 가장 작은 원자에도 관심을 가지고 힘을 부여하셔서 그 각각을 지탱하고 전체를 관리하시며, 이성을 가진 피조물의 자유 의지를 파괴하지 않으면서 강제적이지 않은 방법으로 전체에 영향을 끼치신다. 하나님께서 인간에게 자유를 주신 것은 자연의 강제적인 힘에 내버려두신 것이 아니다. 자기 결정권이라는 자유를 주는 척하면서도 실제로는 주지 않는 속임수를 쓰시는 것이 아니다.[39]

c. 세상 없이 존재하는 하나님을 생각할 수 있는가?

하나님 없는 세상을 가정하는 것은 아무것도 존재하지 않는 것을 가정하는 것과 같다. 원인 없이 결과가 존재할 수는 없기 때문이다.

세상 빼기 하나님은 무(無)다[세상-하나님 = 무(無)]. 하나님 빼기 세상은 여전히 온전한 하나님이다(하나님-세상 = 하나님). 어떤 세계가 없어지더라도 하나님께서 잃어버리시는 것은 아무것도 없다. 하나님은 그 존재를 세상의 존재에 의존하지 않으신다. 그렇지 않다면 창조주가 존재하

---

38 "On the Omnipresence of God," B 4:42–43, sec. 2.
39 "On the Omnipresence of God," B 4:42–44, sec. 2.

려면 일부 피조물을 반드시 필요로 한다는 이상한 결론이 나온다.[40]

하나님만 계시고 세상은 없다고 공상해보자. 그런 공상은 물론 실제 세상에서 살고 있는 자유로운 인격적 존재만이 할 수 있다. 따라서 그런 생각 자체가 터무니없는 것이다. 우리가 그런 공상을 할 수 있는 것은 오직 실재하는 세상이 참으로 창조되었기 때문이다. 그러나 그런 공상이 사실이라 하더라도 하나님은 여전히 상상 가능한 그런 세계를 창조할 수도 있고 그렇지 않을 수도 있는 비길 데 없는 창조주이시며, 그 세계의 매 순간과 모든 공간은 여전히 창조주의 지탱하심에 의존한다.[41]

이 점에서 유대교와 기독교가 하나님을 생각하는 방식은 모든 종류의 범신론과 근본적으로 구별된다. 모든 범신론적 견해는 세상과 연속선상에 있거나, 세상과 분리할 수 없거나, 세상 그 자체로 축소해도 무방한 존재의 근원을 상상한다. 그 결과, 신은 곧 세상이라는 비이성적 주장에 이른다. 만약 신이 세상이라면, 그것에 동반되는 망상은 세상을 신의 몸으로 볼 수 있다는 것이다. 이는 단지 개념적 오류가 아니라, 본질적으로 인간의 마음속에 있는 근본적인 죄로서 인간의 왜곡된 우상숭배의 의지를 드러내는 뒤틀린 주장이다.[42] 물질의 자기 충족성이나 신으로부터의 물질의 삼출(oozing) 또는 유출(emanating) 같은 사상은 모두 구약이나 신약 성경의 가르침과 부합하지 않는 이질적인 것이다. 무신론적 자연주의(skeptical naturalism), 물활론적 자연관(animistic nativism), 대지의 여신 생기론(earth-mother vitalism), 철학적 범신론 등 하나님을 피조물로 축소하는 어떤 상상도 철저히 배격해야 한다.[43]

---

40 "On the Omnipresence of God," B 4:43–44, sec. 2; J VII:238–44.
41 "On the Omnipresence of God," B 4:44; 참고. 2:13.
42 Letter to William Law, January 6, 1756, *LJW* 3:343–45.
43 같은 곳; *LJW* 3:332–42.

어떤 사람들은 세상이 없이는 하나님을 상상조차 하지 못한다. 그들은 하나님의 넘치는 사랑은 어떤 외적 필연성에 의해 창조를 할 수밖에 없으셨기 때문에 창조와의 관련성을 떠나서는 하나님을 이해할 수 없다고 주장한다. 이에 대해 웨슬리는 처음부터 '창조된' 세상에 의존하는 가상적 '창조자'는, 성경이 '하늘과 땅'을 창조하신 분으로 증거하는 그 창조주가 아니라고 답한다. 여기서 '하늘과 땅'은 신앙고백적으로 창조된 모든 것을 통칭한다. "아무 피조물이 없는 곳에도 하나님은 계시다. 하나님께는 어떤 또는 모든 피조물의 있고 없음이 아무런 차이가 없다."[44] 웨슬리가 이후 과정 신학으로 불리게 되는 관점과 긴장 관계에 놓이는 것이 바로 이 지점이다. 세상을 신의 몸으로 여기는 관점은 웨슬리에게서 전혀 나타나지 않는다. 자연을 피조물이 아니라 신과 동일하게 생각해 찬양하려는 사람이나, 몸과 정신의 비유를 들어 세상과 하나님을 본질적으로 함께 엮으려는 사람은, 하나님의 편재하심에 관한 웨슬리의 확고한 입장에서 자신과의 유사성을 거의 발견할 수 없을 것이다.[45]

d. 하나님은 편재하지 않고도 전능하실 수 있는가?

하나님의 영향력이 전혀 미치지 않는 어떤 공간을 상상하는 것은 '전능하신 아버지 하나님'에 대한 성경과 사도신경의 증언을 부인하는 것이다. '전능하신 하나님'을 믿는다는 신앙고백은, 그와 동시에 하나님의 편재하심을 인정하는 것이기도 하다.[46] 하나님께서 세상 어디에나 충만하게 현존해 계심을 인정하지 않는다면, 하나님이 더할 수 없는 최고의 능력을 가지셨다고 진지하게 확언하는 것이 불가능하다. 어느 누구도 지금 자신이 존

---

44 "On the Omnipresence of God," B 4:43, J VII:240–41, sec. 2.3.
45 "On the Omnipresence of God," B 4:42–45, sec. 2.
46 *LJW* 3:343–44; 5:365; 8:153; B 1:589; 2:540–41; 4:320–21.

재하지 않는 곳에서 활동할 수는 없다.[47] 능가할 자 없는 최고의 능력자라도 자신이 지금 현존해 있지 않은 곳에서는 활동할 수 없는 것이다. 따라서 전능함은 편재함과 본질적으로 연결되어 있다. 하나를 배제한 채 다른 하나만 상상할 수 있는 방법은 없다.

일부 경험주의자는 하나님을 마치 화학 성분이나 생물학적 구조 같은 하나의 객체로 여길지도 모른다. 그러나 하나님은 그렇게 측정할 수 있는 관찰의 대상이 아니시다. 하나님은 물질적 존재와 자연적 인과관계를 초월하는 영적 존재이시기 때문이다. 창조에 대한 연구는, 반복 가능한 물리적 계측에 근거해 사실을 입증하는 과학의 경험적 결론 도출 방식으로 사실을 확증하는 검사 방법이 아니다.

하나님을 바라보는 사람은 영적 감각을 가지고 창조를 연구한다. 창조주는 이성적 피조물에게 그들이 친숙하게 여기는 물리적 감각들[48]만 주신 것이 아니라, 은혜의 방편들을 통해 섭리하심으로 영적 감각, 즉 하나님께서 자신에 대해 보여주신 것을 수용할 수 있는 능력을 주신다. 이 영적 감각은 기도와 성례전 참여, 자기희생적 봉사, 성경 연구와 영적 훈련을 통해 더 성숙해간다.[49]

e. 하나님의 편재하심이 갖는 도덕적 함의

누구도 하나님의 속성이 지닌 도덕적 함의를 경시하면서 하나님의 속성에 대해 바르게 말할 수는 없다. 하나님의 편재하심에 대한 가르침은 인간관계에 큰 영향력을 갖는다. 그 가르침은 우리가 타인을 대하는 태도를

---

47 "The Unity of the Divine Being," B 4:61–62, secs. 3–4; *LJW* 6:49.
48 감각을 통해 갖게 되는 경험적 지식에 관해서는 B 4:29–30, 49–51, 200; 11:56–57을 보라.
49 "On the Omnipresence of God," B 4:42–45, sec. 2.

형성한다. 하나님께서 어디에나 계신다는 생각은, 우리가 지금 말하고 느끼는 것에서 도덕적으로 민감할 것을 요구한다. 그것은 마치 비밀한 장소에서조차 충만히 계시면서 모든 것을 보고 아시는 하나님 앞에 붙들려 있는 것과도 같다.

만약 우리가 날마다 하나님의 현존하심 속에 살아간다면 그것은 우리가 지금 이곳에서 내리는 도덕적 선택에 강력한 영향을 끼친다. 대우주든 소우주든 우주를 진지하게 바라보는 사람은, 하나님께서 우리의 모든 만남, 눈을 깜빡이는 모든 순간, 모든 사소하고 작은 공간에서도 끊임없이 우리를 마주하고 계시다는 사실을 경외심을 가지고 인정한다. 하나님은 우리와 함께 계신다.[50] 성육신 찬송('임마누엘')은 하나님의 편재하심에 둔감한 우리의 이성적 사고를 거대한 역사 속에서 조명해준다.

하나님의 편재하심에 대한 생각은 우주를 바라보는 각 사람으로 하나님께서 인격적으로 함께하심을 생생하게 느끼도록 이끈다. 복음의 빛 안에서 보면 이는 우리가 하나님과의 화해와 교제로 이끌리는 것이다. 이 교제에는 하나님께서 모든 시공간에서 우리와 함께하시는 세상에서 우리가 책임감을 가진 자유로운 존재라는 사실에 대한 놀라움이 뒤따른다. 신자는 하나님께서 매 순간 함께하심을 기뻐하는 가운데, "모든 생각을 사로잡아 그리스도에게 복종하게"(고후 10:5) 한다.

그 결과 우리는 모든 도덕적 선택의 기로에서 영원하신 하나님께서 함께하고 계신다는 단순한 사실을 고려해 판단하게 될 것이다. 편재하셔서 동행하시는 하나님과의 관계로 인해 행동이 변화되고, 말이 달라지며, 생각이 바뀔 것이다. 하나님은 우리 생명이 일시적 우상이 아닌 그 참된 근

---

50 "On Divine Providence," B 2:539, J VI:316, sec. 11.

원에 뿌리를 내림으로 다시 행복해지도록 하기 위해 자신을 우리에게 주신다. 신자들은 "하나님의 은혜로우신 현존에 대해 깊고도 지속적이며 생생하고 즐거운 감각을 유지하기 위해 어떤 수고도 아끼지 말라"[51]는 명령을 받았다.

웨슬리의 영적 훈련 연합체에 속한 사람들은, 하나님의 편재하심과 영원하심에 대한 이런 실질적인 논의를 통해 합리적으로 추론함으로, 하나님의 다른 속성들을 바르게 이해할 수 있는 기초 원리들을 쉽게 발견할 수 있었다.[52] 그중 하나가 하나님의 일체성이다.

4. 하나님의 일체성

설교 "하나님의 일체성"의 성경 본문은 마가복음 12:32의 "하나님은 한 분이시오"라는 말씀이다 [설교 #120 (1789), B 4:61–71; J #114, VII:264–73].

a. 인류의 일체성

인류의 일체성이라는 생각은 하나님의 일체성이라는 전제의 논리적 귀결이다. 하나님이 한 분이시기에 우리가 인간 문화의 엄청난 다양성 속에서도 이성적인 피조물의 일체성을 어느 정도 이해할 수 있기 때문이다.

그 일체성의 중심이 되는 인격적·윤리적 표현은, 우리가 하나님의 사랑에 응답해 주위의 실제적이며 구체적인 특정한 대상(이웃)을 우리 자신처럼 사랑하는 것이다. 많은 신을 숭배하는 곳에서는 참된 하나님을 예배할 수 없고, 인류의 일체성을 이해할 수도 없다는 것은 확실하다.[53]

---

51 "On the Omnipresence of God," B 4:47, sec. 3. 6.
52 CH 7:370.
53 "The Unity of the Divine Being," B 4:61, J VII:264–73, secs. 1–3.

하나님의 일체성에 관해 길잡이가 되는 성경 본문은 마가복음 12:32로, 가장 중요한 계명이 무엇인지 질문한 한 비방자에게 예수님께서는 구약 성경으로 대답해주셨다. "예수께서 대답하시되 첫째는 이것이니 이스라엘아 들으라 주 곧 우리 하나님은 유일한 주시라 네 마음을 다하고 목숨을 다하고 뜻을 다하고 힘을 다하여 주 너의 하나님을 사랑하라 하신 것이요 둘째는 이것이니 네 이웃을 네 자신과 같이 사랑하라 하신 것이라 이보다 더 큰 계명이 없느니라"(막 12:29-31; 신 6:4-5과 비교해보라).

b. 하나님의 속성들의 조화

하나님께서는 역사 속 활동을 통해 자신을 알리신다. 하나님은 그가 행하시는 일을 통해 알려진다. 우리는 인간의 역사에 자신의 특성을 드러내신 성경의 긴 이야기를 생각함으로 하나님이 어떤 분이신지 발견한다.[54]

하나님의 일체성은 다른 보완적 속성들에 의해 더 분명하게 되고, 그 모든 속성은 하나님 자신의 생명 안에서 하나가 되어 일치를 이룬다. 하나님은 편재하시기를 멈추지 않으면서 영원하시고, 모두에게 공감하시기를 멈추지 않으면서 편재하시며, 자유 부여하시기를 멈추지 않으면서 전지(全知)하시다. 하나님의 각 속성은 다른 속성들과 상호보완적이다.[55]

c. 필연적 존재이신 하나님

어떤 속성은 오직 하나님께만 있고 피조물에게는 없다. 그렇지 않은 다른 속성들은 관계적 속성으로 불리는데, 이는 그 속성들이 편재하시고 전능하시며 전지하신 하나님께서 자신의 창조세계 및 피조물과 맺으시는

---

54 "The Unity of the Divine Being," B 4:61, secs. 1–3.
55 "The Unity of the Divine Being," B 4:61–64, secs. 2–9.

관계에서 중요하기 때문이다.[56]

필연적이고 독립적인 존재로서의 하나님의 속성은 피조물에게 양도되거나, 유한하고 의존적이며 편협한 인간에게 일방적으로 전가될 수 있는 것이 아니다.[57] 모든 피조물은 창조에 의해 존재하게 되었으므로, 유한한 몸과 마음을 가진 피조물은 본질적으로 필연적이지 않다. 하나님의 자존적 속성(비유래적 존재성 또는 자기 충족성)은 이전되거나 공유될 수 없으며, 철저히 유래적·의존적 존재인 인간의 특징과 유사하지도 않다.[58]

5. 관계적 속성: 선함, 자비, 거룩함, 영적 존재

a. 피조물과의 관계를 위한 하나님의 속성

모든 살아있는 피조물은 출생과 죽음 사이의 짧은 시간 속에 존재한다. 하나님께서는 시간 속에서 이루어지는 모든 사건을 영원한 현재로 보시는 방식으로 시간을 초월하신다. 오직 하나님만이 모든 다른 현재에 동시에 현존해 계시므로 우리가 생각할 수 있는 모든 과거와 현재, 미래를 알고 계신다.[59]

유한한 존재는 하나님이 아시는 것만큼 온전히 알 수 없기에, 하나님 되심은 유한한 존재에게 전달될 수 있는 것이 아니다. 오직 하나님만 하나님 되시는 방법을 아신다. 오직 하나님만 전지(全知)하시다. 하나님은 우리같이 단지 부분적으로 아시는 것이 아니라, 일어난 일 전체를 완전하고 넓게 아신다. 하나님은 앞으로 일어날 모든 일, 우리가 상상할 수 있는 시

56　*LJW* 3:343–44; 5:365; 8:153; B 1:589; 2:540–41; 4:320–21.
57　*LJW* 2:71; 5:231.
58　"The Unity of the Divine Being," B 4:61, sec. 2.
59　"The Unity of the Divine Being," B 4:61, sec. 3.

공간에서 일어나는 모든 일을 아신다. 그러나 그 아심은 인간의 자유를 배제하지 않는다. 하나님은 인간 의지의 자유로운 행위를 미리 아실 뿐 미리 결정해놓지 않으시므로, 하나님의 전지하심은 자유를 가진 인간의 동반자이자 인간의 자유를 가능하게 하시는 무한히 자유로우신 하나님을 설명할 따름이다.[60]

이러한 하나님의 공유적 속성, 즉 유한한 피조물이라도 어느 정도 소유해야 할 속성에는 어떤 것이 있는가? 진실함, 공감 능력,[61] 정의로움,[62] 영적 존재[63] 등의 신적 속성이 피조물도 어느 정도 공유할 수 있는 속성이다.

b. 선함, 자비, 거룩함

예를 들어, 하나님께서 가지신 자비라는 특성은 하나님께서 우리와 함께 나누기 원하실 뿐 아니라, 우리에게도 다른 사람들과 나누라고 명령하신 특성이다.[64]

하나님만이 무한히 선하시다. 그분은 능력과 지식처럼 선하심에서도 비길 데가 없으시다. 그분은 은혜에 풍성하셔서 유한의 범주를 초월한 선하심으로 모든 것을 주시는 분이시다. 1780년판 『메소디스트 찬송가』(*Collection of Hymns for the Use of the People Called Methodists*)에서는 자그마치 17편의 찬송이 "하나님의 선하심"을 묘사하는 데 집중하고 있다.[65] 창조에서 드러난 하나님의 선하심에 대한 가장 적합한 응답은, 감사하며 살

---

60 "The Unity of the Divine Being," B 4:61–62, J VII:264–73, secs. 3–6.
61 B 1:274–75; 2:422–35; JWO 226-27., 385–86, 469–70.
62 LJW 3:345; B 1:344–45; 2:12–13; 4:285-86.; JWO 435–37, 451–52.
63 "The Unity of the Divine Being," B 4:62–65, secs. 7–11.
64 B 2:411, 424, 434; 4:62–63.
65 CH 7:107–28.

면서 그분의 선하심을 다른 사람들에게 그대로 전달하는 것이다.[66]

하나님만이 비길 데 없이 거룩하시다.[67] 이 거룩하신 하나님을 마주하면 그분이 주신 자유를 남용한 우리는 삶에서의 그 어떤 부도덕함도 매우 강하게 느낀다. 성경은 그 불완전한 자각을 '양심'이라 부른다. 하나님께서는 우리의 선함과 하나님의 지극히 선하심의 차이를 느끼게 하심으로, 비록 부정적인 방법을 통해서라도 우리를 하나님의 거룩하심에 참여하게 하신다. 마찬가지로 비할 데 없이 자비로우신 하나님은 우리에게도 자비를 요구하신다.[68]

c. 영적 존재

히브리 사람들이 '영'을 설명할 때 사용하는 기본적인 비유는 바람으로, 우리는 그 움직임을 눈으로 볼 수는 없으나 영적 감각으로는 느낄 수 있다. 하나님은 사물과 달리 눈에 보이지 않으시지만, 바람이 눈에는 보이지 않아도 그 존재를 알 수 있듯, 우리는 하나님을 알 수 있다.

성경대로 하나님이 영이심을 확언하는 것은 곧 그분이 물질로 축소될 수 있다는 주장에 반대하는 것이다. 영이신 하나님은 우리가 눈으로 볼 수 있는 대상이 아니시며, 정형화된 인과율이나 유형적 물질, 물질적 결정요인 정도로 축소될 수 없다. 하나님은 시간 안에서 자연을 보존하시지만, 자연으로 축소되지 않으신다. 자연적 인과관계를 신뢰할 만하게 만드셨으나 하나님께서는 그 신뢰성의 토대와 전제로서 여전히 남아 계신다.[69]

하나님께서는 모든 물질뿐 아니라 물질을 초월하는 영적 피조물 전체,

---

66 *LJW* 8:153.
67 "The Unity of the Divine Being," secs. 5–6.
68 "The Unity of the Divine Being," B 4:62, sec. 7.
69 "On the Omnipresence of God," B 4:45, sec. 2. 8.

모든 천사와 인간, 변화무쌍한 모든 가능성을 가진 인간 역사를 포함해 하늘과 땅의 살아있는 모든 존재를 창조하신다. 하나님께서는 사람을 창조하실 때 그분 자신의 존재와 일체성, 자비, 정의, 영적 특성, 사랑을 어느 정도 반영할 수 있는 능력을 부여하셨다.[70]

6. 하나님, 행복, 종교

a. 하나님과 행복

하나님의 각 속성에 대한 웨슬리의 논의는 실천적이고 도덕적인 강조점을 지녔다. 하나님의 속성에 대한 바른 숙고는 언제나 인간의 행복에 기여하고자 한다. 이는 웨슬리가 교육적 설교에서 매우 강조하는 요소이자, 그의 가르침의 두드러지는 특징이다.[71]

하나님께서는 처음부터 각 피조물이 그들에게 가능한 최대 한도까지 행복할 수 있게 하려 하신다. 하나님께서 도덕적 질서를 주신 것은 피조물의 행복을 위한 것이다.[72] 천지창조의 목적은 최대한 자신의 선하심을 나눌 수 있도록 사귐을 가질 수 있는 피조물을 창조하심으로 온전한 기쁨을 얻으시는 것이다.[73] 그 질서를 어처구니없이 어지럽히고 전복한 것은 우리의 왜곡된 자유다. 하나님께서 이성을 가진 피조물을 저주하거나 소외시키기 위해 세상을 창조하신 것이 아니다.[74]

하나님께서는 창조 사역을 매우 즐거워하신다. 창조의 모든 요소는 하

---

70 "The Unity of the Divine Being," B 4:63, sec. 8.
71 B 4:209.
72 B 1:35, 223–24; 2:195–96; 3:533–34; 4:300–301, 305.
73 행복의 다양한 정도는 사랑으로 역사하는 믿음의 정도에 비례한다. B 4:286.
74 "The Unity of the Divine Being," B 4:63, sec. 9.

나님께서 승인하신 것으로 하나님의 영광을 드러내는 데 이바지한다.[75] 하나님께서는 '모든 피조물이 행복하도록' 만드셨다. 우리의 자유는 하나님 안에서 행복하도록 되어 있다. 하나님께서는 자신의 자유를 함께 누리고 즐거워하게 하시려는 목적으로, 친교를 나눌 수 있고 자유로우며 자기 결정 능력을 가진 인격적 존재들을 창조하셨다. 지혜로운 부모가 온 가족의 참된 행복을 추구하듯, 하나님께서는 창조하신 모든 피조물이 행복하기를 원하신다.[76]

b. 인간의 우상숭배로 무시당한 하나님의 자비

인간의 행복을 방해하는 것은 무엇인가? 우리는 세상의 유한한 것을 마치 절대적인 것인 양 다룬다. 우상숭배란 인간의 선택이 무질서해지는 것으로, 인간이 자유를 잘못 사용해 질서와 선함을 버리고 무질서한 타락으로 향하는 것이다.[77] 우상은 우리가 절대적인 것처럼 여기는 어떤 좋은 것이나 관계다. 우리는 모든 것을 주신 분 대신 지음받은 피조물을 경배하고 사랑한다.[78]

인간의 역사 어디에서나 발생하는 다시 돌이킬 수 없는 문제들은 죄라는 말로 요약된다. 역사는 자유를 부여받은 사람들이 헐값에 그 자유를 팔아버리는 불운한 일의 연속이었다.[79]

하나님께서는 어떤 것도 악하거나 선천적으로 악으로 기울어지도록 만들지 않으신다. 하나님의 손은 오직 선한 것만 창조하신다. 우리는 이

---

75 B 9:39–40; JWO 450–51.
76 "The Unity of the Divine Being," B 4:63–65, secs. 9–11.
77 세상의 행복은 불안 속에서 잠시 머물거나 우상숭배로 기울어지는 거짓된 행복이다. B 1:253, 624–26, 636–37; 3:97–98, 105–13, 234–36; 4:123–26, 206–7.
78 "The Unity of the Divine Being," B 4:63–65, secs. 9–11.
79 "Spiritual Idolatry," B 3:103–5; J VI:435–44.

런 좋은 선물들을 하나님께 값없이 받고 나서는, 마치 창조된 세상 자체가 우리의 선과 행복의 원천인 것처럼 행세한다. 우리는 창조주보다 피조물을 더 사랑한다. 죄가 악한 열매를 맺게 되는 것은, 창조주가 그렇게 창조하셨기 때문이 아니라, 인간이 죄악 된 의지로 만들어낸 결과다. 우상숭배에 빠진 자유가 의지를 사로잡으면 그 의지는 반드시 행동하게 된다.[80]

인간의 본성은 유한성과 자유라는 상반된 요소를 동시에 가지고 있다. 자유는 유한성을 초월할 수 있음에도 그것에 매여있으려 한다. 우리는 죽어가는 몸 안에 거하는 살아있는 영혼이다. 인간의 삶은 영이 육체와 싸워나가는 과정이다. 하나님은 그 선하심으로, 우리가 부여받은 능력을 책임성 있게 사용할 것이라는 전제 아래 우리에게 자유를 부여하셨다. 그 능력은 오용하면 아래로 추락해 관능적 욕망으로 변질되거나, 높이 받들면 교만으로 변질될 수 있다. 우리가 과도한 관능적 행위에 빠질 때 우리는 몸과 그 한계로 인해 고통받는다. 우리는 마치 육체를 초월하는 영을 가지지 않은 체한다.[81] 반대로 교만에 빠질 때는, 마치 육체의 제약이나 어떤 기본적인 한계도 없는 듯, 자신이 우주의 중심인 척한다. 자유를 행사함으로 질서 속에서 행복을 누리도록 하나님께서 주신 좋은 것들이, 우상숭배로 무질서하게 그 자유를 행사함으로 육욕과 교만을 충족시키는 도구가 된 것이다.[82]

---

80 "Sermon on the Mount, 8," B 1:612–32; J V:361–77.
81 FA, pt. 2, B 11:228–34, J VIII:161–64, sec. 2. 16–20.
82 이것이 키에르케고르가 『죽음에 이르는 병』(*Sickness unto Death*)에서 다루는 주제가 된다; 참고. *NDM*, vol. 1.

7. 참 종교와 거짓 종교

a. 거짓 종교의 세 형태

우리의 종교적 감수성과 신을 숭배하려는 자연적 경향성도, 모든 것을 주신 비할 자 없는 하나님과의 이 끈질긴 경쟁에 합류한다. 그러나 하나님은 우리의 더 깊은 동기를 살피신다.

인류에게 종교는 식욕과 성욕만큼이나 자연스럽다. 타락한 인간에게는 그 대상이 진짜든 가짜든 언제나 어떤 존재를 예배의 대상으로 삼아 숭배하려는 경향이 일반적이다. 인간이 만들어내는 모든 종류의 우상숭배 중 가장 민감하고 교묘한 것은 종교 그 자체다.

거짓 종교는 우리를 참된 행복에서 더 멀어지게 한다. 거짓 종교는 경건의 모양은 있어도 능력은 없는 죽어 있는 전통적 교리 종교나 "외적인 형식" 종교의 형태로 나타날 수 있다.[83] 말로는 무엇이든 그럴듯하게 설명하는 사람이라도, 실제로 하나님의 은혜를 받고 계시하시는 하나님의 사랑을 삶으로 구체화하는 일에는 완전히 실패할 수 있다. 웨슬리는 때때로 죽어 있는 정통주의를 호되게 비판했으나, 이는 전통적 기독교 정통주의를 반대한 것이 아니라, 그 올바른 가르침을 행위의 변화를 일으키지 못하는 죽은 교리로 축소한 잘못에 대한 반대였다.[84]

거짓 종교는 행위의 의에 종속된 종교의 형태로도 나타날 수 있다. 이러한 종교에서 우리는 선행이나 봉사, 자신이 이룬 공로를 바탕으로 하나님께 용납될 것을 기대하면서 "보세요, 주님, 얼마나 대단합니까" 하고 자만하며 하나님 앞에 자신을 내세운다. 우리는 도덕적 행동이나 종교적 행

---

83 "The Unity of the Divine Being," B 4:66, J VII:264–73, sec. 15.
84 "자신의 종교를 바꾸어" 로마 가톨릭 교도가 된 사무엘 웨슬리(Samuel Wesley)에 관한 내용은 Letter to Charles Wesley Jr., May 2, 1784, *LJW* 7:216–17을 보라.

위를 하나님께 드릴 수 있는 최종적 선이라고 추측하면서, 하나님의 비할 바 없는 선하심을 신뢰하려 하지 않는다.[85]

마지막으로, 거짓 종교는 스스로 깨닫지 못한 채 유한한 것을 예배의 대상으로 섬기는 실천적 무신론의 형태를 띨 수 있다. 웨슬리는 교리적 무신론보다, 사람들이 실제 생활에서 하나님이 존재하지 않는 것처럼 살아가게 만드는 실천적 무신론에 더 깊은 관심을 가졌다.[86]

b. 참된 종교: 하나님께 감사함으로 이웃에게 자비를 베풂

참 종교는 전체를 이루는 두 개의 반쪽처럼 서로 연결된 두 가지 차원을 지닌다. 그것은 하나님께 대한 감사와 인간에 대한 사랑이다. 모든 우상숭배와 대조적으로 참 종교는, 하나님께서 주신 좋은 선물들에 대한 감사와 그 은혜에 대한 응답으로 빈궁한 이웃에게 베푸는 자비로 표현된다.[87] 참 종교란 생명과 한정된 자유를 감사히 여기고, 자유가 타락했을 때 그것이 더 깊이 하나님께 근거하도록 회복시켜주심에 감사하면서, 창조와 구원에서 하나님의 선물을 날마다 찬양하며 살아가는 것이다.[88]

참 종교는 상처 입은 인류를 향한 하나님의 선의에 응답해 상처 입은 이웃에게 선의로 다가가는 것이다. 우리는 자비를 갈망하는 자에게 하나님의 자비로우심을, 착취당한 자에게 하나님의 선하심을, 노숙자에게 하나님의 사랑을 전해주어야 한다.[89]

이웃의 유익에 대해 전혀 상관하지 않는 종교적 감수성을 지닌 사람은

---

85 "The Righteousness of Faith," B 1:204–9, sec. 1.
86 "The Unity of the Divine Being," B 4:66, sec. 15; "On Living without God," J VII:351, sec. 7.
87 "The Unity of the Divine Being," B 4:67, secs. 16–17.
88 B 2:548–49.
89 "The Unity of the Divine Being," B 4:66–68, secs. 16–18.

적어도 종교의 반쪽인 이웃을 향한 사랑을 놓친 것이다. 종교를 인본주의적 윤리로 축소하는 사람은 종교의 다른 반쪽, 즉 우리를 불러 능력을 부어주심으로 이웃에게 마음껏 사랑을 베풀게 하시는 인격적이고 자기희생적인 하나님을 잃어버린 것이다.[90]

성부 하나님은 사랑이신 성자를 통해 계시되신다. "성령으로 말미암아 하나님의 사랑이 우리 마음에 부은 바 됨이니"(롬 5:5). 이 유일하신 하나님께 신앙과 사랑으로 온전히 응답하는 것은 인간의 참된 행복이자 참 종교의 토대다. 종교가 죄에 젖어 있었기에 역사에서 그런 종교는 매우 드물지만, 그렇다고 하나님의 은혜가 미치지 않는 것은 아니다.

이웃을 사랑할 수 있는 온전한 자유를 얻은 사람은, 자신 앞에 "영원하고 편재하며 완전한 영이시고, 알파와 오메가 곧 처음과 나중 되신 분, 창조자뿐 아니라 공급자, 보존자, 통치자 되신 분, 아버지와 구원자이자 거룩하게 하시며 위로하시는 하나님" 외에 다른 신을 두지 않는 사람이다. 또 "이 하나님을 자기 하나님으로 삼으며, 시간과 영원 속에서 자신의 모든 것으로 삼는 사람이다."[91]

웨슬리는 유명한 계몽주의 배교자 "삼총사 루소, 볼테르, 데이비드 흄(David Hume)"[92]이 종교에 끼친 위협을 정확히 인지했는데, 그들은 "인간을 … 종교의 핵심으로" 극찬하면서 "아무런 계시 없이도 그 자체의 토대 위에 독립적으로 설 수 있는 종교를 만들기 위해 온갖 노력을 기울였다." 비록 인기가 많더라도 그런 종교는 "무신론보다 나은 것도, 못한 것도 없는 종

---

90 "The Unity of the Divine Being," B 4:67, secs. 16–17.
91 "The Unity of the Divine Being," B 4:71, sec. 24.
92 "The Unity of the Divine Being," B 4:68, sec. 18. 웨슬리가 흄을 언급한 내용은 B 11:460; *JJW* 5:458, 491, 523. 루소에 관한 언급은 B 4:60, 69; *JJW* 5:352–53; 6:23. 볼테르에 관한 언급은 *JJW* 4:45, 157; 6:211; 7:13; *LJW* 5:199; 6:123, 332, 338을 보라.

교로서", 하나님께서 연결 지으신 하나님 사랑과 이웃 사랑을 갈라놓는다. 웨슬리는 윌리엄 월러스턴(William Wollaston)의 『자연종교 해설』(*The Religion of Nature Delineated*), 장 자크 벌라마키(Jean-Jacques Burlamaqui)의 『자연법의 원리』(*Principles of Natural Law*), 특히 프란시스 허치슨(Francis Hutcheson)의 『정념의 행위』(*Conduct of the Passions*) 등을 비판하면서 이후 니체, 마르크스, 프로이드가 주장하게 될 무신론적 사상이 다가오고 있음을 미리 감지했을 것이다. 허치슨은 "만약 선행을 하면서 하나님의 상급을 기대한다면 … 그것은 도덕적이 아니라 이기적인 행위이므로 … 덕과 상반된다"고 주장하면서 도덕적 사고에서 "하나님을 전적으로 배제해버렸다."[93] '현대성'이라는 짐승은 이미 베들레헴 쪽으로 몸을 구부리고 있었으며, 베들레헴은 이를 버티지 못할 것이다.

웨슬리는 하나님의 지혜를 말하면서 그분의 모든 속성을 함께 언급했다.

8. 하나님의 사려 깊은 지혜

설교 "하나님의 사려 깊은 지혜"의 성경 본문은 로마서 11:33의 "깊도다 하나님의 지혜와 지식의 풍성함이여"라는 말씀이다 [설교 #68 (1784), B 2:551–66; J #68, VI:325–37].

하나님의 지혜와 능력은 인간의 자유가 타락하면 그것을 소생시키고 어리석은 판단에서 회복시키기 위해 함께 역사한다.[94] 하나님께서는 수단과 목적 모두에 섭리하셔서 인간이 선택하기 전의 과정과 그 후의 결과를 모두 이루어가신다. 하나님께서 지혜로 모든 것을 계획된 목적에 맞게 조정해가시므로, 그 모든 것을 고려하면 신앙의 눈에는 창조세계가 여전히

---

93 "The Unity of the Divine Being," B 4:68, sec. 18.
94 "The Wisdom of God's Counsels," B 2:552, J VI:325–37, sec. 2.

매우 선하게 보인다. 모든 일시적 저항에도 하나님의 사려 깊은 지혜는 인간의 이야기에 충분히 스며들어 있다.[95]

a. 인간에게는 자연과 다르게 역사하는 하나님의 지혜

영적인 일에서 하나님의 인도하시는 손길은 물리학에서와 다르게 임한다. 자연에서 창조는 확고한 물리적 인과관계에 따라 질서 있게 이루어진다.[96] 도덕적 질서에서는 자유 그 자체가 인과관계를 형성한다. 자연적 인과관계는 신뢰할 만하다. 그러나 그 자연적 인과관계의 신뢰할 만한 연결고리 안에서 인간의 자기 결정적 의지에 의해 형성된 역사가 나타난다. 인과관계의 결정인자 내에서 작용하는 이 자유는 그 자체가 공동 결정인자다.

자연에 자유라는 것이 없다면, 하나님의 뜻에 대한 반대도 없을 것이다. 그러나 실제 역사에서는 언제나 하나님의 뜻에 대한 저항이 있었다. 그러므로 하나님의 지혜는 자유의 본질은 침해하지 않으면서 악에는 대항해야 하는 곳에서 더욱 두드러진다.[97]

그러나 지혜의 하나님은 왜 자신에게 반항할 수도 있는 연약하고도 제한된 자유를 만드셨는가? 이 점에서 하나님의 지혜의 신비는 심오하다. 하나님께서는 인간에게 자유를 주신 후, 은혜로 그 자유를 끊임없이 선한 쪽으로 이끄신다. 그러나 늘 그렇듯 그 자유가 타락할 때는 그것을 다시 회복시키기 위해 하나님의 구원의 은혜가 쉴 새 없이 역사한다.[98]

95　*LJW* 3:380; 2:540–41, 552–53; 4:62, 523.
96　"The Wisdom of God's Counsels," B 2:552, sec. 3.
97　JWO 450–51.
98　"The Wisdom of God's Counsels," B 2:553, J VI:325–37, sec. 4.

b. 하나님의 지혜로운 섭리의 역사

하나님의 구원 활동은 그분이 한 특별한 백성 이스라엘과 맺으신 언약을 중심으로 전개되는 하나의 역사를 가지고 있다. 땅에 심긴 씨앗이 자라날 때와 같이 그 역사는 새로운 전환기를 맞이한다. 그 새로운 역사는 예수님의 부활과 오순절에 성령을 선물로 주신 사건에서 궁극적으로 계시된다. 오순절 이후 부활 공동체는 위험하고 도전적인 상황과 박해, 변절과 배교, 신앙을 압제하는 폭력 속에서 성장했다.[99]

신자들의 역사를 정확히 이해하고 기술하는 것은 그 자체가 역사 속에서 펼쳐진 하나님의 섭리를 증거하는 것이다. 웨슬리는 예배 공동체의 역사를 잘 알고 있었다. 그는 그것이 단지 감정을 자극하는 조작물이 아니라, 진리를 증거하기 위해 목숨을 바친 신앙의 사람들의 참된 역사임을 알았다. 순교자들이 뿌린 씨앗은 시련이나 위험 없이 자라나지 않았다. 성경과 교회사는 교회가 계속 이어진 여러 박해 기간에 우리가 상상하는 거의 모든 종류의 고난을 겪었음을 증거한다.[100]

웨슬리는 특히 자신이 깊이 관련된 메소디스트 부흥운동 내에서의 하나님의 섭리를 숙고했다. 신앙 공동체는 사도 시대, 니케아 이전 시대, 종교개혁 초기와 메소디스트 부흥운동 초기에나 성령의 역사에 좀 더 민감하게 반응했을 뿐, 교회사의 어떤 시기에도 온전히 반응한 적이 없었다.

교회는 어떤 배교가 있어도 하나님의 은혜로 살아남았다. "지옥의 문은 교회를 완전히 이긴 적이 결코 없다. 하나님께서는 자신을 위해 언제나 씨앗을 보존하셨는데, 그들은 영과 진리로 하나님을 예배한 소수의 사람

---

99 "The Wisdom of God's Counsels," B 2:553–54, sec. 5. 이단에 관한 언급은 *LJW* 3:182, 200; 7:4–16, 21; B 2:555–56; 3:62–63; 409–10; 4:394–95를 보라.
100 "The Wisdom of God's Counsels," B 2:555–57, secs. 8–11.

이었다." 이 소수의 사람을 "늘 힘과 수적 우위를 지닐" 빛의 군사들로 말하는 것은 적합하지 않다. 이들은 종종 "이단으로 낙인찍힌다. 그들은 선함 때문에 비난받았는데, 그로 인해 만약 비난이 없었다면 널리 쓰임 받을 수 있었을 일들에서 배제되었다. … 이런 일은 대부분 마귀의 계략에 의한 것이다. 나는 이단의 우두머리 몬타누스가 2세기의 가장 거룩한 사람이 아니었을까 하는 의문을 갖는다." 웨슬리는 펠라기우스를 "5세기 이단의 우두머리"라고 말한다. 그는 펠라기우스주의에 반대했다. 그러나 동시에 하나님의 은혜가 인간의 선택의 자유를 회복시키시는가 하는 질문에 대해서는, 비록 "훌륭한 성자"였지만 때때로 교만과 분노, 신랄함과 비판적 태도로 가득했던 어거스틴이 만들어버린 정도만큼 펠라기우스가 나쁜 사람은 아니었음을 인정한다.[101]

c. 부흥운동에 나타난 하나님의 지혜

웨슬리는 교회사를 이상적으로 바라보지 않았다. 그는 교회의 역사가 중세 스콜라주의처럼 오랜 기간 혐오스러울 만큼 정도를 이탈했다고 생각했다. 교회가 거의 불법에 정복당할 정도가 되자 "주님은 그것에 대항해 다시 기준을 세우셨다."[102] 웨슬리는 루터를 복음적 신앙을 결정적으로 회복시킨 사람으로 평가했다. 그러면서도 동시에 루터의 설교는 적은 열매와 함께 많은 모호함을 낳은 원천이라고 생각했다. 웨슬리는 자신의 회중에게 "세상과 벗이 되고자 하는 자는 스스로 하나님과 원수 되는 것"(약

---

101 "The Wisdom of God's Counsels," B 2:555–56, sec. 9; 참고. Letters to Alexander Coates, July 7, 1761 와 John Fletcher, August 18, 1775. 웨슬리는 펠라기우스가 다른 사람의 기분을 상하게 한 진짜 이유는 "정확히 그가 그리스도인은 하나님의 은혜에 의해(하나님의 은혜가 없어도 된다는 주장을 한 것이 아니다. 그런 소문은 아마도 중상모략에 의해 생겼을 것이다) '온전해질 수 있다'고 주장했기 때문일 것이다"라고 생각했다.
102 "The Wisdom of God's Counsels," B 2:556, sec. 10.

4:4)임을 상기시켰다.[103]

웨슬리는 과거 하나님의 특별한 섭리가 나타난 관료후원적 종교개혁을 뛰어넘는 뚜렷한 기독교 부흥이 자신의 시대에 일어나고 있음을 확신했다.[104] 그는 하나님의 섭리가 부흥운동을 통해 역사해 깨어진 것을 고치고, 타락한 창조세계를 회복시키며, 하나님을 아는 지식과 하나님의 영광으로 세상을 가득하게 하신다고 생각했다.[105]

웨슬리는 영국에서 이러한 복음의 재각성이 시작된 시점을 1627년 청교도 부흥운동이 꽃핀 시기로 보았다.[106] 존 오웬(John Owen), 제레미 테일러(Jeremy Taylor), 윌리엄 로(William Law) 등의 가르침은 18세기 메소디스트 부흥운동을 일으키는 씨앗이 되었다. 성령에 철저히 반응하려는 결단의 회복을 강조하는 것이 그 씨앗의 특징이었고, 그 특징은 북아메리카에서 조너선 에드워즈(Jonathan Edwards)가 주도한 부흥운동에서도 나타났다.[107]

하나님은 세상의 지혜를 당혹케 하시고, 인간의 연약함을 통해 자신의 능력을 알게 하시고자, 이러한 부흥운동에서 평범한 사람을 사용하셨다. 이것이 하나님의 지혜다. 이러한 하나님의 섭리는 신자들로 과도한 세상적 안락함을 버리고, 다가올 하나님 나라의 보물을 풍성하게 구하게 하신다.[108]

---

103 "The Wisdom of God's Counsels," B 2:556–62, J VI:325–37, secs. 10–17.
104 "The Signs of the Times," B 2:521–33.
105 "The General Spread of the Gospel," B 2:490–99, secs. 13–27.
106 "The Wisdom of God's Counsels," B 2:557n, sec. 11; 참고. John Gillies, *Historical Collections of the Success of the Gospel* (Glasgow, 1754). 웨슬리는 청교도 부흥운동을 18세기 메소디스트 부흥운동 이전에 있었던 중요한 개혁 운동들의 전조로 보았다.
107 "The Wisdom of God's Counsels," B 2:558, sec. 12.
108 "The Wisdom of God's Counsels," B 2:558–59, sec. 13; 참고. B 1:496–97, 637–38, 697.

하나님께서는 많은 사람에게 성령을 주셔서 자신들이 태만과 유혹에 넘어져 실패했음을 보게 하신다. 하나님께서는 심지어 가장 극심한 배교가 행해지는 중에도 성령을 부으셔서, 사람들을 회개와 하나님의 은혜에 대한 온전한 응답으로 초청하기를 멈추지 않으신다. 처음에는 열매가 거의 없고, 또 각 세대가 세상에 보물을 쌓는 위험한 일을 반복하더라도, 하나님께서는 과거의 증인이 사라지면 언제나 새로운 증인들을 보내주신다.[109] 특히 젊은 사람들은 하나님의 중요한 도구다. 늙은 증인들이 "주님 안에서 죽거나 하나님께서 그들에게 주신 영적 활력을 잃으면, 하나님께서는 … 깨어 있어 오직 하나님을 위해 모든 것을 사용하고 또 사용되기를 바라는 다른 사람들을 보내주신다."[110] 하나님께는 능치 못하심이 없다(참고. 눅 1:37). 누구든 하나님께로 돌이키기 원하면 돌이킬 수 있다.[111] 또 유혹을 물리칠 수 있다. 진심 어린 기도는 우리를 유혹에서 지켜준다.

9. 영국 국교회 신조 제1조: 하나님에 대하여

a. 하나님의 속성 요약

웨슬리는 하나님께 대한 기독교 신앙고백에 필요한 모든 내용이 영국 국교회 신조 제1조에 간결하게 요약되어 있다고 생각했다. 그 내용은 16세기 종교개혁자들의 표현을 그대로 담고 있다. "오직 한 분이시고 살아계시며 참되신 하나님이 계시니, 그는 몸이나 지체가 없으시고, 무한한 능력과 지혜와 선을 가지셨으며, 모든 보이는 것과 보이지 않는 것의 창조자와 보호자시다. 또 하나님의 일체성 안에는 하나의 본질과 능력과 영원성

---

109 "The Wisdom of God's Counsels," B 2:559–61, J VI:325–37, secs. 14–16.
110 "The Wisdom of God's Counsels," B 2:563, sec. 19.
111 "The Wisdom of God's Counsels," B 2:564–66, secs. 21–24.

을 공유하시는 세 위격이 계시니 곧 성부와 성자와 성령이시다."

웨슬리는 1784년 미국 메소디스트 크리스마스 연회에 제안한 24개 신조에서도 이 첫 번째 신조를 동일하게 사용했는데, 그 내용을 살펴보지 않으면 하나님에 대한 그의 가르침을 온전히 이해할 수 없다.

메소디스트 신조 제1조는 세계의 범웨슬리안 교단(미국 연합감리교회, 영국 감리교회, 아프리카 감리교감독교회, 아프리카 감리교 시온감독교회, 나사렛, 그외 웨슬리의 가르침을 토대로 삼는 많은 교단)에 속한 사람들이 공동으로 믿는 하나님에 관한 확정적 가르침이다. 이 신조는 가장 간결한 형식 속에 하나님에 대한 성경의 핵심적 가르침을 아우른다. 하나님에 관한 이 교리는 사도들에게서 시작해 초기 공의회, 종교개혁, 영국 국교회 전통을 거쳐, 웨슬리의 영적 훈련 연합체에 속하기로 결정한 모든 사람에게까지 전해진 것이다. 따라서 이 신조에 사용된 용어는 웨슬리안 전통 교단들의 많은 헌법에도 그대로 포함되어 있다.[112] 이 신조는 교회가 분열되기 이전의 초기 기독교 전통과 완전히 일치한다.

b. 핵심 용어 설명

하나님께서 '몸이나 지체가 없으시다'는 것은, 하나님은 비물질적이시므로 실증적 대상처럼 연구할 수 있는 분이 아니심을 의미한다. 만약 무언가가 실증적 연구의 대상으로 축소될 수 있다면, 우리는 그것이 하나님이 아님을 즉각적으로 알아차린다. 이것이 하나님을 알아가는 방법으로서 '부정의 방식'(*via negativa*)이다. 부정의 방식은 먼저 하나님이 아닌 모든 것을 배제하는 방식으로 하나님의 존재에 대해 설명한다. 세상을 하나님의 몸으로 여기는 사람들은 하나님은 몸이 없으시다는 가르침을 거스

---

112 참고. *LJW* 4:25, 60, 115, 131, 149, 295.

르는 것이다. 하나님이 발전과정에 따라 여러 구성요소나 국면 또는 시기로 나뉜다는 사상은, 하나님은 한 분이시므로 나뉘지 않으신다는 전통적 기독교의 가르침을 거스른다.[113] 따라서 하나님에 관한 이 신조는 모든 형태의 범신론, 하나님의 자기 제한 외에 하나님의 능력을 제한하는 모든 사상, 역사가 운명의 지배를 받는다고 주장하는 모든 견해를 부인한다. 이 모든 어리석은 사상은 지겹도록 들어온 것이지만 최근의 대중문화에서 더 자주 접하게 된다.

하나님의 속성에 대한 부정 방식의 설명[영어는 일반적으로 접두사 'in'이나 'im'으로 시작되고, 우리말은 주로 '부'나 '불'(不) 자가 붙음–역주]은 부재(absence)나 부인(denial)의 의미를 담고 있다. 따라서 하나님의 존재에 관한 설명은, 하나님은 유한한 존재가 아니시고, 능력이 부족함이 없으시며, 공의로움이나 지혜에서 결핍이 없으시고, 물체와 같은 가견적 존재가 아니시라고 말하는 부정적('apophatic' 또는 'negative') 논의 방식을 취한다.[114] 하나님에 관해 부정적으로 유추해나가는 이 방식은 웨슬리안 전통이 하나님에 대해 가르치는 문서들에서 사용되는 주된 방법이다.

만약 누군가 하나님에 관한 어떤 독창적이고 새로운 사상을 마치 웨슬리가 독특하게 기여한 것인 양 주장한다면, 웨슬리는 그것을 부인했을 것이다. 웨슬리는 무엇보다 사도들의 증언을 받아들여 그것을 전해준 전달자였다. 그는 선지자와 사도들이 하나님께서 역사 속에서 행하신 일을 가르쳐 견고하게 확립한 신앙의 내용을 확언했을 뿐이다. 그는 결코 하나님

---

113 초기의 일치된 교회 전통이 양태론(modalism)과 사벨리우스주의(Sabellianism)를 거부한 데서 그 사례를 찾을 수 있다.
114 B 4:45.

의 능력이나 사랑에 관해 더 발전된 교리를 창작해내려 하지 않았다. 그는 확신을 가지고 성경과 성경적 진리의 표현이자 그 가르침을 담은 신뢰할 만한 신앙고백으로 세 가지 신조(사도신경, 니케아-콘스탄티노플 신경, 아타나시우스 신경)에 호소했다.[115]

c. 참 하나님께 대한 고백

웨슬리의 영적 지도를 받은 사람들은, 눈에 보이거나 보이지 않는 모든 것을 창조하고 통치하며 보존하시는 유일하신 하나님께 대한 신앙을 고백했다. 일체성, 자존성, 진리, 영원성과 같은 하나님의 속성은 모든 것을 창조하고 통치하며 보존하시는 하나님의 활동을 통해 드러난다. 능력, 지혜, 공의로우심, 선하심, 사랑에 한계가 없으신 하나님은 인류의 행복에 대한 자애로운 관심으로 세상을 다스리신다. 하나님의 능력, 지혜, 사랑은 인류의 구원을 위한 계획과 방법을 마련하신다. 온전한 능력과 지혜와 선의 하나님은 자신의 목적을 성취하실 비길 데 없는 능력을 가지고 계신다.

가장 공의로우신 하나님의 임재 안에 있는 사람이 볼 때, 기독교 신앙을 고백하는 사람이 하나님께서 불의하게 행하실 것을 상상하는 일은 불가능하다.[116] 누군가 하나님께서 불의하게 행하셨다고 근거 없이 주장한다면, 이는 그가 불완전한 지식으로 하나님을 오해했기 때문이다.

하나님은 사랑에 한계가 없고 선함으로 가득하시다. 우리는 하나님께서 사실적으로 자신을 계시하신 명백한 역사, 특히 십자가에서의 자기 계시를 통해 하나님의 사랑을 배운다. 십자가에서 자신을 계시하신 바로 그

---

115 *JJW* 4:424; 8:332.
116 *LJW* 3:382.

분이 모든 것의 창조주와 공급자시다. 그는 창조세계에서 일어나는 모든 일을 섭리로 인도하고 돌보신다. 한 분이신 하나님은 성부와 성자와 성령이시고, 창조주이자 타락한 세상을 구원하는 분이시다. 그는 자신의 사랑과 자비, 은혜에 응답하도록 우리의 마음을 일깨우신다.[117]

하나님은 유한한 존재의 상상의 범위를 초월하는 무한한 능력, 지혜, 선함을 가지셨다. 살아계시며 진실하신 유일하신 하나님은 모든 것을 만들고 보존하시는 분으로, 존재하는 모든 것을 지속시키고 지탱하신다.[118] 하나님은 우리가 눈으로 보면서 실증적으로 연구할 수 있는 모든 것뿐 아니라, 영적이며 비물질적인 피조물의 원천과 토대이시다. 존재하는 모든 것은 살아계시고 참되신 유일하신 하나님이 창조하셨으나, 유한한 존재는 그분을 온전히 이해할 수 없다. 그럴지라도 하나님의 공의로우시고 사랑이 많으시며 자비로우신 품성은 계시의 역사에서 충분히 드러나 우리로 믿음과 신뢰를 드릴 수 있게 한다.[119]

"여러분의 마음이 내 마음과 같다면, 나와 손을 잡읍시다"라는 말의 의미는 무엇일까? 웨슬리의 중요한 설교 "관용의 정신"에는 그리스도 안에 감추어진 생명을 누리는 사람만이 긍정적으로 답할 수 있는 일련의 개인적 질문이 포함되어 있다. "당신의 마음은 하나님과 바른 관계에 있는가? 당신은 그분이 존재하시며 완전하심을 믿는가? 그분의 영원하심, 광대하심, 지혜, 능력, 공의로우심, 자비, 진리 되심을 믿는가?"[120] 만약 하나님의 영원하심, 지혜, 선하심을 믿지 않는다면, 어떻게 우리가 하나님과 바른 관계에 있을 수 있겠는가?

---

117 *LJW* 4:321; 5:213, 294.
118 B 1:580-81, 690.
119 Letter to William Law, January 6, 1756, *LJW* 3:343-49.
120 "The Catholic Spirit," B 2:88, sec. 14.

더 깊은 이해를 위한 독서 자료

Bryant, Barry Edward. J*ohn Wesley on the Origins of Evil*. Derbyshire, UK: Moorley's Bible and Bookshop, 1992.

Burtner, Robert W., and Robert E. Chiles. *A Compend of Wesley's Theology*. Nashville: Abingdon, 1954.

Collins, Kenneth. *A Faithful Witness: John Wesley's Homiletical Theology*, 15–34. Wilmore, KY: Wesleyan Heritage, 1993.

Kirkpatrick, Dow, ed. *The Living God*. Nashville: Abingdon, 1971.

Miley, John. *Systematic Theology*. Reprint, Peabody, MA: Hendrickson, 1989.

Oord, Thomas Jay. "Prevenient Grace and Nonsensory Perception of God in a Postmodern Wesleyan Philosophy." In B*etween Nature and Grace: Mapping the Interface of Wesleyan Theology and Psychology*, edited by Bryan P. Stone and Thomas Jay Oord. San Diego: Point Loma, 2000.

_____. "A Process Wesleyan Theodicy: Freedom, Embodiment, and the Almighty God." In *Thy Name and Nature Is Love: Wesleyan and Process Theologies in Dialogue*, edited by Bryan P. Stone and Thomas Jay Oord, 193–216. Nashville: Kingswood, 2001.

Pope, William Burt. *A Compendium of Christian Theology*. 3 vols. London: Wesleyan Methodist Book-Room, 1880.

Ralston, Thomas N. *Elements of Divinity*. New York: Abingdon, 1924.

Reddish, Robert O. *John Wesley: His Way of Knowing God*. Evergreen, CO: Rorge, 1972.

Summers, Thomas O. *Systematic Theology*. 2 vols. Edited by J. J. Tigert. Nashville: Methodist Publishing House South, 1888.

Truesdale, Albert. "Theism: The Eternal, Personal, Creative God." In *A Contemporary Wesleyan Theology*, edited by Charles W. Carter, 103–43. Grand Rapids: Zondervan, 1983.

Watson, Richard. *Theological Institutes*. 2 vols. New York: Mason and Lane, 1836, 1840; edited by John M'Clintock. New York: Carlton & Porter, 1850.

B. 성부, 성자, 성령이신 하나님

1. 삼위일체에 대하여

설교 "삼위일체에 대하여"의 성경 본문은 요한1서 5:7, "하늘에서 증언하시는 이가 세 분이시니 곧 아버지와 말씀과 성령이시라"(영어 흠정역 성경, 역자 번역)라는 말씀이다 [설교 #55 (1775), B 2:373–86; J #55, VI:199–206].

a. 생명력 있는 기독교 신앙의 원천, 삼위일체 하나님

웨슬리에 의하면, 신약성경은 성부 하나님께서 성자를 보내시고, 성령은 능력을 부어 성자의 사역을 성취하게 하신다는 말씀을 끊임없이 우리에게 들려준다. 삼위일체 교리는 전통적인 방법으로 사도들의 가르침을 응축해 이해하기 쉽도록 종합한 것이다.

웨슬리의 삼위일체에 대한 견해는 정통적이다. 즉, 하나님은 성부, 성자, 성령으로서 한 분이시지만, 세 분의 하나님이 아니라 세 위격으로 존재하시는 한 분 하나님이시라는 것이다. 성부께서 하나님이시고, 성자도 하나님이시며, 성령도 하나님이시다. 그럼에도 성부는 성자와 구별되고, 성자는 성령과 구별된다. 성자는 성부에게서 보내심을 받았고, 성령은 성자의 사역을 성취하고 완성하신다. 성부, 성자, 성령은 존재에서 하나, 능력에서도 하나이신 영원한 하나님이시다.[121] 성부와 성자와 성령으로 구별되어 영원히 공존하시고 동등한 하나님이신 하나님의 세 위격 내부에는 일종의 대화 공동체가 존재한다. 우리가 성자의 사역을 성령의 사역과 분리해 생각할 수 없듯, 삼위일체의 위격들은 구분은 되지만 나뉘지는 않

---

121 Arts. 1–2.

는다.[122] 우리는 세례를 통해 삼위일체 하나님을 믿는 신앙으로 연합되었다.

초기의 에큐메니칼 기독교 전통은 확고한 동의를 통해 삼위일체 교리를 확정적인 정통 교리로 확립했다. 따라서 하나님의 삼위일체 되심은 결코 소홀히 다루어져서는 안 된다.[123] 웨슬리는 삼위일체에 관한 신앙과 실천에서 전통적인 영국 국교회주의자였다. 그는 매일 영국 국교회 예배서에 따라 기도할 때, 영원한 하나님이신 성부 하나님과 함께 성자 하나님과 성령 하나님께 기도했다. 삼위일체 교리는 전통적 기독교 교리의 정수로 "모든 생명력 있는 기독교 신앙의 원천"[124]이다.

b. 삼위일체라는 '사실'과 그것을 표현하는 언어의 문제

삼위일체는 사람의 이해를 초월하는 신비다. 우리는 이 신비를 인간의 제한된 경험에 따라 판단하는 것이 아니라 기쁨으로 받아들여 찬양해야 한다. 만약 누군가 삼위일체의 신비를 철저히 파헤쳐주겠다고 제안한다면 그런 거짓된 설명은 무시해야 한다. 우리는 하나님께서 삼위일체시라는 사실은 알지만, 어떤 방식으로 또는 왜 그런지는 알 수 없다. 웨슬리가 설교 "삼위일체에 대하여"에서 가르치는 요점은, 우리가 이성적·경험적 검증을 통해서는 하나님의 삼위일체 되심을 이해할 수 없다는 겸허한 소신이다.

웨슬리는 삼위일체는 사실이지만, 그 사실이 실험실 분석에 의존하지

---

122 "On the Trinity," B 2:374-76, J VI:199–206, secs. 1–3.
123 웨슬리는 메리 비숍(Mary Bishop)에게 보낸 1776년 4월 17일 자 편지에서, 윌리엄 존스(William Jones)의 *The Catholic Doctrine of the Trinity*(1756)에 대해, "내가 본 책 중 가장 분명하고 강력했다. … 단지 부족한 점은 적용인데 … 그것은 내 동생의 찬송가들로 충분히 보완할 수 있다"고 평하며 이를 추천했다. *LJW* 6:213.
124 "On the Trinity," B 2:384, sec. 17.

는 않는다고 설명한다. 그는 삼위일체의 신비를 명확히 설명하려는 어떤 시도도 하지 않는다. 한 분 하나님 안에 세 위격이 존재하시는 방식은 신앙의 신비에 속하는 것으로, 우리는 오직 진실하고 겸손하게 그분을 경배하고 찬양할 뿐이다.125 하나님이 성부이시고 성자이시며 성령이시라는 사실은 하나님에 관한 기독교 정통 교리의 결코 흔들릴 수 없는 주된 특징이다.126

성경 주해의 역사를 고찰해보면, 삼위일체의 신비라는 중요한 사실을 어떻게 하면 가장 잘 설명할 수 있는지에 관해 많은 시도가 있었다. 신약성경의 본문은 단지 삼위일체 하나님을 계시만 할 뿐, 삼위일체가 무엇인지 설명하거나, 삼위일체 교리를 이론화하거나, 그 교리에 적합한 신학적 용어를 제공하지 않는다.127 웨슬리는 삼위일체의 신비를 입증하는 성경 본문에 대해 "서로 다른 설명"이 있을 때 양단 간 선택해야 한다고 생각하지 않았다. 그는 단지 "설명을 덧붙이기보다 성경 본문에 있는 그대로의 용어"를 사용하는 것이 더 중요하다고 생각했다.128

c. 하늘에서 증언하시는 세 분: 요한1서 5:7에 관한 논의

요한1서는 예수 그리스도께서 참 인간 되심을 멈추지 않으시면서 참 하나님이시며, 참 하나님 되심을 멈추지 않으시면서 참 인간이심을 그 전

---

125 피터 브라운(Peter Browne) 주교에 의하면, "신비는 '삼위가 일체'라는 사실 자체에 있지 않고 그 방식, 즉 어떻게 그럴 수 있는지에 있다. 그러나 이 점에 대해 나는 아무것도 할 것이 없다. 나는 그 사실은 믿는다. 그러나 (오직 신비에 싸여 있는) 그 방식에 대해서는 어떤 것도 믿지 않는다." 이는 신비 자체를 믿지 않는다는 의미가 아니라, 그 방식을 설명하기 위해 특정한 용어를 선택하지 않겠다는 의미다. Letter to Miss March, August 3, 1771, *LJW* 5:270; Peter Browne, *Procedure, Extent, and Limits of the Human Understanding* (1728).
126 "On the Trinity," B 2:376, J VI:199–206, secs. 1–2; "On the Discoveries of Faith," B 1:220; 4:27–38.
127 "On the Trinity," B 2:376–78, secs. 3–4.
128 "On the Trinity," B 2:378, sec. 5.

체에서 주장한다. 저자는 하나님이자 인간이신 그분이 세례를 받으셨고 죽으셨다고 말한다. 예수님은 세례받으실 때뿐 아니라 죽으실 때도 하나님의 아들이셨다. 만약 그가 인간의 본성만 가진 존재로 죽으셨다면, 그의 희생적 죽음은 인간의 죄의 역사 전체의 죄책을 충분히 속량하지 못했을 것이다. 예수님께서 세례를 받으실 때 그에게 임하시고, 죽으실 때도 함께 하셨으며, 또 부활하도록 능력을 부어 그가 성부 하나님의 성자이심을 증거하시는 분은 성령이시다.[129]

웨슬리가 삼위일체의 신비를 증거하기 위해 사용한 주요 성경 역본들은 본문상 난제로 가득하다. 웨슬리의 신도회가 친숙하게 사용한 흠정역은 "하늘에서 증언하시는 이가 세 분이시니 곧 아버지와 말씀과 성령이시라. 또 이 세 분은 하나이시니라"(요일 5:7)라고 번역한다. 같은 본문을 신개정표준역(NRSV)은 "증언하는 이가 셋이니 성령과 물과 피라 이 셋은 일치하느니라"로 번역하면서, 각주를 붙여 서로 다른 내용의 사본들이 있음을 다음과 같이 설명한다. "(어느 정도 차이가 있지만) 다른 권위 있는 사본들에는 '하늘에서 증언하시는 이가 세 분이시니 곧 아버지와 말씀과 성령이시라. 또 이 세 분은 하나이시니라'로 되어 있다." 웨슬리는 성경을 묵상할 때 언제나 헬라어 원문을 사용했다. 설교를 작성할 때도 마찬가지였다.

웨슬리는 성경 사본의 다양성에 관한 자신의 생각을 다른 사람에게 강요하지는 않았으나, 왜 이 본문이 어떤 사본에는 존재하고 다른 사본에는 존재하지 않는지에 관해 분명하게 주장했다. 그는 콘스탄틴 이후 아리우스주의자들이 가장 초기 사도들이 믿었던 삼위일체에 관한 본문들을 삭

---

129 같은 곳.

제하거나 수정하기 원했을 것으로 의심했다. 그리고 아리우스주의자인 필사자들이 삼위일체에 관한 본문을 싫어한 나머지 그것을 수정하거나 삭제했을 것이라고 가정했다. 웨슬리는 일부 초기 사본에도 그 본문이 없다는 사실을 인정하면서도 다음의 논거를 들어 이를 설명했다.

> (1) 이 본문이 많은 초기 사본에는 빠져 있더라도, 훨씬 많은 사본, 특히 가장 권위 있는 사본들에서 발견된다. (2) 사도 요한 시대부터 콘스탄티누스 황제 시대까지 초기 기독교 작가 전체가 이 본문을 인용했다. … (3) 콘스탄티누스의 후계자는 열광적인 아리우스주의자로서 자신의 그릇된 주장을 유포하고 … 할 수 있는 한 많은 사본에서 이 본문을 없애버리기 위해 갖은 수단을 다 동원했다. 이를 기억한다면 콘스탄티누스 이후 많은 사본에서 이 본문이 사라진 이유를 쉽게 설명할 수 있다.[130]

현대의 성경비평학자들은 이러한 가정에 의문을 품을 수 있겠지만, 이 가정은 성경 본문비평가로서의 웨슬리를 흥미롭게 엿볼 수 있게 해준다. 우리는 웨슬리에게서 엄격하고도 역사적 사실에 근거한 본문비평을 통해 성경의 어떤 본문이 가장 초기의 것인지 탐구하기를 두려워하지 말아야 함을 배운다. 웨슬리의 가정 자체에는 동의하지 않을 수 있다. 그러나 그 가정은 웨슬리가 메소디스트 연합체에 속한 지도자들과 평신도들에게 현존하는 사본들의 차이점을 어떻게 이해해야 하는지 질문하면서, 그들을 책임성 있는 본문비평적 연구로 초대하고 있음을 보여준다. 웨슬리의 가정에 이론적으로 반대하는 사람조차도 그의 의도 자체에는 반대하기 힘들 것이다.

---

130 "On the Trinity," B 2:377, sec. 3, 일부 숫자를 수정함; 참고. *LJW* 4:125.

d. 삼위일체에 관한 전통적 용어의 장점과 한계

웨슬리는 기독교 가장 초기의 세 가지 신앙고백(사도신경, 니케아 신경, 아타나시우스 신경)이 삼위일체 하나님을 고백할 때 사용한 특정한 용어를 수용했으나, 그것을 특별히 해석하려 하지는 않았다. 그는 삼위일체를 설명하기 위해 필요하다고 생각되는 사도 시대 이후의 어떤 특정한 용어에도 갇히기를 거부했다. 동의하지 않는 사람은 "반드시 영원히 멸망할" 것이라고 기록한 머리말에 대해 불편한 심경을 토로하긴 했으나, 웨슬리는 삼위일체에 관한 가장 훌륭한 전통적 설명은 아타나시우스 신경이라고 생각했다.

웨슬리는 자신이 "한동안 그 신경에 대해 인정하기를 주저했으나, 결국에는 (1) 이 문장이 언급하는 대상은 비고의적 불신자가 아니라 고의적 선택에 의한 불신자, 즉 진리를 알 수 있는 모든 수단을 가지고도 완고하게 진리를 거부한 사람들이며, (2) 이 문장이 언급하는 내용은 그들에게 전해진 교리의 본질이지, 교리에 대한 철학적 설명이 아니라는 사실에 생각이 미치게 되었음"[131]을 시인했다. 이러한 이유로 웨슬리는 아타나시우스 신경을 삼위일체 교리에 관한 가장 훌륭한 전통적 진술로 받아들이게 되었다. 그럼에도 그는 삼위일체에 관한 어떤 해석도 어느 정도 철학적 세계관의 영향을 받을 수밖에 없음을 잘 알았기에, 그러한 철학적 세계관이 삼위일체의 신비에 대한 경외심보다 중요하게 여겨지는 것을 허용하지 않으려 했다.

웨슬리가 아타나시우스 신경의 삼위일체 교리를 중시했음을 고려한다면, 그 내용을 직접 인용하는 것이 적절해 보인다.

---

131 "On the Trinity," B 2:377.

우리는 삼위일체로 한 분이시며, 한 분 안에서 삼위이신 하나님을 예배한다. 삼위일체 하나님은 위격이 혼합되지도, 본질이 나뉘지도 않으신다. 성부의 위격이 있고, 성자의 다른 위격이 있으며, 성령의 또 다른 위격이 있기 때문이다. 그러나 성부와 성자와 성령은 신성이 동일하시고, 영광이 동일하시며, 위엄도 함께 영원하시다. 성부의 본성이 어떠하심같이 성자의 본성이 그러하고, 성령의 본성도 그러하시다. 성부는 창조되지 않으셨고, 성자도 창조되지 않으셨으며, 성령도 창조되지 않으셨다. 성부는 불가해(不可解)하시고, 성자도 불가해하시며, 성령도 불가해하시다. 성부는 영원하시고, 성자도 영원하시며, 성령도 영원하시다. 그러나 그들은 세 분의 영원한 분이 아니라 한 분으로 영원한 분이시다. 또 세 분의 불가해한 분이나 세 분의 창조되지 않은 분이 아니라, 한 분의 불가해한 분이시며, 한 분의 창조되지 않은 분이시다. 이와 같이 성부는 전능하시고, 성자도 전능하시며, 성령도 전능하시다. 그러나 그들은 세 분의 전능하신 분이 아니라, 한 분의 전능하신 분이시다.[132]

웨슬리는 거듭난 신자에게 '우시아'(ousia)와 '휘포스타시스'(hypostasis) 같은 삼위일체에 관한 전통적 공식에서 사용되는 특정 용어에 관해 장황하게 논의하지 말 것을 강조했다. 아타나시우스 신경이 아무리 권위 있더라도, 그 자체가 삼위일체의 신비를 확실히 설명하지는 못한다. 믿음이 약한 사람들은 삼위일체에 대한 특정 설명이나 추측성 용어 때문에 오히려 불신자가 될 수도 있다. 웨슬리는 진지하게 질문하거나 의심하는 사람들이 과도하게 신약 성경의 본문을 합의되지 않은 어떤 특정한 방식으로 이해하기를 선호하다 불필요하게 문제에 빠지거나, 신앙이 무력해지거나, 신앙 공동체에서 내쫓기는 일이 일어나지 않기를 바랐다.

비록 웨슬리가 삼위일체의 신비를 색다르게 해석할 가능성을 인정했

---

132 BCP에서 인용함.

더라도, 삼위일체 교리를 고의로 모호하게 해석하는 방식을 추천하거나, 가능한 해석 중 일부나 전체를 여과 없이 받아들인 광교회파적(latitudinarian) 태도마저 수용하려던 것은 아니었다. 삼위일체에 관해 웨슬리는 아우구스티누스의 입장, 곧 우리가 삼위일체를 설명하는 이유는 적절히 설명할 수 있어서가 아니라, 아무런 설명 없이 침묵하기만 해서는 안 되기 때문이라는 관점을 반영한다.[133]

웨슬리가 강조한 것은 침묵이나 세밀한 설명이 아니라, 단순히 성경 본문과 에큐메니칼 신조들을 긍정하는 것이었다.[134] 삼위일체의 진리를 드러내는 일은 언제나 사도들의 증거 그 자체로 충분하며, 이후 다양한 시대를 거쳐 서로 다른 문화에서 다양한 철학적 용어와 함께 덧붙여진 해석이 반드시 필요하지는 않다.[135]

e. 신비를 인정하는 삶

만일 삼위일체 하나님의 신비를 인정한다면, 신앙의 회의에 빠져 아무것도 할 수 없는 무기력 상태나, 원하면 어떤 주장도 펼칠 자유가 있다는 상상 모두를 피하는 것이 마땅하다.

우리는 우리 자신에게 신비로 남아있다. 우리는 몸과 영혼의 상호작용에 대해 더 깊이 연구할수록, 그 복잡성과 난해함으로 인해 더 겸손해질 수밖에 없다. 우리는 몸과 영혼의 상호작용을 실시간으로 충분히 이해하지 못하는 때조차도 몸과 영혼의 복합체로 살아간다. 삼위일체에 관한 이해도 이와 같다. 우리는 요한1서 5:7("증언하는 이가 셋이니") 본문에서 유익을 얻는다. 우리는 이 구절에 담긴 신비를 명확히 이해하는 척하지 않아

---

133 Augustine, *On the Trinity* 1; Wesley, "On the Trinity," B 2:378, sec. 5.
134 웨슬리의 교회 일치 정신에 대해서는 JWO 90–91, 498–99를 보라.
135 "On the Trinity," B 2:378, sec. 5.

도, 그 의미를 받아들이고 찬양할 수 있다.

웨슬리는, 우리가 이해할 수 없는 것은 믿을 수도 없기 때문에 삼위일체에 관한 모든 신앙고백은 제거하는 것이 마땅하다며 반대주장을 펼치는 사람들에게, 우리가 충분히 이해하지 못하면서도 실제로는 믿고 있는 것이 많이 있다고 답한다. 우리는 태양 에너지를 이해하지 못해도 그 온기를 받으며 살아간다. 빛과 호흡에 대한 이해가 없어도 빛 속을 걸어다니며 호흡한다. 우리는 중력의 원인을 충분히 알지 못해도 중력이 작용하는 곳에서 살아간다. 우리는 지구에서 살지만, 지구를 이해해야만 그렇게 할 수 있는 것은 아니다.[136]

비슷한 논리로 웨슬리는 다음과 같이 말한다. "나는 하나님께서 세 분이시면서도 한 분이심을 믿는다. … 나는 하나님께서 계시하신 사실만큼은 믿지만, 그 외의 것은 믿지 않는다. 하나님께서는 어떻게 삼위일체로 존재하시는지, 그 방식을 계시하지는 않으셨다."[137] "그럴지라도 이 세 분이 한 분이심을 부인하는 사람이 어떻게 생명력 있는 신앙을 갖는 것이 가능한지 나는 알 수 없다."[138]

초기 기독교의 삼위일체에 관한 가르침을 참으로 믿고 고백하는 사람은 그 고백으로 인해 자신의 삶이 변화되는 것을 발견한다. 이는 그 진리가 믿을 수 있는 사실임을 나타내는 신뢰할 만한 실제적 논거가 된다. 기독교 공동체는 많은 역사적 상황에서 이 영광스럽고도 신비에 속한 가르침을 신뢰해왔고, 이 가르침은 공동체에 지속적으로 생명과 힘을 불어넣어왔다. 역사적으로 박해 속에서 기독교 공동체가 가졌던 강인한 생명력

---

136 "On the Trinity," B 2:379–83, secs. 6–13.
137 "On the Trinity," B 2:384, sec. 15.
138 "On the Trinity," B 2:386, sec. 18.

은, 삼위일체에 관한 신앙이 없었다면 상상조차 할 수 없었을 것이다.[139]

웨슬리는 조너선 스위프트(Jonathan Swift)의 설교 "삼위일체에 대하여"를 추천하면서, 삼위일체를 이성적으로 증명할 수 있다고 주장한 사람들에 반대해, 삼위일체는 이성적 이해를 크게 뛰어넘는 신비이기에 이성적 설명은 불가능하다는 입장에 찬성했다.[140] 웨슬리는 삼위일체 해석에 마치 자신이 독창적으로 기여한 요소가 있는 것처럼 보이려 하지 않았다.[141] 이 주제와 관련해 중요한 것은 관용의 온화한 정신과 지속적 신뢰의 자세를 취하면서도, 전통적 기독교의 삼위일체 교리가 가진 내적인 힘과 그 본질을 잃어버리지 않는 것이다.

웨슬리가 삼위일체에 대한 신앙을 진지하게 고백한 사실은, 그가 메소디스트 연합체를 위해 작성한 메소디스트 24개 신조 중 제 1-4조에서 분명히 드러난다. "살아계시고 진실하신 하나님은 한 분이시며 … 하나님의 신성의 일체 안에 동일한 본질과 능력과 영생의 삼위가 계시니, 곧 성부와 성자와 성령이시다." 성자는 "성부의 말씀으로, 영원부터 성부에게서 나셨으며, 성부와 동일한 본질을 가지신 참되고 영원한 하나님이시다." 성령은 "성부와 성자에게서 나오시며, 성부·성자와 동일한 본질과 위엄과 영광을 가지신 참되고 영원한 하나님이시다." 이 모든 내용은 기독교의 보편적 가르침과 동일하다.

f. 성령 안에서의 삼위일체적 세례

세례는 성부나 성자의 이름만이 아니라 성부, 성자, 성령 삼위일체 하나님의 이름으로 받을 때 올바른 세례가 된다.

---

139 "On the Trinity," B 2:384–86, secs. 15–18.
140 참고. J. Trapp, *On the Trinity*, 1730; Wesley, "On the Trinity," B 2:377, sec. 3.
141 B 1:220; 2:101, 373–86; 4:31–32, 37.

삼위일체적 사고는, 하나님의 복음을 사도들의 증언 및 세례의 신앙과 조화를 이루도록 질서 있게 정리하고 해석하도록 돕는 방법이 된다. 이 방법은 초기 기독교 공의회들이 반복적으로 강조한 것으로, 우리가 받은 세례도 이 방법에 의한 것이다. 역사적으로 보면, 이는 (사도신경, 니케아 신경, 아타나시우스 신경에서 예전적으로 표현된 것과 같이) 교회가 보편적으로 수용한 신앙규범(rule of faith)의 내용이, 세례 의식 및 세례 시 일어나는 변화를 선언하는 신앙고백적 진술로 표현된 것이다.

따라서 신조는 기독교 신앙의 중요한 모든 내용을 압축적으로 전달하는 수단이 된다. 신앙의 주제 중 어떤 방식으로든 그 규범에 적합하지 않은 것은 없다. 세례와 성만찬에서 선포되는 이 말씀에 귀 기울이도록 우리를 일깨우시는 분은 성령이시다.

웨슬리의 "삼위일체에 대하여"라는 설교는 그로부터 5년 후에 출판한 다른 설교 "영적 예배"와 밀접한 관계가 있다. 두 설교는 동일하게 요한1서 5:20의 중요한 내용을 다룬다.

2. 영적 예배-삼위일체적 영성

설교 "영적 예배"의 성경 본문은 요한1서 5:20, "그는 참 하나님이시요 영생이시라"라는 말씀이다 [설교 #78 (1780), B 3:88–102; J #77, VI:424–35].

a. 삼위일체 하나님과의 인격적 교제

요한1서에서 저자는 "신자가 성부, 성자, 성령 하나님과 갖는 행복하고 거룩한 교제가 기독교 신앙에 관한 모든 것의 기초"[142]라는 사실에 초점을 맞춘다. 요한1서의 내용상 구조는 성부와의 교제(1장), 성자와의 교제

---

142 "Spiritual Worship," B 3:89–90, J VI:424–35, 서문 2.

(2-3장), 성령과의 교제(4장)를 중심으로 이루어진다. 요한1서 5:18-20에서는 그 모든 내용이 다시 한 번 요약되는데, 그중에 설교 "영적 예배"의 성경 본문인 요한1서 5:20, 즉 이 삼위일체 하나님이 "참 하나님이시요 영생이시라"[143]라는 말씀이 나온다.

삼위일체이신 하나님 곧 참 하나님과 교제한다는 것은, 하나님을 성부, 성자, 성령이신 한 분 하나님으로 아는 것이다.[144] 우리는 성자 속에서 성부를 만난다.[145] 성자는 태초부터 하나님과 함께 계셨고, 또 하나님이시다. 웨슬리는 1789년 11월 3일에 코크(Cock) 부인에게 쓴 편지에 다음과 같이 적었다. "당신은 지금도 하나님 곧 삼위일체 하나님의 교제, 성령을 통한 성부 및 성자와의 깊고 지속적인 교제를 누리고 계신가요?"[146]

b. 만물의 창조자, 공급자, 보존자, 원동자(原動者), 구원자, 통치자, 완성자

삼위일체 하나님은 "만물의 유일한 원인과 창조자"이시고, "창조하신 모든 것의 보존자"로서, 자신의 능력의 말씀 곧 "무에서 모든 것을 창조해 내셨던 그 동일한 능력의 말씀으로" 모든 피조물을 지탱하신다. "만물은 존재하기 시작할 때와 마찬가지로, 그 지속을 위해 하나님의 말씀의 능력이 절대적으로 필요하다. 하나님께서 전능하신 영향력으로 함께하시지 않으면, 만물은 한순간도 더 지속될 수 없다. 돌멩이를 공중에 들고 있어 보라. 당신이 손을 거두는 순간 그것은 자연히 땅에 떨어진다. 마찬가

---

143 "Spiritual Worship," B 3:89–90, 서문 1.
144 웨슬리는 헤스터 안 로(Hester Ann Roe)에게 보낸 1777년 2월 11일 자 편지에서 찰스 페로네(Charles Perronet)가 간증한 삼위일체 하나님을 만나는 황홀경적 경험을 들려주었다. *LJW* 6:253; 참고. Letter to Lady Maxwell, July 4, 1787, *LJW* 7:392.
145 B 1:578–79, 692.
146 *LJW* 8:183.

지로 하나님께서 잠시라도 그 손을 거두시면, 창조세계는 무로 떨어지고 말 것이다."[147]

만물의 보존자로서 하나님은 "만물을 그들 각각의 본성에 적합한 생존 환경에서 보존하신다. 하나님께서는 그들을 다양한 관계와 상호작용, 상호의존 속에서 보존하셔서 존재들 사이에 하나의 유기적인 체계가 이루어지게 하심으로 우주 전체가 하나가 되게 하신다."[148] "하나님에 의해, 그리고 하나님 안에서 만물은 하나의 체계로 연결된다."[149]

움직이는 모든 것에는 동인(動因)이 있다. 참 하나님은 우주의 모든 움직임의 최초의 원동자(原動者)로서 자유로운 영적 피조물(천사와 인간)에게는 "어느 정도 스스로 움직일 수 있는 힘을 주셨으나 무기물에 불과한 물질에는 그 힘을 주지 않으셨다. 모든 물질은 … 전적으로 비활성적이어서 … 그 일부가 움직이는 것처럼 보인다면 그 움직임은 실제로는 다른 무엇인가에 의한 것이다."[150] 아이작 뉴턴이 별들은 자체의 질량에 비례해 움직이거나 서로를 끌어당긴다고 말했으나, 웨슬리는 그보다 근원적인 전제를 더 명확히 드러내 다음과 같이 말했다. "별들은 수동적으로 계속 서로를 끌어당기게 되어 있다. 무엇에 의해 그렇게 될 수밖에 없는가? '잠행성 물질(subtle matter)이나 에테르(ether), 전기적 불(electric fire)에 의해서다.'" 그러나 이 역시 비활성적 물질로, "그 자체만으로는 모래나 조약돌만큼이나 비활성적이어서 스스로를 움직이게 할 수 없다. 그러나 그것은 만물의 창조자와 보존자이신 하나님께서 우주를 움직이기 위해 사용하시

---

147 "Spiritual Worship," B 3:91, secs. 1. 2, 3.
148 "Spiritual Worship," B 3:91, J VI:424–35, sec. 1. 4.
149 골로새서 1:17에 대한 웨슬리의 해설.
150 "Spiritual Worship," B 3:92, sec. 1. 5.

는 첫 번째 물질적 동인이자 주된 원천일 수 있다."[151]

모든 인류의 대속자로서 성육신하신 하나님은 "온 세상의 죄에 대한 온전하고 충분한 희생과 봉헌과 배상이 되시려고"[152] "모든 사람을 위해 죽음을 맛보셨다"(히 2:9). 만물의 통치자 곧 "창조세계 전체의 주인과 감독자"로서, "각 피조물 다스리기를 온 우주를 다스리는 것처럼 하시고, 온 우주 다스리기를 하나의 피조물 다스리듯 하시며", 특별히 자신이 보인 은혜에 최선으로 응답하는 가장 아끼시는 사람들을 자신의 날개 그늘 아래에서 온전히 보호하시는 분이 이 삼위일체 하나님이시다.[153] 기독교는 삼위일체 하나님을 만물의 완성자로 찬양한다. "만물은 (창조자이신) 주에게서 나오고 (보존자이신) 주로 말미암으며 (목적 되시는) 주님에게로 돌아갈 것이다"(참고. 롬 11:36).[154]

삼위일체 교리는 모든 것의 창조자, 공급자, 보존자, 원동자, 구원자, 통치자, 완성자이신 하나님에 관한 기독교의 주된 교리들을 확증하고 하나로 요약한다.

c. 영생은 성자 안에서의 삶으로 믿음과 함께 시작됨

지금까지 설명한 대로 성자는 성부, 성령과 함께 참으로 하나님이시다. 그러나 이 한 분 하나님이 어떻게 영생을 주시는가? 우리를 자기 초월적 영혼을 가진 유한한 육체로 창조하신 삼위일체 하나님은, 구원의 은혜를 기꺼이 받기 원하는 모든 사람을 영생으로 초대하신다.

죽기까지 신앙을 지킨 사람들은 성자 하나님께서 값을 치르고 사신 생

---

151 "Spiritual Worship," B 3:92–93, sec. 1. 6.
152 BCP에 나오는 성만찬을 위한 성별의 기도.
153 "Spiritual Worship," B 3:93–94, sec. 1. 8.
154 "Spiritual Worship," B 3:94–95, sec. 1. 19.

명의 면류관을 받게 될 것이다. 영생은 내세에서 얻게 될 생명보다 훨씬 많은 것을 의미한다. 영생은 성자 하나님과의 현재적 교제다. 성자 안에서 성육신하신 하나님은 "현재적으로" 식물의 생명, 즉 "식물의 모든 움직임을 일으키는 가장 낮은 종(spicies)의 생명"이든, 동물의 심장을 뛰게 하는 동물의 생명이든, 아니면 지적 능력으로 모든 움직임을 일으켜 스스로 움직이게 하는 이성적 생명이든, "어떤 종류의 생명, 어떤 단계의 생명을 막론하고 살아있는 모든 것의 생명이 되신다."[155]

하나님의 아들이 있는 자는 누구나 영생을 가졌다(요일 5:12). 이는 하나님께서 우리에게 "영생할 수 있는 합법적 권리만 주신 것이 아니라, 실제로 영원한 생명을 소유하게 하셨다"[156]는 의미다. 이 영원한 생명은, 성자께서 우리 마음에 계시되어 우리가 그를 주님으로 부르며 그를 믿는 바로 그 때 시작된다.[157]

d. 삼위일체 영성이 주는 행복

가장 온전한 행복이 영생이다. 영생은 우리 마음에 뿌려진 하나님의 사랑을 믿는 믿음과 함께 시작되어, "즉시 모든 사람을 향한 사랑, 즉 보편적이고 순수한 자비의 마음과 그 열매인 겸손과 온유, 오래 참음, 모든 상황에서의 자족함을 낳고, 하나님의 뜻 전체에 대한 전적이고 분명하며 온전한 순종을 일으킨다."[158] 하나님께서 "우리 마음을 온전히 소유해 어떤 경쟁자도 없이 그 마음을 다스려 그 모든 움직임의 주인이 되실 때" 우리

---

155 "Spiritual Worship," 3:95, sec. 2.1–3.
156 "Spiritual Worship," B 3:96, sec. 2. 4.
157 "On the Discoveries of Faith," B 4:31–32, J VII:233, sec. 7.
158 "Spiritual Worship," B 3:96, J VI:424–35, sec. 2. 5.

는 행복해지는데, 이것이 바로 하나님 나라가 의미하는 것이다.[159] 하나님 나라에서 우리는 "그리스도 안에서 충만해진다"(골 2:10).

삼위일체 하나님께서 한 분이시듯, 모든 사람을 위한 궁극적 행복은 하나뿐이다. 우리의 마음은 하나님 안에서 안식할 때까지는 안식할 수 없다.[160] "우리 혈관에서 피가 춤추듯 흐르고, 세상이 우리를 향해 웃음 지으며, 우리에게 아직 모든 기회와 창창한 인생이 남아있을 때는" 젊음의 활력이 행복인 것 같지만, 그것은 곧 "그림자처럼 날아가버린다."[161] "사람에게 이 세상이 줄 수 있는 모든 것을 주어보라." 그럴지라도 오라스(Horace)가 깨달은 것처럼, "무엇인가는 항상 부족해 그의 행운을 불완전한 것으로 만들 것이다. ⋯ 그 무엇인가는 정확히 하나님을 아는 지식과 하나님의 사랑인데, 그것이 없이는 어떤 영혼도 행복할 수 없다."[162]

웨슬리는 어린 시절 자신의 경험을 떠올리면서 "나는 고통이나 질병, 특히 (세상에 태어난 후 채 15분도 경험해보지 않은 것으로 기억하는) 영혼의 시련과는 거리가 멀었고, 모든 것을 충분히 가졌지만 ⋯ 여전히 행복하지 않았다!"라고 말했다. 이는 그가 하나님을 아는 지식과 하나님의 사랑을 결여했기 때문이다.[163]

"참 하나님을 아는 이 행복한 지식은 종교, 즉 내가 말하는 기독교의 또 다른 이름일 뿐이다." 기독교는 외적인 행동이나 의무, 개념으로만 이

---

159 "Spiritual Worship," B 3:96, sec. 2. 6.
160 "Spiritual Worship," B 3:97, sec. 3. 1. 이는 Augustine, *Confessions* 1.1에서 인용한 것이다; "Awake, Thou That Sleepest," sec. 2. 5를 보라.
161 "Spiritual Worship," B 3:97, sec. 3.1.
162 "Spiritual Worship," B 3:97-98, sec. 3. 1; Horace, *Odes* 3.24.64.
163 "Spiritual Worship," B 3:98, sec. 3.2. 여기서 웨슬리의 언급은 키에르케고르의 심미적 인간을 예기하게 한다. "멀리 있는 무엇인가를 바라보라. 얼마나 아름답게 보이는가! 그것에 가까이 가 보라. 그러면 아름다움이 사라질 것이다. ⋯ 인생이 이와 같다!"

루어지는 것이 아니다. 그보다 본질적인 것은 "영원하신 성령을 통해, 그의 사랑하시는 아들 안에서 계시된 하나님을 아는 지식과 하나님의 사랑"이다.[164] 이 은혜를 떠난 사람은 솔로몬처럼 설령 가능한 모든 미학적 즐거움에 둘러싸여 지내더라도 결코 행복할 수 없다. 그래서 그는 우리에게 무엇이 행복인지보다는 무엇이 행복이 아닌지를 분명히 가르쳐준다. 즉, 행복은 "자연 지식, 권세, 감각적 쾌락이나 상상력에서 찾을 수 있는 것이 아니다."[165]

---

164 "Spiritual Worship," B 3:99, J VI:424–35, sec. 3. 4.
165 "Spiritual Worship," B 3:99–100, sec. 3. 5; 참고. Matthew Prior, "An English Padlock" (n.p.: Jacob Tonson, 1705).

더 깊은 이해를 위한 독서 자료

Cannon, William R. *Theology of John Wesley: With Special Reference to the Doctrine of Justification*, 204–14. New York: Abingdon, 1946.

Collins, Kenneth. *A Faithful Witness: John Wesley's Homiletical Theology*, 58–62. Wilmore, KY: Wesleyan Heritage, 1993.

Mickey, Paul. *Essentials of Wesleyan Theology*, 29–44. Grand Rapids: Zondervan, 1980.

Miley, John. *Systematic Theology*. Reprint, Peabody, MA: Hendrickson, 1989.

Pope, William Burt. *A Compendium of Christian Theology*. 3 vols. London: Wesleyan Methodist Book-Room, 1880.

Ralston, Thomas N. *Elements of Divinity*. New York: Abingdon, 1924.

Summers, Thomas O. *Systematic Theology*. 2 vols. Edited by J. J. Tigert. Nashville: Methodist Publishing House South, 1888.

Watson, Richard. *Theological Institutes*. 2 vols. New York: Mason and Lane, 1836, 1840; edited by John M'Clintock. New York: Carlton & Porter, 1850.

Williams, Colin W. *John Wesley's Theology Today*, 93–97. Nashville: Abingdon, 1960.

2장

성경의 수위성

2장 성경의 수위성(首位性)

A. 성경의 권위

1. 성경의 수위성 및 규범으로서의 권위

웨슬리는 기독교 진리에 관한 모든 문제와 관련해 기본적으로 성경에 호소했다. 이것이 웨슬리 신학 연구를 시작하는 이 시점에서 성경의 권위를 먼저 확립해야 하는 이유다.

하나님께서 성경을 통해 어떻게 우리에게 결정적으로 말씀하셨는지를 충분히 이해하려면 세 가지 형태의 보조적 권위에 대한 이해가 필요하다. 그것은 (1) 사도적 전통에 의해 확증된 성경, (2) 은혜로 조명된 이성, (3) 성경에 선포된 하나님의 말씀을 이해하는 데 중요한 개인의 성령 체험이다. 이 세 가지 보조적 권위가 어떻게 함께 성경을 확증하는지를 이해하는 것이, 웨슬리 신학방법론을 이해하는 길이다. '신학방법론'이란 사람이 계시된 진리의 인식에 도달하는 방법을 지칭하기 위해 오늘날 신학자들이 사용하는 용어다.

a. 한 책의 사람

웨슬리는 젊은 시절인 1730년 "다른 어떤 책이 아닌 성경을 가장 소중히 여기는 '한 책의 사람'"이 되기로 굳게 결심했다고 말한다.[1]

웨슬리는 평생 새벽에 일어나 기도하고 성경을 연구하는 습관을 지켰다. 그리고 자신의 설교집 서문에서 자신이 그렇게 한 의도가 무엇이었는

---

1 *PACP*, 10, J XI:373.

지 가슴에 와닿도록 설명했다.

> 하루살이 같은 우리는 쏜살같이 날아가는 삶을 살면서 … 거대한 바다 위를 표류하다 잠시 후 사라질 것이며, 한 번 정해지면 다시 변경할 수 없는 영원으로 들어갈 것입니다. 내가 알고 싶은 것은 단 한 가지, 하늘로 가는 길입니다. 어떻게 저 행복한 해변에 안전하게 다다를 수 있는지 알고 싶습니다. 하나님 자신이 그 길을 가르쳐주고자 스스로를 낮추어 하늘에서 내려오셨습니다. 그분이 하늘에서 오신 것은 오직 이 목적을 위해서입니다. 그분은 그 방법을 한 책에 기록하셨습니다. 오! 내게 그 책을 주십시오! 그 값이 얼마든 하나님의 책을 내게 주십시오! 그 속에 나를 위한 충분한 지식이 있습니다. 나로 한 책의 사람(*homo unius libri*)이 되게 해주십시오!²

만약 성경 본문에서 어떤 내용이 혼란스러워 보인다면, 우리는 언제나 "사람이 하나님의 뜻을 행하려 하면 알게 되리라"(참고. 요 7:17)라고 말씀하신 분께 은혜를 구해 "주님 뜻을 행하기 원하오니 저로 알게 하소서"라고 기도해야 한다. "그리고 성경의 유사한 구절들을 찾아 숙고해 진리의 말씀을 다른 말씀과 비교해보아야 한다."³ 성경 본문을 다른 본문과 비교할 때는 전통적 기독교의 방법으로 흔히 '신앙의 유비'로 불리는 방법을 사용해야 한다. 즉, 우리는 신앙을 통해 각각의 성경 본문이 다른 본문을 서로 조명하게 하고, 또 각 본문이 성경 전체를 보는 관점을 열어주게 하는 유추적 사고를 할 수 있어야 한다.

신앙은 하나님의 뜻을 깨달을 수 있도록 은혜를 간구하게 한다. "너희 중에 누구든지 지혜가 부족하거든 모든 사람에게 후히 주시고 꾸짖지 아니하시는 하나님께 구하라 그리하면 주시리라"(약 1:5).

---

2 *SOSS*, 서문 5; B 1:104–5.
3 *SOSS*, 서문 5; B 1:105.

웨슬리가 자신을 '*homo unius libri*',⁴ 즉 '한 책의 사람'⁵으로 묘사한 것은 성경 이외의 다른 책에서는 유익을 얻을 수 없다는 의미가 아니다. 웨슬리는 그 자신이 독서광이었다. 그는 다른 모든 책은 하나님의 존재와 목적을 가장 잘 계시하는 최고의 책인 성경과 연관 지어 읽을 때 가장 유익을 얻을 수 있다고 말한 것이다.⁶

오직 성경만 읽어야 한다는 사람에게 웨슬리는 "만약 성경 외에 다른 책은 필요하지 않다고 말한다면, 당신은 사도 바울만큼 지혜롭지 못한 것이다. 바울은 다른 사람에게 '책을 가지고 오라'고 부탁할 때 '특별히 가죽 종이에 쓴 것'(딤후 4:13)을 부탁했다"⁷는 말로 반박했다. 여기서 가죽 종이에 쓴 책들은 이후 전 세계가 거룩한 성경으로 받아들이게 된 사도들의 글로, 바울이 당시에 입수할 수 있었던 원본 자료들을 말한다.

웨슬리는 400권이 넘는 책을 편집했다. 일평생 열렬한 독서가였던 그에게는 늘 타고 다녔던 말의 등이 움직이는 도서관이었다.⁸ 그는 물리학, 언어 학습, 역사, 사회변동 등 다양한 주제에 관해 많은 책을 출판했다.

b. 기독교 교리의 표준으로서의 기록된 성경 말씀

"개신교 신앙"이란 "정확히 말해, 성경이 분명히 말씀하고, 성경으로 입증 가능한 내용만을 믿는 신앙"이다. "기록된 말씀은 개신교인의 신앙과 실천의 온전하고도 유일한 규범이다."⁹ "우리는 성경이 하나님의 말씀

---

4   *LJW* 6:30, 130.
5   *SOSS*, 서문 5; B 1:105.
6   *LJW* 5:215, 221; 8:192; B 1:57, 71; 4:93.
7   "Minutes of Several Conversations," Q33, J VIII:315.
8   *LJW* 1:20, 65.
9   "On Faith," 히 11:6, B 3:4, sec. 1.8; 참고. "Justification by Faith," sec. 2. 웨슬리는 "하나님의 기록된 말씀은 기독교 신앙과 실천의 유일하고도 충분한 규범"임을 반복해서 강조했다; "The Character of a Methodist," J VIII:340, sec. 1을 보라.

임을 믿는다."¹⁰ 우리는 "기록된 성경보다 자신이 더 지혜롭다고 생각하는 태도를 버려야 한다. 즉, 성경이 분명히 명령하지 않는 것은 어떤 것도 요구하면 안 된다. 또 성경이 분명히 금하지 않는 것은 어떤 것도 금하면 안 된다."¹¹ "나는 신앙에서든 실천에서든 성경 이외의 다른 어떤 규범도 인정하지 않는다."¹² 성경이 성령의 영감으로 기록되었다는 사실은 성경 전체에 해당되므로, 정경 내에 숨겨지거나 가려져 있는 또 다른 정경은 있을 수 없다.¹³

웨슬리는 성경을 기록하고 전수하며 선포하는 과정에서 사람이 매개가 됨을 부인하지 않았다. 이는 "하나님께서 사람을 계시의 직접적 통로로 삼으셨기에, 복음적 신앙은 부분적으로 인간의 증언에 토대를 둘 수밖에 없기 때문"¹⁴이다. 만약 그렇지 않다면 바울이 익숙하게 사용하는 용어가 요한이나 누가의 용어와 다를 이유가 없을 것이다. 그러나 그들의 언어는 차이가 있었다.

c. 문맥에서 성경의 문자적 의미 발견하기

웨슬리는 비이성적이거나 하나님의 도덕적 특성에 위배되지 않는다면 성경의 평이한 문자적 의미를 고수했다.¹⁵ 성경을 연구하는 사람은 만약 본문이 비유적 요소나 의도를 가진 경우가 아니라면 본문의 평이한 문

---

10 EA 13, B 11:19.
11 Letter to John Dickins, December 26, 1789, *LJW* 8:191–92; 참고. "The Witness of Our Own Spirit," B 1:303, sec. 6.
12 Letter to James Hervey, March 20, 1739, *LJW* 1:285; 참고. B 9:33–34, 527.
13 웨슬리는 런던 주교 에드먼드 깁슨(Edmund Gibson)에게 보낸 글에서 "나는 하나님의 말씀을 내 모든 행동의 규칙으로 삼지 … 그 외의 다른 어떤 은밀한 충동도 따르지 않습니다. 그것은 내가 마호메트나 공자를 따르지 않는 것과 같습니다"라고 적었다. LLBL 4–5, B 11:337.
14 *Compendium on Natural Philosophy* B 11:447; J XIII:482–87.
15 *ENOT*, 서문; 참고. J XIV:266.

자적 · 역사적 의미를 발견하도록 노력해야 한다. 본문이 비유적 요소나 의도를 가진 경우에도 우리는 그 비유를 가장 평이한 의미로 이해할 수 있어야 한다. 예배 공동체는 성경에서 숨겨진 뜻이나 비유적 의미가 아니라 있는 그대로의 직설적인 의미를 읽어내야 한다. 우리는 "말도 안 되는 터무니없는 의미가 아니라면 평이한 문자적 의미를 결코 벗어나지 말아야 한다."16

문맥과 맞지 않게 본문을 인용하는 것은, 성령께서 본문이 어떻게 사용되기를 바라시는지를 파악하는 데 실패한 것이다. 웨슬리는 자신을 따르는 사람들에게 "문맥에서 파악한 본문의 평이한 문자적 의미를 조금도 벗어나지 말아야 함"17을 강조했다. 본문과 문맥은 서로 연결되어 있다. 그 각각은 서로를 필요로 한다.

모든 성경 본문은 개인적인 목적을 위해 왜곡될 수 있다. "앞서거나 뒤따르는 구절들을 빼버린 채 성경의 어느 한 구절을 인용하면 그 구절은 쉽게 왜곡될 수 있다. 이런 방법은 종종 그 구절이 어떤 분명한 뜻을 가진 것처럼 보이게 하지만, 앞에 오거나 뒤따르는 구절과 함께 살펴보면 정반대의 뜻이라는 사실이 분명해지곤 한다."18

성경은 문장들로 이루어져 있다. 성경의 각 본문은 우리가 속한 특정한 문화적 · 역사적 배경이 어떤 것이든 우리가 거기서 경험하는 것들과 끊임없이 연결된다. 성경 원문은 히브리어와 헬라어로 쓰였다. 우리가 성경

---

16 "Of the Church," B 3:50, sec. 12.
17 *PACP*, Q33, J XI:429; 참고. "Cautions and Directions Given to the Greatest Professors in Methodist Societies," 1762; 또 JWO 1:473n을 보라; R. Larry Shelton, "Wesley's Approach to Scripture in Historical Perspective," *WTJ* 16 (1981): 23–50.
18 "On Corrupting the Word of God," B 7:470.

본문과의 신뢰할 만한 연결고리를 만들려면 그 언어들을 공부해야 한다.[19]

진지하게 말씀의 시중을 들고자 하는 사람은 마땅히 성경의 원어를 배워야 한다. 웨슬리는 성경 본문을 분석해가면서 자신이 활용할 수 있는 사본 중 가장 신뢰할 만한 본문이 어떤 것인지를 탐구했다. 그는 『신약성서 주해』에서 흠정역 성경 번역의 많은 부분을 수정했다.

2. 신앙의 유비

a. 성경의 각 부분과 전체의 관계

성경의 특정 본문은 그와 연관된 성경의 다른 본문과 성경 전체가 가르치는 내용, 또 역사상의 위대한 성경 교사들의 일치된 해석과 연결 지어 유추해가며 읽을 때 가장 잘 이해할 수 있다. 이 방법으로 우리는 뜻이 분명한 본문을 통해 의미가 다소 모호한 본문을 더 분명히 이해할 수 있게 된다.

이것이 '신앙의 유비'(*analogia fidei*)라는 원리로, 웨슬리가 늘 사용한 기독교의 전통적 성경주해방법이다. 성경의 가장 훌륭한 해석자는 성경이다.[20] 성경의 한 본문이 다른 본문의 의미를 밝혀주기에, 우리는 일평생 성경을 공부하면서 신앙이 온전해져간다는 느낌을 점점 더 갖게 된다.

"성경의 다른 본문과 모순되지 않는다면 성경의 모든 본문은 문자적 의미로 이해해야 한다. 그러나 뜻이 모호한 본문은 좀 더 분명하게 말씀하는 본문들에 의해 해석되어야 한다."[21] 성경적 지혜는 선택적인 특정 본문이 아닌 성경 전체의 전반적 의미와 널리 소통함으로 얻게 된다. 예배 공

19　B 3:192–93.
20　B 1:58–59, 106; 2:102–3; 4:5–6; 9:201, 353; 11:169, 504.
21　Letter to Samuel Furly, May 10, 1755, *LJW* 111:129.

동체에서 우리는 먼저 성경이 과거에 말씀한 것에 대한 기억을 그 이후의 서로 다른 상황으로 가지고 온다.

웨슬리는 『구약성서주해』의 저술 의도를 다음과 같이 말한다.

> 하나님 말씀에 있는 모든 절과 문장, 그리고 할 수 있는 한 모든 용어의 직접적이고 문자적인 의미를 설명하는 것이다. 나는 마치 나침반처럼 모든 사람에게 아무리 훌륭한 것이더라도 마음을 성경 이외의 다른 것에 두지 말고 있는 그대로의 성경 말씀에 집중해 그것을 읽고 들어 이해해야 함을 가르치고자 한다. … 내 목적은 사람들이 성경과 별개로 읽을 수 있는 또 하나의 책을 쓰는 것이 아니라, 할 수 있는 대로 짧고 평이한 말로 성경의 모든 부분의 자연스러운 의미를 드러내, 하나님을 경외하는 사람들이 성경 자체를 읽고 들을 수 있도록 돕는 것이다.[22]

b. 그리스도인이 구약 성경을 연구하는 이유

웨슬리는 구약 성경의 폐기를 주장한 마르시온(Marcion)의 미혹에 반대했다. 신약은 구약에 근거해 있다. 구약은 신약에서의 성취를 기대하며, 신약은 구약의 약속을 성취한다. 구약의 해석은, 성경의 각 본문이 다른 본문을 이해하도록 조명하는 신앙의 유비에 의해 도움을 받는다. 그리스도인은 구약을 읽을 때 그것이 신약에서 성취되었음을 고려하며 읽는다.

웨슬리는 현대의 성서해석학이 발전하기 오래전부터 이미 "교회가 성경에 의해 판단을 받아야지, 성경이 교회에 의해 판단받는 것이 아님"을 분명히 했다. 구약과 신약 성경 모두는 교회를 판단하는 기준이 된다. 웨슬리는 이 사실에 덧붙여 "성경이 성경의 최고 해설자다. 따라서 성경을 이해하는 최선의 방법은 주의 깊게 성경의 본문들을 서로 비교함으로 그

---

22 *ENOT*, 서문 15, viii.

참된 의미를 발견하는 것이다"라고 말한다.[23] "성경이 성경을 해석한다. 성경의 한 부분이 다른 부분의 의미를 명확히 한다."[24]

이러한 해석법은 그리스도인으로 하여금 구약의 도덕적 명령을 '감추어진 약속'(covered promise, 비록 명령의 형식으로 주어졌더라도 하나님께서 은혜로 그 성취를 도우실 것을 약속하신 말씀이라는 뜻–역주)으로 보게 한다. 그리스도인은 예수 그리스도 안에서 이루어질 성취와의 연관성 속에서 구약 성경을 진지하게 연구한다.[25]

웨슬리의 성경 주해는 신자가 거룩하게 살아갈 수 있도록 성경을 실천적으로 적용하는 데 초점을 맞추었다.[26] 그리스도인의 체험은, 성경 해석을 좌우할 힘을 가진 것이 아니라, 지혜롭고 균형 잡힌 성경 해석을 실제적으로 확증하는 방법이 된다. 성경이 체험으로 확증되면, 경솔하고 균형을 잃은 해석을 교정하는 일을 한다.[27] 이성과 경험은 이런 방식으로 신자가 하나님의 계시를 이해하는 일에서 주인이 아닌 섬기는 종이 된다.[28]

3. 성령과 성경

a. 성경은 계시에 관한 다른 모든 주장을 판단함

하나님의 성령은 성경을 사려 깊게 묵상하는 모든 과정에 함께하신다.

부지런한 연구와 간절한 열망으로 성경에 마음을 쏟는 사람이라면 누구든 아무런 도움 없이 홀로 내버려지는 일은 있을 수 없다. 하나님께서는 그를 지도할 신

---

23 "Popery Calmly Considered," J X:142, sec. 1. 6.
24 "Address to the Clergy," J X:482, sec. 1. 1.
25 B 1:381–82, 386–87, 394–95; 2:514.
26 MOB, 89–96.
27 B 4:246–47; 9:378–79; 11:509.
28 B 3:16, 200–201; 4:198–99, 219.

실한 교사를 보내시거나, 직접 하늘에서 그의 마음을 조명하셔서 그에게 필요한 것을 가르쳐주실 것이다. 성경을 이해하는 데 반드시 필요한 것은 사람의 인간적이고 세상적인 지혜나 과학이 아니라, 겸손하고 근면하게 연구하는 사람에게 영감을 불어넣어 말씀의 참된 의미를 깨닫게 하시는 성령의 계시다.[29]

"성경은 계시가 참된 것인지 아니면 상상으로 만들어낸 것인지에 관해 모든 것을 시험하는 시금석이다."[30] 성경을 성령과 경쟁하는 적대관계로 만들어서는 안 된다. 성경은 그것을 주신 성령을 통해서만 바르게 이해할 수 있다.[31] 성경은 성령의 영감으로 기록된 것으로, 성령께서는 이 기록된 규범인 성경을 우리를 모든 진리로 인도하는 도구로 사용하신다.[32] "비록 틀릴 수는 있더라도, 교회의 역사적 경험은 성경의 종합적 의미를 판별해내는 일에서 후대의 해석자들보다 더 나은 판단자가 된다."[33]

b. 성경 원문 파고들기

우리는 성령의 역사를 증거하기 위해 그에 관한 성경 원문을 파고들어, 기록된 말씀이라는 단단한 바위에서 성령의 인도하심이라는 보석들을 캐내야 한다.[34] "성경 본문에 정통한 사람은 모두 훌륭한 신학자인 반면, 성경 본문에 정통하지 않으면 누구도 훌륭한 신학자가 될 수 없다." "성경 원문 언어에 대한 지식이 없다면" 성경 해석은 때때로 문제에 봉착

---

29 독자 서문, DSF, JWO 123; B 1:381–82, 386–87, 394–95; 2:514. 이는 영국 국교회 신자들을 성경적 신앙으로 인도한 가치 있는 안내서인 엘리자베스 시대 설교집을 웨슬리가 수정한 것이다.
30 Letter to Thomas Whitehead, February 10, 1748, LJW 11:117.
31 MOB, 97.
32 LJW 2:117; 참고. B 3:496.
33 Albert C. Outler on Wesley, in JWO 1:58–59.
34 CH 7:185–87, 474–75.

할 수 있다.³⁵

성령 하나님께서 성경을 기록하게 하신 분이라면, 신자는 성경을 읽을 때 하나님께서 함께하심을 믿을 만한 훌륭한 이유를 가지고 있다. 성경은 성령 하나님께서 죄인을 성자 안에서 나타난 성부의 사랑으로 돌이키기 위해 사용하시는 은혜의 방편이다.³⁶ 성경의 정경은 신앙을 위해 충분하며, 진리를 가르치는 일에 전혀 부족함이 없다.³⁷

"비록 성령께서는 우리의 주된 인도자이시지만, 그럼에도 결코 우리의 규범은 아니시다. 성령께서 우리를 모든 진리로 인도하는 도구로 사용하시는 규범은 성경이다." 규범은 모든 것을 "명확하고 분명하게" 하기 위해 "지적인 존재에 의해 사용되는 무엇"을 의미한다.³⁸ 성령께서는 규범보다 훨씬 큰 분이시다. 그분은 성경이라는 규범을 우리 마음에 명확하게 각인하시는 인도자이시다.

4. 성경, 양심, 일반 계시

a. 하늘이 하나님의 영광을 선포함

하나님의 계시는 다른 모든 형태의 지식을 조명한다. 특별 계시는 전반적으로 일반 계시와 반대되는 것이 아니라, 일반 계시를 더 잘 이해할 수 있게 해준다.³⁹ 자연과 역사 전체는 하나님이 계시다는 사실을 알려주는 책이며, 성경 자체가 이를 분명히 말씀한다. "하늘이 하나님의 영광을 선포하고 궁창이 그의 손으로 하신 일을 나타내는도다 날은 날에게 말하

---

35 "Address to the Clergy," J X:482, sec. 1. 2.
36 "The Means of Grace," B 1:386–88; J V:92–94.
37 "On Corrupting the Word of God," B 7:470–71.
38 Letter [to Thomas Whitehead?], February 10, 1748, *LJW* 2:117; B 1:302–3; 9:114–15, 198.
39 "On Working Out Our Own Salvation," B 3:199–200, 서문 1, 2.

고 밤은 밤에게 지식을 전하니"(시 19:1-2).

하나님께서 역사 속에서 일하시는 방법과 타락한 인간에 대한 하나님의 사랑을 이해하려면, 하나님께서 자연과 인간의 역사에서 자신을 계시해오신 역사를 부지런히 연구해야 한다.[40] 하나님께서 특별히 예수 그리스도 안에서 거룩하고 자기희생적인 사랑을 드러내신 곳은 인간의 역사다.[41]

성경은 인간의 양심이라는 사적인 영역을 경시하지 않고 매우 중시한다. 양심은 모든 인간에게 도덕적 의식이 존재함을 보여주는 내적 증거다. "모든 사람은 스스로 판단할 권리가 있으며, 특히 신앙 문제에서 그러하다. 모두가 자신이 살아온 삶을 하나님 앞에서 해명해야 하기 때문이다."[42]

b. 성경의 적절성, 명료성, 충분성

성경은 "천지가 없어질지라도 그 일점 일획도 없어지지 않고 '영원히 남을 하나님의 말씀'이다(마 5:18). 따라서 신구약 성경은 가장 견고하고 가치 있는 신적 진리 체계다. 그 모든 내용이 하나님께 합당하고, 서로 연합해 하나의 완전한 통일체를 이루며, 어떤 결함이나 지나침도 없다. 성경은 모든 하늘 지혜의 원천으로, 이를 맛본 사람은 어떤 지혜롭고 박식하며 거룩한 사람의 글보다도 성경을 더 사랑한다."[43]

웨슬리는 "나는 모든 교회와 교리를 성경으로 시험한다"[44]고 말한다. "성경은 하나님께서 영감을 불어넣으신 사람들에 의해 기록되었기에 그 자체만으로도 충분한 규범이 된다. 따라서 성경 이외의 다른 부가적인 것

---

40 B 2:536; 1:420–21; 2:54–55, 588, 591–92; 3:4, 504.
41 B 4:18.
42 독자 서문. 1771년판 전집에 나오며, 제3판 서문 1:4에 인용됨.
43 *ENNT*, 서문 10.
44 *LJW* 111:172.

은 필요하지도 않고, 그럴 수도 없다."[45] "만약 성경에 어떤 오류가 있을 수 있다고 말하고 싶으면, 차라리 오류가 수없이 많다고 말하라. 만약 성경에 한 가지라도 잘못이 있다면, 그것은 진리 되시는 하나님에게서 온 것이 아니다."[46] 어떤 경우라도 "성경과 위배된다면 그것은 선하지 않고, 우리가 그 상태를 지속한다면 상황은 더욱 나빠질 것이다."[47] 성경의 한 본문을 다른 본문과 비교하고, 부분을 전체와 연결함으로 성경의 본문과 문맥을 바르게 설명한다는 것을 전제로, 전통적인 기독교 사고에서는 소위 성경에서 '오류'로 여겨지는 것들을 독자에게서 비롯된 오해와 오류로 본다.

웨슬리는 다음과 같이 말한다. "하나님의 사자들이 사용한 언어 역시 가장 정확했다. 그들에게 주어진 말씀은, 그들 마음에 새겨진 인상과 정확히 상응했기 때문이다. 이런 의미로 루터는 '신학은 성령께서 사용하시는 언어의 문법'이라고 말한다. 이를 충분히 이해하려면 우리는 모든 말씀이 강조하는 것이 무엇인지, 거기에 표현된 거룩한 성품과 성경 각각의 저자가 보여주는 기질이 어떤 것인지 관찰해야 한다."[48] 웨슬리는 성경 본문을 이해하는 방법론에서 루터와 칼빈을 따랐다. 즉, 모든 말씀은 문맥과 가능한 한 성경의 원문에서, 그리고 성경 전체의 증거와 연결 지어 유추해 그 뜻을 파악해야 한다.

c. 성경 연구를 위한 실제적 지침

웨슬리는 『구약성서주해』 서문에서 진지한 묵상을 통한 성경 연구의 다섯 가지 실천 과제를 다음과 같이 제시한다.

45　"Popery Calmly Considered," J X:141, sec. 1. 3.
46　JJW 6:117.
47　Letter to James Lowther, October 28, 1754, LJW 111:122. "나는 고대의 것이든 현대의 것이든 성경 이외에는 다른 권위를 인정하지 않는다. 성경이 어떤 교리를 지지하면 그 교리는 확고히 서겠지만, 성경이 지지하지 않는 교리라면 빨리 무너질수록 더 좋다." 참고. MOB 113-14.
48　ENNT, 서문 12.

1. 매일 성경 연구를 위한 시간을 특별히 구분해놓으라.
2. 구약 성경은 신약과 연결 지어 읽고, 신구약 모두를 읽되 "하나님의 온전하신 뜻을 발견하고자 하는 한결같은 마음과 그 뜻에 순종하겠다는 확고한 결심을 가지고 읽으라."
3. "원죄, 이신칭의, 신생, 내적이고 외적인 성결이라는 중요하고도 근본적인 교리들이 어떻게 서로 연결되어 조화를 이루는지 신앙의 유비에 항상 주의를 기울이라."
4. "'성경은 그것을 기록하게 하신 성령을 통해서만 바르게 이해될 수 있다'는 것을 기억해" 간절한 기도와 함께 성경을 읽으라.
5. 정직한 자기 점검의 시간을 자주 가지라.⁴⁹

B. 성경의 영감

성령께서는 성경의 기록자만이 아니라 주의 깊게 성경을 읽는 사람의 마음에도 역사하신다. "모든 성경은 하나님의 감동으로 된 것이다. 하나님의 성령은 과거에 성경을 기록한 사람들을 감동하셨을 뿐 아니라, 그 후로도 계속 간절한 기도와 함께 성경을 읽는 사람들을 감동하시고 초자연적으로 도우신다."⁵⁰

성경의 영감에 대한 웨슬리의 가르침은 처음부터 끝까지 각 개인에게 하나님의 은혜를 계시하시려는 하나님의 목적에 근거해 있다. 웨슬리는 성경의 영감에 관한 짧은 논문⁵¹에서, 어떻게 성경이 하나님의 계시에 진

---

49 *ENOT*, 서문 18, I; ix; 참고. B 1:58–59, 106; 2:102–3; 4:5–6, 246–47; 9:201, 353, 378–79; 11:169, 504, 509.
50 *ENNT* 794, 딤후 3:16.
51 CCD, J XI:484.

리를 추구하는 사람의 마음을 일깨우시는 성령의 사역이 동반되는지를 설명했다.

1. 성경의 신적 영감에 대한 명확하고 간결한 증명

a. 기적, 예언, 선, 인격에 근거한 네 가지 논증

웨슬리의 짧은 논문, "기적, 예언, 선, 인격에 근거한 네 가지 논증"(Four Arguments from Miracles, Prophecies, Goodness, and Character)은 성경 해석에 관한 완전한 교리를 설명하려는 의도를 가진 것으로는 볼 수 없지만, 그럼에도 웨슬리의 성경관의 핵심을 분명히 엿볼 수 있게 해준다. 이 논문은 매우 짧다. 처음 이 논문을 읽으면 '이것도 신학이라고? 너무 쉬운데?'라고 생각할 수 있다. 두 번째 읽을 때는, 여기에 뭔가 숨겨져 있지 않을까 생각하면서도 그것이 무엇인지 궁금해하는 정도에서 그칠 것이다. 한 줄기 빛이 비치는 것은 그 이후일 것이다. 논문의 진행 방식은 다음과 같다.

성경이 하나님의 말씀임을 믿도록 우리를 강하게 이끄는 중요하고도 강력한 네 가지 귀납적 논증이 있다.

1. 기적 체험 논증
2. 예언 성취 논증
3. 성경의 가르침에 내재된 도덕적 선 논증
4. 성경의 저자들의 도덕적 특성 논증[52]

각각의 논증은 귀납적이고 연역적인 특성 모두를 지닌다. 웨슬리는 먼저 성경의 영감에 관한 경험적 증거를 귀납적으로 제시한다.

---

52 같은 곳.

b. 성경의 영감에 대한 귀납적 논증

어딘가에서 기적에 대한 주장이 제기되면, 그것은 사실 아니면 거짓 중 하나일 수밖에 없다. 만약 사실로 입증된다면, 그 기적은 하나님의 능력에 의해 일어난 것일 수밖에 없다. 기적은 무엇과도 비교할 수 없는 능력과 지혜를 가지신 분, 곧 하나님이 계시다는 사실을 전제로 한다. 인간의 일반적인 예상을 초월하는 어떤 존재가 없다면 기적은 일어날 수 없다. 앞으로 우리는 하나님의 섭리를 고찰할 때, 하나님에 의한 인과관계와 자연에 의한 물리적 인과관계 사이의 연관성을 다룰 것이다.

어딘가에서 예언에 대한 주장이 제기되면, 그것이 사실인지 거짓인지는 역사를 통해 입증될 것이다. 만약 사실로 입증된다면, 역사를 사리에 맞게 바라보는 사람의 눈에는 예언이 성취되었다는 사실이 분명히 드러날 것이다. 또 예언이 성취되는 과정 중이라면, 과거 역사에서 입증된 증거들에 근거해 그 예언을 정확한 것으로 볼 수 있을 것이다. 만약 예언의 성취가 입증된다면 그 예언은 하나님의 무한한 지식에서 나온 것일 수밖에 없다. 예언은 하나님의 지혜를 전제로 한다. 그분의 영원한 지혜가 시간 속에 계시되었다고 가정하지 않는다면, 예언의 성취란 있을 수 없다. 과거와 미래를 모두 보시는 영원히 지혜로우신 어떤 존재가 없다면 예언의 성취는 불가능하다. 그 존재를 예배 공동체는 하나님이라 부른다.[53]

성경의 가르침은 도덕적으로 선하거나 악하거나 둘 중 하나일 수밖에 없다. 만약 성경의 교리가 선하다면, 그 교리들은 필연적으로 하나님의 선하심에서 비롯된 것일 수밖에 없다. 또 그 교리들이 모든 자연적이고 역사적인 지식과 비교할 수 없을 만큼 선하다면, 그것은 무엇과도 비교할 수 없이 선하신 분에게서 나온 것일 수밖에 없다. 성경의 가르침은 이미 선한

---

53 CCD, J XI:484-85.

것으로 입증되었으며, 이는 하나님의 자비로우심을 전제로 할 때만 바르게 이해할 수 있다.

만약 성경 저자들의 도덕적 특성이 그들의 가르침과 일치하고, 심지어 핍박과 고문 속에서도 그것이 드러난다면, 사리를 아는 관찰자는 그 일치에 주목할 것이다. 전통적 기독교 신앙을 가진 순교자들이 부활과 영생의 약속의 신빙성에 대해 잘못 알았을 가능성은 많지 않다. 그들의 행동은 그 자체만으로도 그들이 어떤 도덕적 특성을 지녔는지 보여주었다. 스데반은 자신의 신앙을 위해 기꺼이 순교한 이후의 모든 증인의 모범이다. 그들이 가르친 내용의 진실성은 그들 자신의 도덕적 특성이라는 증거를 통해 입증되었다. 그들의 도덕적 특성은 그것을 가능케 한 어떤 원천과 토대를 전제할 수밖에 없다. 성경이 증언하는 사건들을 통해 그들의 삶에서 입증된 거룩함은 하나님께서 거룩한 분이심을 가리킨다.[54] 그리스도께서 십자가에서 보이시고, 또 스데반이 죄 없이 죽으며 보여준 것과 같이, 역경 속에서 기독교의 진리를 몸으로 살아내는 것이 없다면, 우리가 신뢰할 수 있는 기독교 교리는 존재할 수 없다.[55]

이 네 가지 논증은 다음과 같이 요약해 표현할 수 있다.

성경을 신뢰할 수 있는 근거	하나님의 속성
입증된 기적	하나님의 능력
성취된 예언	하나님의 지혜
입증된 도덕적 선함	하나님의 선하심
성경 저자들의 도덕적 특성	하나님의 거룩하심

54　JWO 89–90, 181–82, 225–26, 375–76.
55　CCD, J XI:484–86.

이처럼 기적이 일어나고, 예언이 성취되고, 가르치는 내용이 도덕적으로 선하며, 성도들과 순교자들이 죽음의 순간에도 자신들의 가르침과 일치하도록 살았다는 사실을 개인적으로 경험하고 입증한 것에 근거해 귀납적으로 내릴 수 있는 결론은 이것이다. 즉, 성경은 무엇과도 비교할 수 없는 능력, 지혜, 선함, 거룩함을 지니고 찬양 받기에 합당하신 오직 한 분에 대한 신뢰할 만한 지식의 원천이라는 것이다. 우리는 기적, 예언, 도덕적 가르침, 거룩한 삶에 관한 성경의 증언이라는 가시적 결과를 토대로, 하나님의 전지전능하심, 무엇과도 비교할 수 없는 도덕적 탁월성, 의로우신 인격을 마땅히 사실로 받아들여야 한다.[56]

이 모든 논증은 경험적이고 귀납적이다. 즉, 인간의 개인적이고 역사적인 경험을 면밀하게 관찰한 결과에 기초한 논증이다. 우리가 그 증거들에 열린 마음을 갖는다면 그것들이 사실인지 아닌지 알 수 있을 것이다.

다음으로 웨슬리는 연역적 추론에 기초해 성경의 진실성을 논증하는데, 여기에는 상식적인 이유에 근거해 논리적으로 끌어낸 결론도 포함된다. 이 논증들은 진행이 너무 빨라 쉽게 이해하기 힘들 수도 있다. 하나님에 관한 존재론적 논증과 마찬가지로 이 논증의 결과를 이해하려면 논증의 과정을 반복해 숙고해야 할지도 모른다.

c. 성경의 영감에 대한 연역적 논증

웨슬리는 성경이 영감 되었다는 진리가 비이성적인 사람들의 비이성적 판단에 따른 주장이 아님을 입증하고자 했다. 그것은 선하고 사려 깊은 사람들 사이에서 작용해온 합당한 전제다.

간단히 말해 웨슬리가 증명하고자 한 것은 다음 중 하나가 성경을 만

---

56 *LJW* 2:62, 69, 90, 104.

들어냈다는 것이다.

> 선한 사람들
> 선한 천사들
> 악한 사람들
> 악한 천사들
> 또는 하나님

이것이 선택 가능한 대안의 목록 전체다.[57] 이 다섯 가지 외에 다른 대안은 있을 수 없다.

웨슬리는 첫째, 성경은 선한 사람들이 스스로 만들어낸 창작물일 수 없다고 설명한다. 만약 그렇지 않다면 그 선한 사람들이 "주님께서 말씀하셨다"고 기록함으로 거짓말을 한 것이 되기 때문이다. 말씀하신 분이 주님이 아니라, 실상은 유한한 인간이 자신의 심리 상태나 역사 또는 생각을 말한 것이라면, 그는 거짓말을 하고 있는 것이다. 선한 사람이라면 누구도 주님께서 하신 말씀이 아닌데도 주님의 말씀이라고 기록하거나 주장할 수는 없을 것이며, 이 말은 선한 천사들에게도 똑같이 적용 가능하다. 따라서 우리는 성경은 선한 사람들이나 천사들이 창작해낸 것이 아님을 확신할 수 있다. 선한 사람이나 천사는 거짓말을 지어내지 않을 것이기 때문이다.[58]

그러나 성경이 사기꾼 또는 악한 사람들이나 타락한 천사들에 의해 창작되었을 가능성은 없을까? 우리는 성경이 악한 존재에 의해 창작된 것이 아님을 확신할 수 있다. 악한 사람이나 악한 천사는 그렇게 선한 교리를 만

---

57 "성경의 신적 영감에 대한 명확하고 간결한 증명", J XI:484.
58 같은 곳; 참고. B 2:310-11.

들어낼 수 없었을 것이기 때문이다. 악인들은 자신의 특성과 전적으로 반대되는 일련의 글을 창작해낼 수 없었을 것이다.

선한 사람, 선한 천사, 악한 사람, 악한 천사들을 성경의 원천으로 보는 모든 대안이 제외됐으므로, 남은 것은 오직 성경이 하나님 자신의 말씀으로 채워져 있다는 결론뿐이다. 하나님의 말씀은 물론 사람에 의해, 사람의 언어로, 서로 다른 역사적 상황에서 기록되고 전달되었으나, 그 저자이자 영감을 불어넣으신 분은 하나님이시다.[59] 따라서 우리는 선지자와 사도들의 증언을 읽을 때, 이것이 하나님께서 택하신 우리와 소통하는 방법이기에[60] 이를 신뢰할 만한 하나님의 말씀으로 매우 진지하게 받아들이는 것이 마땅하다.[61]

이것이 전부다. 만약 이 연역적 논리를 이해하지 못했다면 다시 한 번 읽어보라. 웨슬리는 이 짧은 논문을 통해 스스로 간결한 논증의 명수임을 드러낸다. 사실상 이것이 성경의 권위에 관한 그의 가장 중요하고도 간결한 논증이다.

웨슬리의 글을 읽었던 사람들 대부분은 평신도였다. 웨슬리는 이 논증이 어떤 해박한 철학 지식도 필요로 하지 않는다고 보았다. 그는 평범한 평신도들도 이 간단하고 상식적인 추론을 이해하고 신뢰할 수 있을 것이라고 생각했다.

2. 성경 주석가로서의 웨슬리

성경의 영감에 관한 이러한 논증은 웨슬리의 성서주해나 설교에서도

---

59 *LJW* 2:62-69, 90, 100, 104; 5:245.
60 *LJW* 2:148; 3:127; B 11:291, 504.
61 "성경의 신적 영감에 대한 명확하고 간결한 증명", J XI:484.

광범위하게 나타난다.

a.『신약성서주해』

성경의 영감에 관한 논증은 웨슬리의『신약성서주해』에서 분명히 나타난다. 웨슬리가 이 책을 집필한 목적은, 매우 학문적인 논문이나 성경 주석을 정독할 방법도 시간도 없는 평신도, 특히 메소디스트 연합체에 속한 평신도들이 활용할 수 있는 주해서를 만들어 그들의 성경 이해를 돕는 것이었다. 웨슬리 시대에는 책이 매우 비쌌다. 그래서 웨슬리의 모든 출판물은 가난한 구매자를 고려한 것이었다. 그는 성서 주해서를 최저 비용으로 제작했다. 그의『신구약성서주해』는 값비싼 책을 살 여력이 없는 일반 서민의 일상적인 성경 연구를 돕기 위한 것이었다. 그는 대부분의 사람이 고된 일을 하고 있었기에, 성경 이해를 위한 통찰을 사변이나 가식, 기만 없이 평이하게 전달해야 함을 잘 알고 있었다.

웨슬리는『신구약성서주해』에서 무엇보다 영적 진리를 일상적 삶에 적용하는 데 초점을 두었다.[62] 그는 당대의 가장 지혜로운 성서 주석가들의 통찰을 평범한 독자에게 적용하기 위해 노력했다. 그는『구약성서주해』를 저술할 때 매튜 헨리(Matthew Henry)[63]와 윌리엄 풀(William Poole)[64]의 주석을 자유로이 활용했고, 요한 벵겔(John A. Bengel)의 주석, 존 헤일린(John Heylyn)의『신학 강의』(Theological Lectures),[65] 존 가이스(John Guyse)의『실천적 주석』(Practical Expositor),[66] 필립 도드리지(Philip

---

62 *LJW* 4:93, 125; 8:67.
63 *Exposition of the Old and New Testament*. 웨슬리는 특히 이 주석을 창세기 주해에 활용했다.
64 *Annotations on the Holy Bible*.
65 John Heylyn, *Theological Lectures*, 2 vols. (London: Westminster Abbey, 1749–61).
66 John Guyse, *Practical Expositor*, 3 vols. (London, 1739–52).

Doddridge)의 『가정 주해서』(The Family Expositor)⁶⁷ 역시 활용했음을 기꺼이 인정했다. 웨슬리는 특히 요한계시록 주석에서는 종종 벵겔의 말을 그대로 사용했다. "내가 할 수 있는 것은, 일부는 번역하고, 일부는 그의 견해 중 가장 필요한 내용을 요약하는 것이 전부였다. 그 과정에서 나는 자유로이 일부 내용을 수정하거나, 설명이 충분하지 않다고 생각하는 곳에 내 해석을 덧붙였다."⁶⁸

웨슬리는 『신구약성서주해』에 대해 이렇게 말했다. "이 책은 다른 도움을 충분히 받을 수 있는 학식 있는 사람들을 주요 대상으로 계획한 것이 아니며, 더구나 오랫동안 깊이 있게 하나님의 역사와 말씀을 경험해온 사람들을 대상으로 한 것이 아니다. 나는 차라리 그들의 발 앞에 앉아 그들에게 배우고 싶다. 내가 이것을 쓴 것은, 주로 모국어밖에 모르지만 하나님의 말씀을 경외하고 사랑하며 자기 영혼을 구원하고자 하는 열망을 가진 평범하고 배우지 못한 사람들을 위해서다."⁶⁹

계속해서 웨슬리는 다음과 같이 말했다. "나는 가능한 한 짧게 주해해, 설명이 본문을 모호하게 하거나 집어삼켜버리는 일이 없게 했고, 또 주된 목적에 부합하도록 가능한 한 쉽게 설명해 배우지 못한 독자들을 돕고자 노력했다. 이런 이유로 나는 호기심을 만족시키고 지식적 욕구를 채우려는 모든 태도와 학문적 용어의 사용뿐 아니라, 사람들이 일상생활에서 익숙하게 사용하지 않는 모든 논증과 표현 방식을 피하고자 의도적으로 노력했다."⁷⁰

---

67 *ENNT*, 서문 8.
68 *ENNT* 932.
69 *ENNT*, 서문 3, 6; *JJW* 4:91–92, 361; 7:345.
70 *ENNT*, 서문 6, 7.

b. 『구약성서주해』

『구약성서주해』[71]는 본래 1765년 4월 25일에 시작해 총 60회 분량의 글을 "매주 구독자들에게 전달"하려는 목적으로 계획되었다. 실제로 그 횟수는 110회로 늘어났는데, 각 호의 가격은 6펜스에 불과했고, 최종호 발행일은 1766년 12월 24일이었다. 이후에는 모든 원고를 묶어 2절판 책 세 권으로 발행했다.[72] 웨슬리는 "둘이나 넷 또는 여섯 사람이 함께 한 부를 구입해 매주 리더에게 대금을 지불"[73]하도록 해주면서, 각 신도회가 『구약성서주해』를 구독할 것을 온건하게 독려했다. 이 야심 찬 독서 프로그램을 평범한 사람들을 위해 진행한 것이다.

웨슬리의 독특하고 단순하며 개인적인 방식은 많은 책의 편집에서도 드러난다. 『신구약성서주해』는 "다른 학자들의 최고의 작품을 훌륭하게 종합해 자신의 신학적 입장으로 녹여낸 것이다."[74] 웨슬리는 자유로이 다른 이들의 유익한 말을 받아들이고 수정해 자신의 사역을 위해 사용하곤 했다.

웨슬리의 가장 중요한 의도는 성경을 하나님의 말씀으로 높이는 것이었으나, 그럼에도 그는 참된 말씀조차 얼마든지 악용될 수 있음을 잘 알았다. 말씀을 변질시키는 이들은 말씀이 스스로 역사하게 하는 이들과 어떻게 다른가?

---

71 *JJW* 5:112, 115.
72 Bristol, UK: William Pine, 1765–66; reprint, Salem, OH: Schmul, 1975.
73 *LJW* 4:312.
74 편집자 서문, *John Wesley's Commentary on the Bible*, ed. G. Roger Schoenhals (Grand Rapids: Zondervan, 1990), 7.

3. 하나님의 말씀을 부패시키는 것에 대하여

설교 "하나님의 말씀을 부패시키는 것에 대하여"의 성경 본문은 고린도후서 2:17, "우리는 수많은 사람들처럼 하나님의 말씀을 혼잡하게 하지 아니하고"라는 말씀이다 [설교 #137 (1727), B 4:243–51; J #136, VII:468–73].

이 설교는 하나님의 말씀을 부패시키는 사람들과 그것을 분명하게 하나님 자신의 말씀으로 여기는 사람들을 대조한다.

오늘날 우리는 소위 '의심의 해석학'(hermeneutic of suspicion)으로 거룩한 성경에 접근해 그것의 진위를 조사하려는 비평적 태도를 가지고 있다. 이러한 접근법은 현대의 엄격한 '역사-경험적 방법론', 즉 성경을 하나님의 계시로 여기지 않는 현대의 많은 저술가의 입장에서 성경의 진위를 판단하겠다는 것이다. 이런 비평가 중 일부는 공정하게 성경이 스스로 말할 기회를 주려고 노력하지만, 다른 많은 사람은 성경의 용어에 본래의 의도와 상관없는 의미를 억지로 갖다 붙이려 한다.

웨슬리는 당대에 그 같은 경향을 가진 사람들을 특별히 다음과 같이 설명한다. 의심의 해석학이라는 망상[75]은 그런 태도를 가진 사람에게 해악을 끼친다. "정직한 사람일수록 타인을 덜 의심하는 경향이 있다. … 그러나 아무런 증거도 없이 타인이 정직하지 못하다고 의심하는 사람이라면, 자기 스스로의 정직함도 믿을 수 없게 되지 않겠는가?"[76] 하나님의 말씀을 부패시키지 않으려면, 말씀을 듣는 사람은 반드시 말씀이 스스로 말씀하도록 해야 한다.

---

75 '의심의 해석학'은 본문이나 청중과 관련해 주장하는 사람의 개인적 동기나 사회적 위치를 그 주장하는 내용을 결정짓는 요소로 의심함으로써 인신공격을 시작하는 일종의 방어적 억측이다. 이런 종류의 비판은 이후 마르크스, 프로이드, 자크 데리다(Jacques Derrida)로 이어지는 사상적 계보에서 분명하게 발전되고, 폴 리쾨르(Paul Ricoeur)에게서 더 신중하게 제시되었다.
76 "On Corrupting the Word of God," B 4:246, J VII:469–71, 서문 2, 3.

a. 말씀을 부패시키는 자들의 세 가지 특징

하나님의 말씀을 타락시키는 사람들에게는 다음 세 가지의 구별되는 특징이 있다. 첫째, 그들은 자신이 스스로를 기만하고 있다는 사실은 알지 못한 채, 하나님의 말씀에 다른 사람들의 오류나 자기 머릿속 공상을 보태, 성경을 정치적 이해관계나 경제적 동기, 또는 다른 다양한 인간적 혼합물과 뒤섞어버리는 경향이 있다.[77]

말씀을 타락시키는 두 번째 유형의 사람들은, 문맥과 상관없이 해석하거나, "잘못된 용어를 반복해서 말하거나", "저자의 의도와 다른 잘못된 의미를 덮어씌우거나" 때로 정반대 의미로 해석해, 성경 구절의 의미를 왜곡한다. 문맥을 무시하면 "어떤 구절도 쉽게 왜곡될 수 있다."[78]

셋째, 어떤 유형의 사람들은 본문에 의미를 더함으로가 아니라 축소함으로 말씀을 왜곡한다. 그들은 "본문의 정신이나 본질을 제거해버린 후, 단지 부드러운 말만 하기 위해 애쓴다. 그 결과 자신의 목적에 맞지 않는 강경한 본문"은 배제한 채, "설교의 내용을 완화하고 색채를 바꾸어 청중의 취향에 맞게 변질시켜버린다."[79]

이 세 가지 특징이나 경향이 하나님의 기록된 말씀을 신실하게 듣고 말하는 사람들과 말씀을 타락시키는 자들을 구분 짓는다.

b. 신실하게 말씀을 듣고 말하기

하나님 말씀을 신실하게 듣는 사람은 말씀을 부자연스럽게 인위적으로 해석하지 않고, "진실하고 순수하게" 증거한다. 그들은 말씀에서 어떤

---

77 "On Friendship with the World," B 3:126–40.
78 "On Corrupting the Word of God," B 4:247, J VII:470, sec. 1. 2.
79 "On Corrupting the Word of God," B 4:247–48, J VII:470, sec. 1. 3.

것도 제거하지 않는다. 감히 말씀이 청중에게 전달하는 내용 그 이상이나 이하를 말하려 하지 않는다. 그들은 하나님의 말씀 전체를 설교한다. 그리고 기꺼이 청중이 드러내는 실제적인 저항에 대해 정직하게 논의하고자 한다. 그들은 말씀이 주는 강한 도전을 완화하지 않고 "분명하고 담대하게" 말씀을 전한다.[80] 신실하게 설교한 결과로 거절당하더라도 속상해 할 필요가 없다. 파수꾼으로서 마땅히 할 일을 했기 때문이다(겔 33:1-9).[81]

그런 신실함은 능력 있는 설교에 반드시 필요하다. 이는 청중으로 설교자가 다른 목적을 가진 것이 아니라, 오직 하나님의 말씀을 분명하고 정확하게 전하려 한다는 사실에 대해 신뢰하게 한다.[82] 마음에서 우러나는 진정 어린 의사 표현은 "이상하게도 다른 사람의 마음을 사로잡는" 능력이 있다.[83] 신실한 설교의 본질적 관심은 말씀을 청중의 구미에 맞게 변질시키는 것이 아니라, "청중이 말씀에 순종해 자신을 변화시키게 만드는 것"이다.[84] 그래서 바울은 이렇게 선언한다. "우리는 수많은 사람들처럼 하나님의 말씀을 혼잡하게 하지 아니하고 곧 순전함으로 하나님께 받은 것 같이 하나님 앞에서와 그리스도 안에서 말하노라"(고후 2:17).

80　"On Corrupting the Word of God," B 4:248, J VII:470, sec. 1. 3; 참고. *LJW* 6:276.
81　"On Corrupting the Word of God," B 4:250, J VII:473, sec. 3. 1.
82　B 1:281, 683–84; 4:365.
83　"On Corrupting the Word of God," B 4:245, J VII:469, 서문 2.
84　"On Corrupting the Word of God," B 4:250, J VII:472, sec. 2. 4.

더 깊은 이해를 위한 독서 자료

Arnett, William M. "John Wesley and the Bible." *WTJ* 3 (1968): 3–9.

_____. "John Wesley: Man of One Book." PhD diss., Drew University, 1954.

Artingstall, George. *A Man of One Book*. London: Epworth, 1953.

Bullen, Donald A. *A Man of One Book? John Wesley's Interpretation and Use of the Bible*. Waynesboro, GA: Paternoster, 2007.

Clemons, James T. "John Wesley – Biblical Literalist." *RL* 46 (1977): 332–42.

Dayton, Donald W. "The Use of Scripture in the Wesleyan Tradition." In *The Use of the Bible in Theology*, edited by Robert K. Johnston, 121–36. Atlanta: John Knox, 1985.

Ferguson, Duncan S. "John Wesley on Scripture: The Hermeneutics of Pietism." *MH* 22, no. 4 (1984): 234–45.

Green, Joel B. *Reading Scripture as Wesleyans*. Nashville: Abingdon, 2010.

Greenway, Jeffrey, and Joel B. Green. *Grace and Holiness in a Changing World: A Wesleyan Proposal for Postmodern Ministry*. Nashville: Abingdon, 2007.

Hilderbrandt, Franz. *Christianity according to the Wesleys*, 9–27. London: Epworth, 1956.

Jones, Scott J. *John Wesley's Conception and Use of Scripture*. Nashville: Kingswood, 1995.

Källstad, Thorvald. *John Wesley and the Bible: A Psychological Study*. Stockholm: Nya Bokforlags, 1974.

Kimbrough, S. T., Jr., ed. *Orthodox and Wesleyan Scriptural Understanding and Practice*. Crestwood, NY: St. Vladimir's Seminary Press, 2005.

Lawson, John. *The Wesley Hymns: As a Guide to Scriptural Teachings*. Grand Rapids: Zondervan, 1988.

McCown, Wayne G. "Wesley's Suggestions for Study of the Bible." In *A Contemporary Wesleyan Theology*, edited by Charles W. Carter. Grand Rapids: Zondervan, 1983.

Mullen, Wilbur H. "John Wesley's Method of Biblical Interpretation." *RL* 47 (1978): 99–108.

Oswalt, John N. "Wesley's Use of the Old Testament." *WTJ* 12 (1977): 39–53.

Pellowe, William C. S. "John Wesley's Use of the Bible." *MR* 106 (1923): 353–74.

Scoggs, Robin. "John Wesley as Biblical Scholar." *JBR* 38 (1960): 415–22.

Shelton, R. Larry. "Wesley's Approach to Scripture in Historical Perspective." *WTJ* 16 (1981): 23–50.

Smith, Timothy L. "John Wesley and the Wholeness of Scripture." *Int* 39 (1985): 246–62.

Turner, George Allen. "John Wesley as an Interpreter of Scripture." In *Inspiration and Interpretation*, edited by John F. Walvoord, 156–78. Grand Rapids: Eerdmans, 1957.

Yates, Arthur S. "Wesley and His Bible." *MR* (1960): 8.

웨슬리가 사용한 자료

Bengel, Johann A. *Gnomon of the New Testament*. Grand Rapids: Baker, 1983.

Guyse, John. *Practical Exposition of the Four Gospels*. London, 1739.

Henry, Matthew. *A Commentary on the Holy Bible*. 6 vols. New York: Revell, 1935.

Heylyn, John. *An Interpretation of the New Testament*. London, 1749, 1761.

웨슬리의 『신구약성서주해』 연구

Arnett, William M. "A Study in John Wesley's Explanatory Notes upon the Old Testament." *WTJ* 8 (1973): 14–32.

Earle, Ralph. "John Wesley's New Testament." *AS* 14, no. 1 (1960): 61–67.

Laws, C. H. "Wesley's Notes on the New Testament." *PWHS* 18 (1931): 37–39.

Schoenhals, G. Roger, ed. *John Wesley's Notes on the Bible*. Grand Rapids: Zondervan, 1987.

Simon, John S. "Mr. Wesley's Notes upon the New Testament." *PWHS* 9 (1914): 97–105.

Smith, Timothy L. "Notes on the Exegesis of John Wesley's Explanatory Notes upon the NT." *WTJ* 16, no. 1 (1981): 107–13.

부언: 하나님께서 일하시는 특별한 방법

웨슬리는 설교 "이해에 대한 약속"에서 다음과 같이 말한다. "'하나님이 기뻐하시는 뜻을 행하려는 소원을 갖게 하고, 또 그것을 이루도록 우리 안에서 역사하시는 분'은 하나님의 성령이시다(참고. 빌 2:13). 우리의 경험과 이성과 성경 말씀은 신실하게 진리를 구하는 모든 사람에게 이 사실을 확신하게 하는데", 이것이 하나님이 "일하시는 특별한 방법"이다.[85]

이 명쾌한 문장은 우리를 오늘날 신학자들이 '신학방법론'이라 부르는 것으로 이끌어간다. 웨슬리는 이를 "하나님이 일하시는 특별한 방법"이라는 더 쉬운 표현으로 설명하기를 선호했다.

웨슬리는 오랜 시간 성경의 권위를 신실한 마음으로 인정해온 사람들을 존중하는 방식으로 성경의 권위를 가르쳤다. 그러나 전통도, 이성도, 경험도 기독교 진리의 원천, 즉 예수 그리스도에게서 완성되는 역사의 의미를 계시하는 하나님 말씀에서 분리된 또 하나의 기준이 아니다.

웨슬리의 신학방법론은 '전통과 이성과 경험의 빛에서 이해하는 성경의 권위'라는 말로 조심스럽게 요약할 수 있다. 이 공식은 전통, 이성, 경험을 하나님의 계시의 말씀과 동등한 권위를 가진 협력자로 여기는 것과는 전혀 다르다.

사변형의 신학방법론

웨슬리는 소위 사변형의 신학방법론(전통과 이성과 경험의 빛에서 이해하는 성경의 권위)을 (1) 『원죄의 교리』(*The Doctrine of Original Sin*) 앞부분과 (2) "이성적이며 종교적인 사람들에게 보내는 진지한 호

---

85 "The Promise of Understanding," B 4:284, sec. 1. 3.

소"(*An Earnest Appeal to Men of Reason and Religion*)와 "이성적이며 종교적인 사람들에게 보내는 추가적 호소"(*A Farther Appeal to Men of Reason and Religion*), (3) 그리고 가장 분명하게는 "신자 안에 있는 죄"라는 설교에서 상세히 설명하거나 암시했다.[86]

'사변형'(quadrilateral)이라는 비유는 역사적으로 네 개의 방벽을 의미한다. 이는 군사적 방어를 의미하는 비유임에도 방어를 위한 네 개의 벽이 아닌, '네 가지의 접근 허가권'이나 네 가지 열린 문으로 잘못 해석되어왔다. 이 비유는 성경이 전통, 이성, 경험의 근본적 전제라는 사실을 충분히 드러내지 못하는 문제를 가지고 있다. 전통과 이성과 경험은 성경의 이해를 돕는 협력자지, 성경을 판단하는 심판자가 아니다.

웨슬리의 조직신학 방법론을 주의 깊게 연구하려는 사람은 "관용의 정신" "편협한 믿음에 대한 경고" "공평하게 숙고된 이성의 역할" "이해에 대한 약속" "인간 지식의 불완전함" 같은 설교나, 짧은 글인 "성경의 신적 영감에 대한 명확하고 간결한 증명"(*A Clear and Concise Demonstration of the Divine Inspiration of Holy Scripture*)과 두 개의 '호소'("이성적이며 종교적인 사람들에게 보내는 진지한 호소"와 "이성적이며 종교적인 사람들에게 보내는 추가적 호소")에서의 주장도 함께 살펴볼 필요가 있다.[87]

---

86 "On Sin in Believers," B 1:318–19, J V:144–56, sec. 1. 5. 이 설교에서 웨슬리는 "The Repentance of Believers," sec. 1.2에서와 같이 성경, 이성, 경험을 교리의 기준으로 제시했으나, 다른 경우에는 1771년 판 전집 서문에서와 같이 "성경, 이성, 초기 기독교 전통"을 그 기준으로 제시하기도 했다. 알버트 아우틀러, 도널드 톨슨(Donald Thorsen), 찰스 이리고옌(Charles Yrigoyen)이 더 자세하게 설명한 이 신학방법론은, 1968년에 작성되고 1988년에 개정된 모든 미국연합감리교회 교리와 장정에 어떤 형태로든 나타난다.

87 Albert C. Outler, "John Wesley's Heritage and the Future of Systematic Theology," in *Wesleyan Theology Today*, ed. Theodore H. Runyon (Nashville: Kingswood, 1985), 38–46; Albert C. Outler, "John Wesley's Interests in the Early Fathers of the Church," in *WTH*, 97–110.

3장

전통

3장 전통

이번 장에서는 성경에 기록된 하나님의 말씀을 확증하고 이성적 이해를 조명하는 세 가지 보조 수단에 관한 웨슬리의 가르침을 살펴보고자 한다. 그 첫 번째 보조 수단은 우리가 흔히 '전통'이라고 부르는 것이다. 이 연구는 먼저 역사상 복음을 전하는 일에서 사도적 전통이 지닌 역할을 다루고, 다음으로 하나님의 은혜로 인도하심을 받는 이성의 역할과 성령에 의해 개인의 내면에서 이루어지는 경험의 역할을 다룰 것이다.

A. 사도적 가르침의 수용으로서의 전통

1. 변하지 않는 성경적 가르침으로서의 사도적 전통

a. 초기 기독교 저자들의 특별한 위치

웨슬리는 자신의 글들을 모은 전집 서문에서 "내 바람은 성경, 이성, 초기 기독교와 일치하는" 신학을 제시하는 것이라고 말한다.[1] 이 서문에서 경험이라는 요소는 다른 형태의 지식 모두와 관련되어 있는 것이 분명하다. 웨슬리가 사용한 '초기'라는 용어는 "전 교회가 가장 순수한 시기였던 초대 교회의 기독교", 그중에서도 특히 "로마의 클레멘스(Clemens Romanus), 이그나티우스(Ignatius), 폴리캅(Polycarp) … 테르툴리아누스(Tertullian), 오리게네스(Origen), 알렉산드리아의 클레멘스(Clemens Alexandrinus),[2]

---

[1] 웨슬리가 1771년 3월에 쓴 전집 서문으로 토머스 잭슨이 제3판 서문에서 인용함. *JJW* I:4, sec. 4; 참고. "On Sin in Believers," sec. 3. 1–10.
[2] 알렉산드리아의 클레멘트에 관한 다른 언급은 *LJW* 2:327–28, 342, 387; 5:43; 6:129를 보라; 참고. B 3:586; 4:402; 9:31; *JJW* 5:197.

키프리아누스(Cyprian)³ … 크리소스토무스(Chrysostom),⁴ 바실리우스(Basil),⁵ 시리아의 에프렘(Ephrem Syrus),⁶ 마카리우스(Macarius)"⁷ 등의 인물을 말한다.⁸ 웨슬리는 영국 국교회 전통에서 성장했다. 크랜머(Cranmer), 후커(Hooker), 피어슨(Pearson)을 비롯해 많은 영국 국교회 신학자들은 초기 기독교 저자들과, 교회가 하나였던 첫 5세기 동안의 문서들을 매우 가치 있게 여겼다. 웨슬리는 이 전통에 깊이 몰두했다.

웨슬리는 "우리는 우리가 가르치는 교리를 성경과 이성, 그리고 필요하다면 초기 기독교 전통으로 입증한다"⁹고 말했다. 이러한 실천이 초기 기독교 전통을 성경과 경쟁하게 만드는 것은 아니다. 도리어 신약 성경에 나오는 사도들 본래의 가르침이, 나사렛 예수의 역사를 둘러싼 구원 사건에 대한 정확하고 신뢰할 만한 기억이라는 지속적 전통을 불러일으킨 것으로 본다. 사도들의 가르침에 대한 기억은, 기독교 가장 초기 몇백 년 동안에 최고로 생생하고 순수한 상태로 존재했다. 그 시기에 사도들의 가르침을 증언한 대가는 빈번한 박해와 지나치게 흔했던 순교였다. 3세기의 기독교 전통은 아무 대가 없이 찾아온 것이 아니었다.

---

3 키프리아누스에 관한 광범위한 언급은 B 1:437; B 2:461–62; 3:196–97, 450–51, 458–59, 469–70; LJW 1:277, 323; 2:320, 333–37, 361, 373, 387; JWO 42, 126, 195, 264, 309, 328; JJW 1:416; 2:263; 4:97을 보라.

4 요하네스 크리소스토무스에 관한 다른 언급은 FA, B 1:155–59, 381–453; 2:113; 3:586; 4:402; B 11:156–62, 175; JWO 131–32, 264, 328을 보라; 크리소스토무스와 웨슬리의 비교 연구는 K Steve McCormick, "John Chrysostom and John Wesley" (PhD diss., Drew University, 1983)를 보라.

5 LJW 4:176; 11:8.

6 JJW 1:276, 279, 284–85, 294–95; 3:284; 4:457–59.

7 '이집트의 마카리우스'가 누구인지에 대한 설명은 JWO ix, 9, 31, 119, 252, 274–75; JJW 1:254; LJW 2:387을 보라.

8 "On Laying the Foundation of the New Chapel," 1777, B 3:586, sec. 2. 3; LJW 11:387.

9 FA, pt. 3, B 11:310, sec. 3. 28.

b. 초기 기독교 교부들

웨슬리는 초기 기독교 저자들을 매우 중시했다. 그는 자신이 편집 출판한 「기독교총서」(A Christian Library) 시리즈에서 니케아 공의회 이전 시대 교부들과, 전통적 기독론을 철저히 고수하고 깊이 있는 영성 개발을 위해 노력한 많은 저자의 작품을 중점적으로 다룬다. 웨슬리는 분별력 있는 사람이라면 누구도 "초기 교부들을 쉽게 무시"하거나 비난할 수 없을 것이라고 말한다. 그들의 가르침은 교회의 사역을 위해 "절대적으로 필요"한 토대가 되기 때문이다. "기회가 충분히 있었음에도 활용하지 않은 채" 가장 훌륭한 초기 기독교 교부들의 글을 읽지 않은 사람은 변명의 여지가 없다. "고등 교육을 받은 사람"이라 해서 초기 기독교 저자들의 지혜를 경시해도 좋다는 근거는 어디에도 없다.[10]

웨슬리는 어릴 때부터 어떻게 부친이 "초기 교회를 존중"하는 태도의 열정적인 산 모범이 되어주었는지 잊지 않았다.[11] 가정에서의 이러한 훈련은 웨슬리가 이후에 특정한 교부 자료와 이레나이우스(Irenaeus),[12] 미누키우스 펠릭스(Minucius Felix),[13] 오리게네스,[14] 알렉산드리아의 디디무스(Didymus of Alexandria),[15] 에우세비오(Eusebius),[16] 아타나시우스

---

10 "Address to the Clergy," J X:484, sec. 1. 2.
11 LJW 3:172. 웨슬리는 윌리엄 도드(William Dodd)에게 쓴 1756년 3월 12일 자 편지에서 이를 30년 전 일로 언급했는데, 그렇다면 대략 1726년경이다.
12 이레나이우스에 대한 다른 언급은 LJW 2:319, 332, 387; JJW 1:356을 보라.
13 LJW 2:332, 348.
14 오리게네스에 대한 다른 언급은 LJW 2:91–92, 100, 105, 324, 332, 353, 362, 387; 3:137; 4:176; B 4:33n을 보라.
15 소경이었던 알렉산드리아의 디디무스, JWO 129.
16 LJW 2:331.

(Athanasius),[17] 에피파니오(Epiphanius),[18] 닛사의 그레고리우스(Gregory of Nyssa),[19] 나지안주스의 그레고리우스(Gregory Nazianzen),[20] 아우구스티누스(Augustine),[21] 히에로니무스(Jerome),[22] 파코미우스(Pachomius),[23] 테오필락투스(Theophylact),[24] 위(僞)디오니시우스(Pseudo-Dionysius),[25] 다마스쿠스의 요한네스(John of Damascus)[26] 및 그 외 교부 신학자들[27]의 작품 번역의 뉘앙스에 관해, 리처드 스말브로크(Richard Smalbroke)나 코니어스 미들턴(Conyers Middleton) 같은 박식한 교부 해석자들과 세세하게 토론할 실력을 갖추는 준비 과정이 되었다.

c. 메소디스트 교리의 원천: 초기 기독교 정통 교리를 담은 세 가지 신조

웨슬리는 메소디스트 신도회가 처음부터 "모든 면에서 정통적(*orthodox*)"이었다고 주장한다. 그가 기독교 정통의 기준으로 여긴 것은 매우 분명했다. 그것은 "세 가지 신조를 … 굳게 믿는 것"[28]이었다. 웨슬리에게 '굳게 믿는다'는 것은, 어떤 자기 기만이나 미심쩍음도 없이 '마음에서부터' 확고히 믿는 것을 의미했다. 신조들을 유보적으로나 제한적으로 고백하는 태

---

17   FA, B 11:162–63, 175; B 2:397; *LJW* 1:367.
18   *LJW* 2:360.
19   B 1:75, 188n; JWO 9–10, 31, 119.
20   JWO 130.
21   아우구스티누스에 대한 웨슬리의 언급은 대부분 편지에서 발견된다. *LJW* 1:45; 2:60, 70; 3:171; 4:176; 6:175; 7:58, 333; 또 B 2:548, 566; 11:236, 492; JWO 124–26, 131–32, 409; *JJW* 5:118을 보라.
22   *LJW* 2:353; B 2:113; 3:62n; FA, B 11:156, 159.
23   B 9:354.
24   B 4:6.
25   *JJW* 2:365.
26   B 11:189n.
27   FA, pt. 1, B 11:155–63, sec. 5. 16–22.
28   니케아 신조, 아타나시우스 신조, 사도신경; "On Laying the Foundation of the New Chapel," B 3:582, sec. 1. 3. '정통'에 관한 다양한 언급은 B 1:220, 694; 2:415–16; 3:582, 587; 4:50, 57, 146, 175, 398; 11:22, 39, 477–78; *LJW* 3:183, 203; 4:347, 364를 보라.

도는 그에게 '굳게 믿는' 것이 아니었다.

"당신이 피어슨 주교가 나열한 이단 목록 전체를 암송한다면, '누가 그 중 어떤 것이라도 메소디스트에게 해당되는 것이 있다고 비난할 수 있겠는가'라고 말하게 될 것이다."[29] 그 목록은 하나님의 은혜에 관해 알지 못했던 펠라기우스주의, 그리스도의 성육신을 부인한 아리우스주의, 구약 성경을 부인함으로 반(反)유대주의 성향을 지녔던 마르키온주의와 같은 초기의 이단들을 포함한다. 본래의 이단들뿐 아니라 그것들이 다시 생겨난 형태 모두가 포함된다.

d. 성경 주석가로서의 초기 기독교 저술가들

웨슬리는, 교부들은 "가장 권위 있는 성경 주석가들이었는데, 이는 그들이 성경 기록자들과 가장 가까운 사람들이기도 했고, 또 그들 자신이 모든 성경을 주신 성령을 명백히 받은 사람들이기도 했기 때문이다"라고 말한다. "내가 말하는 대상은 주로 니케아 공의회(AD 325) 이전에 저술한 교부들이다. 그러나 크리소스토무스, 바실리우스, 히에로니무스, 아우구스티누스, 그리고 무엇보다 마음이 깨어진 사람인 시리아의 에프렘 같은 그 후의 저술가들 역시 그들 못지않게 알고자 열망하지 않을 사람이 누가 있겠는가?"[30]

교부들이 성경에 의존했음을 보여주는 전형적인 사례인 예루살렘의 키릴로스(Cyril of Jerusalem)는, 자신의 다섯 번째 신앙 문답 강의에 다음과 같이 썼다. "우리는 성경 없이는 신앙의 거룩한 신비에 대해 가장 사소

---

29 FA, pt. 2, B 11:277, sec. 1. 9.
30 "Address to the Clergy," J X:484, sec. 1.2; 참고. 교부 저술가들에 대한 데일리(Dailie)의 논문, *JJW* 3:390.

한 것 하나도 말하지 않는 것이 마땅하다."³¹ 끊임없이 성경 말씀에 토대를 두지 않고서는 기독교를 가르치려 들지 말라.

웨슬리는 초기 기독교 저술가들이 때때로 많은 "실수, 취약한 가설 설정, 잘못된 결론 도출"에 빠지곤 했음을 기꺼이 인정했다. 그럼에도 "나는 그들의 글만이 아니라 그들을 매우 존경한다. … 그들은 참되고 진정한 기독교를 가르치기 때문이다"라고 말했다.³² 또 그는 다음과 같이 말했다. "교부들 중 일부는 성경을 지나치게 문자적 의미로 설명하는 것을 우려해 자주 다른 편 극단(비유적 또는 영적 해석-역주)에 의존했다. 그러나 단지 그 사실 때문에 '그들이 살았던 시대는 성경 본문에 대한 분별력 없고 지나치며 광신적이고 터무니없는 주해만 좋아하고 허용했다'고 추측하는 것은 매우 잘못된 태도다."³³ 이는 웨슬리가 오리게네스 같은 위대한 주석가들을 염두에 두고 한 말이다.

교부들을 중시하는 태도³⁴는 "아직 충분히 설명되지 않은 교리의 해설과 보편적으로 받아들여온 교리의 확정"³⁵이라는 매우 중요한 두 가지 측면 모두에서 특히 유익하다. 웨슬리가 교부들을 언급하지 않고 "이성과 성경과 권위"에 호소할 때 그가 말한 '권위'는, 초기 기독교의 신조와 공의회들, 교회가 가장 널리 받아들여 온 전통적 기독교 저술 작품 등 초기의 일치된 기독교 전통의 권위를 말한다.³⁶

---

31 "A Roman Catechism, with a Reply," J X:91, sec. 1. Q8; 참고. "Popery Calmly Considered," J X:141, sec. 1.
32 LCM 3.11–12, LJW 11:387. 몬타누스, 아우구스티누스, 펠라기우스에 대한 웨슬리의 다소 특이한 견해는 "The Wisdom of God's Counsels," B 2:556, J VI:325–37, sec. 9를 보라.
33 LCM, LJW 11:362. 미들턴의 A Free Inquiry into the Miraculous Powers Which Are Supposed to Have Subsisted in the Christian Church, Etc., 1748에서 인용한 내용이다.
34 JWO 62, 119, 182, 195, 307, 336, 365, 375; 또 "Manners of the Ancient Christians"를 보라.
35 "A Roman Catechism, with a Reply," J X:87, 서문; 참고. JJW 1:367.
36 FA, pt. 1, B 11:176, sec. 5. 31.

성경과 전통의 관계에 대해 웨슬리는 다음과 같이 설명한다. "성경은 신앙과 실천의 완전한 규범이다. 성경은 모든 필수불가결한 사항에 대해 분명한 가르침을 준다. 그러나 그 뜻이 분명하다 해서 설명할 필요조차 없는 것은 아니며, 온전한 실천을 지시한다 해서 실천을 독려하지 않아도 되는 것은 아니다. … 첫 3세기 동안의 교부들의 저술을 성경과 동등하지는 않되 성경 다음가는 권위로 존중한 것이, 누군가를 유해한 오류에 빠지게 한 적은 지금까지 없었고, 아마 앞으로도 없을 것이다."[37] 기독교가 가장 널리 받아들여온 초기 기독교 저술가들도 오류에 빠질 수 있었다. 그럼에도 그들의 권위는 그들 이후와 현대의 어떤 해석자들보다 더 큰 확신을 가지고 의존할 만하다.[38]

2. 기독교 고전 편집자로서의 웨슬리

a. 웨슬리의 광범위한 편집 활동

웨슬리는 자신이 알던 여덟 개 외국어(히브리어, 헬라어, 라틴어, 불어, 독어, 네덜란드어, 스페인어, 이탈리아어) 중 일곱 개 언어에 대해 문법책을 집필했다.[39] 웨슬리가 평생 많은 언어를 배우기 위해 가졌던 열심만 보더라도 그를 무식하고 교육도 못 받고 전도에만 열을 올린 '광신자'로 희화하는 태도는 그치는 것이 마땅하다. 그는 루터, 칼빈, 조너선 에드

---

[37] LCM, J X:14.
[38] 웨슬리가 '빈켄티우스 캐논'(The Vincentian canon, 5세기 프랑스 교부 빈켄티우스의 이단 판별법—역주)을 매우 중요하게 활용한 사실에 대해서는 B 1:58-59를 보라. 참고. 1:324n; 550n.
[39] 웨슬리는 영어 문법책 외에도 히브리어, 라틴어, 불어, 네덜란드어 문법책을 저술했다. 또 독일어를 깊이 있게 공부해 독일 시집을 번역했으며, 독일어 사전과 문법책(JJW 1:110-12, 133-34, 209-10, 278, 295, 300) 및 스페인어 문법책을 편찬했으며(JJW 1:237-38, 299), 한동안 이탈리아어도 공부했다(JJW 1:354). 그는 헬라어와 라틴어에 대단히 능통하다는 평판을 받던 다른 많은 사람보다 더 실력이 있었음을 여러 논쟁에서 보여주었다.

워즈, 조셉 버틀러(Joseph Butler), 임마누엘 칸트보다 많은 언어를 자유로이 읽을 수 있었다. 또 일반적인 기독교의 역사, 영국 역사, 기독교 고전 총서, 자연철학의 체계, 성경 전체 주석, 논리학 개론에 관한 책을 비롯해, 상당한 분량의 찬송시집과 찬송가를 출판했는데, 그중 일부는 자신이 라틴어나 헬라어 원문을 직접 번역한 것이었다.

기독교 영성 전통에 관한 글들의 편집자로서 웨슬리가 활동한 폭넓은 범위는, 그가 편집하고 요약해 출판한 다양한 책의 서문에서 드러난다. 그 서문들은 잭슨판 「웨슬리 전집」 제14권 중 『다양한 저자의 작품 요약 및 개정에 대한 서문집』(*Prefaces to Works Revised and Abridged from Various Authors*)[40]에 수록되어 있다. 거기에 담긴 118개의 작품 목록은, 웨슬리가 시대를 초월하는 최고의 영성 문헌을 평이한 언어로 바꾸고, 값싸게 구입 가능한 형태로 출판해 일반 독자, 특히 메소디스트 신도회가 일상에서 활용하도록 하기 위해 지칠 줄 모르는 열정을 쏟았음을 보여준다.

웨슬리는 거룩한 삶을 살았던 사람의 이력과 간증을 소개하는 일에 큰 관심을 가졌다. 그는 존 폭스(John Foxe)의 『기독교 순교사화』(*Acts and Monuments of the Christian Martyrs*, 생명의말씀사) 같은 성인전, 조셉 얼라인(Joseph Alleine)과 사무엘 러더포드(Samuel Rutherford)의 서신집, 좀 더 최근의 개신교 성인전 등을 자신이 직접 수정해 출판했다.[41]

웨슬리는 어떤 경우 자신이 일부 동의하지 않는 내용이 있어도 그 책이 주는 다른 유익으로 인해 출판할 만한 충분한 가치가 있다고 생각할 때는 반박할 만한 내용이 담긴 자료도 소개했다. 예를 들어, 비록 "삼위일체

---

40 J XIV:199–318.
41 예를 들어, *An Extract of the Life and Death of Mr. Thomas Haliburton*(1741), *Thomas Haliburton* (1741), *David Brainerd, Missionary to the Indians* (1768) 등이다.

에 대한 생각에는 심각한 오류"가 있었음에도 "경건한 사람"이었던 『토머스 퍼민 씨의 전기 발췌문』(*An Extract from the Life of Mr. Thomas Firmin*)이 이 경우에 해당된다.[42] 웨슬리는 또 "실제로 많이 기만을 당했고, 자신이 오류가 없다는 상상 때문에 더 자주 기만을 당했으며",[43] "기록된 말씀의 인도" 받기를 거부하고, 고난이 영성에 끼치는 효력을 과장했다고 생각한 『마담 귀용의 전기 발췌문』(*An Extract of the Life of Madam Guion*, 1766)도 출판했다. 몇 가지 문제가 있었음에도 마담 귀용의 글에서 "참된 성결"의 훌륭한 "모범"을 발견했기 때문이다.[44] 거룩한 여성들의 전기에 대한 웨슬리의 특별한 관심은, 그가 편집한 제인 쿠퍼(Jane Cooper)의 서간집 및 메리 길버트(Mary Gilbert, 1769)나 엘리자베스 하퍼(Elizabeth Harper, 1772), 그 외 다른 많은 사람의 전기와 영성 일기에서 드러난다.

그는 『리처드 백스터의 칭의 경구 발췌문』(*An Extract of Mr. Richard Baxter's Aphorisms of Justification*, 1745)에는 "널리 퍼진 율법무용론이라는 독소에 대한 강력한 해독제"[45]가 있음을 발견했다. 「아르미니우스주의 매거진」(*Arminian Magazine*, 1778–91, 극단적 칼빈주의 신학에 대응하기 위한 메소디스트 정기간행물-역주) 대부분은 경건한 인물에 대한 설명과 그들의 편지, 성시, 성인의 삶, 하나님께서 값없이 베푸시는 은혜의 보편성을 옹호하는 전통적 신학 논문을 담고 있다.[46]

웨슬리는 오늘날 '전체의학'(holistic medicine)으로 불리는 의학의 실천 및 영혼과 육체의 접점 연구에 관심이 많았다. 이는 그가 티소(Tissot) 박

---

42 J XIV:293.
43 J XIV:176.
44 J XIV:278.
45 J XIV:216.
46 J XIV:280.

사의 책에 기초해 집필한 『건강에 관한 조언』(Advice with Respect to Health, 1769), 『통풍과 모든 만성 질환에 관한 카도건 박사의 논문 발췌문』(An Extract from Dr. Cadogan's Dissertation on the Gout, and All Chronic Diseases, 1774), 그리고 "안전하고 값싸며 쉽게 사용할 수 있는 의약 재료"[47]를 소개해 1791년에 23쇄를 찍을 정도로 많이 팔린 『기초 의학: 대부분의 질병을 자연적으로 간단히 치료하는 방법』(Primitive Physic: Or, an Easy and Natural Method of Curing Most Diseases) 등 그가 직접 집필한 유명한 건강 안내서들에서 분명히 드러난다. 웨슬리는 자연과학에 관한 작품으로 다섯 권 분량의 『자연철학 개론: 창조에 깃든 하나님의 지혜 연구』(Compendium of Natural Philosophy: A Survey of the Wisdom of God in the Creation, 1784)와 『꼭 필요한 것: 알기 쉽고 유용한 전기』(The Desideratum: Or, Electricity Made Plain and Useful, 1759)를 집필했다.[48]

웨슬리가 역사에 매료되었으며,[49] 역사의 바른 이해가 영성 형성에 매우 중요하다고 여긴 사실은, 그가 출판한 『간략한 로마 역사』(A Short Roman History, 1773), 『간략한 영국 역사』(A Concise History of England, 1776), 『중부 식민지 전쟁기』(An Account of the Conduct of the War in the Middle Colonies, 1780), 그리고 네 권으로 된 『간략한 교회사』(A Concise Ecclesiastical History, 1781)[50]에서 드러난다.

b. 기독교총서

웨슬리는 1749년부터 1755년까지 「기독교총서」라는 제목으로 총 55

---

47 J XIV:312.
48 LJW 4:123, 166; 5:176, 342; JJW 3:320; 4:190; 5:247.
49 JJW 3:499; 6:96; B 2:451; 3:108.
50 믈레인(M'Laine)이 번역한 모스하임(J. L. von Mosheim)의 책을 수정한 것이다.

권 분량의 시리즈를 출판했다. 그 부제는 "영어로 출판된 가장 훌륭한 실천 신학서 발췌 및 요약"(*Extracts from and Abridgments of the Choicest Pieces of Practical Divinity, Which Have Been Published in the English Tongue*)[51]이다. 웨슬리의 의도는 메소디스트 연합체를 위해 "하나님께서 역사하시는 방법을 체험적으로 아는 어떤 사람이 보다라도 피상적이지 않고 깊이가 있으며, 기독교의 탁월함을 묘사하면서도 신비주의에 빠져 있거나 모호하지 않고, 전적으로 참되고 하나님의 말씀에 온전히 부합하며, 사변적 논쟁과 관계없이 철저히 실천적이어서, 평범한 사람도 이해할 수 있을 정도로 평이한 영국 국교회 신앙서적 모음집"[52]으로 편집해 저렴한 가격으로 출판하는 것이었다.

웨슬리는 그 시리즈 전체가 "함께 유익을 끼쳐 '하나님의 사람으로 온전하게 하며 모든 선한 말과 선한 일을 할 수 있는 능력을 온전히 갖추게'(참고. 딤후 3:17) 하기를" 바랐다. 그는 책의 내용을 요약하는 것뿐 아니라 자신의 견해를 덧붙이거나 내용을 수정하는 일에서 "전적으로 자유로웠다."[53] 그는 사람이 기독교의 가장 훌륭한 고전들을 읽기 위해 생애 전체를 바치더라도 "모두를 읽을 수는 없음"을 알고 있었다. "읽을 것이 너무 많은 것", 즉 정보 과다가 문제였다. 따라서 그의 편집 목적은 "거룩함의 추구보다 헛된 다툼을 부추겨" 불필요한 논쟁에 빠지게 하는 책을 피해 가장 훌륭한 책들을 선별하는 것이었다. 그가 배제한 작품들은 주로 신비주의에 깊이 물든 채 "모든 것에서 숨겨진 의미"를 찾아, "가장 명백한 진리에서도 애써 신비적 의미를 발견하려 하고, 온갖 말을 만들어 진리를 신비적

---

51 *JJW* 1:425; 3:391–92; 4:91, 94.
52 CL, 서문, J XIV:222.
53 같은 곳.

인 것으로 변질시켜버리는" 글들이었다. 웨슬리는 진리를 이해할 수 없게 만들어버린 저술가들을 배제했다. 그것은 "학식 있는 사람들이 피하기 힘든 잘못"[54]이었다. 그는 "예수 그리스도께서 가르치신 참된 종교는 처음부터 하나이며 언제나 변함이 없다"[55]는 사실을 언제나 확신했다.

c. 가장 초기 사도적 교부들에 대한 강조

웨슬리는 「기독교총서」의 첫 부분을 기독교 역사상 가장 초기의 "사도적 교부들의 서신에 대한 서문"으로 시작했다. 그는 로마의 클레멘스,[56] 이그나티우스,[57] 폴리캅[58]의 글을 "그리스도와 그의 사도들이 가르쳤으며, 이 거룩한 사람들이 그들에게서 직접 전수받은 복음의 순수한 교리"[59]를 담은 글로 소개하고 추천했다.

초기 기독교 변증가들은 "사도들과 같은 시대를 살면서 거룩한 사도들의 말씀을 직접 듣고 그들과 대화할 수 있었던 이점"을 가지고 있었다. 그들은 교회가 시작되던 시기에 사도들이 직접 지도자로 세운 사람들이었다. 따라서 우리는 "어떤 이유로든 그들이 전해준 것을 의심할 수 없고 … 그들의 교사와 지도자가 기록한 성경과 동등할 정도의 존경은 아니더라도 그와 버금갈 정도로 존중"하며, "그 이후에 기록된 어떤 글보다 훨씬 더 존중받을 가치가 있는 것으로 받아들여야 한다."[60]

폴리캅은 사도 요한을 개인적으로 알았고, 이레나이우스는 폴리캅과

---

54 CL, 서문, J XIV:221.
55 CL, 서문, J XIV:223.
56 또 *LJW* 2:330; 3:137; B 3:586을 보라.
57 이그나티우스에 관한 다른 언급은 *LJW* 2:327–28, 387; 3:137; B 1:36, 437; 3:5; *JJW* 2:467–68; 3:65를 보라.
58 *LJW* 2:327–30, 362, 387; 3:137.
59 CL, J XIV:223.
60 CL, J XIV:223–25.

개인적인 친분이 있었다. 이레나이우스는 복음을 프랑스 남부 지역에 전해주었다. 사도들과 가졌던 이러한 친밀한 관계는 기독교 역사상 가장 초기의 이 저자들을 최고로 존중할 가치가 있는 사람들로 만들었다.

이 저술가들은 "애정 어린 마음으로 우리에게 권고한 바로 그 그리스도인의 모든 덕으로 자신 스스로를 아름답게 단장했던 온전한 경건의 사람들"로, "신앙의 모든 필수적인 부분에 관해 … 성령의 큰 도우심을 받았기에 거의 오류가 없을 정도였다."[61] 우리가 사도들 이후의 가장 초기 저술가들에게 주목해야 하는 이유는 그들의 명석함이나 뛰어난 지성 때문이 아니다. 정확하게 말하자면, 사도들이 성령으로 호흡하며 살았던 것과 같이, 그들 역시 하나님과 매우 가까이 살면서 동일한 성령으로 호흡한 사람들이었기 때문이다.[62]

---

61 CL, J XIV:224–25.
62 Some remarks of Mr. Hill's "Review of All the Doctrines Taught by Mr. John Wesley," J X:387.

더 깊은 이해를 위한 독서 자료

「기독교총서」 연구

Dodge, Reginald J. *John Wesley's Christian Library*. London: Epworth, 1938.

"Wesley's Christian Library." *WMM* 50 (1827): 310–16.

기독교 전통과 메소디스트

Harkness, Georgia. "The Roots of Methodist Theology." In *The Methodist Church in Social Thought and Action*. Nashville: Abingdon, 1964.

Shelton, R. Larry. "Wesley on Maintaining a Catholic Spirit." *PM* 53, no. 4 (1978): 12, 13.

Southgate, Wyndham M. *John Jewel and the Problem of Doctrinal Authority*. Cambridge: Harvard University Press, 1962.

웨슬리와 초기 기독교 전통

Benz, Ernst. *Die Protestantische Thebais: Zur Nachwirkung Makarios des Agypters im Protestantismus der 17. and 18. Jahrhunderts in Europa und Amerika*. Wiesbaden: Verlag der Academie der Wissenschaften und der Literatur in Mainz, 1963.

Campbell, Ted A. *John Wesley and Christian Antiquity: Religious Vision and Cultural Changes*. Nashville: Kingswood, 1991.

McCormick, K. Steve. "John Chrysostom and John Wesley." PhD diss., Drew University, 1983.

Orcibal, Jean. "The Theological Originality of John Wesley." In *A History of the Methodist Church in Great Britain*. London: Epworth, 1965.

Outler, Albert C. "John Wesley's Interests in the Early Fathers of the Church." In *The Wesleyan Theological Heritage: Essays of Albert C. Outler*, edited by Thomas C. Oden and Leicester R. Longden. Grand Rapids: Zondervan, 1991.

Petry, Ray C. "The Critical Temper and the Practice of Tradition." *Duke Divinity School Review* 30 (Spring 1965).

Stoeffler, F. Earnest. *The Rise of Evangelical Pietism*. Leiden: E. J. Brill, 1965.

비교 연구

Baker, Frank. *John Wesley and the Church of England*. Nashville: Abingdon, 1970.

_____. "John Wesley and William Law." *PWHS* 37 (1970): 173–77.

Brantley, Richard E. Locke, *Wesley and the Method of English Romanticism*. Gainsville: University of Florida Press, 1984.

_____. *Wordsworth's "Natural Methodism."* New Haven, CT: Yale University Press, 1975.

Brigdon, Thomas E. "Pascal and the Wesleys." *PWHS* 7 (1909): 60–63, 84–88.

Church, Leslie F. "Port Royal and John Wesley." *LQHR* 175 (1950): 291–93.

Cragg, Gerald R. *The Church and the Age of Reason*. Baltimore: Penguin, 1966.

Glasson, T. Francis. "Jeremy Taylor's Place in John Wesley's Life." *PWHS* 36 (1968): 105–7.

Green, J. B. *John Wesley and William Law*. London, 1945.

Hooper, Henry T. "Wesley and St. Francis." *WMM* 143 (1920): 527–28.

Howard, Ivan. "Wesley versus Phoebe Palmer." *WTJ* 6 (1971): 31–40.

Hughes, H. Trevor. "Jeremy Taylor and John Wesley." *LQHR* 174 (1949): 296–404.

Hutchinson, F. E. "John Wesley and George Herbert." *LQHR* 161 (1936): 439–55.

Leach, Elsie A. "Wesley's Use of Geo. Herbert." *Huntington Library Quarterly* 16 (1953): 183–202.

Lloyd, A. K. "Doddridge and Wesley." *PWHS* 28 (1951): 50–52.

Marriott, Thomas. "John Wesley and William Wilberforce." *WMM* 68 (1945): 364–65.

McDonald, Frederick W. "Bishop Butler and John Wesley." *MR* (1896): 142, 156, 172.

Moore, Sydney H. "Wesley and Fenelon." *LQHR* 169 (1944): 155–57.

Pask, A. H. "The Influence of Arminius on John Wesley." *LQHR* 185 (1960): 258–63.

"Pusey and Puseyism: Wesley and Methodism." *MR* (1882).

Reist, Irwin W. "John Wesley and George Whitefield: The Integrity of Two Theories of Grace." *EQ* 47, no. 1 (1975): 26–40.

Simon, John S. *Wesley or Voltaire*. London: C. H. Kelly, 1904.

Taylor, A. E. "St. John of the Cross and John Wesley." *JTS* 46 (1945): 30–38.

Thomas, Gilbert. "George Fox and John Wesley." *MR* (1924): 11.

Tyson, John R. "John Wesley and William Law: A Reappraisal." *WTJ* 17, no. 2 (1982): 58–78.

Watchhurst, Percy L. "Francis of Assisi and John Wesley." *WMM* 128 (1905): 484–86.

Weaver, Sampson. "Wesley and Wordsworth." *WMM* 127 (1904): 835–37.

Wiseman, Frederick Luke. "Herbert and Wesley." *MR* (1933): 14.

교회사에서의 웨슬리의 위치

Baker, Frank. "Unfolding John Wesley: A Survey of Twenty Years' Studies in Wesley's Thought." *QR*, no. 1 (1980).

Heitzenrater, Richard P. "The Present State of Wesley Studies." *MH* 22 (1984): 221–31.

_____. "Wesley Studies in the Church and the Academy." *Perkins Journal* 37, no. 3 (1984): 1–6.

Langford, Thomas. *Practical Divinity: Theology in the Wesleyan Tradition.* Nashville: Abingdon, 1982.

Meeks, Douglas M., ed. *The Future of the Methodist Theological Traditions.* Nashville: Abingdon, 1985.

Minus, Paul. *Methodism's Destiny in an Ecumenical Age.* New York: Abingdon, 1969.

Outler, Albert C. "Methodism's Theological Heritage." In *The Wesleyan Theological Heritage: Essays of Albert C. Outler,* edited by Thomas C. Oden and Leicester R. Longden, 189–211. Grand Rapids: Zondervan, 1991.

Rack, Henry D. *The Future of John Wesley's Methodism.* London: Lutterworth, 1965.

Rowe, Gilbert T. *The Meaning of Methodism.* Nashville: Cokesbury, 1926.

Rowe, Kenneth, ed. *The Place of Wesley in the Christian Tradition.* Metuchen, NJ: Scarecrow, 1976.

Urlin, R. D. *John Wesley's Place in Church History.* London: Rivington, 1879.

Wilson, Woodrow. *John Wesley's Place in History.* New York: Abingdon, 1915.

4장

이성

4장 이성

지금까지 우리는 사변형 신학방법론의 네 방벽 중 두 가지, 성경과 존중받아야 할 전통에 관해 논의했다. 성경과 전통 중 언제나 수위에 있는 것은 성경이다. 이제는 이성과 경험에 관한 웨슬리의 견해를 살펴봄으로 그의 신학방법론에 대한 설명을 마무리하고자 한다.

A. 이성에 대하여

1. 하나님의 선물인 이성

웨슬리는 메소디스트 연합체에게 "이성이나 지식, 학습을 업신여기거나 가볍게 여기지" 말 것을 강조했다.[1] "이성을 부인하는 것은 종교를 부정"하는 것이다. "모든 비이성적인 종교는 거짓 종교"이기 때문이다.[2] 이성이 무시되면 종교는 비틀거린다. "이성적 추론 없이는 아무것도 증명하거나 논박할 수 없기 때문이다."[3]

이성은 하나님의 선물이다. "하나님께서는 우리가 일상생활에서 행해야 할 모든 본분을 가르칠 안내자로 이성을 우리에게 주셨다. 따라서 우리가 하나님과 사람을 향해 거리낌 없는 양심을 갖는 것은, 오직 하나님께서 우리에게 주신 모든 이해력을 사용해 양심의 명령을 지켜 행할 때만 비로소 가능해진다."[4]

---

1 *PACP*, J X:429, sec. 25.
2 Letter to Dr. Rutherforth, March 28, 1768, *LJW* 5:364.
3 "A Dialogue between an Antinomian and His Friend," J X:267.
4 "The Case of Reason Impartially Considered," B 2:592, sec. 2. 10.

웨슬리는 캠브리지의 러더포드(Rutherforth) 박사에게 보낸 편지에서 "인간의 지식이 신학에 방해가 된다"는 견해에 반대해, "나는 어떤 배움도 경시하지 않습니다"라고 말한다. 그는 자신의 순회설교자들이 "결코 무식한 자들이 아님"을 주장하면서, 비록 그들이 여러 언어와 철학에 능숙함을 자랑하지는 않으나 실제로는 "그중 많은 사람이 그런 것들에 능숙해 … 내가 옥스퍼드 대학교에서 가르친 학생들 대부분보다 더 뛰어나게 이해하고 있습니다"라는 말로 그들을 옹호했다.[5]

2. 성경으로 추론하기

올바르게 사용된 이성과 성경은 충돌하기는커녕 "명백히 성경적이면서도 이성적인 방법"을 찾으려는 노력을 통해 서로 긴밀하게 연결된다.[6] 웨슬리는 "단지 이성만을 중시할 때는 격정과 편견이 세상에 가득하게 된다. 우리의 일은 종교와 이성을 서로 연결해, 할 수 있는 한 그로 인해 야기된 모든 잘못을 바로잡는 것이다"[7]라고 말한다. "당신은 우리가 설교하며 삶의 토대로 삼는 종교가 최고의 이성과 조화를 이룬다는 사실을 인정하게 될 것이다."[8]

웨슬리가 "신비주의 신학자들"에게 불만을 가졌던 주된 이유는, 그들이 "이성의 사용을 전적으로 매도"[9]했기 때문이다. 그는 "추론과 설득이라는 방법을 배제하고서는 진리를 아는 지식에 도달할 방법이 없다"[10]는 사

5　"A Letter to the Rev. Dr. Rutherforth," B 9:376–80, sec. 2. 1–9.
6　"The Nature of Enthusiasm," B 2:55, sec. 26.
7　Letter to Joseph Benson, October 5, 1779, *LJW* 5:203.
8　EA, B 11:53, sec. 22.
9　EA, B 11:55, sec. 30.
10　"On Laying the Foundation of the New Chapel," B 3:588, sec. 2. 11.

실을 알았다. 참된 종교는 비이성적이지 않다. "기독교는 모든 진술에서 명백하고 지식적으로 알 수 있는 것에 대해서만 우리의 동의를 요구한다. 모든 사람으로 먼저 명백하고 지식적으로 알 수 있는 데까지 복음의 각 진술에 담긴 진리를 충분히 확신하게 하고, 그다음은 이해할 수 있는 데까지 믿게 하라."[11]

웨슬리는 "이성적이며 종교적인 사람들에게 보내는 진지한 호소"에서, "진실하고 참된 이성의 사용에서 이탈한 사람은, 그 이탈한 정도만큼 기독교에서도 이탈하고 만다"[12]고 적었다.

그러나 동시에 우리는 이성만으로는 "자연적인 것에서 영적인 것으로" 쉽게 넘어갈 수 없다. "그 둘 사이에는 뛰어넘을 수 없는 큰 간격이 있기 때문이다."[13] 따라서 웨슬리는 "이성이 할 수 있는 한도 내에서 모든 것을 하게 하라"고 말한다. 즉, 이성은 "믿음, 소망, 사랑을 일으키는 일에 전적으로 무능하며, 따라서 참된 덕이나 본질적인 행복을 일으키는 일에 전적으로 무능함"을 자각하면서 "이성이 갈 수 있는 한계까지는 이성을 사용하라"는 것이다.[14]

---

11 "Compendium of Natural Philosophy," J II:448–49.
12 EA, B 11:55, sec. 27.
13 EA, B 11:57, sec. 35.
14 "The Case of Reason Impartially Considered," B 2:600, sec. 2. 10.

더 깊은 이해를 위한 독서 자료

웨슬리의 편집, 출판, 교육, 문화, 학문적 자질

Herbert, T. W. *John Wesley as Editor and Author*. Princeton, NJ: Princeton University Press, 1940.

Jackson, F. M. "A Bibliographical Catalogue of Books Mentioned in John Wesley's Journals." *PWHS* 4 (1902–4): 17, 47, 74, 107, 134, 173, 203, 232.

Joy, James R. "Wesley: A Man of a Thousand Books and a Book." *RL* 8 (1939): 71–84.

Lawton, George. *John Wesley's English: A Study of His Literary Style*. London: Allen and Unwin, 1962.

Lewis, Thomas H. "John Wesley as a Scholar." *MQR* 73 (1924): 648–58.

Mathews, Horace F. *Methodism and the Education of the People*, 1791–1851. London: Epworth, 1949.

Rogal, Samuel J. "A Journal and Diary Checklist of John Wesley's Reading." *Serif* 11, no. 1 (1974): 11–33.

웨슬리의 과학과 의학 연구

Collier, Frank. *John Wesley among the Scientists*. New York: Abingdon, 1928.

Hill, A. Wesley. *John Wesley among the Physicians: A Study of 18th Century Medicine*. London: Epworth, 1958.

Hunter, Richard A. "A Brief Review of the Use of Electricity in Psychiatry with Special Reference to John Wesley." *British Journal of Physical Medicine* 20, no. 5 (1957): 98–100.

3. 공평하게 숙고된 이성의 역할

설교 "공평하게 숙고된 이성의 역할"의 성경 본문은 고린도전서 14:20, "형제들아 지혜에는 아이가 되지 말고 악에는 어린아이가 되라 지혜에는 장성한 사람이 되라"라는 말씀이다 [설교 #70 (1781), B 2:587–600; J #70, VI:350–60].

이성은 그 자체의 적합한 영역에서는 계속 유용하지만, 그 영역을 떠나서는 종종 지나치게 높거나 낮게 평가되곤 한다.

그러나 우리는 이성을 지나치게 높이 평가해 계시의 궁극적 판단자로 상상하지 말아야 하고, 감정적 과잉의 균형자 정도로 가볍게 여겨서도 안 된다.[15] "이성에 관한 한 최고의 거장 로크(Locke) 씨"는 이 양 극단 사이의 중도적 길을 제안했으나, 그 역시 이성을 부적절하게 적용했다.[16]

웨슬리는 영성에서 감성적 요소를 지나치게 강조하는 비이성적인 은사주의적 열광주의자와, 기독교의 진리 탐구에 초(超)회의주의의 기준을 들이댄 과도한 합리주의자 모두에 반대해 이중으로 격전을 벌였다.

a. 과소평가하지 말아야 하는 이성

종교에 대해 부정적인 사람들은 종종 종교를 이성의 적으로 여긴다. 그들은 종교를 가진 사람들을, 스스로 만들어낸 꿈과 환상으로 이성적 분석을 대체해버리는 감정에 도취된 광신자들로 여긴다. 웨슬리는 신뢰할 만한 하나님의 계시인 기록된 말씀을 스스로의 상상으로 대체하는 태도에 대해 경고했다. 우리는 "지혜에는 아이가 되지 말고 악에는 어린아이가

15　B 1:271–72; 2:591–95.
16　"The Case of Reason Impartially Considered," B 2:587–88; J VI:350–60, 서문 1–5.

되며, 지혜에는 장성한 사람이 되어야 한다"(고전 14:20).

웨슬리가 이성을 폄하한 내용을 찾으려는 사람은 열심히 그의 자료를 뒤지는 수고를 다해야 할 것이다. 그는 비지성적 신앙주의에 마음을 뺏긴 적이 결코 없었기 때문이다. 그는 환원주의적 합리주의자가 아니었음에도, 이성이 적합한 영역에서 차지하는 위상을 가치 있게 평가했다.[17]

신앙은 이성과 대립하지 않는다. 성장하는 믿음은 신앙의 최상의 토대를 하나님의 계시에서 찾는다. 신앙은 비길 데 없이 심오한 토대를 설명하기 위해 발견 가능한 최상의 논거를 찾고자 한다.[18] 하나님의 청지기가 하나님께서 주신 것을 활용하지 않으려 한다면 이 얼마나 어리석은 태도인가. 하나님께서 짐승과 달리 인간에게 주신 것이 지성이다. 사람은 의지적 노력으로 이성을 활용함에 따라, 또 그로 인해 다양한 발전 단계를 거침에 따라, 그 이성적 추론의 능력에 의해 구분된다.[19]

b. 과대평가하지 말아야 하는 이성

어떤 사람은 유한한 이성을 전능한 것처럼 과대평가하는 정반대의 실수를 저질러, 이성이 진리를 전적으로 공정하게 판단할 능력을 가진 신뢰할 만한 것이라고 상상하면서 죄의 보편성을 잊어버림으로, 이성이 가진 한계를 거의 인정하지 않는다. 그들은 이성의 한계를 파악하지 못해, 이성이 그 취약한 능력으로 해낼 수 있는 이상의 것을 기대한다. 또 그들은 자신이 전적으로 객관적인 관찰자라고 착각한다. 착각은 유한한 이성이 스스로를 하나님의 계시의 검열자로까지 확대하는 원인이 된다.[20]

---

17 EA, J XIII:8–10, secs. 20–25.
18 JWO 396–97.
19 "The Case of Reason Impartially Considered," B 2:587–88, 서문 1–5.
20 Letter to Dr. Robertson, September 24, 1753, *LJW* 3:104–10.

이성은 이런 방식으로 하나님의 계시의 억압자가 된다. 죄에 함몰된 이성의 추론은 스스로를, 하나님께 용서받을 필요도 없고, 계시의 빛도 필요로 하지 않는, 전권을 가진 자율적 안내자로 그릇되게 상상한다. 따라서 많은 이성주의자가 역사 속에 자신을 드러내신 하나님의 신비에 붙들리는 데 실패한다. 그들은 계시에 대해 논의하는 것을 참지 못하고 그것을 이해조차 할 수 없기에, 성육신과 부활을 자연적 사건으로 축소하고, 성경의 역사를 참된 의미를 상실한 인과적 설명으로 변질시킨다.[21]

웨슬리는 이성의 참되지만 제한된 능력에 걸맞은 올바른 균형을 추구해, 이성의 능력을 과소 또는 과대 평가하지 않는 절충안을 찾으려 했다.

그는 우선 이성을 두 가지 측면에서 옹호함으로 절충안을 모색한다. 즉, 이성을 추론이나 이해로 온건하게 이해한다면, 참된 종교를 발전시켜 나가는 데 중요한 역할을 한다는 것이다.

c. 추론으로서의 이성

웨슬리는 이성을 먼저 하나님의 은혜로 부여받은 추론 능력으로 보았다. 추론은 전제에서 시작해 결론으로 옮겨가는 과정을 설명하는 인간의 지적 능력을 말한다. 이 과정에서 이성은 논리적이고 순차적인 추론에 이바지하기에, 가설로 시작한 추론은 논리적 비약 없이 결론으로 옮겨갈 수 있게 된다.[22] 자제력 있는 이성의 기능은 여러 주장을 풀어놓고 그 아래에

---

21 *LJW* 8:89-90. 웨슬리는 조셉 벤슨(Joseph Benson)에게 보낸 1788년 9월 27일 자 편지에서 자신이 그리스도의 영광스러운 인성에 대한 아이작 왓츠(Isaac Watts)의 책을 읽고 "아무런 유익이 없는 추론"에 빠진 적이 있음을 언급한다.
22 웨슬리는 킹스우드(Kingswood) 학교에서 사용하기 위해(*JJW* 3:459) 헨리 올드리치(Henry Aldrich)가 쓴『논리학』(*Logic*)을 수정해『논리학 개론』(*Compendium of Logic*, 1750; B 2:547)을 출판했다. 그는 메소디스트 연합체의 모든 리더에게 논리학 연구를 적극 추천했다(*JJW* 3:391, 285).

있는 추론의 단계들을 드러내는 것이다.23

웨슬리는 논거를 분석하는 일에 숙련된 사람이었다. 그가 자신의 논법을 훈련한 것은 옥스퍼드 대학교에서였다. 이 점은 특히 날카로움이 있는 그의 논쟁적인 글들에서 잘 드러난다.24 이사야가 그랬던 것처럼, 웨슬리는 "오라 우리가 서로 변론하자"(사 1:18)라는 말로 대화의 상대를 초대한다. 그는 '당신이 주장할 때는 논거를 분명히 해달라. 그러면 나는 나의 논거를 분명히 말하겠다'고 말한다. 웨슬리의 메소디스트 연합체에 속한 사람들은 자신이 내린 결론에 대해 근거를 댈 수 있도록 준비하는 훈련을 받았다. 그렇게 하는 것은 상대방이 누구인지와 관계없이 주장을 펼치는 사람이라면 마땅히 해야 할 의무다. 큰 소리로 외치는 것이 타당한 논거를 제시하는 것은 아니다. "당신이 창세기에서부터 요한계시록까지 성경에 나오는 모든 저주로 나를 비난하더라도, 그것이 하나의 논거가 되는 것은 아니다."25

요즘 우리는 좌뇌의 (단선적) 기능과 우뇌의 (직관적) 기능을 구분한다.26 웨슬리는 설교 "공평하게 숙고된 이성의 역할"에서 합리적 추론(좌뇌)과 이해(우뇌)의 구분을 통해 이를 예기했다.

d. 이해로서의 이성

이성은 더 깊이 있고, 더 직관적 파급효과를 가진 또 하나의 임무를 지닌다. 그것은 이해로, 의미를 파악하고, 복잡한 데이터를 체계화하며, 경

---

23 B 2:589–90; 4:21–22.
24 웨슬리는 자신이 논점 사이를 '구분'하는 경향에 대해 비난받았을 때, "사람이 하나님의 진리에 전혀 관계없는 어리석은 주장을 갖다 붙이면, 나는 어리석은 주장을 구별해내 진리만 남게 한다"는 말로 반박했다. Letter to John Smith, March 25, 1747, *LJW* 2:90.
25 FA, pt. 1, B 11:138, sec. 4. 7.
26 "The Case of Reason Impartially Considered," B 2:589–90, sec. 1. 1; 참고. B 1:59–60, 613–14.

험한 것에 이름을 붙이고, 서로 다른 판단 사이를 구분 지어 설명이 실제와 부합하는지 여부에 대해 증거를 토대로 판단을 내린다. 이성적으로 사고하는 사람은 다른 사람과 대화하고 논의하며 상호작용함으로 다양한 주장에서 진리를 파악하려 한다.

이해로서의 이성은, 우리가 타인을 마음으로 충분히 공감해 그가 말하는 것을 이해할 수 있는 능력을 가졌다고 가정한다. 두 개의 마음을 하나로 만들 가능성이 있는 지적인 대화는 이 토대에서 가능하다.

이성은 추론과 이해라는 두 가지 보완적인 방법을 통해 언제나 사람들의 상호작용 및 더 나은 삶을 위한 원천으로 작용한다. 그리스도의 몸인 교회는 전제와 결론 사이에 존재하는 위험요소를 피하는 것과 여러 주장에 담긴 진리를 이해함으로, 추론과 이해라는 이성의 두 가지 활동 모두를 구체적으로 활용한다. 예배 공동체는 성경을 읽고 그 의미를 파악해, 공동체 속에서 함께 의미 있게 살아가는 삶에서 발견된다. 이 모든 것을 위해 우리는 이해라는 이성의 기능을 필요로 한다.[27]

4. 이성이 할 수 있는 일과 할 수 없는 일

a. 이성이 할 수 있는 일

이성은 어떤 일을 다른 일보다 잘한다. 웨슬리는 물질세계, 종교, 도덕이라는 세 영역에서 이성이 가진 능력을 분명히 진술했다.

첫째, 이성은 결과를 일으키는 원인을 설명하고 가능한 증거를 분석해 물질세계를 질서 있게 다스리는 일에 매우 유용하다. 모든 과학, 수학, 철학, 문법, 논리, 법학이나 사법제도, 형이상학 같은 학문과, 원예학, 음악,

---

27 "The Case of Reason Impartially Considered," B 2:590, sec. 1. 2.

선박 조종술, 의술 같은 기술은 모두 이성에서 비롯된다.[28]

이성은 세상이 어떻게 움직이며, 결과가 어떻게 발생하는지를 이해하기 위해 감각 경험과 논리를 사용한다.[29] 웨슬리는 반(反)과학적 편견을 거의 보이지 않는다. 전기와 의약에 대한 그의 특별한 관심이 보여주듯, 그는 과학 실험에 열정적인 관심을 가졌고, 세계를 탐구하는 자세를 자주 보여주었다. 웨슬리는 관찰, 시험, 가설 설정, 분석, 발견과 같은 창의적인 과학적 탐구에 흥미를 가졌다.[30] 그는 조직의 리더십, 가난한 사람을 위한 의학적 치료법, 사회 변화를 위한 동기부여와 같은 영역에서 그 자신이 실천적 과학자였다. 그는 벤자민 프랭클린(Benjamin Franklin)이나 토머스 제퍼슨(Thomas Jefferson)처럼 이 모든 영역에서 할 수 있는 한 실험을 통해 직접적으로 배우고 싶어 했다.

둘째, 이성은 종교에서도 그 토대 및 정합성과 관련해 중요한 역할을 한다. 종교의 토대와 관련해 이성은 계시를 이해할 수 있는 형태로 수용하는 일에 반드시 필요하다. 우리는 성경이 말씀하는 내용을 이해하고, 그 언어와 역사적 상황, 도덕적 영향력을 분석하기 위해 이성의 역량을 활용한다. 한 언어의 의미를 다른 언어로 번역하는 작업 역시 이성의 역량을 필요로 한다. 이 복음적인 옥스퍼드 대학교 교수는 여러 외국어에 능통한 일류 언어학자로서 라틴어와 헬라어를 영어만큼 자유롭게 사용했다. 그는 옥스퍼드라는 논리적 토론의 세계에서 하나님에 관해서든, 인간의 상황에 관해서든 능숙하게 토론할 수 있었다.

종교의 영역에서 훌륭한 추론은 종교적 개념을 비평적으로 검토하고,

---

28 수학에 관한 언급은 *LJW* 3:104를 보라; 형이상학에 관해서는 B 3:108–9, 235를 보라.
29 B 2:587–88, 599–600.
30 "The Case of Reason Impartially Considered," B 2:590–91, sec. 1. 3.

사고를 체계화하며, 신앙의 토대를 명확히 하는 일에 도움을 준다. 이성은 증거에 대해 진실을 말하고자 하며, 진위를 바르게 구분한다. 또 진리를 가르치는 일에 질서와 체계적 구조를 제공하려 한다.[31] 이성은 특히 역사의 의미와 관련해 상이한 경험적 정보를 취합해 일관성 있는 숙고를 할 수 있도록 돕는다.[32] 우리는 이성적 숙고 없이는 조언을 할 수도, 이해하기 쉽게 증명해낼 수도 없다. 인간의 실존에 관한 언급은 창조, 인류 역사의 과정, 인간 의지의 잘못된 사용으로 인한 곤경, 인류의 미래에 대한 설명과 일관성이 있어야 한다. 이성은 이러한 방식으로 신앙생활의 비평적 동반자가 된다.[33]

셋째, 이성은 다양한 생각이 초래하는 도덕적 결과를 파악한다. 이성은 각 도덕적 행위자가 양심의 내적인 음성을 이해할 수 있도록 돕는다. 양심은 실천적 대안을 명확히 하기 위해 이성적 고찰을 필요로 한다. 이 양심은 우리를 고발하거나 변호하는 도덕적 자기 인식의 증인이다. 우리는 도덕적으로 스스로를 평가하는 자신의 음성을 끊임없이 듣는다. 이성은 우리가 이러한 자기 평가를 정확히 식별해 내도록 돕는다.[34]

b. 이성이 할 수 없는 일

지금까지 말한 것들이 이성이 할 수 있는 일이라면, 이성이 할 수 없는 일은 무엇인가? 이성은 신학적인 덕이자 하나님의 은혜로 가능케 되는 탁월한 행위인 믿음, 소망, 사랑을 일으킬 능력이 없다.

첫째, 이성은 구원의 신앙을 일으키지 못한다. 구원의 신앙을 갖는 것

31　*LJW* 5:357.
32　"On Human Understanding," *JJW* 4:192; *LJW* 1:56–58; 6:113을 보라.
33　EA, B 11:37–95; J VIII:1–45.
34　"The Case of Reason Impartially Considered," B 2:592, sec. 1. 7.

은 성령 하나님의 인도하심 아래 구원하시는 은혜에 의해서만 가능하다. 이성 그 자체는 우리로 보이지 않는 것을 굳게 확신하게 할 수 없다. 이성은 우리로 하나님을 신뢰하게 할 수 없다. 우리는 신앙을 이성의 분석 대상으로 삼아 시험할 수는 있으나, 단지 연속된 추론만으로는 결코 구원의 신앙을 경험할 수 없다. 신앙은 우리가 다른 존재를 신뢰하기로 하는 하나의 결단이자 선택이기 때문이다. 물론 우리는 이성을 통해 우리를 신앙의 행위로 이끄는 근거를 발견할 수 있다. 그러나 그런 이성도, 위험을 떠안으면서까지 그리스도 안에 있는 생명에 깊이 참여하는 단계로 나아갈 정도로 구원의 신앙을 붙들 능력을 가진 것은 아니다.

서술의 방법, 즉 이야기를 들려주지 않으면 신앙을 일으키기 힘들다. 우리는 계시의 역사에 대해 들음으로 하나님 신뢰하기를 배운다. 계시의 역사를 통해 우리에게 생명을 주신 하나님이 인격적으로 신뢰할 만한 분이심을 깨닫는 것이다. 우리는 이를 성육신 하시고 십자가에 못 박히신 주님 안에서 다가오시는 하나님께 능동적으로 반응함으로 알게 된다.[35]

둘째, 이성은 온전한 소망을 일으키지 못한다. 아무리 많은 증거가 겹겹이 쌓이더라도, 신앙 없이 이성만으로는 온전한 소망을 일으킬 수 없다.[36] 이성이 할 수 있는 것은 소망을 붙들 수 있는 조건을 분석하는 일이다. 그러나 소망은 오직 역사에 계시된 하나님을 믿는 신앙에서만 나타난다. 하나님은 성육신하신 독생자 예수님의 역사에서 자신을 가장 온전하게 계시하셨다.

셋째, 무엇보다 이성만으로는 사랑을 할 수 없다. 누구도 이성적 추론

35　"The Case of Reason Impartially Considered," B 2:593, sec. 2. 1.
36　"The Case of Reason Impartially Considered," B 2:595–97, sec. 2. 5–7.

으로 사랑해야 한다는 결론에 이르렀기에 사랑하는 사람은 없다.[37]

따라서 이성은 인간의 행복이 달린 가장 결정적인 부분에서 불충분하다. 물론 이성은 정의를 내리고, 생각하며, 덕에 관한 개념을 체계화할 수 있다. 또 지혜, 용기, 절제, 정의와 같은 실제로 탁월한 행위들을 어느 정도 묘사하고 유도해낼 수 있다. 그러나 이성은 우리의 삶을 복되게 할 수 있는 믿음, 소망, 사랑을 일으키는 데는 부족하다.[38] 이는 이성이, 우리의 행복의 근거가 되는 하나님 안에서 모든 것을 사랑하고, 또 모든 것을 통해 하나님을 사랑하는 믿음과 바르게 연결되지 않으면 우리를 행복하게 할 수 없음을 의미한다.[39]

이성을 적절하고 온당하게 사용하는 태도는, 그것이 전능한 것처럼 여기지 않는 것이다. 이성을 하찮게 여기는 사람은, 합리적 사고 능력이 하나님께서 주신 선물임을 인정하지 않음으로써 하나님을 모욕할 수 있다. 반면 이성의 한계를 보지 못하는 사람은, 이성 자체가 믿음과 소망과 사랑을 일으킨다고 상상해 이성으로 인한 문제를 더 악화시킨다.[40]

5. 인간 지식의 불완전함

설교 "인간 지식의 불완전함"의 성경 본문은 고린도전서 13:9의 "우리가 부분적으로 알고"라는 말씀이다 [설교 #69 (1784), B 2:567–86; J #69, V:337–50].

---

37 "The Case of Reason Impartially Considered," B 2:598, sec. 2. 3, 8.
38 B 2:172, 이성은 지속적인 행복으로 인도하는 일에서 단지 '흐릿한 빛'만 제공할 뿐이다; B 1:60, 258; 2:593–99.
39 "The Case of Reason Impartially Considered," B 2:598–600, sec. 2. 10.
40 같은 곳. 그리고 Letter to Elizabeth Morgan, January 1, 1779, *LJW* 6:335를 보라.

a. 지적인 욕구

우리는 시간의 조그마한 창으로 실재의 전부가 아닌 파편만 볼 수 있다. 웨슬리는 우리의 지식이 얼마나 보잘것없는지 깊이 생각해보았다. 우리는 현재의 시공간을 잠시 바라봄으로 사회와 역사와 자연을 제한적으로 이해할 뿐이다.

그럼에도 지적인 욕구는 시간과 공간만큼이나 끝이 없고, 또 억제할 수 없을 정도로 일반적이기도 하다. 비록 우리의 지식욕은 한계가 없지만, 우리는 모든 면에서 지식이 한정되어 있음을 발견한다. 이는 인간 존재는 언제나 우리의 지식이 온전해질 미래의 어느 상태를 지향하고 있음을 시사한다.[41] 만약 역사의 종말에 대해 알고자 하는 마음이 인간의 의식에 내재되어 있다면, 이는 그 의식이 내재될 수밖에 없는 미래와 관련된 이유가 있음을 의미한다. 지금 그 이유를 모른다는 것이 미래 지식에 대한 인간의 관심을 없애지는 못한다.

어떤 한계를 지니고 있으며 또 어떻게 왜곡되든, 인간의 의식에는 본질적으로 지식에 대한 욕구가 있다. 우리의 이해의 한계를 넘어서는 일에 대해 알고자 하는 욕구조차 없는 사람은 상상하기 힘들다.[42] 이 지식욕은 한계가 없으나, 우리의 실제 지식의 범위는 한계가 있다.[43] 아무리 지혜로워도 우리는 단지 "부분적으로만 안다"(고전 13:9)는 말씀이 웨슬리 설교 제69번의 성경 본문이다.[44]

---

41 "The Imperfection of Human Knowledge," B 2:568, 서문 1.
42 EA, J VIII:18–20.
43 "The Imperfection of Human Knowledge," B 2:568–69, 서문 1–4.
44 B 2:100–103, 568–86; 4:287–88.

b. 우주는 인간 지식의 한계를 여실히 드러냄

인간의 지식은 오직 광대한 우주적 척도를 마주할 때 그 실체가 드러난다. 이 헤아릴 수 없이 큰 척도 안에서 우리가 물질적 세계의 사물, 생물체, 우리 자신에 대해 어느 정도 아는 것은 가능하다. 그러나 모든 지식의 토대와 수여자이신 분에 대해 아는 것은 그보다 훨씬 적다.[45] 가장 지혜로운 사람도 "부분적으로만 안다." 다음을 생각해보라. 누가 우주의 넓이나 빛의 구조를 아는가? 공기, 흙, 불, 물 같은 기본 요소에 대해 우리가 얼마나 아는 것이 적은가? 또 바다의 깊이 또는 동식물의 생명의 역학이나 구조, 기능에 대해 아는 것이 얼마나 적은가?[46]

우주의 넓이와 물체의 성질을 연구하는 천문학과 물리학의 세계를 배회하다 보면 우리의 지식이 얼마나 보잘것없는가? 빛은 파장인가, 입자인가? 화학 물질들은 무엇으로 이루어져 있는가? 지질학적 지표 아래에는 무엇이 있는가?[47] 생물학과 식물학에서는 끊임없이 미생물과 식물의 신비에 직면한다. 존재의 사슬의 긴 끈을 오르내리면서 우리는 더 많이 연구할수록 우리가 아는 것이 얼마나 적은지를 더 자주 깨닫는다.

창조세계에 관한 연구를 통해 우리는, 비록 하나님은 존재하심에도 계시가 없이는 하나님의 속성에 대해 거의 알 수 없다는 사실을 공식적으로 추론할 수 있게 된다. 물론 우리는 자연에서의 추론을 통해 정의, 영원성, 편재하심, 하나님 존재의 필연성 같은 하나님의 특성을 가정할 수 있다. 그러나 그 특성들이 역사 속 하나님의 계시의 조명을 받지 않는다면 우리가 그것을 충분히 이해할 방법은 없다. 이러한 것들은 몇 가지 기초적이

---

45 "The Imperfection of Human Knowledge," B 2:570–77, sec. 1. 2–13.
46 "The Imperfection of Human Knowledge," B 2:572–73, sec. 1. 5–7.
47 "The Imperfection of Human Knowledge," B 2:573–74, sec. 1. 8–9.

고 합리적인 분석을 통해 추측은 가능하나, 그 추측만으로는 언제나 상당한 모호함이 남는다.⁴⁸

우리는 하나님을 그의 창조세계에서 배우지만, 그것은 우리의 취약한 감각 기관을 통해 단지 간접적으로 아는 것이다. 신자들이 시간 속에서 드러난 하나님의 대속의 은혜를 부분적으로 안다 해도, 그것은 시간이 시작되기 전 하나님의 영원한 지혜에 대해서는 더욱 아는 것이 없음을 두드러지게 할 뿐이다.⁴⁹

우리는 시간의 시작으로서 창조를 말할 수는 있으나, 창조가 이루어지는 현장에 있었던 사람은 아무도 없다. 우리는 눈 깜짝할 사이에 날아가버리는 유한한 시간 속에서 매우 좁은 시야를 가지고 있다.⁵⁰ 이로써 우리는 "우리의 유한한 지식이 우리의 유한한 상태와 일치하도록 조화를 이루게 하신 하나님의 지혜를 찬양"하는 것이 마땅함을 깨닫는다.⁵¹

c. 섭리와 고난 연구도 하나님에 대한 부분적 지식만 줌

그러나 우리의 무지함은 지금까지 말한 내용이 전부가 아니다. 우리는 우리 자신, 하나님의 섭리와 계획, 고난에 대해 얼마나 아는 것이 적은가. 심오한 신비는 하나님만이 아니라, 일반 역사에도 존재한다. 우리는 종종 우리가 왜 고난을 당하는지 알지 못한다. 모든 사람은 고난을 당한다. 고난은 인간에게 가장 보편적인 경험이다. 인간의 삶이 다른 사람들과 얼마나 밀접하게 연결되어 있는지 발견하는 것 역시 고난에서다. 내 죄는 당신

---

48 B 11:268–69.
49 "The Imperfection of Human Knowledge," B 2:569–71, sec. 1. 1–4.
50 "The Imperfection of Human Knowledge," B 2:574–75, sec. 1. 10–13. 또 *Compendium of Natural Philosophy, reprinted as Remarks on the Limits of Human Knowledge*, J XIII:488–99의 웨슬리의 결론을 보라.
51 *Compendium of Natural Philosophy, reprinted as Remarks on the Limits of Human Knowledge*, J XIII:498.

에게 영향을 끼친다. 내 할아버지, 할머니의 죄가 나에게 영향을 끼치고, 나는 아직 태어나지 않은 내 손자, 손녀에게 영향을 끼친다. 고난은 우리가 잘 알 수 없는 수수께끼 중 하나다.

섭리는 근시안을 가진 인간이 예상하거나 대비할 수 없는 일을 하나님께서 대비해주시는 것이다. 비록 우리의 결말이 어떨지 경험적으로 알 수는 없더라도, 그것을 초월해 우리가 하나님의 손길로 다스림을 받고 있음을 확신하게 하는 것이 하나님의 섭리에 대한 이해다. 왜 어떤 사람에게는 길고 힘든 길이 주어지는데 다른 사람은 쉬운 길을 가게 되는가 하는 것은, 가장 신앙이 좋은 사람조차 이해 불가한 문제로 남아있다. 어떤 사람은 하나님의 구원하시는 은혜를 일찍 발견하지만, 또 어떤 사람은 오랜 시간 고생하도록 남겨진다.[52] 하나님은 이유를 아시지만, 우리는 알지 못한다.

우리의 무지에 대한 자각은, 우리가 고난을 어떻게 다루어야 하는지 그 첫 단계를 가르쳐준다. 우리는 우리 자신과 타인의 고난의 심리학적, 사회적 원인을 일부만 알 뿐, 결코 온전히 알 수는 없다. 온전히 아는 것은 오직 과거와 미래를 똑똑히 보시는 하나님께만 가능하다. 우리가 고난의 원인을 알지 못한다는 사실에 대한 자각은, 역설적이게도 우리는 알 수 없는 방식으로 우리의 미래를 아시는 하나님을 신뢰하게 만드는 벼랑 끝으로 우리를 몰아간다.[53]

우리는 하나님의 섭리를 대략적으로 파악할 때조차도 그 세세한 내용에 대해서는 아는 것이 얼마나 적은가. 왜 위대한 나라들이 "지금은 사라져" 버렸는가? 왜 "인구가 많은 힌두스탄(Indostan) 왕국"에서는 그렇게 많은 사람이 가난에 허덕이는가? 왜 아프리카 사람들은 "계속 소처럼 시장

---

52 "The Imperfection of Human Knowledge," B 2:578, sec. 2. 2, 3.
53 "The Imperfection of Human Knowledge," B 2:578–79, sec. 3. 4, 5.

에 팔려 가장 수치스러운 노예가 되고 마는가?" 왜 "비참하게 살아남은 아메리카 인디언들"이 학살을 당하고, 라플란드 사람들과 시베리아 사람들은 그렇게 추운 환경에서 살아야 하는가? 왜 "많은 사람이 타타르사막의 고지를 오르내리며 정처 없이 떠도는가?"[54]

왜 복음이라는 치료약은 죄의 전염병이 퍼져 있는 모든 곳에 전해지지 않는가? 왜 "기독교인들이 보여주는 자비나 진리가 이교도들보다 적으며", 왜 "그리스도인으로 불리는" 많은 사람이 "이교도들보다 훨씬 악한가?" 왜 기독교라는 해독제는 종종 심하게 오염되어 본래의 덕을 전혀 지니지 않은 유독성분과 뒤섞였으며, 또 때때로 "치료하려 했던 질병은 고치지 못한 채 오히려 불치병을 열 배나 더 전염시켰는가?"[55] 우리는 이런 질문들에 대해 숙고하지만 해답을 확실하고 온전히 알지 못한다. 그런 중에도 우리는 하나님께서 미래의 모든 순간에 이미 현존해 계시므로 하나님께서 미래를 아심을 믿고 고백한다.

d. 은혜 연구도 하나님에 대한 제한된 지식만을 줌

인간 지식의 한계는 자연종교만이 아니라 계시종교에도 해당된다.[56] 왜 "호텐토트(Hottentot) 사람과 뉴질랜드 사람, 노바야제믈랴(Nova Zembla) 주민"은 좋은 교육을 받을 동등한 기회를 누리지 못하는지 어떻게 설명할 수 있겠는가?[57] 우리가 다니는 교회들에서는 방글라데시나 소말리아에 관해 지금도 유사한 질문이 제기된다. 이러한 해결 불가능한 문제들로 인해

---

54 "The Imperfection of Human Knowledge," B 2:578–80, sec. 2. 1–6.
55 "The Imperfection of Human Knowledge," B 2:581, sec. 2. 8.
56 참고. *JJW* 6:21; B 3:493; B 4:151. 칸스 경(Lord Karnes)의 "Morality and Natural Religion"에 대한 웨슬리의 언급.
57 "The Imperfection of Human Knowledge," B 2:582–83, sec. 3. 1, 2; 참고. B 3:348–49.

어떤 사람은 이론적 판단 보류를 넘어 무신론과 구원의 신앙 사이에서의 양자택일로 내몰린다. 그런 불가해한 일들이 지닌 힘은 너무나 커, "우리 자신의 무지함과 하나님의 뜻을 아는 일에 무능력함을 깊이 자각하면서, 모든 것을 하나님의 측량할 수 없는 지혜로 돌리지" 않는다면, 우리 역시 그런 양자택일을 피할 수 없다.[58]

"하나님의 말씀을 맡은 우리도 … 하나님의 경륜 중 많은 것을 이해하지 못한다. 하나님께서 왜 그렇게 오랫동안 우리가 잘못된 길을 가는 것을 고통스럽게 지켜보셔야 하는지 … 하나님께서 왜 이런저런 도구를 사용하셨는지 모른다. … 하나님은 아신다는 사실만으로 충분하다. … 하나님은 분명 이유를 아신다. 그러나 그 이유는 대개 사람에게 숨겨져 있다."[59] 우리는 성경을 통해 주신 하나님의 계시를 받아들일 때조차도 시간의 한계에 머물러 있기에, 신자의 지식은 하나님의 지식보다 좁다. 성경은 구원에 필요한 것을 계시한다. 우리는 이 계시를 우리의 흐릿한 시각을 통해서만 볼 수 있을 뿐이다. 우리가 아는 것은 부분적이다.

e. 우리 자신의 무지함에서 배워야 할 교훈

인간의 의식에 관한 연구에서 우리가 배워야 할 가장 중요한 교훈은 우리 자신의 무지함에 대한 것이다. 회개하는 모든 신자는 바로 이 한계로 인해 겸손, 신뢰, 복종을 배워야 한다. 우리의 지식이 보잘것없다는 사실에 대한 자각은 다음과 같은 자세를 가져온다.

- **겸손**. 우리의 불완전함에 대한 자각은 우리로 덜 자만하게 하고, 우리의 지식을 덜 내세우도록 가르친다.

---

58 "The Imperfection of Human Knowledge," B 2:583, sec. 3. 2; 참고. 7:247.
59 "The Imperfection of Human Knowledge," B 2:583–84, sec. 3. 3–5.

- **신뢰**. 우리의 무지에서 배워야 할 가장 중요한 것은, 우리의 신앙을 일으키기에 충분할 정도로 누구보다 우리를 가장 잘 아시는 하나님을 신뢰하는 것이다. 우리의 심한 무지는 우리로 하나님을 신뢰하겠다는 인격적 결단으로 더 가까이 나아가게 한다. "자신이 무지함을 온전히 자각할 때 우리는 하나님의 지혜를 온전히 신뢰하게 된다."[60]

- **복종**. 우리는 무지를 자각함으로, 예수님께서 겟세마네 동산에서 순종하신 것과 같은 하나님께 순종하는 태도를 함양하기를 배워야 한다.[61] 인간으로서 우리가 가진 한계는 결국 우리를 죽음이라는 실재와 사실에 대한 가장 깊은 자각으로 이끈다. 죽음에 대한 자각을 통해 우리는 참으로 우리의 유한성을 받아들이게 된다. 그 깨달음에서 우리는 "내 원대로 마시옵고 아버지의 원대로 되기를 원하나이다"(눅 22:42)라고 말하는 것을 배울 가장 온전한 계기를 얻는다.[62]

"생각이란 육체와 결합된 영이, 일련의 물질적 요소를 이용해 행하는 작용이므로, 영혼의 악기인 육체가 잘 조율되지 않으면 영혼은 좋은 음악을 만들어낼 수 없다." 우리는 "유한한 존재는 무한한 존재를 이해할 수 없음"을 기억해야 한다. "하나님의 모든 경륜에는 마치 하나님 자신과도 같이 우리가 온전히 이해할 수 없는 무언가가 언제나 존재할 것이다. 따라서 영원이 우리의 이해를 열어줄 때까지 우리는 무지한 상태를 감수할 수밖에 없다."[63] 그리스도를 믿는 사람은 지금 우리가 알지 못하는 것을 미래에는 알게 될 것이라는 믿음도 갖게 된다.

---

60 "The Imperfection of Human Knowledge," B 2:585, sec. 4; *CH* 7:96–97.
61 "The Imperfection of Human Knowledge," B 2:584–86, sec. 4.
62 "The Imperfection of Human Knowledge," B 2:585–86, sec. 4. 2, 3.
63 Letter to Mrs. Elizabeth Bennis, October 28, 1771, *LJW* 5:284.

B. 자연철학

1. 자연철학은 점진적으로 진보하는가?

a.『자연철학개론: 창조세계에 깃든 하나님의 지혜 연구』

웨슬리는 [이후에『자연철학의 점진적 진보에 대하여』(*Of the Gradual Improvement of Natural Philosophy*)로 제목을 변경해 출판한]『자연철학개론』(*Compendium of Natural Philosophy*)[64]에서 자연철학의 두 가지 방법론을 다음과 같이 구분했다. "사변철학은 사람에게서 시작해 하나님께로 올라가지만, 실천철학은 하나님에게서 시작해 피조세계로 내려온다." 사람의 이성은 하나님께 다다르려 하지만, 하나님께서는 몸소 인류에게 내려오신다. 자연철학의 쟁점은 "사람에 대한 고찰로 시작해, 사물의 모든 질서를 다룬 후, 그것들이 우리에게서 점점 더 멀어지는 만큼 모든 지식의 중심이 되시는 하나님께로 향한다."[65]

웨슬리는, 모든 중요한 과학적 발견은 최근에 이루어졌고 고대인은 자연세계에 대해 아는 것이 별로 없었다는 편견에 끊임없이 도전했다. 유전학, 화학, 유리 제조법은 이미 연구되었고, "오래전부터 어느 정도 알려져 왔으나 … 우리 시대에 훨씬 더 정확해지고 발전했다." 현미경도 당대에 발명된 것이 아니라 오래전에도 있었던 것이 재발명된 것으로 보아야 한다. 이 주장에 대해 웨슬리가 경험적 증거로 제시한 것은 1500년 된 작은 프랑스 도장이다. "이 도장을 육안으로 보면 무엇인지 알 수 없는 군상밖에 보이지 않는다. 그러나 현미경으로 보면 나무, 강, 나룻배, 16-17명의

64　Charles Bonnet of Geneva, 3rd American ed.; notes by B. Mayo, 2 vols. (New York: N. Bangs and T. Mason, 1823)에 기초한 것으로 1777년에 출판함; 참고. B 1:60, 90–91; 3:108, 272; B 1:91–92; 2:362–65, 394, 571–76.
65　"Of the Gradual Improvement of Natural Philosophy," J XIII:482, sec. 1.

사람이 보인다."⁶⁶ 많은 다른 증거는 고대인들이 우리가 편견을 가지고 상상하는 것보다 훨씬 총명했음을 보여준다. 인간의 몸 연구에 관해 "사람들은 대체로 우리 시대가 고대보다 큰 유익을 누리고 있다고 생각한다." "그러나 그런 주장은 논란의 여지가 있다. … 이는 우리가 세운 가설들이 새로운 것이 아니라 오래전부터 알려져 있었던 것들이기 때문"이며, 사실상 현대의 연구도 "단지 추론으로 끝나는 경우가 흔하다."⁶⁷

이는 히브리와 헬라라는 두 개의 탁월한 고대 전통을 연구해보면 알 수 있다. 히브리인의 사고방식은 눈에 보이는 세계를 창조주와의 관계 속에서 바라본다. 헬라의 지적 전통은 "자연적인 일들을 일으키는 물질적 원인"을 찾고자 노력한다.⁶⁸ '신'이라는 주제는 헬라 학파 중 플라톤주의자들이 특별히 심취했던 대상으로, 소요 학파의 논리, 스토아 학파의 도덕, 에피쿠로스 학파의 관능과도 같은 것이었다. 대부분의 주요 철학적 연구가 기원전 3세기까지는 잘 이루어졌다. 중세 스콜라 학파는 아리스토텔레스 철학의 훌륭한 내용을 경시하고, "추상적이고 무익하며 공허한 사변으로 모든 철학을 모호하게 만들고 오염시켰다. 그러나 어떤 사람들은, 아라비아 사람들이 화학을 유럽에 소개한 이후인 그들의 동시대 사람들보다 더 지혜로웠다." 그들은 13세기 프란치스코 수도회의 로저 베이컨(Roger Bacon)과 도미니크 수도회의 알베르투스 마그누스(Albertus Magnus) 같은 사람들이다.⁶⁹

---

66 "Of the Gradual Improvement of Natural Philosophy," J XIII:485–86, secs. 11–19.
67 "Of the Gradual Improvement of Natural Philosophy," J XIII:487, sec. 23.
68 "Of the Gradual Improvement of Natural Philosophy," J XIII:482, secs. 2, 3.
69 "Of the Gradual Improvement of Natural Philosophy," J XIII:483, secs. 4, 5.

b. 프란시스 베이컨 이후의 과학적 도전

이후 프란시스 베이컨(Francis Bacon, 1561-1626)은 "학파 중심의 철학이 지닌 약점들이 자연철학을 사랑하는 모든 사람으로 하여금 많은 실험과 관찰을 통해 … 자연사를 부지런히 연구하도록 자극했다"는 사실을 발견했다.[70] 그의 뒤를 이어 윌리엄 하비(William Harvey)는 17세기에 혈액 순환을 발견했고, 존 페케(John Pecquet)는 흉관을 연구하고, 유전학과 수혈에 관해 실험했다. 웨슬리는 이러한 새로운 과학적 발견에 대해 정통했다. 의사들도 인간의 몸에 관해 새로운 것들을 발견했는데, 이는 질병에 관해 서조차도 신정론에 섭리론적 논거를 제공했다. "질병 자체에서도 만물의 창조자의 놀라운 지혜가 드러났으며, 또 그 질병들에 의해 인간의 몸에 관해 숨겨져 있던 많은 것이 예기치 않게 발견되었다."[71] 지금 우리 사회는 대체로 질병의 의미에 관한 이런 통찰을 잊어버렸거나 등한시한다. 이 시대의 과학은 그런 통찰을 받아들일 자세가 되어 있지 않다.

자연 탐구의 분야는 고대 철학이 구분한 네 가지 요소에 따라 구분 짓는 것이 용이하다. 즉 (1) 공기(기압계, 온도계, 공기 펌프 발견 등), (2) 흙(지질학, 망원경 발명, 태양의 흑점, 행성의 움직임, 은하 연구, 천동설에서부터 지동설 이후의 다양한 우주 이론 등), (3) 불(화약과 인의 발견 등), (4) 물(잠수기와 잠수함 발명, 해수의 담수화 시도 등)이다.[72] 웨슬리는 과학의 역사에 큰 흥미를 가졌다.

그러나 인간에서부터 영적 피조물(천사)을 거쳐 최종적으로 하나님께 이르기까지 점증적으로 철학적 성찰을 시도할 때 "우리가 의존할 수 있는

---

70 "Of the Gradual Improvement of Natural Philosophy," J XIII:483, sec. 6; 참고 JJW 7:162; LJW 3:5n.
71 "Of the Gradual Improvement of Natural Philosophy," J XIII:484, sec. 11.
72 "Of the Gradual Improvement of Natural Philosophy," J XIII:486, secs. 18-21.

것은 이성이나 실험이 아니다." 우리는 궁극적으로 성경의 지혜를 의지해야 한다. "이 점에서는 우리는 새로운 진보를 바랄 것이 아니라, 훌륭한 옛 길을 고수해 하나님께서 계시해주신 것으로 만족해야 한다."[73]

2. 인간 이해에 대하여

웨슬리는 1781년에 "로크 씨의 '인간오성론' 비평"(Remarks upon Mr. Locke's Essay on Human Understanding)이라는 제목의 통찰력 있는 비평적 논문을 썼다. "나는 여행 중 여러 날 동안 로크 씨의 '인간오성론'을 읽었다." "하나님께 대한 깊은 경외심"이 드러나 있는 "견고하고 설득력 있는 논문"이었다. "값싼 장신구 같은 몽테스키외(Montesquieu)"와 비교하면 로크는 마치 금과 같다.[74]

로크를 통해 "우리의 모든 관념은 감각경험이나 그것에 대한 숙고에서 비롯된다는 생각이 충분히 입증되었다."[75] 이러한 언급에서 우리는 18세기 최고의 지성인들이 이룬 업적 및 한계와 머리를 맞대고 씨름했던 웨슬리의 지적 능력을 엿볼 수 있다.

a. 웨슬리의 로크에 대한 비판

웨슬리의 "로크 씨의 '인간오성론' 비평"은 다음에 제시할 로크의 여러 잘못에도 그의 다른 많은 유익한 생각이 그것을 상쇄한다고 생각했다.[76] 웨슬리가 설명하는 내용의 지식적 기반이 얼마나 넓고 깊고 풍부한지

---

73 "Of the Gradual Improvement of Natural Philosophy," J XIII:487, sec. 24.
74 "Remarks upon Mr. Locke's Essay on Human Understanding," J XIII:455–56; 참고. Richard E. Brantley, *Locke, Wesley, and the Method of English Romanticism* (Gainesville: University of Florida Press, 1984). 로크에 대한 웨슬리의 다른 언급은 *JJW* 3:179; 4:192; B 2:571n, 589n; 3:361–62; *LJW* 1:136; 2:314; 7:228을 보라.
75 "Remarks upon Mr. Locke's Essay on Human Understanding," J XIII:455–56.
76 "Remarks upon Mr. Locke's Essay on Human Understanding," J XIII:455.

에 주목해보라.

첫째, 웨슬리는, 아리스토텔레스가 인간 정신의 기능을 이해, 판단, 소통의 세 가지로 더 단순하게 구분한 것은, 로크가 인식, (식별, 비교, 복합, 추상을 포함하는) 판단, 기억으로 설명한 것보다 더 정확하다고 생각했다. 쾌락은 고통만큼이나 자주 인간의 의지에 결정적 영향력을 행사한다. 욕구는 쾌락을 즐기는 것이나 고통을 피하는 것과 구분되어야 한다.

둘째로, 로크는 살아있는 동안 인간의 육체는 인격적 정체성의 지속성이 근본적으로 모호해질 만큼 극적 변화를 겪는다는 그릇된 주장을 했다. 그러나 육체에 생기와 통일성을 부여하는 것은 인간의 영혼이다. "나는 카토(Cato)를 평생 동안 같은 인물로 부른다. 그는 같은 영혼을 가지고 있기 때문이다. 나는 그를 같은 사람으로 부른다. 그의 몸도 세상에 올 때의 몸 그대로를 가지고 있기 때문이다."[77] 웨슬리는 "잠을 자고 있는 소크라테스와 깨어 있는 소크라테스는 같은 사람이 아니다"라는 로크의 추론에 동의하지 않았다. 터무니없게도 "로크 씨는 '의식이 사람의 정체성을 형성한다'고 생각했다. 그 말은, 내가 같은 사람이라는 것을 아는 것이 나를 같은 사람으로 만든다는 의미다. … 내가 존재함을 아는 것이 나를 존재하게 하는가? 그렇지 않다. 내가 존재하는 것은, 존재한다는 사실을 아는 것보다 시간적으로 앞선다."[78]

셋째로, 로크의 "원대한 계획은 자신이 몹시 싫어했을 뿐 결코 이해하지 못했던 아리스토텔레스의 논리를 세상에서 몰아내는 것이었다."[79] 웨슬리는 로크가 비판의 대상으로 삼은 15세기와 16세기 '스콜라 신학자들'

---

77 "Remarks upon Mr. Locke's Essay on Human Understanding," J XIII:459.
78 "Remarks upon Mr. Locke's Essay on Human Understanding," J XIII:458.
79 "Remarks upon Mr. Locke's Essay on Human Understanding," J XIII:460.

의 책을 한 번이라도 읽어본 적이 있는지 의구심을 가졌다. 그는 논리를 오용한 잘못된 사례를 일반화해 논리의 용도를 부정적인 것으로 판단함으로 그 유용성을 지나치게 쉽사리 포기했다. 그러나 바르게 사용하면 논리는 "언어의 모호성을 방지하거나 바로잡는" 최선의 수단이 된다. "간단한 용어들을 논리적 구분법에 따라 구분한 후, 그 각각을 정의의 세 가지 규칙에 따라 정의하는 것이, 우리가 사용하는 모든 용어에 대해 분명하고 구별된 개념을 갖기 위해 인간의 기술이 할 수 있는 모든 것이다."[80] 이 논문은 웨슬리가 당대의 자연철학의 동향을 얼마나 예리하게 주시하고 있었으며, 또 어떻게 그것에 대해 지식적이며 비평적인 평가를 할 수 있었는지 보여준다.

b. 오늘날의 생활방식

웨슬리는 "오늘날의 생활방식에 대한 평가"(An Estimate of the Manners of the Present Times)에서 하나님 없는 세상을 설명함으로 현대의 자기중심적 풍조를 예견했다. "(무절제와 함께) 이것이 우리의 무수한 신경질적인 불평의 가장 심각한 원인이 됨을 보라!" "얼마나 많은 건강한 사람, 심지어 젊은이들이 걷거나 말 타기조차 싫어할 정도로 게으른가! … 그들은 고상한 활동만 하면서 몸이 쇠약해지고 있다." 우리의 "사치는 나태함을 증가시켜, 우리를 몸이나 정신의 훈련에 적합하지 않게 만든다. … 얼마나 많은 사람이 일상적 사치 속에서 폭식과 폭음, 온갖 종류의 음란함에 빠져드는가?"[81]

그런 상황에서 웨슬리 시대의 이신론이 하나님에 관해 말할 수 있는 것

---

80 "Remarks upon Mr. Locke's Essay on Human Understanding," J XIII:462.
81 "An Estimate of the Manners of the Present Times," J XI:156, sec. 1.

이란 기껏해야 이런 것이다.

> 하나님이 "이 빙빙 도는 장난감을 만드셨다." 즉, 하나님은 그 장난감과 그 속 모든 것이 스스로 돌아가도록 내버려 두셨다는 것이다. 옳든 그르든 이런 생각은 거의 영국 사람들의 보편적 정서가 되었다. … 그들은 하나님을 생각하지 않는다. 하나님 없이도 자신의 모든 일을 할 수 있다고 생각한다. … 그들은 경주에서 승리가 빠른 자에게, 전투에서 승리가 강한 자에게 돌아가는 것을 당연하게 여기면서 … 모든 것을 자연적 원인으로 설명한다. … 우리는 다른 모든 주제에 관해서는 아무렇지 않게 말하면서도 하나님을 언급하면 태도가 변한다. 만약 누군가 신사나 귀족의 식탁에서 훌륭한 사람들과 함께 있을 때 진지하게 하나님을 말하면, 그들은 아연실색하지 않겠는가? 누군가 더 유쾌한 주제로 이야기를 꺼낼 때까지 깊은 침묵이 흐르지 않겠는가?[82]

c. 웨슬리의 몽테스키외 비판

웨슬리는 "바론 몽테스키외의 '법의 정신'에 관한 소고"(Thoughts upon Baron Montesquieu's Spirit of Laws, 1781)에서, 몽테스키외의 자화자찬과 일시적 유행을 추구하는 성향, 이성주의자로서 "스스로 프랑스만이 아닌 유럽 최고의 실력자인 척하며 자신은 오류가 없다는 듯한 태도"를 비판했다.[83] 심미적인 면에서 몽테스키외는 "전혀 열정을 일으키지 못하고" "지성에도 전혀 즐거움을 주지 않는다." "나는 연구하면 할수록 그를 더 이해할 수 없다. … 나는 진정으로 그가 자신이 한 말도 이해하지 못했다고 믿는다." 지금까지 언급한 것보다 더 나쁜 점으로, 웨슬리는 몽테스키외가 "온갖 수단을 동원해 성령의 영감을 받아 성경을 기록한 저자들을 비하했

---

82 "An Estimate of the Manners of the Present Times," J XI:160–61, secs. 13–16.
83 "Thoughts upon Baron Montesquieu's Spirit of Laws," J XIII:415.

다"⁸⁴고 말한다. "그는 틀림없이 다른 재능을 가지고 있었음에도 종교와 논리 두 가지를 원했다." 웨슬리는 파스칼이나 말브랑슈(Malebranche), 로크에 비해 몽테스키외의 사상은 매우 유치하다고 생각했다.⁸⁵

여기서 우리는 몇 시간을 말을 타고 이동하면서 몽테스키외를 읽으며 당시 문화의 어리석음을 통찰력 있게 논평하는 웨슬리의 모습을 볼 수 있다. 웨슬리에 관한 열정적 독자는 그의 그런 모습을 자주 발견할 수 있다.

d. 자연사

우리는 지질학적 역사와 자연사에 관한 웨슬리의 비평 중 많은 내용을, 그가 1782년에 「아르미니우스주의 매거진」에 수록한 흥미로운 작품, "뷔퐁 백작의 '자연사' 비평"(Remarks on the Count de Buffon's 'Natural History')에서 발견한다.⁸⁶ 웨슬리는 다윈의 연구보다 수십 년 앞서, 지구의 많은 부분이 오랫동안 바다로 덮여 지층이 형성되었고, 지금의 바위가 과거에는 부드러운 흙이었다고 분석한 백작의 주장에 동의했다.⁸⁷

그러나 웨슬리는 다음의 가설들은 분명히 논박했다. 즉, 자연사에는 어떤 최종 원인도 목적도 없고, 대부분의 존재가 쓸모 없거나 과다한 기관은 많이 가지고 있으나 꼭 필요한 기관은 덜 가지고 있으며, 식물과 동물은 본질적 차이가 없고, 세상은 영원부터 존재했으며, 지구는 "혜성의 충돌로 인해 태양에서 떨어져나온 하나의 파편에 불과"하고, 지구의 내핵은 유리며, 오랫동안 바다가 지구 전체를 덮고 있었고("나는 그럴 가능성이 거의 없다고 생각한다. 그러나 한동안 바다가 지구의 많은 부분을 뒤

84　같은 곳.
85　"Thoughts upon Baron Montesquieu's Spirit of Laws," J XIII:416.
86　B 2:588n.
87　"Remarks on the Count de Buffon's 'Natural History,'" J XIII:448–51 (AM, 1782, J V:546–48).

덮고 있었음은 분명하다"), 세상이 우연히 만들어졌다는 가설이다. 이러한 이유로 웨슬리는 뷔퐁 백작을 "이해력에서와 마찬가지로 종교에서도 (하나님의 존재를 인정했던) 볼테르, 루소, 흄보다 훨씬 못하다"고 평가했다.[88] 이 모든 내용이 짧은 시간에 쉽게 읽을 수 있는 짤막한 논문에 간결하게 언급되어 있다.

e. 자연종교: 힌두교에 대한 평가

웨슬리는 "H씨의 '힌두스탄 힌두교 해설' 비평"(Remarks on Mr. H's 'Account of the Gentoo Religion in Hindustan', 1774)[89]에서 인도의 힌두교 숭배자들에 대해 논평했다. 그는 특히 힌두교가 가장 고대의 종교라는 주장을 인정하지 않았다. 여기서 우리는 웨슬리가 조지아에서의 북미 인디언 선교 경험을 바탕으로 상당히 실제적인 전문 지식을 가지고, 기독교 이외의 종교들에 관한 보고서를 작성하는 역할을 맡았을 가능성이 크다는 점을 기억해야 한다.[90] 웨슬리의 독자 중 누가 문명에 때묻지 않은 원주민이나 다른 문명을 직접 경험해보았겠는가? 웨슬리는 "H씨가 제시한 12개 신조를 '[자연]종교의 근본 요소'라 할 수 있는가? … 나는 그중 절반이라도 믿는 아메리카 인디언을 한 명도 만나본 적이 없다"[91]고 말했다.

그 신조가 다루는 요소에는 윤회라는 공상,[92] 넓은 천상에서 정화의 장소를 거친 영혼의 환생, 그리고 (거북이 등 위에 뱀이 있고, 뱀의 머리에

---

88 "Remarks on the Count de Buffon's 'Natural History,'" J XIII:455.
89 참고. *LJW* 6:118; B 2:381n.
90 *JJW* 1:156–62, 236–39, 248–50, 297–98, 346, 406–9; B 1:502; 3:449; 4:52; 5:226; 8:289, 317; *LJW* 1:201–3; 8:24.
91 "Remarks on Mr. H's 'Account of the Gentoo Religion in Hindustan,'" J XIII:407.
92 *LJW* 2:279.

지구가 있는) 창조에 대한 설명도 포함된다.[93] 웨슬리에게 이것은 "성경을 믿지 않는 사람은 성경 이외의 다른 것은 다 믿는다"[94]는 사실을 입증해주었다. 외적 증거가 없다는 사실은, 이런 주장이 동화 속 요정 이야기만큼이나 허황됨을 말한다.[95] '그 글이 매우 오래된 것이라는 사실이, 그것이 아주 오래전부터 존재해왔음을 가르치는 전통에 의해 입증된다'는 주장은 순환 논리일 뿐이다.

이 무렵(1774) 웨슬리는 지나치게 신비주의로 나아간 개신교인들을 포함해 일부 개인적 형태의 신비주의를 이상화하던 과거와는 다른 생각을 갖게 되었다. 한때 웨슬리는 "신비주의 신학자들을 복음의 최고의 해설자로 대단히 존경"했으나, 이제는 그 어조가 달라졌다. "지금의 우리가 확신하는 것은, 과거 우리가 그 문제에 관해 성경도 하나님의 능력도 알지 못해 크게 잘못되어 있었다는 사실이다."[96]

웨슬리는 메소디스트 신도회를 향해, 신비주의자들이 '은둔의 종교'를 말하면서 외적 행위 문제로 고민하지 말고 단지 "내면의 덕을 갖추기 위해 노력하라"며 잘못 가르치는 것에 대해 경고했다. "이런 가르침과 정반대된 것이 그리스도의 복음이다. 그리스도의 복음은 은둔의 종교를 알지 못한다. '거룩한 은자'라는 문구는 거룩한 간음자라는 말만큼이나 모순된 것이다. 그리스도의 복음은 사회적 종교가 아닌 어떤 종교도, 사회적 성결이

---

93 "Remarks on Mr. H.'s 'Account of the Gentoo Religion in Hindustan,'" J XIII:404.
94 "Remarks on Mr. H.'s 'Account of the Gentoo Religion in Hindustan,'" J XIII:408.
95 "Remarks on Mr. H.'s 'Account of the Gentoo Religion in Hindustan,'" J XIII:405.
96 *HSP* (1739), 서문 1; J XIV:319; 또 사변적 신비주의의 한계에 관해서는 웨슬리의 "Thoughts upon Jacob Behmen (Boehme)" (1780), J IX:509–14와 "A Specimen of the Divinity and Philosophy of the Highly-Illuminated Jacob Behmen," J IX:514–19를 보라; 참고. *JJW* 3:17, 282; 4:411; 5:46, 521; *SS* 1:240; B 2:48n.

아닌 어떤 성결도 알지 못한다."⁹⁷ 지금은 유명해진 사회적 성결에 대한 이 설명은, 여러 동양 종교처럼 복음의 사회적 함의를 잊어버린 모든 형태의 신비주의의 미혹에 대한 웨슬리의 날카로운 비판이다.

97　*HSP* (1739), 서문 4, 5; J XIV:321. 신비주의에 대한 웨슬리의 양면적 평가에 관해서는 *LJW* 1:289, 243, 신비주의의 종류에 관해서는 JWO 252, 정적주의(Quietism)에 관해서는 *LJW* 1:276, 신비주의의 위험성에 대해서는 *JJW* 5:28; JWO 45-46, 63, 375-76, 394를 보라. 프랑스 신비주의 작가들에 대한 평가는, 마담 귀용(Madame Guyon)은 *JJW* 3:18; 5:382-83; 6:130; 7:319; *LJW* 5:341-42; 6:39, 42-44, 125, 233; 8:18, 앙뚜아네뜨 부리뇽(Madame Antoinette Bourignon)은 *LJW* 7:66, 126; *JJW* 1:170, 191-92; 2:15-16; 6:11; 8:277, 가스통 드 렌티(Marquis Gaston de Renty)는 B 1:36, 61, 75, 344; 3:166-67, 627; *JJW* 1:414, 450; *LJW* 4:184, 264, 293, 321; 5:129, 268, 271; 7:127을 보라.

더 깊은 이해를 위한 독서 자료

신비적 체험, 종교의 역사

Brigden, Thomas E. "The Wesleys and Islam." *PWHS* 8 (1911): 91–95.

Turner, E. E. "John Wesley and Mysticism." *MR* 113 (1930): 16–31.

Van Valin, Howard F. "Mysticism in Wesley." *AS* 12, no. 2 (1958): 3–14.

Wilson, David D. "John Wesley and Mystical Prayer." *LQHR* 193 (1968): 61–69.

_____. "John Wesley, Gregory Lopez and the Marquis de Renty." *PWHS* 35 (1966): 181–84.

_____. "John Wesley's Break with Mysticism Reconsidered." *PWHS* 35 (1965): 65–67.

이성과 권위

Cragg, Gerald R. *Reason and Authority in the Eighteenth Century*. Cambridge: Cambridge University Press, 1964.

Frost, Stanley B. *Authoritäteslehre in den Werken John Wesleys*. Munchen: Ernst Reinhardt, 1938.

Lacy, H. E. "Authority in John Wesley." *LQHR* 189 (1964): 114–19.

Stoeffler, F. Ernest. "The Wesleyan Concept of Religious Certainty – Its Prehistory and Significance." *LQHR* 33 (1964): 128–39.

"Wesley's Epistemology." *WTJ* 10 (1975): 53–55.

웨슬리와 철학적 지혜

Barber, F. L. "Wesley's Philosophy." *Biblical World* 54 (1920): 142–49.

Cannon, William R. "Methodism in a Philosophy of History." *MH* 12, no. 4 (1974): 27–43.

Eayrs, George. *John Wesley: Christian Philosopher and Church Founder*. London: Epworth, 1926.

Eckhart, Ruth Alma. "Wesley and the Philosophers." *MR* 112 (1929): 330–45.

Fox, Harold G. "John Wesley and Natural Philosophy." *University of Dayton Review* 7, no. 1 (1970): 31–39.

Matthews, Rex D. "'Religion and Reason Joined': A Study in the Theology of John Wesley." ThD diss., Harvard University, 1986.

_____. "'We Walk by Faith, Not by Sight': Religious Epistemology in the Later Sermons of John Wesley." Paper privately circulated.

Outler, Albert C. *Theology in the Wesleyan Spirit*, 1–23. Nashville: Tidings, 1975.

Shimizu, Mitsuo. "Epistemology in the Thought of John Wesley." PhD diss., Drew University, 1980 (revised for publication in Tokyo, 1993).

5장

경험

5장 경험

A. 경험에 대하여

신자는 영적인 경험을 할 때, "하나님의 자기 계시, 성령의 영감, 그리스도의 영의 강력한 역사에 대한 자신의 느낌이 갖는 분명하고 합리적인 의미를 알아차릴" 수 있다.[1] 그리스도의 영의 강력한 역사는 신자가 그 자체를 알아차리고 느낄 수 있는 것이다. 이성은 그 경험과 함께 내면에서 작용해 구원의 신앙을 굳게 한다. 웨슬리는 자신의 경험을 통해 이 같은 확신이 존재함을 증거했고, 메소디스트 부흥운동이 퍼져나가는 과정에서 수천 명이 넘는 사람이 이를 체험적으로 간증하는 것을 지켜보았다. 이제 우리는 웨슬리가 자기 자신과 다른 사람들이 하나님의 은혜를 경험할 때 느낀 것을 어떻게 설명하는지 살펴볼 것이다.

1. 기독교에서 경험의 필요 및 한계

웨슬리는 설교 "성령의 증거(2)"에서 다음과 같이 적었다.

> 이 성경적인 교리를 확증하기 위해서는 하나님 자녀들의 체험이 어떠한지 살펴볼 필요가 있다. 이 체험은 두세 사람이나 몇 사람의 체험이 아니라 셀 수 없이 많은 사람의 체험이다. … 여러분과 나의 체험을 통해서도 확인되는 것이다. 성령께서는 직접 내 영에게 내가 하나님의 자녀라고 증언하셨고 이에 대한 증거를 주셨기에, 나는 즉시 "아빠 아버지여!"라고 부르짖었다. (여러분이 그랬던 것과 마찬가지로) 내가 이렇게 한 것 역시, 내게 어떤 성령의 열매가 있는지 생각해보거나 그 열매가 있음을 의식하기 전에 이루어졌다.[2]

---

1 FA, pt. 1; B 11:167, sec. 5. 24.
2 "The Witness of the Spirit," pt. 2, B 1:290, sec. 3. 6.

성령께서는 신자 속에서 하나님의 구원하시는 사역을 증거하시는데, 이는 신자로 하나님을 굳게 신뢰하게 해 자연스레 하나님을 가장 친밀하게 "아빠 아버지!"라고 부르게 하는 원천이 된다. 이는 모든 시대의 신자들이 느껴온 것이다. 성령께서는 우리의 영 안에서 우리가 하나님의 자녀임을 증거하신다(롬 8:16).

경험은 성경을 판단하는 것이아니라 단지 확증할 뿐이다. 경험은 단지 개인적 일로 끝나지 않고, 신자가 공동체에서 함께 기억하고 공유하는 대상이 된다. 즉, 성경이 약속한 하나님의 자녀 됨이 어떤 것인지 확인시켜 주는 사건으로 당신과 나, 우리가 함께 경험하는 사건이 된다.

웨슬리는 단지 인간의 일반적인 경험을 말하는 것이 아니다. 그가 말하는 것은 많은 사람이 가졌던 특별한 경험, 즉 '나는 하나님의 자녀'라는 사실에 대한 명확한 인식이다. 이 인식이 생겨나는 시점은, 성령께서 복음이 약속하는 그 경험을 증거하실 때다. 성령의 증거를 가르칠 때 웨슬리의 역할은 마치 구원의 신앙이 확신을 가져온다는 사실에 대해 증거를 수집해 제시한 보도 기자와 같은 것이었다.

a. 그리스도를 신뢰하게 된 개인적 경험

웨슬리는 자신의 경험에 대해서도 간증할 것이 있었다. 그는 올더스게이트 체험을 간증하면서 자신의 모든 글 중 가장 많이 인용되곤 하는 자신의 경험을 적었다. "나는 마음이 이상하게 뜨거워지는 것을 느꼈다. 내가 구원을 위해 그리스도, 오직 그리스도만을 신뢰하고 있음을 느꼈다. 그가 내 죄, 심지어 나 같은 사람의 죄까지도 거두어가셨으며, 죄와 사망의 법에서 나를 구원하셨다는 확신이 주어졌다."[3]

---

3   *JJW*, May 24, 1738, B 1:475, sec. 14.

이 같은 자각이 비추면 우리의 마음은 "이상하게 뜨거워진다." 이 자각은 분명히 느껴지는 어떤 것이다. 그것은 하나님과 우리의 관계가 변화되었다는 확신을 준다. '우리의 죄'는 사라졌다. 우리는 이 경험에 의해 자신과 하나님의 관계가 영원히 변화되었음을 안다.

웨슬리가 말하는 경험은 이런 경험이지, 단지 일반적 경험이나 경험으로 불리는 의식의 일반적 범주가 아니다. 그것은 경험에 관한 관념이 아니라 실제적 경험이다. 즉, 자신이 "아빠 아버지" 되시는 하나님과 새로운 관계가 되었음을 개인적으로 아는 것이다. 또 성령으로 마음이 부드러워져 신앙을 갖게 된 사람의 가장 깊은 곳에서 느껴지는 것이다.

b. 피터 뵐러의 이름을 일지에 기록함

웨슬리가 올더스게이트 체험에 이르기까지 모라비아교도 피터 뵐러(Peter Böhler)와 나눈 대화는 '성경과 경험'의 밀접한 연관성에 초점이 맞추어져 있었다. 뵐러는 참된 신앙에는 "'죄를 이길 능력과 죄 사함을 자각하는 데서 느끼는 지속적 평안함'이라는 서로 분리할 수 없는 두 열매가 뒤따른다"고 주장했다. 웨슬리는 이러한 신앙의 열매가 실제로 있는지 성경적 증거를 찾아보았고, 풍부한 증거가 있음을 알게 되었다. 그러나 그는 개인적으로 그 신앙의 열매를 느낄 수 없었다. 뵐러와 대화하기 전까지 웨슬리는 죄 사함을 자각하는 데서 오는 지속적 평화를 느끼는 것이 경험적으로 입증 가능하다는 말을 들어본 적이 없었다. 그는 "그 사실을 간증할 산 증인을 발견하기까지" 오랜 시간을 기다렸다. "뵐러 씨는 그런 증인은 언제든 내가 원한다면 다음 날이라도 만나게 해줄 수 있다고 답했다. 다음 날 그는 다른 세 사람과 함께 다시 찾아왔는데, 그들은 모두 그리스도를 믿는 참되고 살아있는 신앙은 죄를 용서받았다는 자각과 분리할 수 없다는 사실에 대해 자신의 개인적 경험을 들려주었다." 또 이 신앙은 "하나님께서 값없이 주시는 선물로, 하나님께서는 간절하고도 끈기 있게 간구하는 모든 영혼에게 반드시 그것을 주실 것"이라고 말해주었다.[4] 뵐러는 웨슬리가 확신의 경험에 대한 산 증인들을 만날 수 있게 해준 것이다.

c. 확신의 경험

웨슬리에게 경험이라는 척도[5]는 특히 구원의 확신을 주는 내적 증거와 관련되어 있다. "영혼에 새겨지는 내적 인상이라는 말 외에는 … 하나님 자녀의 경험을 적절히 표현할 말이 없다. … 이로써 하나님의 성령은 내 영에게 내가 하나님 자녀인 것을 직접 증거하신다. … 그 결과는 양자의 영 안에서, 그의 영에 의해 우리가 하나님께 받아들여졌고 … 하나님께서 성경에서 말씀하신 성품을 받았으며 … 하나님의 성령에 의해 우리 내면이 그분의 아들의 형상과 같이 변화되었다는 자각이다."[6] 이 자각은 모든 신자에게 마치 타고난 권리와도 같이 주어진다.[7] 1736년 웨슬리는 모라비아교도들과 독일 경건주의자들에게서 더 많은 것을 배우기 위해 독일을 방문하고자 했다.[8]

웨슬리는 성경에 약속된 진리를 체험적으로 증거했다. "이제 내가 확신하는 것은, 내가 그 모든 것을 내 마음으로 이미 경험하고 있다는 사실이다. (교리로만 여겨왔던) 기독교의 약속이 지금은 나 자신의 영혼 안에

---

4   *JJW*, May 24, 1738, B 1:471–72, sec. 12.
5   그리스도인의 경험에 대한 다른 언급은 B 1:154, 293, 297, 323; JWO 79–80, 191–94, 209–19, 387–88, 392–93; *CH* 7:3을 보라.
6   "The Witness of the Spirit," pt. 1, B 1:273–74, sec. 1. 6, 7.
7   "Marks of the New Birth," B 1:423, sec. 2. 3.
8   웨슬리가 할레(Halle)를 방문해, "그의 이름은 참으로 값진 향유와 같다. 오! 그가 그리스도를 따랐듯 나도 그를 따를 수 있기를!" 하고 칭송한 아우구스트 헤르만 프랑케(August Herman Francke)의 아들을 만난 일에 대해서는 *JJW* 2:58; 2:16–17을 보라; 참고. *JJW* 1:116, 121, 124.

서 성취되고 있다."⁹ 이러한 형태의 종교적 경험은 성경의 권위의 원천이 아니라 그 권위를 수용하게 하는 통로가 된다.¹⁰ 신자가 성경의 약속을 수용하는 것은 이러한 영적 감각의 작용과 함께 이루어진다.

2. 영적 감각에 대하여

a. 자연적 감각과 영적 감각

영적 지식은 영적 감각으로만 분별할 수 있다.¹¹ 웨슬리는 "우리의 관념은 본유적인 것이 아니며, 모든 관념은 본래 우리의 감각에서 비롯된다"는 로크의 주장에 동의했다. 그러나 로크와 달리 그는 감각을 자연적 감각과 영적 감각, 두 종류로 구분했다.¹²

영적 감각은 다음의 일을 가능하게 한다.

> 영적으로 선한 것과 악한 것을 구분하게 한다. 육체의 감각이 보이는 것들에 관한 것이듯, "보지 못하는 것들의 증거"가 되고, 보이지 않는 세계에 이르는 길이 되며, 영적인 대상을 식별하고 외적인 "눈이 보지 못하고 귀가 듣지 못하는" 것에 관한 생각으로 자신을 구비하기 위해서는 … 듣는 귀와 보는 눈 … 살과 피로 된 기관에 의존하지 않는 영혼의 새로운 차원의 감각이 열려야 한다. 이 내적 감각을 가지게 되어 이해의 눈이 열리기까지는 하나님과 그의 일들에 관해 전혀 이해할 수 없다.¹³

인간을 오직 경험적으로 입증 가능한 증거만 보고 듣는 감각을 가진 것으로 여기는 것은 우리의 감각 능력을 폄하하는 것이다. 하나님께서 창조

---

9   LCM 2.12, *LJW* 11:383.
10 *JWTT*, 33; 참고. *LJW* 1:172; 3:137; 5:17; 6:129, 132, 136; *SS* 2:349.
11 웨슬리의 영적 감각에 대한 가르침은 JWO 190–91, 209–10, 293–95, 395–96; B 11:46–47을 보라.
12 웨슬리의 육체적 감각에 대한 가르침은 JWO 284–85, 475–76, 487–88을 보라.
13 EA, B 11:57, sec. 32; 참고. JWO 47; B 4:170–71; 1:145–46.

하신 우리의 인간성 안에는 "보이지 않는 것들"(히 11:1)에 대한 영적 증거를 볼 수 있는 잠재력이 있다.

웨슬리는 다음과 같은 비유를 든다. "만약 자연적 시각을 갖지 못했다면 색깔에 대해 생각할 수 없는 것처럼 … 영적 시각을 가지지 못했다면 영적인 일에 관해 생각할 수 없을 것이다."[14] 누구라도 어느 정도는 영적 시각을 가지고 있지만, 복음은 이러한 영적 감각을 비교할 수 없을 정도로 넓게 확장시킨다.

b. 하나님의 위대한 일

웨슬리는 상식적으로 판단하더라도 메소디스트 부흥을 통해 "하나님의 위대한 일"이 진척되고 있다고 주장했다. "나는 내가 보고 들은 것으로 그 사실을 안다. 나는 그것에 관해 적지 않은 증거를 보았고, 내가 보지 못한 것에 대한 모든 의심까지 불식시킬 정도로 많은 증거를 가지고 있다."[15]

웨슬리는 "나는 기독교의 확실성에 대한 전통의 증거를 경시하지 않는다. … 그럼에도 그것을 성령의 증거와 동일선상에 놓을 수는 없다"고 말했다. 여기서 성령의 증거란, 성령께서 우리 영과 더불어 우리가 하나님의 자녀임을 증거하시는 내적 증거다(롬 8:16). "전통의 증거는 지극히 복잡한 성격을 가진 것으로, 고려해야 할 요소가 매우 다양하고 수가 많아서 확실하고 분명한 이해를 가진 사람만이 그것의 온전한 영향력을 알아차릴 수 있다. 반면 성령의 증거는 얼마나 분명하고 단순한가! 가장 이해력이 없는 사람에게조차 얼마나 확고한 결과를 가져오는가! 이것이 가장 중

---

14   EA, B 11:55–56, sec. 32.
15   *The Enthusiasm of Methodists and Papists Compar'd*의 저자 조지 라빙턴(George Lavington) 주교에게 보낸 편지, sec. 32, *LJW* 11:374; 참고. B 2:526–31; 3:452–53.

요한 것이 아닌가? '한 가지 아는 것은 내가 맹인으로 있다가 지금 보는 그것이니이다'(요 9:25). 이 고백은 너무나 강력해 농부라도 그 힘을 느낀다."[16]

메소디스트 부흥 중에 일어난 하나님의 위대한 일은 평범한 상식으로도 알 수 있는 일로, 과거에는 보지 못했던 사람들이 이제는 보게 되었다는 바로 그것이다. 그들이 보게 된 것은 무엇인가? 죄인인 자신을 용서하시는 하나님의 사랑이다.

3. 하나님 없는 삶에 대하여: 고목 속 두꺼비 비유

설교 "하나님 없는 삶에 대하여"의 성경 본문은 에베소서 2:12, "세상에서 … 하나님도 없는 자이더니"라는 말씀이다 [설교 #130 (1790), B 4:169-76; J #125, VII:349-54].

웨슬리는 진기하고 우습기까지 한 비유로, 세상을 보고 들을 수 있는 새로운 능력을 갖게 된 한 생물에 대해 말한다. "세상에서 하나님 없이 사는" 사람이 처한 곤경은 아주 오래된 고목 중앙에서 산 채로 발견되었다는 큰 두꺼비의 상태와 유사하다. 갑자기 쪼개진 나무 속에 있던 두꺼비는 시력이 상실된 상태로 발견되었다. 그 두꺼비는 눈에 보이는 세상의 어떤 것도 시각을 통해서는 경험해본 적이 없었다. 웨슬리는 당시에 논란이 된 이 실험 보고서를, 경험에 의한 감각의 상실에 대한 비유로 활용했다.

눈은 있으나 실제로 사물을 볼 기회를 갖지 못해 시력이 상실되고, 듣는 감각은 있으나 실제로 사용할 기회를 가지지 못한 한 생물을 언급함으로, 그는 하나님 없이 살아가는 삶이 가져오는 감각의 상실을 설명한 것이다. 감각이 상실된 채로는 그 대상을 생각도, 기억도, 상상도 할 수 없다.[17]

---

[16] LCM, *LJW* 11:383–84.
[17] "On Living without God," B 4:179, sec. 5.

세상에서 격리되었던 이 생물과, 하나님을 느끼는 감각이 없어 "세상에서 하나님 없이" 살아가는 사람 사이에는 유사성이 있다.[18] "해와 달과 별, 자연의 아름다운 모습을 볼 수 없고, 마치 세상이 존재하지 않는 것같이 세상 전체를 볼 수 없게 된" 두꺼비처럼,[19] 영적 감각을 상실한 사람은 보이지 않는 세계에 관해 깊이 숙고할 만한 아무런 경험도 없고, 영적 현실에 대한 어떤 기억이나 상상력도 없다. 이것이 바로 영적 감각 기관이 상실되거나 전혀 발달하지 않은 상태로, 마치 "지식의 태양이신 하나님을 전혀 보지 못하고, 아무런 관심도 갖지 않으며",[20] "하나님을 한 번도 생각해 본 적조차 없는"[21] 실질적 무신론자들의 상태다.

고목 속에 갇힌 두꺼비처럼 세상에서 하나님 없이 살아가는 무신론자는 마치 영적 세계가 없는 것처럼 살아간다. "그는 영적 세계를 전혀 인식하지도, 알지도 못한다."[22]

4. 신생과 영적 감각

a. 신생 시 이루어지는 영적 감각의 재생

성령 안에서 새로운 삶은, 우리가 새로운 감각 능력을 받아 새롭게 열린 눈으로 "하나님 앞에서 우리의 대언자"(요일 2:1)가 계신 것을 보고, 부활해 살아계시는 그분의 음성을 들으며, "우리 마음에 부은 바" 된 하나님의 사랑을 느낄 수 있게 되는 것이다.[23]

---

18 "On Living without God," B 4:170, secs. 5–7.
19 "On Living without God," B 4:170, sec. 3.
20 "On Living without God," B 4:171, sec. 8.
21 "On Living without God," B 4:171, sec. 7.
22 "On Living without God," B 4:171, sec. 8; *LJW* 4:60; 7:263.
23 "On Living without God," B 4:173, sec. 11; 롬 5:5.

성령께서 우리의 마음을 두드리시는 순간, 하나님께서는 마치 장작을 쪼개듯 우리의 완고함을 깨뜨리신다. 그리고 모든 것이 새로워진다. 의의 태양이 나타나 "그리스도의 얼굴에 있는 하나님의 영광을 아는 빛(고후 4:6)을 우리 마음에 비추신다."[24] 이제 막 세상에 태어난 아이와도 같이 그의 눈은 이제 볼 수 있고 귀는 들을 수 있다. 그는 주님이 얼마나 은혜로우신지, "예수님의 사랑이 포도주보다 얼마나 더 좋은지를" 경험한다.[25] 그는 이성과 자연, 그리고 무엇보다 계시의 전 역사 등 모든 가능한 수단을 통해 하나님에 관한 지식과 하나님의 사랑을 받아들이기 위해 자신의 모든 감각 기관을 즐거이 사용하는 황홀한 기쁨에 사로잡힌다.[26]

"영적 죽음에서 영적 생명으로의 이러한 변화가 참된 신생"[27]으로, 이는 신자의 마음을 근본적으로 변화시킨다. 신생은 단지 생각의 관념적 변화가 아니다. 모든 감각 기관이 깨어나 새로운 방식의 삶을 살면서 영적 현실을 직접적으로 느끼는 것이다. 영적 감각이 닫힌 옛 자아는, 영적 감각을 전혀 활용하지 못해 자신이 경험하는 세상이 전부인 줄 아는 안일한 죄인의 상태라고 한다면, 신생과 성령 충만은 마치 새 생명이 시작되는 것과 같다.[28] 신앙으로 하나님의 은혜에 반응하는 사람은, 그리스도 안에서 새로운 피조물이 된 것이다.[29] 우리는 자연적 욕구와 따분한 도덕성의 영역에서 성령 안에서의 새로운 삶으로, 자연적 삶에서 율법적인 삶을 거쳐 복음적인 삶으로 옮겨간다.[30]

---

24 "On Living without God," B 4:172, sec. 9.
25 "On Living without God," B 4:172–73, secs. 9–11.
26 Letter to Elizabeth Ritchie, January 17, 1775, *LJW* 6:136.
27 "On Living without God," B 4:173, sec. 11.
28 "On Living without God," B 4:172–73, secs. 9–11.
29 "On Living without God," B 4:173–74, secs. 12, 13.
30 "On Living without God," B 4:174–76, secs. 14–16.

b. 경험을 절대시한 스베덴보리 남작의 오류

웨슬리는 경험을 지나치게 강조하는 태도의 위험성을 경계했는데, 이는 "스베덴보리 남작의 글에 관한 소고"(Thoughts on the Writings of Baron Swedenborg)에서 분명하게 나타난다. 이 글에서 웨슬리는 메소디스트 신도회에서 얼마간의 문제를 일으킨 유명한 저자의 기이한 주장을 논박했는데, 그의 주장은 다음과 같다: 하나님은 진노하실 수 없다. 창조는 무(無)에서 이루어진 것이 아니다. 죽은 사람은 천국이나 지옥으로 정해지기 전에 타락한 사람을 교화하고 훈련하는 세 단계의 과정을 거친다. 천사는 과거에 사람이었다. 지옥이란 단지 상징이며, 지옥에서도 회개의 시간이 주어진다. 성경에는 신성모독적인 요소가 많다. 삼위일체를 믿는 모든 사람은 마귀에 씌인 것이다. 니케아 신조에서 "교회를 전적으로 전복시킨 잘못된 신앙이 시작되었다."[31] 이 모든 주장은 매우 잘못된 것이다.

스베덴보리는 우리 자신의 개인적 경험을, 오랜 역사를 가진 기독교 공동체의 경험 위에 두는 것이 얼마나 위험한지를 보여주는 전형적 사례다. 스베덴보리 남작이 저지른 가장 큰 잘못은 자신의 개인적 경험에 기초해 삼위일체 교리를 부인한 것이다. 이 모든 것은, "1743년에 주님께서는 나에게 직접 나타나 … 영들이나 천사들과 대화할 수 있게 해주셨습니다. 그 후로 나는 계속 이 특권을 누리고 있습니다"[32]라고 주장한 스베덴보리의 글에 분명히 드러나 있다.

웨슬리는 이 사례만으로는 충분치 않은 듯, "매우 진지한 스웨덴 성직자" 마테시우스(Mathesius) 씨가 말한 내용, 곧 스베덴보리가 "정신 착란에 빠져 … 발가벗은 채 큰 거리로 달려나가 자신이 메시아라고 선언한 후

---

31 "Thoughts on the Writings of Baron Swedenborg," J XIII:429.
32 "Thoughts on the Writings of Baron Swedenborg," J XIII:425.

흙탕물에서 뒹굴었다. 그가 자신이 천사 무리에 받아들여졌다고 말하기 시작한 것은 그때부터인 것으로 보인다"[33]는 평가를 덧붙였다.

현대 기독교에는 자유주의 진영과 복음주의 진영을 막론하고 자신의 개인적 경험을, 복음으로 삶이 변화된 신앙 공동체의 역사적 경험보다 위에 두는 사람이 너무 많다.

B. 광신에 대하여

1. 광신의 본성

설교 "광신의 본성"의 성경 본문은 사도행전 26:24, "바울아 네가 미쳤도다"라는 말씀이다 [설교 #37 (1750), B 2:44-60; J #37, V:467-79].

"품위 있게 정기적으로 행해지는 … 형식적 종교"를 가진 사람은, 바울처럼 다른 사람들에게 "지나친 종교적 열심 때문에 네가 미쳤구나"라는 말을 듣는 일이 없다. 그러나 "하나님께 대하여 살고 다른 모든 것에 대해서는 죽게 만드는" 마음의 종교를 가진 사람은, 사람들에게서 "네가 미쳤다"는 말을 듣는다.[34]

'광신'(Enthusiasm)이란 말은, 때때로 한순간 이성과 감각이 중지되게 만드는 신성한 충동,[35] 또는 자연적 기능이 보통 때보다 높이 고양되었을 때의 비범한 능력[36]을 지칭하기 위해 사용된다.

웨슬리 시대에는 광신을 좀 더 통속적으로 이성의 작용을 심하게 방해해 건전한 이해의 눈을 가리는 마음의 무질서로 보았다. 광신은 일종의 광

---

33 "Thoughts on the Writings of Baron Swedenborg," J XIII:426.
34 "The Nature of Enthusiasm," B 2:46, sec. 1; 롬 6:11; 행 26:24.
35 "The Nature of Enthusiasm," B 2:48, sec. 8.
36 "The Nature of Enthusiasm," B 2:49, sec. 9.

기로, 여기에 빠진 사람은 잘못된 전제에서 바른 결론을 끌어내려 한다.37

웨슬리에 의하면, 참된 종교는 건전한 지성을 나타내 보이는 데 반해, 광신은 "거짓된 상상 또는 영감에서 비롯되었거나, 원인을 하나님께 돌리지 말아야 함에도 하나님께 돌리거나, 하나님께 기대하지 말아야 할 것을 기대하는 데서 비롯되는 종교적 광기"38로 정의할 수 있다.

광신은 마치 하나님께서, 성경에 기초한 사고의 과정도 없이 자신에게 직접 역사하시는 양 신뢰할 수 없는 말을 한다.39 광신자는 자신의 경험과는 다른 "대다수 사람의 경험을 무시한다."40

2. 광신의 종류

웨슬리는 위험한 광신의 사례들을 제시한다. 그는 실제로는 은혜를 받지 못했으면서도 받았다고 상상한 나머지 교만과 과도한 감상주의에 빠져 그리스도의 마음을 갖는 것과 거리가 먼 사람에 대해 말한다.

또 자신이 가장 뛰어난 신앙을 가졌다고 상상하지만 아무 열매가 없는 사람에 대해서도 경고한다.41 "오, 어리석게도 스스로를 속이는 자여! 그대는 그리스도인이 아니라 고도의 광신자다. '의사야 너 자신을 고치라'(눅 4:23). 아니, 그보다 먼저 그대의 병이 무엇인지부터 알라. 모든 것이 상상에서 비롯되었으니, 그대의 삶 전체가 광신이도다."42 웨슬리는 특히 토

---

37 "The Nature of Enthusiasm," B 2:49, secs. 10–11; JJW 2:130; B 1:267–70; 2:44–60, 587–88; FA, B 11:96–98; 참고. 11:354–56, 361–74, 382–83; 468–81, 491–95; LJW 2:204–6; CH 7:199.
38 "The Nature of Enthusiasm," B 2:50, sec. 12.
39 Answer to Thomas Church, J VIII:405–13; LJW 2:204–11, 241–42.
40 Letter to Mrs. Ryan, June 28, 1766, LJW 5:17–18. 참고. 몬타누스에 대한 웨슬리의 언급, B 1:76, 268; 2:461, 555; LJW 2:357, 360; 4:133, 327–29, 336.
41 "The Nature of Enthusiasm," B 2:50–52, secs. 13–17.
42 "The Nature of Enthusiasm," B 2:52, sec. 17.

머스 막스필드(Thomas Maxfield)가 "느낌과 내적 인상을 과대평가하고 … 이성, 지식, 지혜를 총체적으로 경시"⁴³한 것에 대해 경고했다.

메소디스트 부흥운동 그룹에 속한 또 다른 광신자들로는, "하나님께서 은사를 주시지도 않았는데 가지고 있다고 상상하는 자들"과 "자신이 성령의 직접적 지도를 받고 있지 않음에도 받고 있다고 상상하는 자들"이 있었다.

어떤 사람은 자신이 자연법칙을 거스르거나 미래를 정확히 예측할 능력이 있다고 생각하거나, 자신의 생각을 말하면서도 그 모든 말을 하나님께서 하나하나 불러주신 것처럼 느끼기도 했다.

웨슬리는 영매, 마술사, 점쟁이, 자기 삶의 가장 사소한 일까지 하나님의 특별 지시를 받고 있다고 상상하는 거짓 교사들에 대해 경고했다.

그는 또 일상적인 예배를 통한 은혜의 방편을 경시하는 사람들에 대해서도 주의를 주었다. "자신이 어떤 수단을 통하지 않고도 하나님의 직접적인 능력으로 목적한 바를 이룰 수 있다고 생각하는" 이들이 그러한 광신자다. 어떤 사람은 성경을 연구하지 않으면서도 성경을 잘 이해할 수 있다고 상상한다. 그들은 종종 아무 준비도 없이 대중에게 설교하기도 한다.⁴⁴

마지막으로 웨슬리는 자연적 결과를 마치 특별한 섭리에 의한 것인 양 취급하는 광신자들에 대해서도 경고했다. 그런 사람은 종종 모든 사람이 누릴 수 있는 하나님의 일반 섭리에 대한 기독교의 가르침을 무시한다.⁴⁵

광신의 치유책은 무엇인가? 하나님께서는 신자를 바르게 인도할 안내자로 이성을 주셨다. 그리스도인은 성령께서 우리의 이해를 도우시기 위

---

43 Letter to Thomas Maxfield, November 2, 1762, *LJW* 4:193.
44 "The Nature of Enthusiasm," B 2:56, sec. 27; *PACP,* J X1:429–30.
45 "The Nature of Enthusiasm," B 2:56, sec. 28.

해 조용히 일하고 계신다는 사실을 잊어서는 안 된다. 그리스도인은 성령께서 하나님의 뜻을 깨닫도록 조명해주시기를 기도해야 한다.[46]

a. 감정적 무절제의 쓴 열매

신자는 자신이 감정적으로 무절제하지 않은지 자기 삶의 징후를 점검해보아야 한다.[47] 광신은 교만과 자기기만을 낳고, 사람들을 하나님의 은혜와 신앙의 친구들의 훌륭한 조언에서 멀어지게 한다.

광신이라는 과격한 용어를 조급하게 끌어들일 필요는 없다. 그러느니 차라리 자기기만이라는 유혹에 대해 주의 깊게 연구하는 것이 나을 것이다.[48] "말하기 전에 생각하라." 다른 사람에게 성급하게 광신자라는 딱지를 붙이는 부당한 일을 해서는 안 된다.[49]

"경험과 이성, 그리고 성령께서 일반적으로 도우시는 은혜에 따라 성경의 분명한 규칙"을 적용해 하나님의 뜻을 분별하고, "하나님께서 은혜를 주시는 일반적인 방편"[50]을 활용하면서, 순결하고 거룩한 신앙 안에서 성숙하기를 기대한다면, 신앙의 열정으로 인해 긍정적인 의미에서 광신자라는 비난을 받기에 적합하게 될 것이고, "단지 기독교라는 이름만" 가진 그런 종류의 광신을 피할 수 있을 것이다.[51]

하나님께서 '은혜를 주시는 일반적인 방편'이란 기도, 성경 읽기, 공예배 참여, 특히 성찬을 받는 것을 말한다. 이 주제에 대해서는 차후에 설교 "은총의 수단"과 연결 지어 다룰 것이다.

---

46 "The Nature of Enthusiasm," B 2:52–56, secs. 18–26.
47 Letter to Bishop Warburton, LJW 4:358–59.
48 웨슬리 자신이 '광신주의'로 비난을 받았다. 39:114–21, 182–83, 196–213, 228–29, 304–6을 보라.
49 "The Nature of Enthusiasm," B 2:59, sec. 39.
50 "The Nature of Enthusiasm," B 2:59, secs. 38–39.
51 "The Nature of Enthusiasm," B 2:60, sec. 39.

b. 성경은 내적 느낌이 구원을 확증한다고 가르치는가?

1768년 3월 28일에 웨슬리는 캠브리지 대학교 신학부 흠정 강좌 담당 교수였던 "[토머스] 러더포드 박사에게 보내는 편지"(B 9:373-88; J XIV:347-59; LJW 5:357-69) 에서, 메소디스트들이 인간의 지식의 도움을 거부하고 내적 느낌과 신적 확신을 과장한다는 영국 국교회주의자들의 비난에 응답했다. 웨슬리는 "지난 30년 동안"(1738-68) 그리스도인의 경험에 관한 자신의 입장은 일관된 것으로, 비록 "서로 다른 많은 반대자에게 답하는 과정에서 일부 외관상 모순되어 보이는 주장"을 했을지 모르지만, "실질적인 모순은 없거나, 있다 해도 극소수"일 것이라고 주장했다.[52]

웨슬리의 입장은 다음과 같다. (1) "소수, 아주 극소수의 그리스도인만이 영원한 구원에 관해 하나님에게서 오는 확신" 또는 "소망의 충만한 확신을 가지고 있다." (2) "더 많은 그리스도인은 모든 의심과 두려움을 내쫓을 정도로 자신이 현재 하나님의 은혜 안에 있다는 확신을 가지고 있다." (3) "자신이 하나님의 은혜 안에 있음을 아는 것은 … 그리스도인의 일반적 특권이다." "그러나 나는 이 일반적 규칙에 예외가 없다고 확언할 수는 없다. 어떤 사람은 은혜 안에 있으면서도 슬픔 중에 있을 수 있다."[53]

웨슬리는 종교적 지식에서 "내적인 느낌"[54]이 갖는 역할에 관해 자신이 (적어도 1728년 이후) "40년이 넘도록" 일관되게 견지한 입장을 러더포드 박사에게 다음과 같이 요약해주었다. "(1) 성령의 일반적인 역사의 열매는 사랑, 희락, 화평, 오래 참음, 친절, 온유함 등이다. (2) 이런 열매를 가진 사람은 그것을 내면에서 느낀다. 그리고 그가 성경을 안다면, 그 열매가 어

52　Letter to Dr. Rutherforth, LJW 1. 3, 9:375.
53　Letter to Dr. Rutherforth, LJW 1. 4, 9:375-76.
54　참고. B 11:399, 492; EA, B 11:35; LJW 4:359; 6:18.

디서 왔는지 안다. 보라, 그가 내면에서 느끼는 것이 성령의 열매라면, 성경에서 배우는 것은 그 열매가 어디서 왔는가 하는 것이다."[55] "내가 말하는 '느낌'은 내적 자각을 의미한다."[56] "나는 [감정의 격발이나 눈물 같은] 일부 육체적 징후를 초자연적이거나 마귀적인 것으로 생각하지만, 어떤 징후는 때때로 강하고 갑작스러운 감정의 변화에 자연히 뒤따르는 결과로 … 은혜의 역사에서 솟아나온 것이라고 생각한다."[57]

웨슬리는 영국 국교회 39개 신조 중 제17조에 호소했는데, 이는 "경건한 신자는 육체의 일을 죽이고 … 그 마음을 높은 곳으로 고양시켜 하늘의 것에 두게 하시는 그리스도의 영의 역사를 자신의 내면에서 느낀다"[58]고 가르친다.

3. 성경은 어떻게 경험을 바로잡는가?

성경의 원리는 개인이 경험했다고 주장하는 계시에 의해 변경되지 않는다. 1748년 웨슬리는 퀘이커교도 모임에 참여한 지 얼마되지 않은 어떤 사람에게 보낸 편지[59]에서, 퀘이커 최고의 신학자 로버트 바클레이(Robert Barclay)가 사적인 계시는 "성경으로 검증되어야 하는 것이 아니며", "성경은 모든 진리의 가장 중요한 기초가 아니라", 부차적이고 "성령에 종속되어 있다"고 가르친 것에 반대를 표명했다.[60] 웨슬리는 오히려 이렇게 말했다. "성경은 성령께서 도구로 삼아 우리를 모든 진리로 인도하시는 규

---

55 Letter to Dr. Rutherforth, *LJW* 9:381, sec. 3. 1.
56 FA, pt. 1, J V:2, B 11:139–40.
57 Letter to Dr. Rutherforth, *LJW* 9:387, sec. 3. 12.
58 Art. 17, XXXIX, *DSWT* 117; 참고. B 9:384.
59 퀘이커교도들에 대한 다른 언급은 *LJW* 2:116–28; 4:123; B 2:265; 3:257, 260, 589; FA, B 11:171–72, 254–60, 290을 보라.
60 A Letter to a Person Lately Joined with the People called Quakers, J X:178, sec. 3.

범이다. 그러므로 성령께서 우리의 인도자가 되신다고 바르게 말하라. 이는 성령께서 지성적 존재이심을 뜻한다. 그리고 성경이 우리의 규범이라고 말하라. 이는 성경이 지성적 존재가 사용하시는 도구임을 뜻한다."[61] 성경은 지성적 계시라고 잘못 주장하는 것과 참된 계시 모두를 시험하는 기준이다.

사적 계시에 과도하게 집중하는 잘못된 태도는 "노골적인 행위 구원론",[62] 인간의 이성에 대한 혐오, 정적주의(quietism)로 축소된 예배 형식, 찬송 부르는 것에 대한 무관심, 세례와 성찬이라는 은혜의 가시적 표징의 전적 배제, 안수 없는 안수식, 법정 선서 거부, 무릎 꿇기나 모든 경례 거부 등 얼마든지 다른 형태의 잘못으로도 나아갈 소지가 있다. "마음은 정직하나 머리가 둔한" 사람에게 요구되는 것은 그런 지엽적인 것에 대한 논의를 그치고, "영적이고 이성적이며 성경적인 신앙"으로 돌아가는 것이다.[63]

---

61 A Letter to a Person Lately Joined with the People called Quakers, J X:178, sec. 3.
62 A Letter to a Person Lately Joined with the People called Quakers, J X:179, sec. 7.
63 A Letter to a Person Lately Joined with the People called Quakers, J X:187, sec. 15.

더 깊은 이해를 위한 독서 자료

Bence, Clarence L. "Experimental Religion." *PM* 56, no. 1 (1980): 50–51.

Brown, Robert. *John Wesley's Theology: The Principle of Its Vitality and Its Progressive Stages of Development*. London: Jackson, Walford and Hodder, 1865.

Dieter, Melvin. "John Wesley and Creative Synthesis." *AS* 39, no. 3 (1984): 3–7.

Dreyer, Frederick. "Faith and Experience in the Thought of John Wesley." *AHR* 88, no. 1 (1983): 12–30.

Garrison, R. Benjamin. "Vital Interaction: Scripture and Experience." *RL* 25 (1956): 563–73.

Gunter, W. Steven. Chap. 1, "Enthusiasm"; chap. 5, "Quest for Certainty"; chap. 9, "John Wesley as Improper Enthusiast"; and chap. 10, "More Heat Than Light." In *The Limits of Divine Love: John Wesley's Response to Antinomianism and Enthusiasm*. Nashville: Kingswood, Abingdon, 1989.

Langford, Thomas. *Practical Divinity: Theology in the Wesleyan Tradition*. Nashville: Abingdon, 1982.

Lindström, Harald. "Experience in Wesley's Theology." In *Wesley and Sanctification*. Nashville: Abingdon, 1946.

Monk, Robert C. "Experience." In *John Wesley: His Puritan Heritage*, 70ff. Nashville: Abingdon, 1966.

Starkey, Lycurgus. "Freedom of the Holy Spirit and Authority of Christian Faith." In *The Work of the Holy Spirit*, 140ff.; also 15ff. Nashville: Abingdon, 1962.

Williams, Colin. "Authority and Experience." In *John Wesley's Theology Today*, 23ff. Nashville: Abingdon, 1960.

C. 관용의 정신

1. 관용의 전제

그리스도인은 서로 다른 견해를 가지고도 한마음으로 연합할 수 있는가? 웨슬리는 이 질문에 대한 답으로 "관용의 정신"에 대해 설교했다.

a. 진실한 마음

설교 "관용의 정신"의 성경 본문은 열왕기하 10:15의 "네 마음도 진실하냐"라는 구절이다 [설교#39 (1749), B 2:79–96; J #34, V:492–504; JWO 91이하].

관용의 정신에 대한 설교에서 기억할 만한 성경 본문은 "내 마음과 같이 네 마음도 진실하다면 나와 손을 잡자"(왕하 10:15, 웨슬리의 의역)라는 말씀이다. 이 본문은 무자비한 예후와 종교적으로 광신적인 여호나답 사이의 만남을 언급한다. 예후는 여호나답이 자신의 귀중한 자산이 될 수 있음을 깨닫고, "내가 너와 한마음이듯, 너도 나와 한마음이 될 수 있느냐?"라고 물었다. 여호나답[64]이 "그렇습니다"라고 답하자, 예후는 "그러면 나와 손을 잡자"라고 말한다(왕하 10:15).

웨슬리는 여기서 예후의 뒤섞인 마음의 동기에는 관심이 없다. 오히려 그는 생각의 불일치보다 서로에게 선의를 갖지 못한 것 때문에 소원해진 관계를 회복하는 방식에 초점을 맞춘다. 웨슬리는 그것을 "진실한 마음"이라고 불렀다. 그의 주된 주장은, 우리가 견해는 다르더라도 한마음으로 연합할 수 있다는 것이다.[65] 사람 사이의 장벽은 하나님과 인류에 대한 사랑으로 극복할 수 있다. 사랑은 인간의 반목과 문화적 차이를 초월한다.

---

64 여호나답은 타락한 문명을 떠나 장막에 거하면서 술과 독주를 금하고 우상숭배를 멀리하기로 맹세한 사람들의 성경적 표본이다. *SS* 1:128.
65 *JJW* 3:178–80; B 9:31–34, 125–26, 254–55, 285–86; *LJW* 2:110.

b. 서로 다른 견해를 가질 자유의 존중

선의를 가진 사람들은 문화적, 도덕적, 종교적 견해가 얼마나 다르든 하나님의 은혜로 상대를 신뢰하고자 하는 애정 어린 마음으로 서로 연합할 수 있다. 우리는 편을 가르는 분규 속에서 서로의 생각, 문화, 정치적 성향, 경제적 형편이 달라도 한마음을 가질 수 있다는 사실을 깨닫지 못한다. 각기 다른 견해를 가지고 있고, 서로 다른 예배방식을 배경으로 하는 각기 다른 세대의 사람들이라도 사랑, 온정, 상호 간의 애정으로 연합할 수 있다. 이 성경 본문에 대한 웨슬리의 가르침은 메소디스트 운동이 가진 친화적 성격을 이해하는 결정적 실마리를 제공한다.[66]

상습적 죄인인 우리는 자신의 견해를 형성하는 과정에서 언제나 근시안적인 생각에 빠지는 경향이 있다. 지식 습득의 과정은 우리의 사회적 위치, 즉 매우 한정된 역사적·계층적 위치에서 세상을 바라보는 방식에 의해 형성된다. 사람의 생각은 언제나 특정 상황과 문화라는 배경에 크게 영향을 받으며 만들어진다. 모든 사람의 생각하는 방식이 그들의 특정 문화에서 비롯된다는 것은 불변의 진리다. 이런 사고방식이 교만과 결합되면, 자기중심적이고 자민족 중심적인 역사를 낳는다. 우리 중 누구도 우리가 가진 사회적 편견이 현재 우리가 가진 생각에 얼마나 영향을 주었는지 온당할 정도로 충분히 알아차리지 못한다. 종교와 관계된 개인적 또는 사회적 관점의 차이는 우리가 가진 한계성, 우리의 아둔한 이해력, 공감능력의 부족에서 기인하는 피할 수 없는 결과다.

웨슬리는 사소한 편견과 사회적 선입관에 끊임없이 저항했다. 그는 기독교의 가르침은 언제나 바뀔 수 있는 가변적인 사회적 기억들 속에서 이

---

[66] *LJW* 3:35, 180–83.

루어진다는 사실을 잘 알고 있었다.

'견해'라는 용어로 웨슬리는 기독교 가르침에서 본질이지 않은 생각들을 의미했다. 이런 생각들은 종종 성경이 명령하지도, 금지하지도 않기에 참된 기독교의 한계를 넘어가지 않으면서 자유로운 해석이 가능한 부수적인 문제(*adiaphora*)에 관심을 갖는다.[67] 훈련받은 신자는 동료 그리스도인이 자신과 다른 다양한 견해를 가질 정당한 자유를 존중한다.

웨슬리는 모친에게서 청교도적 훈련 감각을 물려받았다. 부친에게서는 초기 기독교의 일치된 신앙에 대한 영국 국교회의 변치 않는 충성심을 물려받았다. 그러나 웨슬리는 자신 스스로가 전통적 기독교의 본질적 가르침에 얼마나 깊이 헌신되어 있었든지 간에[68] 그것이 불변하는 언어의 그릇에 담길 수 있다는 생각에는 반대했다.

c. 참된 종교의 핵심, 사랑

참된 종교의 본질은 다음 말씀들에 담겨 있다. "내가 너희를 사랑한 것 같이 너희도 서로 사랑하라"(요 13:34).[69] "사랑은 여기 있으니 우리가 하나님을 사랑한 것이 아니요 하나님이 우리를 사랑하사 우리 죄를 속하기 위하여 화목 제물로 그 아들을 보내셨음이라"(요일 4:10).[70] "참된 종교는 하나님과 사람을 향한 바른 기질이다. 그것을 두 단어로 설명하면 감사와 사랑, 즉 창조주이자 최고의 은인이신 하나님께 감사하고, 우리의 동료 피조

---

67 *WQ* 161.
68 이 점은 "The Way to the Kingdom," sec. 1. 6과 "A Letter to a Roman Catholic" (1749)에 분명히 진술되어 있다. 견해와 본질적 기독교 교리에 대한 웨슬리의 구분은 *LJW* 2:110; 4:297; 5:224; 7:216; 8:47; B 1:175, 508; 2:374–76; 3:588; 4:146; JWO 77–78, 99–100; *JJW* 3:178–80; B 9:31–34, 125–26, 254–55, 285–86을 보라.
69 웨슬리는 또 참된 기독교를 그리스도의 마음을 갖는 것(B 9:527) 또는 내면에 하나님의 형상을 회복하는 것으로 설명한다(B 9:255).
70 B 1:530; 3:389, 313, 448, 585–86; 4:57, 66–67; 9:502.

물에게 사랑을 베푸는 것이다. 달리 말해, 참된 종교는 온 마음을 다해 하나님을 사랑하고, 이웃을 자기 자신처럼 사랑하는 것이다."[71]

이 사랑을 실천하는 데는 "중대한 보편적 장애물"이 존재한다. 그것은 "우리의 생각이 일치하지 않기" 때문에, 우리 모두가 함께하지 못한다는 것이다.[72] "우리가 아는 것이 '부분적'인 한, 우리는 '같은 관점으로 사물을 볼 수는 없는데'", 이는 "이해력이 취약하고 이해의 범위가 좁은 데서 오는 피할 수 없는 결과다."[73] 모든 개인이 "(특정 견해가 사실이 아니라고 믿는 것은 그 견해를 가지고 있지 않은 것이나 다름 없으므로) 필연적으로 자신이 가진 특정한 견해 모두를 사실로 믿는 것"은 인간의 유한성이 가진 유감스러운 특징이다.[74] 자기 중심성은 종교에도, 종교 단체 사이의 관계에도 끼어든다. "견해나 예배방식의 차이가 온전한 외적 연합을 방해할 수는 있지만, 그것이 꼭 우리가 사랑 안에서 연합하는 것마저 가로막게 할 필요가 있는가?"[75]

웨슬리가 제시한 관용의 황금률은, "따라서 모든 지혜로운 사람은 다른 사람이 자신에게 허용해주기를 바라는 것과 같은 생각의 자유를 다른 사람에게도 허락할 것이다"[76]라는 것이다. 우리는 선한 양심으로 어떤 견해를 가질 수는 있으나, 마치 모든 사소한 견해조차 그것이 종교의 원리를 판가름하는 중요한 것인 양 다른 사람에게 일방적으로 강요해서는 안 된다.[77]

---

71 "The Unity of the Divine Being," sec. 16; 참고. EA sec. 1. 11–45.
72 "The Catholic Spirit," B 1:82, 서문 3.
73 "The Catholic Spirit," B 1:83, sec. 1. 3.
74 "The Catholic Spirit," B 1:83–84, sec. 1. 4.
75 "The Catholic Spirit," B 1:82, sec. 1. 4.
76 "The Catholic Spirit," B 1:84, sec. 1. 6.
77 JJW 7:389.

d. 양심에 대한 존중

웨슬리는 사람들이 자유로이 자신의 견해를 가질 자유, 즉 기독교의 핵심 교리에서 벗어나지 않는다면 심지어 특이한 견해라도 가질 수 있는 자유를 주장했다. 구원의 신앙에 본질적이지 않은 문제에 관해서는 서로 다른 신념을 가진 사람도 애정 어린 태도로 포용할 수 있어야 한다. 각양각색의 생각과 성향이 존재하더라도 각 사람은 결국 하나님 앞에 서야 하므로 양심의 작용을 위한 여지는 여전히 존재한다.[78]

누구도 타인의 양심을 지배하려 해서는 안 된다. 내 양심이 내게 증거하는 것을 타인의 양심에 강요하지 말아야 한다. 차라리 진솔하게 협의하고, 다양한 생각을 가진 채 자유로이 상호작용하며, 대안적인 방법에 대해 관용할 충분한 여지를 남겨두면서, 진실하게 자신을 돌아보는 신앙적 태도를 추구하는 것이 더 낫다. "모든 사람은 단순함과 경건과 성실함으로 … 자신이 받은 최상의 빛에 따라 양심의 명령을 따라야 한다."[79] "따라서 나는 감히 주제넘게 내 예배방식을 다른 사람에게 강요하려 하지 않을 것이다. 나는 그 방식이 참으로 초기 기독교가 행했던 것이며 사도적이라고 믿는다. 그러나 내가 믿는 것이 타인에게도 규칙이 될 수는 없다."[80]

웨슬리안 복음주의 정신에 깊이 스며든 균형 잡힌 관용의 정신은 이러한 웨슬리의 가르침에서 비롯되었다. 즉, 견해 문제에 관해서는 "합의하지 않기로 합의한다"(we think and let think)[81]는 것이다. 동일한 신념이 과거에는 영국 국교회의 관용의 전통 및 종교개혁이 이룬 "개인적 판단 권

---

[78] EA 11–19; J VIII:6–8, 124–28, 206–7.
[79] "The Catholic Spirit," B 1:85, sec. 1. 9; 고후 1:2; 참고. Letter to the Rev. Mr. Potter, November 4, 1758, J IX:88–89.
[80] "The Catholic Spirit," B 1:86, sec. 1. 11.
[81] B 2:59, 341, 376; 4:145; *JJW* 7:389.

리"의 확립과 발전을 도왔다.[82] 이것이 메소디스트 부흥운동에서도 특별한 형태를 띠어, 마음의 진실성을 신앙고백에서의 세세한 일치만큼이나 매우 가치 있게 여겼다. 메소디스트 신도회와 반회가 함께 모일 수 있었던 기초는 엄격한 교리적 일치가 아닌 실질적 회개였다.

2. 자유주의에 대한 반박

a. 관용의 정신은 교리와 예배방식에 대한 무관심이 아님

관용의 정신은 한편으로는 자유주의와, 다른 한편으로는 파당적 편협성과 혼동하면 안 된다. 웨슬리는 자신이 '보편적 신앙'(catholic faith)으로 호칭한 전통적 일치를 이룬 기독교 교리에 대한 효과적 논증과 변증적 석의에는 관심을 가졌으나, 신앙의 핵심에서 기인하지 않은 세부사항을 교리적으로 명확히 정의 내리는 일에는 그보다 관심이 덜했다.[83]

이는 무엇이든 허용해도 좋다거나 교리가 중요하지 않다는 의미가 아니다. 웨슬리는 자신이 '사변적 자유주의'(speculative latitudinarianism)로 칭한 종교 무차별주의(indifferentism), 즉 어떤 견해를 지녀도 괜찮다는 식의 무관심한 태도에 강하게 반대했다.[84] 그는 그런 무관심을 "천국이 아닌 지옥의 산물"로 불렀다. 이는 "온갖 교리적 풍문에 이리저리 흔들리고 휩쓸리는" 결과를 초래한다. 그런 태도는 "축복이 아닌 무서운 저주며, 교회의 진정한 일치에 전혀 도움이 되지 않는, 결코 화합할 수 없는 기독교의 원수다. 참으로 관용의 정신을 가진 사람은, 자신이 믿는 종교가 없는 사람이 아니다. 그는 기독교 교리의 핵심 내용에 대해 확고한 확신을 가지고

---

82 "The Catholic Spirit" B 1:86, sec. 1. 10; 참고. J V:136.
83 Letter to Adam Clarke, September 10, 1756, J XIII:213–15.
84 B 2:92–93; 4:312; JWO 101–2, 306.

있다." 그러면서도 "언제나 자신의 신앙에 반대하는 어떤 주장도 듣고 검토할 준비가 되어 있다." 웨슬리는 사람이 스스로 관용의 정신을 가졌다고 생각하더라도, 실상은 단지 "매우 혼동된 이해"를 가지고 있을 수 있다고 말한다. "이는 당신의 생각이 안개 속에 있는 것처럼 불분명해 확실하고 일관성 있는 신념을 갖지 못한 채, 모든 견해를 뒤섞어 버리기 때문이다. … 가서 먼저 그리스도의 복음의 가장 중요한 원리들을 배우라. 당신이 관용의 정신을 배우는 것은 그 이후여야 한다."[85]

관용의 정신은 공적인 예배 참여와 예식 준수에 무관심한 실천적 자유주의도 아니다.[86]

영국 국교회 광교회파는 당시 오랜 종교 분쟁으로 지친 사람들의 관심을 끌었다. 비록 영국 국교회 내에 머물러 있었으나, 그들은 이성과 관용적 태도에 호소하고 다원주의적 평화를 강조하면서, 교리적으로 명확한 정의를 내리는 것이나 성례의 실천, 교회의 권징은 중요하게 여기지 않았다. 그들은 기독교의 가르침을 언제나 모호하게 최소한으로 축소된 형태로만 진술했는데, 웨슬리는 이러한 태도에 분명한 반대를 표했다.

b. 관용의 진실성을 확인하는 방법

설교 "관용의 정신"의 1. 12-18에는 내용상 멋진 반전이 있다. 관용이 자유주의마저 허용하는 것이 되지 않으려면 관용의 마음의 순수성을 점검할 필요가 있다는 것이다. 웨슬리는 상대방이 기독교의 핵심 진리에 대해 책임적 태도를 가지고 있는지 알아보는 일련의 질문을 제시했다.

설교 전체의 중심은 이 반전이다. 이는 각 사람이 머리가 아닌 가슴으

---

85 "The Catholic Spirit," B 1:83, sec. 3. 1.
86 "The Catholic Spirit," B 1:92, sec. 3. 1.

로 답해야 하는 53개의 질문으로 이루어져 있다.

'너와 내가 한마음'이라는 것은 어떻게 확인할 수 있는가? 웨슬리는 '우리 모두가 동의해야 할 신앙고백서가 여기 있다'는 식으로 접근하지 않고, 침착한 태도로 매우 효과적인 일련의 개인적 질문을 던짐으로, 마음의 정직성을 진지한 자기성찰의 중요한 요소로 다루었다. 이 방법은 전통적 신조중심주의(confessionalism)에서 전형적이었던 신학적 진리 말하기와 다른 접근법이다. 여기에서는 개인의 정직성이 무엇보다 중요하다. 가장 중요한 것은 하나님 앞에서의 마음의 자세다.

이 자기성찰 질문들은 삼위일체적 구조와 순서를 가지고 있다. 자기평가를 위한 첫 번째 질문들은 성부 하나님, 두 번째는 구원자 그리스도, 세 번째는 성령의 사역에 관한 것이다. 질문은 처음부터 끝까지 사람의 마음과 관련되어 있다.

첫째, 성부 하나님에 관해 각 사람은 다음을 자문해보아야 한다. 나는 하나님을 영원하신 분, 비할 데 없이 의로우신 분, 자비로우신 분으로 경험하고 있는가?[87] 나는 기독교가 가르치는 하나님의 속성을 나 자신을 위한 것으로 받아들이고 있는가?

둘째, 성자 그리스도에 관한 것으로, 나는 그가 십자가에서 행하신 대속을 믿어 의롭게 되었는가, 아니면 행위로 의롭게 될 것을 기대하고 있는가?[88]

셋째, 성령 하나님에 관한 것으로, 나는 칭의의 은혜에서 그치지 않고 온전한 인격을 통해 영적 성숙을 드러내도록 나를 이끄시는 하나님의 역

---

87 "The Catholic Spirit," B 1:87, sec. 1. 12.
88 "The Catholic Spirit," B 1:87, sec. 1. 13.

사를 수용하고 있는가?[89]

하나님 앞에서 바른 마음을 갖는다는 것은, 단순히 성경적 교리를 무시할 수 있는 감정적인 문제가 아니며, 내면의 진지함과 정직성을 가지고 이러한 내용을 자세히 점검하기를 요구한다. 웨슬리가 옹호하고자 한 것은, 교리의 순수성은 "일치를 추구하는 사랑"을 통해 입증될 수 있다는 사실이지, 교리적 다원주의가 아니다.[90]

매우 교리적이면서도 개인적인 53개의 질문 세례에 진정으로 답하는 모든 사람은, 자신의 마음의 태도가 하나님 앞에서 옳으며, 사랑으로 역사하는 믿음으로 마음을 열 준비가 되었는지 알게 된다. 각 질문에 대한 대답은 하나님 앞 내면의 양심의 법정에서 이루어질 것이다. 각 질문은 사람의 양심이 진지하고 면밀하게 자기 평가를 내렸는지 묻는다.[91]

어떤 사람은 "네 마음이 내 마음과 같다면 나와 손을 잡자" "합의하지 않기로 합의하자"라고 말한 웨슬리의 취지를,[92] 마치 그가 절대적 관용을 주장한 것으로 오해한다. 그들은 관용의 마음에 관한 53가지 확인 질문을 하나하나 더 깊이 숙고할 필요가 있다.

c. 참되면서도 너그러운 포용성으로의 초대

'만약 이러한 자기반성을 거친 후에도 당신의 마음이 하나님 앞에서 올바르다면, 나에게 손을 내밀어주시오.' 이것은 도덕 규칙이나 견해에 근거한 것이 아니라, 하나님 앞에서의 마음의 올바른 상태에 대한 자기성찰

---

89 "The Catholic Spirit," B 1:88–89, sec. 1. 14–18.
90 같은 곳; *Hymns and Spiritual Songs*, 21st ed., 1777, 서문, J XIV:338–39.
91 Minutes, May 13, 1746, J VIII:288–89.
92 B 2:59, 341, 376; 4:145; *JJW* 7:389.

을 토대로 삼아 교제로 초청하는 것이다.[93] 당신의 마음이 내 마음과 같이 하나님 앞에서 올바르다면, 성령께서는 우리가 연합해 자신의 삶을 전적으로 하나님께 바친 사람들의 결속된 공동체를 이루도록 초대하신다. 어떤 사람은 관용의 정신을 마치 교리적 표준[94]을 최소화하는 것이라거나, 우리가 그리스도 안에서 하나님과 함께하는 삶을 산다면 어떤 신앙고백을 하더라도 상관없다는 것으로 오해하지만, 그것은 웨슬리가 말한 의도가 아니다.

웨슬리의 "나에게 손을 내밀어주시오"라는 말은 "첫째, 육신의 형제 간의 사랑보다 더 가까울 정도의 친밀함으로 사랑해주시오"라는 뜻이다. 이 사랑은 "하나님 나라의 동반자" 됨에서 기인한 사랑이기 때문이다. "내 어리석음과 약점을 보거나, 때로 내가 하나님의 뜻을 따라 행하지 않는 것처럼 보여도, 성내지 않는 사랑으로 나를 사랑해주시오. 나에 대하여 '악한 것을 생각지' 않는 사랑을 해주시오." "모든 잘못을 감추어주는 사랑", "어떤 부족한 것이 있어도 하나님의 은혜로 바르게 되기를" 바라며 "모든 것을 믿고, 언제나 가장 좋은 것을 생각하며, 내 말과 행동을 최고의 선의로 받아들이는 사랑으로 나를 사랑해주시오."[95]

서로 마음이 하나가 된 사람들은, 서로의 결점이 보완되어 하나님의 뜻을 더욱 잘 이룰 수 있기를 바라며 서로를 위해 중보함으로 관심을 나타낼 것이다. 신자들은 이런 방법으로 서로를 격려해 선한 일을 하게 하고, 자비를 행하게 하며, 말로만이 아닌 행함과 진실함으로 서로를 사랑하게 한다.[96] 관용의 정신은 이와 같은 것이다. 공식적인 신앙고백서에 동의하

---

93 "The Catholic Spirit," B 1:89, sec. 2. 1.
94 웨슬리의 교리적 표준에 대한 더 자세한 논의는 *DSWT*를 보라; 참고, *JJW* 4:32; 8:70–71을 보라.
95 "The Catholic Spirit," B 1:90–91, sec. 2. 3, 4.
96 "The Catholic Spirit," B 1:91, sec. 2. 5–7.

기를 우선적으로 요구하는 정신이 아니라, 성경을 원칙 삼아 대화를 통해 서로에게 다가서기를 추구하되,[97] 선한 양심과 신앙, 대화 상대를 위한 간절한 중보를 중시하는 것이다. "팔을 뻗어 온 세상을 끌어안으라. 그러나 그렇게 하려면 먼저 당신과 함께하려는 사람들과의 연합을 유지하라."[98]

3. 로마 가톨릭교도에게 보낸 평화의 메시지

"로마 가톨릭교도에게 보내는 편지"(A Letter to a Roman Catholic)에서 웨슬리는 설교 "관용의 정신"에서 말한 것을 실천적 모범으로 보여준다. 웨슬리는 그의 성화의 교리가 트리엔트 공의회의 특정한 문구를 반영하고 있다고 오해한 사람들에게 종종 교황주의자라는 비난을 받곤 했다.[99]

그는 영국 국교회가 전통적으로 로마 가톨릭에 대해 가져온 우유부단한 태도 및 로마 가톨릭의 폐습에 대한 우려 모두를 가지고 있었다. 그러던 중 그는 1747년과 그 이후 아일랜드 방문에서 가톨릭교도들이 자주 메소디스트 집회에 참여해왔으며, 자신의 설교 듣기를 간절히 원한다는 사실을 알게 되었다.

그것이 이 편지를 쓰게 된 배경이다. 가톨릭교도와 개신교인은 "상대방을 괴물처럼 여겨서는" 안 된다.[100] 웨슬리는 "서로가 상대방을 향해 부드러운 마음"을 가질 수 있도록 "각자의 견해 갖는 것을 인정"할 것을 요구했다. "나는 신랄한 태도로 서로를 대하게 된 원인이 여러분에게만 있다고 생각하지 않습니다. 우리에게도 매우 큰 책임이 있습니다." "나는 많은 개신교인이 여러분에게 특별한 대우를 해주어서는 안 된다고 생각하

97　*LJW* 3:180.
98　"Catholic Love," *PW* VI:71–72.
99　참고. *LJW* 4:140; 6:371; 7:7; *JJW* 2:469; 3:409.
100　"A Letter to a Roman Catholic," J X:80, sec. 1, JWO 492.

면서, 여러분에게 편지를 쓴 것 때문에 나에게 격분하게 될까 봐 많이 염려됩니다. 그러나 내가 여러분에게 가능한 한 가장 애정 어린 관심을 표현하는 것은 마땅한 일입니다. 왜냐하면 … 하나님의 아들께서 자신의 핏값으로 여러분과 나를 사셨기 때문입니다."[101]

가톨릭교도들은 아일랜드에 복음의 부흥을 가져온 말씀 집회에서 환영받았다. "나는 여러분에게 여러분의 종교를 떠나거나 바꾸라는 것이 아니라, 하나님을 경외하고 사랑하기를 힘쓰라고 말하는 것입니다. 그것 없이는 모든 종교가 헛될 뿐입니다."[102] "참된 개신교인은 하나님을 믿습니다." "그리고 이웃을 (즉, 친구든 원수든, 선인이든 악인이든, 모든 사람을) 제 몸같이 사랑합니다. 이는 마치 사람이 자기 영혼을 사랑하고, 또 그리스도께서 우리를 사랑하시는 것과 같습니다. … 이것이, 그리고 이것만이 오래된 기독교입니다. 이것이 참된 초기 기독교의 모습입니다. 아! 언제쯤 … 우리와 여러분 중에 그런 모습을 볼 수 있을까요?"[103] "우리는 아직 모든 면에서 생각이 일치할 수는 없더라도, 적어도 사랑에서는 일치할 수 있을지도 모릅니다. … 우리는 먼저 서로의 마음을 아프게 하지 않도록 … 둘째로는 … 서로에게 거칠고 불친절한 말을 하지 않도록 합시다. 셋째는, 서로를 향해 불친절한 생각과 비우호적인 마음을 품지 않도록 합시다. … 넷째는, 우리가 서로 합의한 모든 일에서 서로를 도와 함께 천국에 이르기를 힘씁시다."[104]

---

101 "A Letter to a Roman Catholic," JWO 493–94, secs. 3–4.
102 "A Letter to a Roman Catholic," JWO 496, sec. 13.
103 "A Letter to a Roman Catholic," JWO 498, sec. 14.
104 "A Letter to a Roman Catholic," JWO 496–99, secs. 13–17. 로마 가톨릭 교리에 대한 다른 언급은 B 1:77–79, 87, 128–29, 508; 2:292, 374–75, 581; 3:450–51을 보라.

D. 편협한 믿음에 대한 경고

설교 "편협한 믿음에 대한 경고"의 성경 본문은 마가복음 9:38, "우리를 따르지 않는 어떤 자가 주의 이름으로 귀신을 내쫓는 것을 우리가 보고"라는 말씀이다 [설교 #38 (1750), B 2.61-78; J #38, V:479-92].

1. 왜 편협한 믿음은 관용의 정신에 반대하는가?

a. 마귀에 의한 분열

웨슬리는 사람 사이의 분열과 불필요한 사회적 충돌에 숨어 있는 사탄적 요소에 관해 생생하게 설명했다. 그는 사람들을 적으로 갈라놓는 적의에 가득 찬 원수의 노력에 대해 기가 질릴 만큼 사실적으로 글을 썼다.

마귀 외에 누가 괴롭히고 차별하고 분리시키며 이간질하기를 즐기겠는가? 관용의 정신은 다가가고 고치고 차이를 극복하며 함께하고 환영하고 끌어안기를 원한다. 그 반대인 편협한 정신은 분열하고 배제하면서 자기 의를 내세운다.[105]

사탄적 요소는 그 특징이 성경에 철저히 드러나 있다. 복음적 부흥운동은 그 점을 잊어서는 안 된다.

웨슬리는 인간의 모든 문화에 뿌리 깊이 스며들어 있는 자기 중심성을 예리하게 인식했다. 그는 미국 개척지에서 2년간 크리크(Creek) 인디언과 식민지 정착민 사역을 하면서 문화 충격을 직접적으로 경험했다.[106] 또 서로 다른 문화 간 대화에 관해서도 어느 정도 알고 있었다.

웨슬리는 자신이 아는 모든 사회에서 편협성을 목격했다. 그는 미국

---

105 "A Caution against Bigotry," B 1:64, sec. 1. 2; 참고. LJW 1:200; 2:300; 4:367.
106 February 5, 1736–December 22, 1737.

조지아주 사바나에서의 노예 무역과 죄수들을 불에 태워 죽이는 아메리카 원주민의 관습을 특히 생생하게 기억했다.[107]

그는 당시에 행해지던 집단 학살을 크게 우려했다. 특히 그는 이교도나 무슬림만이 아니라 기독교 국가인 스페인, 네덜란드, 영국 사람들이 다른 나라 사람들을 몰살해온 일을 언급했다. 그는 다문화 상황에서 편협성이 어떻게 작용하는지 알고 있었다. 그리고 편협성이 자신이 사역하던 영국과 미국 문화 전체에 스며들어 있음을 깊이 자각하고 있었다. 웨슬리는 자신이 속한 사회가 얼마나 완고한지 관찰하면서, 편협성이 국가의 분위기 전체를 오염시키는 방법들을 긴 목록으로 사례를 들어 설명했다.[108]

b. 편견에 대한 책망

웨슬리는 편협한 마음으로 분노하는 당파 근성을 가진 사람들에게 열정적으로 화해를 호소했다.[109] 편협한 사람이란 자신이 속한 당파, 견해, 교회, 인종, 종교에 지나치게 애착하거나 집착하는 사람을 말한다.[110] 편협성은 자신의 주장이나 관심사항이 옳음을 지나치게 믿는 데서 기인하는 과도한 당파 근성이다. 이 당파성의 기초는 우리와 타인 사이를 지나치게 날카롭게 구분하는 것인데, 이는 계속해서 편견을 부추긴다.[111] 당파성은

---

107 "A Caution against Bigotry," B 1:67, sec. 1. 9.
108 "A Caution against Bigotry," B 1:67, sec. 1. 10.
109 웨슬리는 과도한 열성과 교구의 경계를 지키지 않는 것에 대해 비난을 받자 조셉 버틀러(Joseph Butler) 주교에게 다음과 같이 답했다. "나는 보편적인 교회의 목회자입니다. 또 나는 옥스퍼드 대학교 교수로 임직 받았으므로, 특정 교구의 제한을 받지 않고 영국 국교회에 속한 어느 지역에서든 하나님의 말씀을 설교할 수 있는 권한이 있습니다." Henry More, Wesley, 1:465; 1:61n. 웨슬리는 1739년 3월 28일에, 목회의 유효성은 그 형식보다 열매로 평가해야 한다고 주장하면서 "나는 전 세계를 내 교구로 여깁니다"라고 적었다. B 25:616.
110 "A Caution against Bigotry," B 1:76, sec. 4. 1.
111 특히 웨슬리의 상황에서 사람들의 편견은, 부흥운동에서 하나님의 역사가 외적인 경험적 증거들로 자주 나타난 것과 관련되어 있었다. B 2:84; 3:515; FA, B 11:280–81, 515–16.

뿌리가 깊고 때로는 마귀적인 편협한 편애에 빠지는 경향이 있다. 편협한 사람은 상대편을 할 수 있는 한 가장 나쁜 시각으로 보면서도,[112] 그런 태도를 종종 '유머'의 연장으로 생각한다.

신자들 사이에서의 편협한 태도가 가진 문제는, 그것이 그리스도의 몸 안에서의 사랑과 화합을 약화시킨다는 데 있다. 편협한 사람은, 자신과 전혀 다른 견해를 가진 사람이 자신과 동일한 신앙을 가지고 있으며 동일한 성령을 받았을 수 있다는 사실을 받아들이려 하지 않는다.

편협성은 이처럼 관용의 정신과 상반되는 것이다.[113] 이 설교의 성경 본문은 제자들이, 어떤 사람이 "주의 이름으로 귀신을 내쫓는 것을 우리가 보고 우리를 따르지 아니하므로 금하였나이다"(막 9:38)라며 예수님께 보고하는 내용을 다룬다. '우리'와 '그들' 사이의 차이는 쉽게 과장된다. 이 사건에서 '그들'은 신자이면서도 예수님의 핵심 제자 그룹에 속하지 않은 사람이다. 이 신자는 예수님의 이름으로 활동하면서 제자들이 하지 못했던 일을 하고 있었다. 이 설교에서 "귀신을 내쫓는 일"은 어떤 구체적이고 이로우며 구원 사역에도 적용할 수 있는 넓은 의미의 비유다.[114]

아이러니하게 이 이야기에서 "그들은 우리를 따르지 않습니다. 그들은 우리와 매우 다릅니다"라고 말한 편협한 사람은 예수님의 제자들이다.[115]

웨슬리는 신자들 사이의 차이를 과장해 사람의 생각을 왜곡하는 어떤 태도에 대해서도 한탄했지만, 특히 그런 과장이 예배 공동체의 화합을 무

---

112 "A Caution against Bigotry," B 1:64–68, sec. 1. 1–14.
113 "A Plain Account of the People Called Methodists," J VIII:257, sec. 5.
114 "A Caution against Bigotry," B 1:63–64, 서문 1–3; 참고. "Sermon on the Mount 13," B 1:687–92에서의 잘못된 선지자에 대한 경고; *LJW* 2:351; 3:348.
115 "A Caution against Bigotry," B 1:69, sec. 2. 1.

너뜨릴 때는 더욱 그러했다. 그는 사회적 위치가 언제나 편견으로 기울게 하는 유혹이 될 수 있음을 알았다. 특히 그는 경제적 이해관계를 벗어나지 못하도록 방해하는 것이 무엇인지 예리하게 알고 있었다.[116]

2. 편협한 영을 가졌는지 시험하는 방법

설교 "편협한 믿음에 대한 경고"의 성경 본문은 계속해서 제자들의 편견에 대한 예수님의 반응으로 나아간다. 우리는 정치적으로 생각이 부정확하거나, 편견에 빠져 있거나, 자신이 잘 알지 못하는 누군가가 귀신을 내쫓는 것을 본다면 거기에 어떻게 반응하는 것이 옳을까?

웨슬리는 우선 우리가 우리 자신의 편협성, 즉 자신이 흔히 세상을 오랫동안 다른 가치관으로 바라보아온 타인을 선의로 대하려 하지 않았다는 사실을 인식해야 한다고 말한다.[117]

예수님은 다음과 같이 명령하신다. '하나님께서 다른 사람에게 주신 능력이 무엇이든, 그들이 그것을 사용하지 못하도록 방해하지 말라. 섣불리 판단하지 말라.' 따라서 당신과 내가 다를 때, 당신은 하나님께서 내 은사를 사용하시도록 기도하고, 나는 당신을 위해 그렇게 기도해야 할 것이다. 예수님은 "금하지 말라 내 이름을 의탁하여 능한 일을 행하고 즉시로 나를 비방할 자가 없느니라 우리를 반대하지 않는 자는 우리를 위하는 자니라 누구든지 너희가 그리스도에게 속한 자라 하여 물 한 그릇이라도 주면 내가 진실로 너희에게 이르노니 그가 결코 상을 잃지 않으리라"(막 9:39-41)라고 말씀하셨다.

그리스도께 속하여 그의 이름으로 자비의 일을 행하며, 사랑으로 역사

---

116 "A Caution against Bigotry," B 1:65–68, sec. 1.
117 "A Caution against Bigotry," B 1:73–75, sec. 3.

하는 믿음을 일깨우시는 성령의 인도를 받는 사람이라면, 그들의 마음이 진실된 이상 크게 잘못되지는 않을 것이다.[118] 따라서 우리는 우리 무리에 속하지 않은 듯 보이는 사람이 그리스도의 이름으로 행하는 기적을 폄하하려 해서는 안 된다. 우리는 자신과 같은 말을 하지 않는다고 해서 그리스도의 이름으로 제공하는 자비의 물을 쏟아버리지 말아야 한다. 우리는 다른 사람이 어떤 행동을 하는지와 그들이 어떤 교리적 가르침을 따르고 있는지, 이 둘의 상관관계에 주의를 기울일 필요가 있다. 이 둘이 조화를 이룬다면, 가말리엘의 규칙을 적용할 수 있다. 즉, 하나님께서 그 조화를 통해 일하고 계시니, 하나님께서 그 일의 판단자가 되시도록 맡겨드리자.[119]

3. 우리 자신의 편협성을 점검하는 방법

이 설교의 결론부는 우리가 스스로의 편협성을 신중하게 점검할 수 있는 몇 가지 단계를 제시한다. 웨슬리는 '당신은 하나님께서 잘못된 견해를 가진 누군가를 축복하신다면 그것을 유감스럽게 생각하는가?'라는 대답하기 쉽지 않은 개인적 질문을 던진다. 우리가 스스로에 대해 편협하다는 판결을 내리지 않으려면, 어떤 사람이 유익한 인격적 변화를 통해 성령의 열매를 나타내 보일 때 그 사람을 금하지 말아야 한다.[120]

편협성 극복을 위한 최고의 훈련은 나와 다른 그들을 위해 기도하는 것이다. 그들이 가진 은사로 인해 기뻐하라. 그들의 선행을 소중히 여기라. 나와 다른 그들의 좋은 점을 말하라. 그들에게 친절을 보이라.[121]

만약 다른 사람의 편협성으로 인한 공격을 견뎌내야 하는 상황이라면,

---

118 Letter to John Newton, April 9, 1765, *LJW* 4:293.
119 "A Caution against Bigotry," B 1:73–75, sec. 3. 1–10.
120 "A Caution against Bigotry," B 1:77, sec. 4. 2–4.
121 "A Caution against Bigotry," B 1:77, sec. 4. 5.

그에게 반응하다 스스로가 편협해지는 일을 피해야 한다. 타인이 편협했기에 자신의 편협함을 합리화할 수 있다고 생각하지 말라. 그들이 어떤 편협함을 보이든 내버려두라. 그들이 당신을 나쁘게 말하더라도 그들에 대해 좋은 것을 말하라. 좋아하지 않으면서 좋아하는 척하거나 거짓된 행동을 하라는 것이 아니다. 당신과 다른 그들에게서 정말로 좋은 면을 보라.[122]

이러한 관용의 정신은 웨슬리안 복음주의 부흥운동에 깊은 영향을 끼쳤는데, 그것은 마치 영국 국교회의 정신과 유사하게, 반대가 아닌 공감의 문화라 할 수 있다. 이후의 계승자들도 교회 재판이나, 사소한 일로 인한 분열이나, 끊임없는 이념 전쟁이 지배하는 전통을 만들지 않았다. 관용의 정신은 언제든 잃어버릴 수 있는 값비싼 보석이다.[123]

---

122 "A Caution against Bigotry," B 1:78, sec. 4. 6; 참고. 1:253; 3:315, 588.
123 "Advice to the People Called Methodists," 1745, B 9:123–31; J VIII:351–59.

더 깊은 이해를 위한 독서 자료

신학방법론

Coppedge, Allan. "John Wesley and the Issue of Authority in Theological Pluralism." In *A Spectrum of Thought*. Wilmore, KY: Francis Asbury, 1982.

Dunning, Ray. "Systematic Theology in a Wesleyan Mode." *WTJ* 17, no. 1 (1982): 15–22.

Frost, Stanley B. *Die Autoritätslehre in den Werken John Wesleys*. Munich: Ernst Reinhardt, 1938.

Gunter, W. Stephen, Ted A. Campbell, Rebekah L. Miles, Randy L. Maddox, and Scott Jones. *Wesley and the Quadrilateral: Renewing the Conversation*. Nashville: Abingdon, 1997.

Lawson, John. *Notes on Wesley's Forty-Four Sermons*. London: Epworth, 1964.

Maddox, Randy L. "Responsible Grace: The Systematic Perspective of Wesleyan Theology." *WTJ* 19, no. 2 (1984): 7–22.

Matthews, Rex D. "'Religion and Reason Joined': A Study in the Theology of John Wesley." ThD diss., Harvard University, 1986.

Moore, Robert L. *John Wesley and Authority: A Psychological Perspective*. Missoula, MT: Scholars, 1979.

Outler, Albert C. "The Wesleyan Quadrilateral in John Wesley." In *The Wesleyan Theological Heritage: Essays of Albert C. Outler*, edited by Thomas C. Oden and Leicester R. Longden, 21–38. Grand Rapids: Zondervan, 1991.

Reddish, Robert O. *John Wesley: His Way of Knowing God*. Evergreen, CO: Rorge, 1972.

Shimizu, Mitsuo. "Epistemology in the Thought of John Wesley." PhD diss., Drew University, 1980.

Thorsen, Donald A. D. *The Wesleyan Quadrilateral: Scripture, Tradition, Reason, and Experience as a Model of Evangelical Theology*. Grand Rapids: Zondervan, 1990.

교리적 표준

Beet, Joseph Agar. "The First Four Volumes of Wesley's Sermons." *PWHS* 9 (1913): 86–89.

Collins, Kenneth. "On Reading Wesley's Sermons: The Structure of the Fifty-Three Standard Sermons, Ordo Salutis Displayed in the Sermons." In *Wesley on Salvation*, 129–39. Grand Rapids: Zondervan, 1989.

Cushman, Robert E. *John Wesley's Experimental Divinity: Studies in Methodist Doctrinal Standards*. Nashville: Kingswood, Abingdon, 1989.

Davies, Rupert E. "Our Doctrines." Chap. 5 in vol. 1, *A History of the Methodist Church in Great Britain*, 147–79. London: Epworth, 1965.

_____. "The People of God." *LQHR* 184 (1959): 223–30.

Heitzenrater, Richard. *Mirror and Memory: Reflections on Early Methodism*. Nashville: Kingswood, Abingdon, 1989.

Hughes, Henry Maldwyn. *Wesley's Standards in the Light of Today*. London: Epworth, 1921. Cf. *LQHR* 128 (1917): 214–34.

Lockyer, Thomas F. "What Are 'Our Doctrines'?" *LQHR* 134 (1920): 46–63.

Neely, Thomas. *Doctrinal Standards of Methodism*. New York: Revell, 1918.

Oden, Thomas C. *Doctrinal Standards in the Wesleyan Tradition*. Grand Rapids: Zondervan, 1988; rev. ed., Nashville: Abingdon, 2008.

Ogden, Schubert M. "Doctrinal Standards in the United Methodist Church." *Perkins Journal* 28 (Fall 1974).

Redd, Alexander. *The Problem of Methodism Reviewed: or, John Wesley and the Methodist Standards Defended*. Mount Sterling, KY: Advocate, 1893.

Rowe, G. Stringer. "A Note on Wesley's Deed Poll." *PWHS* 1 (1897): 37, 38.

Simon, John S. "John Wesley's Deed of Declaration." *PWHS* 12 (1919): 81–93.

Warren, Samuel. "Statement of the Principal Doctrines of Wesleyan

Methodism." In vol. 1 of *Chronicles of Wesleyan Methodism*, 3–30. London: John Stephens, 1827.

West, Anson. "The Doctrinal Unity of Methodism." In *The Methodist Episcopal Church in the U.S.*, 245–55. New York: Phillips and Hunt, 1885.

교리문답

MacDonald, James A., ed. *Wesley's Revision of the Shorter Catechism*. Edinburgh: George A. Morton, 1906.

McGonigle, Herbert. "Wesley's Revision of the Shorter Catechism." *PM* 56, no. 1 (1980): 59–63.

메소디스트 신조

Blankenship, Paul F. "Wesley's Abridgment of the Thirty-Nine Articles as Seen from His Deletions." *MH* 2, no. 3 (1964): 35–47.

Harmon, Nolan B., and John W. Bardsley. "John Wesley and the Articles of Religion." *RL* 22 (1953): 280–91.

Pope, William Burt. *A Compendium of Christian Theology*. 3 vols. London: Wesleyan Methodist Book-Room, 1880.

Ralston, Thomas N. *Elements of Divinity*. New York: Abingdon, 1924.

Watson, Richard. *Theological Institutes*. 2 vols. New York: Mason and Lane, 1836, 1840; edited by John M'Clintock, New York: Carlton & Porter, 1850.

Wheeler, Henry. *History and Exposition of the Twenty-Five Articles of Religion of the Methodist Episcopal Church*. New York: Eaton and Mains, 1908.

6장

창조, 섭리, 악

6장 창조, 섭리, 악

A. 창조의 선함

하나님의 창조와 섭리에 관한 웨슬리의 가르침은 "하나님이 시인하신 일들" "하나님의 섭리에 대하여" "하나님의 사려 깊은 지혜" 등의 설교와 "하나님의 주권에 대하여"라는 논문, 그리고 영적 피조물에 관한 일련의 글에 집중돼 있다. 이 자료들은 하나님이 "보이는 세계와 보이지 않는 세계의 모든 것의 창조자이자 보존자"이심을 고백하는 메소디스트 25개 신조 제1조에 대한 확장된 주석과도 같다.[1] 웨슬리가 하나님의 창조나 섭리에 대해 가르친 깊이 있는 내용을 사람들이 제대로 알지 못하는 것은 안타까운 일이다.

1. 하나님이 시인하신 일들

설교 "하나님이 시인하신 일들"의 성경 본문은 창세기 1:31, "하나님이 … 보시기에 심히 좋았더라"라는 말씀이다 [설교 #56 (1782), B 2:387–99; J #56, VI:206–15].

만물은 "그 종류대로 선하게" 창조되었다. 각각의 피조물은 잠재적으로, 그리고 발전적으로 "계획된 목적에 따라 전체의 유익을 증진시키고 위대하신 창조주의 영광에 부합하도록" 창조되었다.[2] 이 진리는 일찍이 창세기 1장에서부터 드러난다.

1　XXV, art. 1.
2　"God's Approbation of His Works," B 2:387, 서문 1; 참고. B 1:513–16; 2:387–99, 437–50, 537–38, 552–53; 4:25–26, 42–43, 63–64, 69–70, 153–54, 307–8.

a. 하나님께서 태초의 창조세계의 선함을 즐거워하심

창조세계는 하나님께서 지으신 그대로인 한 모든 면에서 참으로 선하다. "하나님이 지으신 그 모든 것을 보시니 보시기에 심히 좋았더라"(창 1:31).

창조세계는 구조적으로 타락할 수밖에 없도록 설계된 것이 아니다. 창조세계의 왜곡은 자유의 우상숭배적 오용에 의한 것이다. 웨슬리는 마니교나 신플라톤주의처럼 물질을 악하거나 열등하게 여기는 경향을 조금도 보이지 않는다. 영지주의가 물질적 창조세계는 영혼을 끝없이 아래로 추락시킨다고 상상한 것과 같은 오류가 웨슬리에게는 전혀 없다. 창조세계는 선하다. 하나님께서는 다양한 피조물에게 그 각각의 시간과 공간, 생명을 주셨으며, 자신의 사역의 결과가 선하다는 사실을 진심으로 기뻐하셨다.[3]

b. 창조세계의 타락

성경은 인류가 범죄하기 전 창조세계의 선함과 의지적 죄를 범한 이후 창조세계의 타락한 상태를 날카롭게 구분한다.

창조된 그대로의 상태에서 각 피조물은 전체의 선을 증진시키는 데 적합했다.[4] 그러나 타락한 후로는 피조세계 전체의 선이 심하게 왜곡되었다. 우리는 이 선한 창조세계를 취해 그 선함이 상실된 상태로 만든 오랜 죄의 역사 속에서 살아가고 있으며, 인류의 역사는 지금도 거기에 휘말리고 있다.[5]

현재는 어느 누구도 창조세계가 전혀 더럽혀지지 않았던 본래의 상태

---

3   "God's Approbation of His Works," B 2:387–99; *LJW* 6:91.
4   *LJW* 3:333–35.
5   "Doctrine of Original Sin," J IX:191–92.

로 살고 있지 않다. 자유라는 선물은 오용되어왔다. 우리 모두는 세상에 태어나 자의식을 갖게 되는 과정에서 자신의 이익을 지나치게 주장한다. 그것이 어린아이들에게서도 보편적으로 이루어지는 의지적 행위임은 모든 부모가 인정할 것이다.

슬프게도 우리는 언제나 결함을 지닌 타인을 만난다. 그들도 결함이 있는 우리를 만난다. 사람이 에덴동산에서 쫓겨난 후 역사의 흐름은, 자신의 이익을 지나치게 주장하는 결함 있는 사람들이 결정해왔다. 출생과 신생아 시기를 제외하면 우리에게서는 하나님께서 창조하신 본래의 선함을 거의 볼 수 없다. 우리는 원래 선하게 지음 받았으나, 현재는 우상숭배, 교만, 음란, 왜곡된 상상의 긴 역사를 통해 타락해버린 세상을 살고 있다.[6]

타락한 성향은 논리적으로나 시간적으로 창조 후에 찾아온 것으로, 창조세계에 내재해 있었거나 창조에 필연적으로 따르는 결과가 아니다. 창조세계 중 심지어 타락 후에도 창조된 상태로 아직 남아있는 것들은 여전히 선하다. 자유의 타락이 결코 하나님의 형상을 완전히 없애지는 못한다.

어떤 유한한 피조물도 창조 현장에 있지 않았기에, 육체적인 눈만으로는 창조를 제한적으로밖에 이해하지 못한다. 우리가 할 수 있는 일은, 현재 우리가 경험하는 세계에 마치 파편같이 불완전한 형태로 남아있는 선을 토대로 본래의 창조세계가 얼마나 선했을지 추측하는 것이다. 그러나 우리가 창조세계 본래의 선함을 좀 더 확정적으로 믿을 수 있는 근거는, 성경이 그 사실을 분명히 증거하고 있기 때문이다.[7]

현재의 타락한 세계를 바라보고 있는 우리는 이미, 그리고 언제나 죄의 역사에 뒤엉킨 상태로 오랜 시간을 살아왔다. 각각의 피조물은 창조세

---

6   CH, "The Goodness of God," 7:107–29.
7   B 2:387–99, 437–50, 537–38; 4:25–26, 42–43, 63–64.

계 전체의 선함이나 온전하고 무한한 선의 원천이 아닌 자신의 선함에만 집중하는 경향이 있다. 창조세계의 선함에 대한 우리의 인식은 언제나 방해를 받아왔는데, 이는 단지 우리가 피조물이어서만이 아니라, 죄의 암울한 역사를 통해 형성된 환경에서 살아가기 때문이다.

c. 생태학의 기본요소인 깨끗한 공기, 흙, 물, 에너지

우리는 웨슬리에게서 타락한 세계의 본래적 선함에 대한 매우 강한 주장과 마주한다. 하나님께서 본래 창조하신 세계는, 창조주께 받은 그대로인 한 악이 조금도 뒤섞이지 않았기에 "심히 좋았다."

웨슬리는 이성과 계시 모두를 논거로 사용해 우리가 인식할 수 있는 창조세계의 질서를 연구했는데, 거기에는 물질 구성의 기본요소인 흙, 공기, 불, 물의 미묘한 조합과 변화, 원소의 특별한 순열에 담긴 모든 질서가 포함된다.[8] 물질의 구성요소 각각뿐 아니라 그것들이 함께 어우러진 전체 역시 선하다. "그 모든 요소는 다른 요소와 본질적으로 다르면서도 모든 화합물에 매우 세밀하게 뒤섞여 있어, 우리는 아무리 작은 것이더라도 그 속에 그 요소들이 모두 포함되어 있지 않은 물질은 찾을 수 없다."[9] 웨슬리는 고대 그리스 물리학자들의 물질의 기본 요소에 관한 직관적 통찰을 훌륭한 것으로 평가했다.

고대인들은 '흙'(earth)으로는 손으로 만질 수 있는 모든 물질, 즉 비액체와 비기체 창조물 전체를 가리켰다. 물질세계를 선물로 받은 우리는 청지기의 자세로 그것을 관리할 책임이 있다. 창조 시 지구는 온전하고 흠 없는 피조물로 가득했다. 비록 죄로 왜곡되면 끔찍한 것이 되지만, 원래는

---

8 B 2:383–90, 504–8, 573–74; 4:136–37.
9 "God's Approbation of His Works," B 2:388, sec. 1. 1.

그렇게 아름다운 것이 세상이다.[10] 본래 공기는 전혀 오염되지 않았고, 물에는 풍부하고 다양한 바다 생물이 살았다.[11]

불은 창조세계에 존재하는 다양한 에너지 입자 전체를 총칭한다. 창조 질서에는 빛과 열의 놀라운 균형이 존재한다. 태양과 지구의 일정한 거리는 하나님께서 지구에 빛과 열을 얼마나 절묘한 비율로 제공하시는 지 보여주는 깜짝 놀랄 만한 사례다. 태양은 특별한 조화와 균형으로 빛과 열을 필요로 하는 피조물들에게 유익을 주는 안정적 공급원이다. 지구와 빛의 관계는 창조 질서에서의 하나님의 선하심을 진정으로 찬양하게 한다.[12]

공기는 기체로 피조물의 보이지 않는 움직임을, 물은 모든 액체를, 흙은 모든 고체를, 불은 모든 형태의 에너지를 총칭한다.

웨슬리는 종종 식물과 동물, 모든 형태의 생물체가 본래 가졌던 선함이 어떤 것이었을지 호기심 어린 상상을 하다 생물체의 탁월함에 도취되어 깊은 생각에 빠지곤 했다. 그는 성경의 증언에 기초해 추론함으로, 타락 전 자연 질서는 본래의 온전함 속에서 (예를 들어, 잡초나 불쾌한 곤충, 다른 동물을 잡아먹는 동물이 전혀 없이) 무한히 순수했을 것으로 가정했다. 죄가 없는 세상은 왜곡된 자기주장으로 전혀 손상되지 않았기에 비할 데 없이 행복한 곳이었다.[13] 최초의 "순수한 인간 본성"의 상태로 희미하게나마 되돌리는 잠[14]에 의해 "동물의 신체조직은 새롭게 생기를 얻는다."[15]

---

10 B 2:389–90, 506–8, 573–74; *LJW* 4:282–87; 참고. *WHS*, 39–40.
11 "God's Approbation of His Works," B 2:389–91, sec. 1. 2–5; 505–6.
12 "God's Approbation of His Works," B 2:392, sec. 1. 7.
13 "God's Approbation of His Works," B 2:393–96, sec. 1. 8–14.
14 잠에 대한 언급은 B 2:134, 392; 3:267, 322–24; 4:110을 보라.
15 "God's Approbation of His Works," B 2:392, sec. 1. 7. 웨슬리는 헤스터 안 로(Hester Ann Roe)에게 보낸 1776년 6월 2일 자 편지에서, "당신은 한밤중에도 하나님과 교제를 나눕니까? 하나님께서는 꿈속에서도 당신에게 말씀하십니까? 그리고 그분께서는 당신의 꿈마저 은혜롭게 만들어 주십니까?"라고 물었다. *LJW* 6:223.

d. 창조세계의 무질서와 인간의 교만

카스티야(Castile)의 왕은 만약 자신이 세상을 창조했다면 훨씬 좋은 세상을 만들었을 것이라고 상상했다. 그러나 하나님은 그에게 "내가 만든 세상은 본래 지금과 같은 모습이 아니었다"라고 응답하셨을 것이다.[16]

그때와 지금의 차이는, 하나님께서 세상을 본래는 선하게 창조하셨으나, 지금은 죄가 세상에 침범해 들어와 있다는 데 있다. 교만, 우상숭배, 공허함, 육욕, 왜곡된 상상을 통해 낙원은 타락했고 상실되었다.[17] 인간의 교만은 죄로 가득한 상상력을 동원해, 자신이 하나님보다 훨씬 나은 창조세계를 만들 수 있을 것이라고 상상하면서 세상을 다시 만드는 공상에 잠기곤 한다. 모든 악은 이처럼 거짓된 진보를 가장하는 데서 흘러나온다.[18]

아담과 하와의 후손의 긴 역사가 상징적으로 보여주듯, 창조세계는 세대를 거듭하며 죄로 왜곡된다. 우리가 지금 보는 세상은 본래의 선한 창조세계가 아니라, 인간이 의지적으로 선택한 악에 의해 극도로 왜곡되어온 세상이다. 이 악은 하나님께서 일방적으로 세상에 밀어 넣으신 것이 아니라, 인간 스스로가 선택한 것이다. 하나님은 사람에게 자유를 주신다. 그러나 사람은 그 자유를 오용해 세상의 선함을 어처구니없게 망가뜨린다.

2. 자유의지에 대한 옹호

a. 하나님은 악의 창시자가 아님

인간이 자유의지를 가지고 있다는 사실을 옹호하는 것은, 하나님이 악의 창조자시라는 거짓에 굳게 반대하는 것이다. 이 점은 웨슬리 설교 "하

---

16 "God's Approbation of His Works," B 2:397, sec. 2.
17 B 1:208; 2:561; 3:183–84; 4:341.
18 "On Faith," B 4:190–97.

나님이 시인하신 일들"에서 특징적으로 나타난다. 세계사는 수많은 결정이 축적된 결과물로, 각 시대는 이후의 시대에 다층적으로 영향을 끼친다. "하나님은 사람을 의롭게 창조하셨다. 그러나 사람은 하나님과 관계없는 많은 행복의 방도를 스스로 만들어냈다."[19] 인간인 우리는 자유를 우상시함으로 방종해 창조세계를 극도로 악화시켰다. 그 결과 현재 창조세계 전체, 우주, 자연질서는 고통으로 신음한다. 사람은 죄로 본래의 창조세계 전체에 해를 끼쳤고, 모든 피조물이 고통받게 만들었다.[20]

아우구스티누스 시대에 마니교도들은 선한 신과 악한 신이라는 두 동등한 신적 세력으로 인해 창조세계에는 내재된 갈등이 있다고 가정했다. 역사는 이 두 세력 간 충돌의 장소로 여겨졌다.

그러나 웨슬리에게서는 이러한 마니교적 이원론의 요소가 조금도 보이지 않는다. 그에게 창조세계는 명백히 선한 것이기 때문이다. 피조물들이 자유를 오용해 교만과 우상숭배로 기울어져 타락한 후로 일련의 비참한 결과가 뒤따랐을 뿐이다.

웨슬리 시대의 어떤 사람들은 "악은 사물의 본성 그 자체에 존재한다"[21]는 그릇된 생각을 가졌다. 웨슬리는 "사람이 하나님을 대항해 반역한 사실을 생각해보면, 현재의 사물의 본성은 그럴 수밖에 없다. 그러나 사물의 본래의 본성에는 악이 전혀 존재하지 않았다"[22]고 답했다. 역사상 인간의 현재 상태는 근본적으로 타락했으나, 그렇다고 하나님의 은혜가 미치지 못하는 것은 아니다.

---

19 "God's Approbation of His Works," B 2:399, sec. 2. 3; 전 7:29.
20 "God's Approbation of His Works," B 2:397, sec. 2. 1.
21 Soame Jenyns, *Free Inquiry into the Nature and Origin of Evil* (n.p.: R. and J. Dodsley, 1757), 15–17, 108–9.
22 "God's Approbation of His Works," B 2:398–99, sec. 2. 2.

창조세계의 근본적 선함은 역사의 모든 부조리에도 여전히 남아있다. 하나님께서는 인간의 자유를 완전히 제거하지 않으시고, 제한된 시간 안에 회개할 것을 끈기 있게 요구함으로 자유의 바른 사용을 촉구하시면서 그 자유로 바른 판단을 내리도록 허락하신다. 이는 인간의 자유가 창조세계를 망쳐놓았다는 것이, 하나님께서 그 무질서에 동의하심을 의미하지는 않기 때문이다. 하나님께서는 인류 역사가 타락한 가운데 이 부패한 시간이 지속하도록 허락하시면서 타락한 모든 자에게 끈기 있게 구원의 약속을 제안해주셨다. 역사의 마지막에 있을 천국의 기쁨에 관한 성경의 증언은, 하나님의 창조세계의 흠잡을 데 없이 선한 본래의 광경을 반영하고 있다.[23]

b. 윌리엄 로의 준(準)마니교적 사상 반박

웨슬리는 1756년 1월 6일에 윌리엄 로(William Law)에게 공개질의서(*LJW* 3:332–70; J IV:466–509)를 보내 그의 비성경적 관점에 대해 해명을 요구했다. 기독교 영성을 주제로 하는 로의 초기 작품들인 『그리스도인의 완전에 관한 실천적 논문』(*A Practical Treatise upon Christian Perfection*, 1726)과 『경건한 삶을 위한 부르심』(*A Serious Call to a Devout and Holy Life*, 1728, 크리스찬다이제스트)은 옥스퍼드 홀리 클럽에서 함께 모였던 청년 웨슬리와 그의 동료들에게 결정적 영향을 끼쳤다. 그러나 로는 1735년까지 야콥 뵈메(Jacob Boehme)의 글을 읽기 시작했고, 파라켈수스(Paracelsus)의 신지학적 영지주의 및 종교개혁 극좌파 영성주의자 진영에 영향을 받은 미심쩍은 여러 개신교 신비주의의 탐구에 빠져들었다. 윌리엄 로는 1740년대에 10년간의 침묵을 깨고 신비주의에 관한 자신의 사상을 『하나님을 아는 지

---

23 "God's Approbation of His Works," B 2:397–99, sec. 2. 1–3.

식에 이르는 길』(The Way to Divine Knowledge, 1752)과 『사랑의 영』(The Spirit of Love, 1753–54)이라는 책으로 출판했다. 여기에서 그는 은혜의 방편에 대한 전통적 기독교의 가르침을 비판하고, 그 대신 영지주의적 우주론과 보편구원론적 신비주의 입장에서 "그리스도의 영"은 아마도 구원의 은혜와는 전혀 관계없이, 그리고 칭의의 은혜 역시 필요로 하지 않는 방식으로 모든 자연적 인간에 깊이 숨겨져 계신다고 주장했다.

웨슬리는 자신의 이전 멘토의 어리석은 주장에 당혹스러워하면서, 1756년까지 로에게 공개질의서를 보내기로 결정했다. 거기서 웨슬리는 로의 과거 사상은 존중하되, 어리석게도 "종종 성경, 이성, 그 자신의 이전 주장과 모순될 정도로" "불필요하고 불확실하고 위험하며 비이성적이고 비성경적인 철학"[24]에 빠진 것을 책망했다. 로가 한때 철학으로 종교를 망치지 말라고 자신을 타일렀던 사실을 떠올린 웨슬리는 이제 입장이 역전되어 로가 하고 있는 일이 다음과 같은 것임을 보여주었다.

> 목사님, 나는 종교 문제에서만큼은 성령의 영감을 받은 글 외에 어떤 글도 중요하게 생각하지 않습니다. 사도 바울과 달리, 타울러나 뵈메를 비롯해 어떤 신비주의 저술가도 내게는 아무것도 아닙니다. … 한때 내가 성경의 권위를 충분히 알지 못하는 큰 위험에 처해 있을 때 당신은 이런 중요한 말을 내게 해준 적이 있습니다. "종교에 철학을 덧붙인다면, 당신은 종교를 망치게 될 것입니다." 나는 그 후로도 이 말을 결코 잊은 적이 없습니다. … 그러나 당신이 잊어버린 것은 아닙니까?[25]

---

24 LJW 3:332–33.
25 Letter to William Law, LJW 3:332, 서문.

c. 로의 지나친 주장에 대한 비판

웨슬리는 (1) 창조 이전부터 존재한 자연, (2) 창조, (3) 낙원, (4) 타락이라는 네 가지 면에서 로의 사상을 비판했다. 그는 각 비판에서 로의 말을 정확히 인용한 후 성경의 증거를 기초로 하나씩 반박했다. "하나님뿐 아니라 자연도 모든 피조물보다 먼저 존재했다"는 로의 주장에 대해, 웨슬리는 다음과 같이 반문했다. "그렇다면 자연이 하나님입니까? 그렇지 않다면 영원하고 전 우주적이며 무한한 존재가 둘이라는 말입니까?"[26]

하나님께서 타락한 천사들이 자연에 전해준 "죄 된 성질"에서 "저급한 물질을 만들어내셨다"는 터무니없는 주장에 대해서는, 어떻게 그런 물질적 요소가 죄나 덕을 가질 수 있는지 설명해보라고 그에게 요구했다.[27]

또 아담의 몸이 잠재적 악을 보유하고 있었다는 주장에 대해서는 "처음 창조되었을 때 … 세상에 악이 존재했으며, 심지어 아담 속에도 존재했다는 말입니까?"라고 되물었다.

웨슬리는 윌리엄 로가 우주론적 사색을 하면서 계시와 이성 모두를 터무니없이 자의적으로 다룸으로 성경의 분명한 의미에서 지나치게 벗어나, 설득력 없고 모순된 주장을 하게 되었다고 생각했다.[28]

d. 잘못된 철학이 신학을 왜곡함: 아담 자웅동체론

윌리엄 로는 아담이 "처음에는 천사의 본성을 가졌으며", 따라서 그는 "남성이자 여성"이었을 것이라고 추측했다. "아담이 본래 상태를 유지했다면 하와는 존재하지 않았을 것이고", 아담은 하와 없이 둘째 아담 그리

---

26 Letter to William Law, *LJW*, 3:333–34, sec. 1. 1.
27 Letter to William Law, *LJW*, 3:335–36, sec. 1. 2.
28 Letter to William Law, *LJW*, 3:338–43, sec. 1. 3–4.

스도를 낳을 수 있었을 것이며, "그리스도는 남성이자 여성이었다"는 로의 기묘한 주장에 반대해, 웨슬리는 "천사들이 자웅동체"라는 것인지 되물었다.[29] 예수님이 남성이자 여성이 아니라 남성이셨음은 분명하며, 이는 그의 참된 인성을 나타내는 하나의 사실이다. 만약 자웅동체였다면 사람들은 예수님을 사람으로 여기지 않았을 것이다. "아담에게서 하와를 이끌어낼 때 아담은 자신의 완전성의 많은 부분을 잃었다"는 주장에 대해서는, 그런 주장을 뒷받침하는 성경 본문을 제시해보라고 요구했다.[30]

"나쁜 철학은 알아차리기 힘들 정도로 조금씩 나쁜 신학의 길을 닦는다."[31] 근거가 빈약했던 로의 사변에는 참담한 결과가 따랐다. 웨슬리는, 영적 본성이 물질적 본성으로 악화되는 것을 막을 수 없다고 주장함으로, "당신은 하나님의 전능하심을 부인하는 것입니다"라며 논박했다. 로의 주장에 의하면, 하나님은 창조 이전과 이후 모두에서 전능하지 않은 분이 된다.[32] "죄에서 기인하지 않으면 물질이 존재할 수 없고", 인간의 몸은 "응결된 영혼"이라는 주장에는 마니교적 이원론이 숨어 있다.[33]

B. 영적 세계

하나님은 물질 세계만이 아니라 영적 세계, 즉 육안으로 접근할 수 없는 보이지 않는 세계도 창조하셨다. 비물질적 영적 존재와 권세들 역시 피조물이므로, 하나님과 영원히 공존하는 것이 아니라, 자신들을 창조하신

---

29 Letter to William Law, *LJW* 3:338–42, sec. 1. 3–4.
30 Letter to William Law, *LJW* 3:338–43, sec. 1. 3–4.
31 Letter to William Law, *LJW* 3:343, sec. 2. 1.
32 Letter to William Law, *LJW* 3:343–44, sec. 2. 1.
33 Letter to William Law, *LJW* 3:343, sec. 2. 1; William Law, *The Spirit of Love* (1752; repr., New York: Paulist Press, 1978), 1:23.

하나님의 은혜에 그 존재를 전적으로 의존하고 있다. 피조물과 창조주 사이에는 근본적인 차이가 있다.

1. 선한 천사들에 대하여

설교 "선한 천사들에 대하여"의 성경 본문은 히브리서 1:14, "모든 천사들은 섬기는 영이 아니냐?"라는 말씀이다 [설교#71 (1783), B 3:3–15; J #71, VI:361–70].

a. 천사에 대해 논의해야 할 이유

우리는 왜 천사에 대해 말해야 하는가? 성경이 그들의 존재를 끊임없이 말씀하고 있기 때문이다.

웨슬리는 천사를 주제로 교육적 설교 두 편을 남겼다. 그는 이 주제에 집착하지는 않았으나, 메소디스트 회원들의 질문에 답할 필요가 있었다. 그는 존재의 사슬 중 육체를 가진 인간과 자존하시는 하나님 사이에 위치한 영적 피조물의 영역에 관해 성경이 분명히 증거하고 있음을 발견했다.

만약 우주가 무기물, 식물과 동물의 삶, 복잡성과 영적 성격을 지니고 살아가는 인간의 삶을 포함하고, 나아가 인간 존재에서 하늘을 관통해 가장 높은 곳의 하나님께 이르기까지 미친다면, 창조의 질서에는 엄청난 간격이 있었을 것이다. 그 사이에 무엇인가가 존재하는 것이 틀림없다고 가정하는 것이 타당할 것이다.[34] "가장 낮은 존재에서 가장 높은 존재에 이르기까지, 흙이나 물 분자에서 천사장 미가엘에 이르기까지 하나의 존재의 사슬이 있다. 우리의 불완전한 감각으로는 쉽게 인식할 수 없는 것이 사실이지만, 창조의 구조는 비약적으로 진행되지 않고 부드럽고 완만한 단

---

34 "Of Good Angels," B 3:4–15.

계들을 거친다."³⁵

웨슬리는 히브리서 1:14의 "모든 천사들은 섬기는 영으로서 구원 받을 상속자들을 위하여 섬기라고 보내심이 아니냐"라는 본문에서 위로를 발견한다. 우리는 이제 이러한 창조 질서에 속하는 영적 존재들에 대해 논의할 것인데, 이는 그들의 존재가 경험적으로 확인 가능한가에 관한 것이 아니라(그런 질문은 눈에 보이지 않는 피조물과 관련해 아무 열매를 얻지 못할 것이다), 그들의 사역 곧 그들이 하는 일에 관한 것이다.

어떤 사람은 선한 천사와 악한 천사에 대한 논의를 건너뛰고 싶은 유혹을 받을 수 있다. 그러나 현대의 청중은 내가 이 주제를 다룰 때마다 특별한 관심을 보인다. 성서신학자들은 대체로 이 주제를 무시하지만, 웨슬리가 목양했던 보통 사람들은 이 성경적 주제에 관심이 많았다. 이 주제가 처음에는 웨슬리 사상의 이상한 부분으로 보일지 모르지만, 우리가 그의 설명에 공감해 이 문제를 진지하게 다룬다면, 그의 설명이 놀랄 만큼 타당성 있음을 알게 되고, 우리가 살고 있는 현대 문화에서도 반향을 일으킬 수 있다.³⁶

b. 철학사와 성경 모두가 증거하는 천사의 존재

소크라테스, 헤시오도스(Hesiod), 플라톤, 아리스토텔레스 등 사실상 고대 그리스의 모든 전통적 저술가가 이 섬기는 영을 널리 알고 있었고, 그 존재를 인정했다. 천사에 대한 이런 고대 저술은 "조야하고 불완전하며 혼동되어 있는 … 진리의 파편들로서, 부분적으로는 그들의 조상들에게서 전해 내려온 것이고, 부분적으로는 영감 있는 글에서 배운 것이다."³⁷

---

35 "Of Evil Angels," B 3:16, 서문 1; 참고. "God's Approbation of His Works," sec. 1. 14.
36 "Of Good Angels," B 3:4–7.
37 "Of Good Angels," B 3:4, 서문 1.

그들은 하나님의 계시의 역사에서 점차 더 분명해질, 눈에 보이지 않게 일하는 영들을 이해하려는 예비적 시도들을 보여주었다. 비록 많은 사람이 하나님의 피조물인 천사에 대해 다양한 의견을 내놓았지만, 그들의 사역에 대해 신뢰할 만한 설명을 들을 수 있는 곳은 오직 계시의 역사 뿐이다.

성경은 "우리가 눈으로 볼 수 없고 귀로 들을 수 없는 존재들에 관해 분명하고도 합리적이며 일관된 설명"[38]을 제공한다. 초인간적 영적 피조물에 관한 웨슬리의 논거는, 하나님의 계시로 조명을 받은 이성에 의한 것으로, 역사적 전통의 지혜를 활용했을 뿐 아니라, 그것을 입증할 증거를 제공한 메소디스트 부흥운동의 경험에 의거한 것이기도 하다.[39] 그는 다른 사람들이 엄격한 합리주의적 또는 경험주의적 전제에 기초해 천사에 대해 주장하는 것을 기꺼이 허용했다.

c. 섬기는 영에 대한 성경의 증언

하나님은 (직접적 수단을 통해) 직접적으로, 그렇지 않으면 (직접적이지 않은 수단을 통해) 간접적으로 일하신다. 섬기는 영들을 통해 일하실 때는, 비물질적이고 영적인 존재를 사용하심으로 우리를 하나님 및 서로에게로 이끄셔서 창조세계의 선에 도움이 되도록 일하신다. 하나님께서는 그들에게 "영의 본질이거나 영에게 반드시 필요하다 할 수 있는 이해력과 의지, 자유"[40]를 부여하셨다.

섬기는 영으로서 선한 천사는 사람의 생각을 읽을 수 있는데, 이는 그들이 "우리가 몸을 보는 것보다 더 분명하게 자신이 섬기는 사람의 영"을

---

38 "Of Good Angels," B 3:6, 서문 4.
39 *CH* 7:511–12; 참고. 4:346–49; *JJW* 6:229.
40 "Of Good Angels," B 3:6, sec. 1. 1.

볼 수 있기 때문이다.⁴¹ 그들은 오랜 시간 존재해오면서 "사람들의 마음과 삶을 대대로 관찰"함으로 축적한 지혜를 활용해 사역한다.⁴²

하나님은 "바람을 자기 사신으로 삼으시고 불꽃으로 자기 사역자를 삼으실"(시 104:4) 능력이 있으시다. 천사는 주님을 섬기기 위해 신체나 정해진 크기를 필요로 하지 않는다.⁴³ 그들은 육안이 없이도 우리에 비하면 거의 무제한적 시야와 인식능력이라 할 수 있는 비상한 시력을 가지고 있다. 또 의사소통은 하지만 말소리는 내지 않는다.⁴⁴ 그들은 우리 육안으로만 보는 관찰자들이 놓치기 쉽거나, 부분적으로만 보거나 전혀 보지 못하는 많은 것을 한눈에 보는 비상한 능력이 있다. 또 뛰어난 직관을 가지고 단번에 자신들에게 제시된 진리를 파악하는데, 이는 부실하면서도 많은 노력이 필요한 우리의 추론 및 자료 수집 과정과 매우 다르다. 그들은 즉각적인 지적 이해력과 인간의 마음을 꿰뚫어보는 능력을 가지고 있다. 그래서 자신이 사역하는 사람들의 마음을 잘 안다. 그들은 우리의 유한한 능력에 비해 매우 월등한 지혜를 가지고 있다.⁴⁵

천사들은 개별적으로만 활동하는 것이 아니라, 질서 있는 공동체에 속해 있다. 하나님을 찬양하는 타락하지 않은 천사들은 끊임없이 우리 영혼을 돕기 위해 일한다. 영혼을 돌보는 것이 이 섬기는 영의 사역이다. 우리의 목회는 그 사역에 동참하는 것이다. 선한 천사들은 성령 하나님의 사역자로서 우리가 선한 일을 이루도록 돕는다. 그들은 사람들, 특히 신자들을

---

41 "Of Good Angels," B 3:7, sec. 1. 2; 참고. 3:72; 4:229.
42 "Of Good Angels," B 3:8, sec. 1. 3.
43 "Of Good Angels," B 3:6, sec. 1. 1.
44 "Of Good Angels," B 3:7, sec. 1. 2.
45 "Of Good Angels," B 3:7–8, sec. 1. 2–3.

돌보는 보호자 역할을 한다.⁴⁶

섬기는 영들은 타락한 상태에 있는 우리를 도와 우리 영혼을 위해 시중들지만, 결코 인간의 자유를 단칼에 제압해버리거나 명령하는 방식을 사용하지 않는다. 그들은 강제가 아닌 설득을 통해 일한다. 그들 사역의 전제는 공동의 활동을 통해 상호협력하는 것이지, 어느 한 편의 일방적 활동을 통해 단독으로 행하는 것이 아니다. 그들은 악한 영적 세력의 파괴적인 사역에 응수해 그것을 무효화한다. 그들의 사역은 눈에 띄지 않는 수많은 방법으로 악의 의도와 영향력을 전복시킨다.

우리의 제한된 관점에서 보면, 선한 천사들은 사람이 화해의 대리자로서 행하는 최고의 사역과 유사하게 사역하면서도 그보다 훨씬 기민하고 섬세하다. 당신이 아는 최고의 간병인을 떠올려보라. 섬기는 영의 사역이 바로 그와 같다. 사람들이 미처 인식하지 못할 때도 천사들은 그들을 위해 조용히 일한다. 선한 천사들은 의인만이 아니라 악인에게도 사역하면서 회개와 책임에 대해 일깨우고 진리를 추구하도록 돕는다.⁴⁷

선한 천사들은 질병을 통해 온전함으로 인도한다. 또 꿈을 통해서도 사역한다. 신자는 이런 섬기는 영을 두려워할 필요가 없는데, 이는 그들이 우리의 유익을 위해 보내심을 받았기 때문이다. 하나님께서는 그들을 통해 역사해 우리 마음에 성결과 행복을 일으키신다. 우리는 육체에 거하는 동안에는 그들이 우리를 위해 행하는 사역을 온전히 이해할 수 없다.⁴⁸

이 섬기는 영은 비록 전능하지는 않으나 각 나라와 왕국, 정치와 경제 질서, 문화의 과정을 포함해 "매우 넓은 영역"에서 활동한다.⁴⁹ 그러나 그

---

46 "Of Good Angels," B 3:11–12, sec. 2.
47 "Of Good Angels," B 3:12–14, sec. 2. 3–8.
48 "Of Good Angels," B 3:11–12, sec. 2. 2.
49 "Of Good Angels," B 3:9, sec. 1. 6.

들의 활동은 주로 조용히 사람의 마음을 다루는 것으로, 사람들이 맺는 관계를 통해 이루어진다.[50] 그들은 사람의 몸의 복잡한 상관관계를 알고 있어 고통을 유발하거나 제거할 능력이 있다.

그들은 비록 선하지만 예배의 대상은 아니다. 하나님만이 예배 받기에 합당하시기 때문이다. 그러나 하나님은 참으로 그들을 통해 일하신다. 섬기는 영은 성령과 동일시되어서는 안 된다. 성령께서 지음 받지 않은 하나님이시라면, 피조물인 섬기는 영은 성령께 그 존재를 의존하고 있다.[51]

d. 수호천사에 대하여

설교 "수호천사에 대하여"의 성경 본문은 시편 91:11, "그가 너를 위하여 그의 천사들을 명령하사 네 모든 길에서 너를 지키게 하심이라"라는 말씀이다 [설교 #135 (1726), B 4:224–35 (잭슨판에는 수록되지 않음)].

사람은 부나 권력, 명예를 가지고 있어도 죄와 질병 등 자신을 에워싼 위험을 이겨내기에 역부족인 "연약하고 불쌍하며 무력한 피조물"이라는 사실을 잊어버리는 것은 거의 불가능하다. 우리의 육체의 생명은 "결국 완전히 소멸된다. 우리가 멸시하는 가장 비천한 존재, 짐승이나 곤충, 아니 스스로 생명을 부지할 수 없는 미물조차도 우리의 생명을 앗아갈 수 있고, 사는 것이 축복이 아닌 저주가 되게 할 수 있다."[52]

인생이 그렇게 불행하다면, 어떻게 하나님을 선하다고 생각할 수 있겠는가? 악이 허용된 것은 "본성이 교만하고 자기 본위적인 죄인을 낮추시기 위해서"다. 우리는 세상의 힘에 굴복하도록 유혹받을 수 있다. 그러나 "우리 스스로가 동의하지 않으면, 악은 우리보다 우위에 서서 우리를 강

---

50 "Of Good Angels," B 3:13–14, sec. 2. 7–9.
51 "Of Good Angels," B 3:15, sec. 2. 10.
52 "On Guardian Angels," B 4:225, 서문 1.

제할 수 없다." 자유의지에 대해 바르게 아는 사람은, 하나님이 불의하시다는 주장을 조금도 허용하지 않는다.

e. 섬기는 영들은 특정한 때만 우리를 돕는가?

섬기는 영들은 "우리가 도움을 필요로 할 때면 언제나 우리를 도울 준비가 되어 있고, 우리가 위험할 수 있는 삶의 모든 환경에서 우리의 유익을 위해 언제나 우리와 함께한다."[53] 그들은 우리의 모든 길에서 우리를 보호할 책임을 지닌다(시 91:11). 육체의 고통에서든 영혼의 유혹에서든, 악이 가까이 다가오는 것을 우리가 알든 모르든, 그들은 "적절한 시기에 개입한다."[54] 따라서 "천사들로 우리를 책임지게 하시고 모든 길에서 우리를 지키게 하심"으로, "하나님께서 얼마나 특별하게 우리를 돌보시는지 안다면", 우리는 심지어 고통 속에서도 하나님의 선하심을 "의심할 수 없다."[55]

그러나 섬기는 영들이 고난과 한계가 주는 긍정적 효과마저 없애버릴 정도로 악을 완전히 제거해버린다면, 그것은 그들이 맡은 책임의 정도를 넘어서는 것이 될 것이다. 악의 가능성을 제거하는 것은 덕의 가능성 역시 제거하는 것이 된다. 훌륭한 행위로서 덕이 존재할 수 있는 것은 제한된 장애물을 마주할 때다. 섬기는 영들의 임무는 모든 유혹이나 육체적 고통을 제거하는 것이 아니다. 그런 일은 필연적으로 특정한 강제가 없이는 불가능하다. 그러나 그들은 강제가 아닌 방식으로 선택의 과정을 돕는다. 이는 "선택의 자유가 없는 곳에는 어떤 덕도 있을 수 없기 때문이다. 만약 우리에게 덕이 있을 수 없다면, 우리는 소망하는 것보다 훨씬 열등한 행복

---

53 "On Guardian Angels," B 4:226–27, sec. 1. 1.
54 "On Guardian Angels," B 4:227, sec. 1. 2.
55 "On Guardian Angels," B 4:226, 서문 3.

으로 만족할 수밖에 없을 것이다."⁵⁶

f. 섬기는 영들은 우리 자신보다 우리를 더 잘 아는가?

섬기는 영들은 힘과 지혜가 탁월해 "해로운 결과를 가져올 물질적 원인을 어느 정도" 바꿀 수 있는데, "(예를 들어) 오염된 공기를 깨끗하게 하는 것" 같은 일이다.⁵⁷ 그들은 사람에게서 열정을 일으키거나 누그러뜨릴 수도 있다. "비물질적 존재 역시 다른 존재에 관여해 활동을 더하거나 감소시킬 수 있고, 천사가 다른 천사의 열정을 자극하거나 지연시킬 수 있는데, 이는 하나의 물질이 그와 유사한 물질에 동일한 영향을 줄 수 있는 것만큼이나 자연스러운 일이다."⁵⁸ 천사들은 우리의 감정에 영향을 끼칠 수 있다. 우리 마음에 좋은 생각을 불어넣을 수 있다. 의인을 영적 위험에서 보호할 수도 있다.⁵⁹ 신자는 천사를 통한 적극적 도움을 하나님께 간구할 수 있다.

섬기는 영들은 우리가 그들을 아는 것보다 우리를 더 잘 알고 있다.

그들은 우리와 나누는 교제에 대해 우리보다 훨씬 민감하게 느낄 수 있다. 그들 중 누군가가 우리와 함께할 때 우리는 그들을 볼 수 없지만, 그들은 우리를 볼 수 있음을 생각해보라. 그들은 우리의 모든 생각은 아니더라도 모든 말과 행동은 틀림없이 이해할 것이다. 사람의 혈과 육을 천사들이 보지 못할 것이라고는 생각하기 어렵다. 그러나 우리는 대체로 내적 감각을 통해 … 그들의 존재를 단지 희미하고 불분명하게 느낄 뿐이다. 여기서 내적 감각이라는 표현을 쓴 것은 인간의 언어로는 다른 적절한 표현을 찾기 힘들기 때문이다.⁶⁰

---

56 "On Guardian Angels," B 4:227–28, sec. 1. 4–5.
57 "On Guardian Angels," B 4:229, sec. 2. 3.
58 "On Guardian Angels," B 4:230, sec. 2. 6.
59 "On Guardian Angels," B 4:231, sec. 2. 8.
60 Letter to Miss Bishop, June 12, 1773, J XIII:24.

g. 섬기는 영들에게는 자비의 책무가 있는가?

전능하신 하나님은 목적하신 바를 이루기 위해 자신의 직접적 능력을 임의로 사용하시기보다 주로 섬기는 영들을 통해 일하신다. 하나님께서 그런 방법으로 일하시는 목적이 우리에게는 "너무 기이한 지식"(시 139:6)에 감추어져 있지만, "우리의 제한된 능력이 허락하는 한 그것을 알고자 노력하는 것은 잘못이 아니다." 하나님께서는 섬기는 영들에게 중재 능력을 주셨는데, 이는 그들이 사람들을 행복의 길로 인도하기를 기뻐하기 때문이다.[61] "우리에게 선을 행하는 것은 그들에게도 좋은 일이다." 그들은 "이미 선하므로 그 선의 실천을 통해" 주님을 섬기는 기쁨을 더 크게 누릴 수 있기 때문이다.[62] "사람들에게 더 많은 도움을 베풀수록, 이들이 때가 이르러 하나님께서 약속하신 영광에 들어갈 때 그들이 누릴 기쁨은 더 커질 것이다."[63]

섬기는 영들의 보호를 즐거워하는 사람은 복이 있다! "더 큰 선을 이루기 위한 준비로서가 아니라면, 세상의 어떤 악도 그에게 닥치지 않을 것이다!" "생물이든 무생물이든, 계획적이든 우연이든 창조세계의 어떤 것도, 마음이 진실하며 창조주께 변치 않는 사랑을 드리는 사람을 해칠 권세가 없다." 하나님께서 부리시는 섬기는 영들은 "우리를 둘러싼 수없이 많은 악에도 우리에게 위로"를 전달한다.[64]

---

61 "On Guardian Angels," B 4:231–32, sec. 3. 1.
62 "On Guardian Angels," B 4:232, sec. 1. 2.
63 "On Guardian Angels," B 4:232, sec. 1. 3.
64 "On Guardian Angels," B 4:234–35, sec. 5.

2. 악한 천사들에 대하여

설교 "악한 천사들에 대하여"의 성경 본문은 에베소서 6:12의 "우리의 씨름은 … 악의 영들을 상대함이라"라는 말씀이다 [설교 #72 (1783), B 3:16–29; J #72, VI:370–80].

본래 천사들은 모두가 동일한 본성, 즉 올바른 정서를 가진 영들이었다. 그들은 스스로 결정하는 자유를 지녔고, 그 자유로 하나님께 충성하는 길을 택했으나, 일부는 어리석게도 반역하기로 결정했다.[65]

a. 선하게 창조된 영적 피조물이 타락할 수 있는가?

악한 천사들은 하나님께서 부여하신 본래의 상태를 떠나 모든 선을 버리고 교만, 거만함, 자기 숭배, 시기, 하나님의 질서에 대한 분노, 자신의 상태에 대한 절망 같은 정반대의 본성을 취했다. 그들은 악한 계획을 실행하는 일에 부지런했으나, 하나님께서는 그들의 파괴하는 능력에 제한을 두셨다. 그들은 단지 개별적으로만 일하지 않고 공동의 두목으로 "왕, 이 세상의 신"인 사탄이라는 대적과 연결되어 있으며, 그들의 왕국에는 위계 질서가 존재하고 그 각각에게는 특정한 임무가 주어져 있다.[66]

사람처럼 천사도 타락할 수 있다. 그중 일부는 실제로 그것을 입증했다. 타락 가능성은 영적 자유에 내포된 위험성의 일면이다. 악한 천사들은 선한 천사들과 동일한 지적 능력과 활동력, 소통 방법을 가지고 있지만 은혜에서 타락했고, 그들의 일은 결국 실패로 끝날 것이다.[67] 반면 선한 천사들은 은혜로 계속 보존될 것이다.

---

65 "Of Evil Angels," B 3:17–19, sec. 1. 1–4.
66 "Of Evil Angels," B 3:20–21, sec. 2. 1–3.
67 사탄의 계략에 대해서는 B 2:138–51; 4:144–47을 보라.

천상의 영역에서는 타락한 영적 천사들과, 창조의 목적대로 하나님을 찬양하며 피조세계에 하나님의 사랑을 전달하는 하나님의 종으로서의 천사 간의 갈등이 계속될 것이다.[68]

악한 천사들의 변절의 이유를 비롯해, 어쩌면 3분의 1이나 될지도 모르는 천사들이 타락한 원인과 그 정확한 결과는 알 수 없는 비밀로 남아있다. 그 원인은 시기나 교만일 수 있다. 시편 8:6-7의 말씀처럼 그들은 하나님께서 "모든 피조물을 다스리는" 주로 삼으신 하나님의 아들을 부러워했을지 모른다. 우리는 이것이 최초로 지음 받은 피조물들의 시기와 교만을 유발했다고 생각할 수 있을 것이다. 그들은 마음으로 "내가 … 하나님의 뭇 별 위에 내 자리를 높이리라 … 내가 … 가장 높은 구름에 올라가 지극히 높은 이와 같아지리라"(사 14:13-14)라고 말했을 것이다.[69]

우리는 이 영적 세력에 대해, 거룩하게 지음 받았으나 그중 일부가 타락했음을 계시를 통해 배운다. 바울은 타락한 천사에 관한 사도적 가르침을 다음 한 문장으로 요약했다. "우리의 씨름은 혈과 육을 상대하는 것이 아니요 통치자들과 권세들과 이 어둠의 세상 주관자들과 하늘에 있는 악의 영들을 상대함이라"(엡 6:12). 바울은 신자들에게 "하나님의 전신갑주를 취하라 이는 악한 날에 너희가 능히 대적하고 모든 일을 행한 후에 서기 위함이라"(엡 6:13)라고 촉구한다. 우리의 씨름의 대상은 최종적으로 인간의 재주, 악한 욕구, 격정이 아니라, 성경에서 "통치자들 … 이 어둠의 세상 주관자들"(엡 6:12)로 부르는 이들이다. 타락한 천사 중 일부는 자신들의 요새에 머물더라도, 나머지는 세상을 다니며 파괴적인 악을 퍼뜨린다.[70]

---

68 "Of Evil Angels," B 3:17–19, sec. 1. 1–3.
69 "Of Evil Angels," B 3:18, sec. 1. 3.
70 "Of Evil Angels," B 3:20, sec. 1. 6.

b. 악한 천사들이 하는 일

악한 천사들은 무지, 불의, 오류를 조장하면서 끊임없이 세상을 지배하려 한다. 우리가 가진 연약성은 그 어떤 것도 유혹받을 수 있는 근거가 되는데, 악한 천사들은 그 기회를 놓치지 않을 정도로 영악하다. 그들은 우리에게 하나님의 사랑이 불붙으면 그것을 소멸시키고, 우리가 하나님의 능력과 약속을 바라보지 못하게 하려 한다. 또 그들은 언제나 환경적 결함과 우리의 부주의함을 악용할 준비가 되어 있다.[71]

그들의 가장 맹렬한 공격은 믿음, 소망, 사랑이 생겨나지 못하게 하는 데 맞춰져 있다. 그들은 하나님 사랑만큼 이웃 사랑에도 격렬히 반대해 불화, 전쟁, 충돌을 조장한다. 또 우리를 악행으로 이끌 뿐 아니라, 악한 생각을 불어넣고 의심을 일으키며 선한 동기를 타락시켜 선행을 할 수 없게 가로막으려 한다. 이전의 생각과 분명하게 또는 합리적으로 연결되는 어떤 고리도 없이 악한 생각이 떠오른다면 악한 천사가 한 일로 의심할 만하다. 그들은 "사람에게 있는 동물적인 기관의 용수철을 건드림으로" 몸과 영혼 사이의 깨지기 쉬운 균형을 쉽게 교란해 악한 정욕을 더 강화한다.[72]

이것이 성경이 계속해서 사탄을 유혹자와 최고의 거짓말쟁이로 말하는 이유다.[73] 신자와 불신자 모두 죄로 유혹받는다. 마귀의 세력의 숙주가 된 자들은 질병과 염려, 각종 중독, 심리적 불안 증상을 겪으면서도 적극적으로 유혹하고 속이고 있다.[74] 하나님의 도움 없이는 어떤 선도 행할 수 없듯, 어떤 악도 대적자의 유혹 없이는 행해지지 않는다.[75]

---

71 "Of Evil Angels," B 3:21–23, sec. 2. 2–4; 참고. Letter to the Bishop of Gloucester 11:495–96.
72 "Of Evil Angels," B 3:20–27, sec. 2.
73 B 1:187–88; 3:566; 9:385; FA, B 11:123–24.
74 "Of Evil Angels," B 3:20–27, sec. 2.
75 "Of Evil Angels," B 3:24, sec. 2. 9; 참고. 1:29–30; FA, B 11:120–21.

웨슬리는 우리 몸과 영혼이 서로 연결되어 있는 상황에서, 많은 질병이 "급성이든 만성이든 마귀의 역사로 일어나고 더 악화되는데, 특히 순간적으로 시작되는 것들이 그렇다"라고 추측했다. 이러한 질병을 단지 신경질환으로 설명하는 것은 'ignotum per ignotius'(모르는 내용을 더 알 수 없는 말로 설명하는) 방식의 합리화다. "우리가 신경 자체에 관해 아는 것이 무엇인가? 그것이 고체인지 빈 관인지조차 알지 못하는데!"[76]

c. 영적 전투

성경은 우리에게 이 영적 전투에서 하나님의 전신갑주를 입음으로, 예수 그리스도의 마음을 갖고, 그의 이름을 부르고, 좁은 길로 걷고, 죄를 피하고, 믿음의 방패로 마귀의 불화살을 떨쳐내고, 구원의 투구를 써 의심을 이기며, 우는 사자들 가운데서도 믿음을 굳게 지키라고 말씀한다.[77] 신자는 사탄이 "자기를 광명의 천사로 가장"(고후 11:14)하는 때를 주의해야 한다. 그때는 "시험에 들지 않게 깨어 기도(마 26:41)해야 한다."[78]

유혹이 찾아올 때 신앙은 그때가 바로 "싸워 이겨야 할 때"임을 안다. "싸우지 않는다면 승리는 있을 수 없다."[79] 시험은 날마다 계속된다. "매일매일은 그날에 충분한 유혹과 그것을 충분히 이길 능력을 가져다줄 것이다. … 신자에게 성령의 기름부으심이 임하는 것은 이 목적을 위해서다. 즉, 그들로 (다른 방법으로는 불가능한) 죄와 유혹을 바르게 구분하게 하시기 위해서다. 당신은 일반적인 규칙에 의해서가 아니라, 모든 경우마다 성령의 소리에 귀 기울이고, 또 하나님의 역사를 체험한 사람의 조언을 구

---

76 "Of Evil Angels," B 3:25–26, sec. 2. 12.
77 "Of Evil Angels," B 3:27–29, sec. 3. 1–3; *CH* 7:250–52, 785–86.
78 "Of Evil Angels," B 3:28–29, sec. 3. 4–6.
79 Letter to Damaris Perronet, March 30, 1771, *LJW* 5:234.

함으로 더 잘 구분할 수 있게 될 것이다."[80]

하나님께서 사탄이 욥을 유혹하고 속이도록 허용하신 것은, 욥이 하나님의 은혜를 받아 유혹에 저항할 것을 아셨기 때문이다. 하나님은 우리 자유의지에 광범위한 활동 영역을 허락하셨지만, 자유가 자기 파괴적이 될 지경에 이르면 제한을 가하신다.[81]

도덕법은 우리를 유혹에서 보호하는 기능을 한다. 부모가 아이에게 절벽 가까이서 놀지 말라고 친절하게 지시하듯, 하나님께서도 '하면 안 된다'는 말씀을 포함하는 십계명을 주시는 은혜를 베푸신다. 좋은 부모는 언제 사랑으로 "안 돼"라고 말해야 하고, 또 언제 자유를 누리도록 허락해야 하는지를 잘 아는 삶의 동반자다. 율법이라는 울타리로 자유를 제한하는 것은 사랑으로 보호하고자 함이다.

웨슬리는 하나님께서 왜 이런 보조적인 영적 존재들과 함께 일하고자 하시며, 왜 일방적이고 직접적인 방식으로 일하시지 않는지를 묻는 사람들에게 성경으로 답했다. 성경이 이러한 영적 존재를 특별히 증거하기 때문이다. 그들은 하나님의 목적을 성취하는 일을 돕는다. 그들은 계시의 역사에서 지속적으로 등장한다. 하나님께서는 창조세계에서 자신의 뜻을 최종적으로 완성하시기 위해 섬기는 선한 영들과 영적 권세들을 통해 일하심으로, 다른 모든 악한 영적 권세를 제어하신다.[82]

d. 하늘에서와 같이 땅에서도

설교 "하늘에서와 같이 땅에서도"의 성경 본문은 마태복음 6:10, "아버지의 뜻이 하늘에서 이루어진 것 같이 땅에서도 이루어지이다"라는 말

---

80 Letter to Elizabeth Briggs, April 14, 1771, *LJW* 5:237.
81 "Of Evil Angels," B 3:26, sec. 2. 14.
82 "Of Evil Angels," B 3:27–29, sec. 3.

씀이다 [설교 #145 (1734), B 4:346–50 (잭슨판에는 수록되지 않음)].

천사들이 하늘에서 하나님의 뜻을 행하는 것같이, 우리는 땅에서 하나님의 뜻을 행하도록 부르심 받았다. 복종의 윤리의 온전한 범위가 주기도문의 이 문구에 함축되어 있다. 웨슬리의 목적은 사람들 사이에서 신앙의 복종을 위한 표본으로서 천사의 복종이 얼마나 범위가 넓은지를 보여주는 것이었다.[83] 모든 기도의 본보기는 (아버지의) "뜻이 하늘에서 이루어진 것 같이 땅에서도 이루어지이다"(마 6:10)라는 기도다.

천사의 복종이라는 말에는 하나님께서 원하시는 것을, 하나님이 원하시는 방법대로, 하나님이 원하시는 동기를 가지고 행한다는 세 가지 결정적 의미가 들어있다. 신앙의 복종 역시 동일한 형태를 지닌다. 부정적인 면에서 신앙은 "하나님의 뜻이 아니면 어떤 것도 행하지 않으려 한다." 긍정적인 면에서는 "하나님의 뜻은 무엇이든 행하려 한다." 말하자면, 우리가 처한 상황에서 스스로 해석하도록 우리 이성에 맡겨져 있든지, 그렇지 않으면 하나님께서 "교회와 국가의 법"에 순종하라고 간접적으로라도 명령을 주셨든지 간에, 신앙은 성경이 말씀하고, 초기 기독교 저술가들이 가르친 것을 행하려 한다. 어떤 경우든 우리는 하나님의 뜻을 하나님께서 원하시는 대로, 즉 "하나님이 원하시는 만큼, 오직 그의 뜻을 사랑하는 마음"으로, "하나님께서 원하시기에 행한다는 올바른 동기"를 가지고 행하도록 부름 받았다.[84]

"천사들은 하나님의 뜻은 무엇이든 행하며, 오직 그것만을" 정확히 하나님께서 원하시는 대로 행한다. 즉 "하나님이 원하시는 만큼, 오직 그의 뜻을 사랑하는 마음"으로, "하나님께서 원하시는 모든 것을 하며, 하나님

---

83 "In Earth as in Heaven," B 4:348, 서문.
84 "In Earth as in Heaven," B 4:349, sec. 2.

께서 원하시는 방식대로 하겠다는 올바른 동기"를 가지고 행한다.[85]

이러한 전제 아래 웨슬리는 이 세상에서 신자들에게 이러한 순종이 가능한지 묻는다. "우리가 할 수 있는지 없는지 부질없이 논쟁하지 말고, 우리가 할 수 있는 일을 하자. 우리가 원한다면, 우리는 하나님의 뜻이 적어도 우리의 모든 행동의 필수 조건이 되게 할 수 있다. 그리고 만약 우리가 그렇게 한다면, 때가 되면 더 많은 것을 하게 될 것이다."[86]

그리스도를 따르는 모든 사람은 그와 함께 먼저 "내 원대로 마시옵고"라고 고백하고, 이 기초 위에서 "아버지의 원대로 되기를 원하나이다"(눅 22:42)라고 고백하도록 초청받는다. "오직 자아가 마음의 왕좌를 떠나고 자기 고집이 정복되면 하나님께서 그 자리를 차지하신다. 우리는 "아버지의 뜻이 하늘에서 이루어진 것같이 땅에서도 이루어지도록 하기 위해" 부르심을 받았다.[87]

C. 하나님의 섭리

1. 하나님의 섭리에 대하여

설교 "하나님의 섭리에 대하여"의 성경 본문은 누가복음 12:7, "너희에게는 심지어 머리털까지도 다 세신 바 되었나니"라는 말씀이다 [설교 #67 (1786), B 2:534–50; J #67, VI:313–25].

a. 하나님만이 모든 이유를 아심

하나님께서 목적을 가지고 행하시는 일 중 많은 것이 유한한 피조물에

---

85 "In Earth as in Heaven," B 4:348–49.
86 "In Earth as in Heaven," B 4:349, sec. 3. 3.
87 "In Earth as in Heaven," B 4:349–50, sec. 3.

게는 비밀로 남아있다. 거기에는 타당한 이유가 있는데, 그것은 오직 영원히 전지(全知)한 존재만이 하나님께서 "세상을 통치하시는 방법"을 신뢰할 만하게 설명할 수 있기 때문이다. 오직 영원히 전지한 존재만이 섭리의 본래 비전과 목표, 매개적 연결 고리들과 전체 형태를 충분히 파악할 수 있다. 그러나 이러한 통치하심에 관한 충분한 암시가, 참된 "하나님의 역사"로서 성경에 대략적으로 주어져 있다.[88]

비록 섭리에 관한 히브리-기독교적 가르침은, 카토(Cato)에서 치커소 인디언(Chickasaws)에 이르기까지 모든 시대의 현인들도 직감적으로 파악해왔고, 고대 시인과 철학자들도 희미하게 증거해왔지만, 이스라엘의 역사가 가진 의미를 좀 더 분명히 이해하는 데는 기다림이 필요했다.[89] 가장 전통적인 기독교 교리 중 섭리만큼 "제대로 주목받거나 이해되지 못한 주제는 거의 없다."[90] "전능한 말씀으로 무에서 온 세상, 곧 존재하는 모든 것을 불러내신" 유일한 창조주 하나님은, 날마다 창조세계를 "그가 처음 주셨던 상태로 유지되도록" 붙들고 계신다.[91] 모든 것을 창조하신 바로 그분께서 존재하는 모든 것에 편재해 피조물들의 일에 관여하시고 모든 것을 알고 계심으로 그 모두를 보존하신다.[92] 비참하게 타락한 후에도 하나님께서는 자신이 창조하신 세상을 여전히 붙들어주신다.[93]

설교 "하나님의 섭리에 대하여"의 성경 본문은, "너희에게는 심지어 머리털까지도 다 세신 바 되었나니 두려워하지 말라 너희는 많은 참새보

---

88 "On Divine Providence," B 2:536, sec. 4.
89 "On Divine Providence," B 2:535–36, secs. 1–4; 참고. FA, pt. 2, B 11:227.
90 "On Divine Providence," B 2:537, sec. 7.
91 "On Divine Providence," B 2:537–38, secs. 8–9; 참고. "Spiritual Worship," B 3:91.
92 "On Divine Providence," B 2:537–39, secs. 8–12.
93 B 1:523–26; 2:534–50, 577–82; 3:595–608; 4:365–66; JWO 187–88.

다 더 귀하니라"(눅 12:7)라는 말씀이다.

하나님의 돌보심은 창조세계 전체와 관련된 대우주적 목적뿐 아니라, 사람의 머리카락 숫자로 상징되는 모든 소우주적 구성요소와 각각의 특별한 사건에도 미친다. 하나님의 섭리는 피조물과 관련한 개개의 모든 요소를 은밀히 붙들고 계신다. "사람의 눈에는 너무나 작고 하찮은 것이라도 하나님의 섭리와 돌보심의 대상이 아닌 것은 아무것도 없다."[94] 이 모든 것이 어떻게 함께 작용하는지를 아는 것은 "우리의 좁은 이해력"을 넘어서는 문제지만, 그럼에도 모든 것의 주권자와 보존자이신 하나님을 인격적으로 신뢰할 수는 있다.[95] 하나님처럼 모든 것을 볼 수는 없더라도 하나님을 신뢰하는 것은 우리가 반드시 습득해야 할 신앙의 태도다.

영원하시며 모든 것을 아시는 하나님은 매 순간 각각의 피조물과 그것들이 함께 작용하는 전체의 상호 연관성을 보고 계신다.[96] 하나님께서는 식물과 동물, 비물질적 영혼들, 그리고 모든 생각과 감정과 상태를 가진 인간뿐 아니라 "창조세계 중 무생물계"에 관해서도 모든 것을 아신다. 하나님께서는 "그들의 모든 고통과 상황을 아신다."[97] "여호와께서는 … 그 지으신 모든 것에 긍휼을 베푸시는도다"(시 145:9).[98]

"우리가 사방에서 보이는 복잡한 악과 얽기설기 얽힌 불행의 문제를 생각한다면, 하나님의 섭리를 이해하고 믿기란 참으로 어렵다. 그러나 우리가 하나님을 거짓말쟁이로 만들지 않으려면 그것을 믿어야 한다. 비록 하나님의 섭리가 확실하다 해도 그것을 이해할 수 있는 사람은 아무도 없

---

94 "On Divine Providence," B 2:537, sec. 6.
95 "On Divine Providence," B 2:538–39, secs. 9–11.
96 "On Guardian Angels," B 4:233–34; "The One Thing Needful," B 4:356; LCM, J IX:70–71.
97 "On Divine Providence," B 2:539, sec. 12; 참고. "On Visiting the Sick," 3:391.
98 "On Divine Providence," B 2:542, sec. 16.

다. … 벌레가 사람을 이해할 수 있겠는가? 사람이 하나님을 이해한다는 것은 얼마나 더 불가능하겠는가?"[99]

b. 자유와 도덕적 작인(作因)이 하나님의 섭리와 양립할 수 있는가?

하나님의 섭리는 인간의 자유를 제거하지 않고 오히려 보호한다. 심지어 자유가 타락했을 때도 그러하다. 죄는 자유에서 흘러나오는 유독성 폐기물과도 같다. 자유의지는 섭리와 모순되지 않는다. 자유를 선물로 받은 사람은 그것을 오용했을 때의 결과를 짊어지고 살아야 한다.[100]

누군가가 자유가 전혀 없는 세상이 더 나을 것이라고 주장한다고 해보자. 거기엔 돌들만 있을 뿐, 선택의 여지가 없다. 그런 세상은 하나님께서 창조하기로 결정하신 종류의 세상이 아닌데, 이는 돌들과 자유를 가진 인간의 실제 역사를 비교해보면 분명해진다. 하나님께서는 인간을, 하나님과 함께 삶을 향유할 능력과 창조세계를 망가뜨릴 가능성 모두를 지닌 자유로운 존재로 창조하셨다.[101]

하나님께서 모든 종류의 악을 한순간에 파괴하는 명령을 내리실 수 있다는 것은 이론적으로 충분히 상상해볼 수 있다. 그러나 악행의 가능성이 완전히 파괴된다면, 덕행의 가능성 역시 완전히 파괴된다. 덕행이나 악행은 자유와 연결되어 있는, 자유를 표출한 결과이기 때문이다. 우리는 자유와 그 자유를 어리석게 사용할 가능성 자체에서의 보호, 이 둘 모두를 가질 수는 없다. 만약 우리가 사는 세상이 자유를 행사해 덕을 행할 수 있는 세상임을 안다면, 우리는 같은 세상이 자유의 악용으로 악에 빠질 수 있는 세상이라는 것 역시 인정해야 한다. 하나님께서는 자유의 타락을 원하지

---

99 "On Divine Providence," B 2:540, sec. 13.
100 "On Divine Providence," B 2:541, sec. 15.
101 "On Divine Providence," B 2:540–41, secs. 14–15.

않으시지만, 자유를 보호하기 위해 자유가 타락할 수 있는 세상을 허용하신다. 그렇지 않으면 우리가 이 세상에서 자유가 정말로 타락했다는 분명한 사실을 설명하는 것이 쉽지 않았을 것이다.[102] 하나님께서는 "더 큰 선을 위해 봉사"하지 않는 세상의 어떤 악도 허락하지 않으신다.[103]

만약 하나님께서 명령으로 죄가 완전히 사라지게 하신다면, 피조물들을 자유로운 동반자로 창조하신 자신의 지혜를 부인하는 것이 될 것이다. 우리는 섭리를 단순히 하나님의 일방적 명령이 아닌, 복잡한 인과관계의 단층들 속에서 사람들과 협력적으로 일하시는 것으로 이해해야 한다.[104] 이것이 자연적 인과관계에 전제된 자유로운 자기 결정의 역동성을 보존하시면서도, 은총을 베풀어 우리의 자유로운 응답을 이끌어내시는 하나님의 일하시는 방법이다.[105]

주권자 하나님께서는 인간을 "통나무나 돌처럼 다루시는 것이 아니라" 자유를 가진 이성적인 존재로 대하시면서 인간의 선택을 다스리신다.[106] 섭리는 자연적 인과관계라는 신뢰할 만한 규칙뿐 아니라 자유롭고 불확정적인 역사를 통해서도 작용해, 인간의 어리석음을 제한하고 설득하며 억제한다.

하나님께서는 역사 속에서 계속되는 자유의 변질 때문에 자신의 인격적 특성을 포기하거나, 창조세계에서의 자신의 목적을 단념하지 않으신

---

102 "The Image of God," B 4:294-95. 하나님의 섭리가 미국 식민지의 독립을 허락함으로 어떻게 더 위대한 목적을 이루어가시는지에 대한 웨슬리의 설명은, "The Late Work of God in North America," B 3:594-608을 보라.
103 "On Guardian Angels," B 4:234.
104 아르미니우스주의와 신인협력설에 관한 설명은 LJW 5:89; 6:331; 7:247; B 9:65; JJW 2:473을 보라.
105 "On Divine Providence," B 2:541, secs. 12-13; 창조주 하나님과 섭리하시는 하나님의 차이에 대해서는 "Thoughts upon God's Sovereignty," J X:361을 보라.
106 "On Divine Providence," B 2:540-41, sec. 15.

다. 이는 하나님께서 "자신을 부인하거나 … 자신과 싸우거나, 자신이 행한 일에 반대"하실 수 없기 때문이다.[107] 하나님께서는 "자신이 기뻐하시는 때라면 언제나" 자연법칙에 "예외 허용하기를 주저하지 않으신다."[108]

c. 섭리의 보완적 영역

하나님의 섭리가 다양한 속도와 의도로 작용하는 대상에는 다음과 같은 세 개의 동심원이 있다.

- 자연과 인류 역사 전체에 속하는 모든 사람(일반 섭리)
- 구원 공동체에 속해 있다고 주장하는 모든 세례받은 사람(신앙고백적 섭리)
- 신앙을 고백하고 진지하게 세례받은 칭의 된 자로서, 성화시키시는 은혜에 적극적으로 반응하는 모든 사람(온전케 하시는 섭리)[109]

이 동심원 중 마지막은 계시된 하나님을 영과 진리로 참되게 예배하는 사람들이다.[110]

첫째, 자연과 역사 전체는 가장 바깥 원으로, 하나님께서 섭리로 보존하고 공급하시는 가장 광범위한 영역이다. 이 영역에서 우리는 하나님의 돌보시는 활동을 볼 수 있다. 하나님께서는 창조 질서 속에서 은혜로 정해 주신 위치에 따라 모든 피조물이 무엇을 필요로 하는지 먼저 아신다. "무한한 사랑"의 하나님은 세상을 창조하신 후 그냥 내버려두시지 않고, 창조 질서에 가장 적합한 방식으로 보존하고 살피며 돌보신다.[111]

---

107 "On Divine Providence," B 2:539–41, secs. 13–15.
108 "On Divine Providence," B 2:546, sec. 22.
109 "Spiritual Worship," B 3:94, sec. 9; J VI:428.
110 "On Divine Providence," B 2:541–42, secs. 16–18.
111 "On Divine Providence," B 2:542, sec. 16.

이는 통례적으로 "일반 섭리"로 불러왔다.112 그러나 웨슬리는 일반적인 것조차도 언제나 특별한 것으로 여기도록 스스로를 훈련했다. "하나님은 하늘과 땅과 그리고 그 땅 아래, 곧 그의 창조세계 전체에서 활동하시면서 모든 것을 보존하신다. 하나님께서 보존하시지 않는다면 존재하는 모든 것은 한순간에 본래의 무(無)의 상태로 떨어지고 말 것이다. 또 하나님은 매 순간 자신이 창조한 모든 것을 관리하시고, 모든 것에 강하고도 부드럽게 영향을 끼치시면서도, 자신의 이성적 피조물들의 자유를 파괴하시지 않고 모든 것을 다스리신다."113

둘째, 자연과 인류 역사 전반에 현존해 있는 이 섭리적 활동은 말씀을 선포하고 성례를 행하는 예배 공동체에 좀 더 집중적으로 특별하게 영향을 끼친다. 이 섭리의 중간 원은 그리스도를 믿는다고 고백하는 모든 세례 받은 사람들을 포함하는데, 이들은 하나님을 영화롭게 하며 하나님께 "더 깊은 관심"을 받는다.114

셋째, 모든 인류에게 보편적으로, 그리고 예배 공동체에서 더 집중적으로 활동하는 섭리는, 적극적이고 의지적으로 그리스도 안에서의 삶을 살아가는 사람들에게서 가장 강력하게 나타난다. 이 고백적 공동체에는 자신의 신앙과 일치하도록 살아가고, 일상을 그리스도와 동행하며, 어디서든 하나님의 구원 사역을 가장 진실되게 구체적으로 증거하는 사람들이 있다. 그런가 하면 언약 공동체에 피상적으로 속해 있으면서, 신앙 안에서 하나님의 말씀과 성례의 은혜에 반응하지 않는 사람들도 있다. 세례 받은 자들의 공동체에는 밀과 가라지가 공존한다.115

---

112 참고. B 2:56–57, 544–48; FA, B 11:226–27, 530–31.
113 "On the Omnipresence of God," B 4:42–43, sec. 2. 1.
114 "On Divine Providence," B 2:542–43, sec. 17.
115 "On Divine Providence," B 2:543, sec. 18.

섭리의 세 번째 원에 속하는 이러한 능동적인 신자는, 하나님의 자기 희생의 의미를 깨달아 자기 삶을 근본적으로 재정립함으로, 그리스도 안에서 절제 있는 삶을 살기 위해 최선을 다한다. 그들은 웨슬리가 "형식적으로가 아니라 영과 진리로 하나님을 예배"하는 "진정한 그리스도인"으로 말한, 살아있는 신자다.[116] 사랑으로 역사하는 믿음을 구체적으로 나타내는 이 공동체는 하나님의 섭리적 활동을 가장 강력하게 증거하고 경험한다. 이 공동체는 하나님의 섭리적 활동의 무대로, 여기서 하나님은 가장 활발하게 사람들을 성화시키시고, 또 세상에서의 활동을 완성해가신다.

믿음이 사랑으로 적극적으로 역사하는 곳은 가장 내부의 이 원이기 때문에, 이어지는 섭리에 관한 논의는 주로 여기에 초점을 맞출 것이다.[117]

2. 특별 섭리

a. 일반 섭리와 특별 섭리의 구분

웨슬리는 특별 섭리를 암묵적으로라도 부인할 가능성이 있는 어떤 일반 섭리 개념도 신뢰할 수 없는 주장으로 여겼다.[118] 특별 섭리란 하나님께서 특정한 사람을 특별한 상황에서 특별한 방법으로 돌보심을 의미한다. 만약 하나님께서 잃어버린 사람을 구원하기 위해 역사 속에서 일하셔야 한다면, 그 일은 실제적이고 구체적인 사건을 통해 하나님의 돌보심을 인식하고 경험할 수 있는, 다시 반복될 수 없는 시간과 장소에서 집중적으로

---

116 "On Divine Providence," B 2:543, sec. 18.
117 "On Divine Providence," B 2:543–44, secs. 18–19.
118 "On Divine Providence," B 2:546; 참고. FA, pt. 2, B 11:226–27; LCM, J X:71; "Wandering Thoughts," 2:132; *JJW* 4:211, July 6, 1781. 웨슬리는 일반 섭리에 대한 주장은 "아무것도 의미하지 않는 소리의 울림"밖에 되지 않을 수도 있다고 생각했다. "The Nature of Enthusiasm," B 2:56.

일어날 수밖에 없다.[119]

하나님은 부분을 돌보시는 중에도 전체를 소홀히 다루지 않으시고, 전체를 돌보시는 중에도 부분을 소홀히 다루지 않으신다. 특별 섭리를 배제하는 일반 섭리에 관한 주장은 "자기 모순적인 난센스"다.[120] 우리가 하나님께서 일반적인 자연법칙을 주신 것이 합리적이라고 가정한다면, 하나님께서 특별한 상황에서 특별한 방법으로 자기 뜻을 성취하실 수 있다는 사실 역시 전적으로 부인할 수는 없다.[121] 그런 모순적인 생각은 하나님의 전능하심을 부인하는 결과를 가져올 뿐이다.

"그러므로 특별 섭리를 인정하라. 그렇게 하지 않으려면 어떤 섭리도 믿는 척하지 말라. 만약 세상의 통치자이신 하나님께서 크든 작든 세상 모든 것을 다스리시고, 불과 우박, 눈과 수증기, 바람과 폭풍우가 그분의 말씀에 의한 것이며, 그분이 나라와 도시, 함대와 군대, 그리고 (사람의 의지에 강제력을 행사하거나, 그들의 행위가 필연적으로 발생하게 하지 않고도) 모든 개인을 다스리신다는 것을 믿지 않는다면, 그가 어떤 것이라도 다스리신다고 믿는 척하지 말라."[122]

b. 특별 섭리의 인식

특별 섭리를 알아차리는 것은 매우 개인적인 방식을 통해서다. 웨슬리는 자신의 사역에 은밀한 섭리적 활동에 대한 특별한 증거가 풍성하게 따랐음을 확신했다. 전능하신 하나님은 일반적으로 신뢰할 만한 자연적

---

119 "On Divine Providence," B 2:546–48, secs. 23–26; 참고. 2:56–57, 544–48; FA, B 11:226–27, 530–31.
120 "On Divine Providence," B 2:548, sec. 26.
121 "Principles of a Methodist Farther Explained," B 9:207–22, 396–97; 11:147–53, 468–69, 512–17.
122 "An Estimate of the Manners of the Present Times," J XI:160, sec. 13.

인과관계를 자유로이 뛰어넘어 활동하신다.[123] 하나님의 어떤 개입 가능성도 부정하는 현실 이해는, 독단적으로 현실을 축소할 때나 가능하다.[124]

웨슬리는 역사에 나타난 하나님의 심판과 은혜의 양상을 분별하기 위해, 기적적 치유에서 지진에 이르기까지의 초자연적인 일들, 즉 특별한 섭리 사례를 연구하는 데 깊은 흥미를 가졌다.[125] 그는 반회를 방문할 때마다 각 회원에게, 하나님께서 어떻게 그들의 계획을 가능케 하시거나 가로막으셨는지, 또 그들이 어떻게 개인적으로 체험한 하나님의 섭리를 해석했는지를 물었다.[126] 이것은 신자들이 하나님의 섭리를 더 깊이 신뢰하도록 격려하고, 앞으로 펼쳐질 섭리적 은혜를 더 잘 알아차리도록 도와주었다. 신자는 죄를 제외한 모든 것을 하나님께서 주신 것으로 받아들여야 한다.[127]

하나님께서 일반적으로 세상을 돌보시는 것과 특별히 신자를 돌보시는 것은, 우리로 모든 것을 지탱하시는 하나님을 전적으로 신뢰하고, 섭리로 끊임없이 돌보시는 하나님께 감사하며, 피조물 각각에 개인적으로 관심을 가지시는 하나님을 겸손히 높이고, 하나님께서 제공해주신 은혜의 방편을 바르게 사용할 것 모두를 요구한다.[128] 완고한 태도로 하나님의 섭리를 저버리는 사람은 스스로 절망에 빠지기 쉽다. 하나님의 섭리와 함께하며 사는 사람은 그에 비례해 예기치 않은 축복을 받게 될 여지가 많다. 신자가 누리는 특별한 행복은, 심지어 역경 속에서도 하나님께서 우리를

---

123 "Serious Thoughts Occasioned by the Late Earthquake at Lisbon," J XI:1–13.
124 "On Divine Providence," B 2:546–47, secs. 22–25.
125 "Serious Thoughts Occasioned by the Late Earthquake at Lisbon," J XI:3–4.
126 참고. "The Providentially Protected Person," in *The Elusive Mr. Wesley: John Wesley, His Own Biographer*, ed. Richard Heitzenrater (Nashville: Abingdon, 1984), 125–30.
127 "The Nature of Enthusiasm," B 2:56–57.
128 "On Divine Providence," B 2:548–50, secs. 27–29.

돌보심을 아는 데서 비롯된다.[129]

만약 성경과 어긋나는 어떤 논리로 특별 섭리를 부정한다면, 그 결과는 "우리의 머리털은 더는 하나님의 세신 바 되지 않고, 참새 한 마리만이 아니라 한 도시나 나라조차도 하늘에 계신 우리 아버지의 뜻이나 돌봄도 없이 땅에 떨어지고 말 것이다."[130] 하나님께서 일반적으로 공급하시는 활동조차도 때때로 별개의 구분된 섭리적 사건을 통해 하나님의 의도를 특별히 나타내기도 한다.

성경은 다음과 같이 말씀한다.

> 섭리는 하나님께서 만드신 전체 체계에 속한 각각의 존재에까지 미친다. 모든 자연적 원인조차도 하나님의 뜻에 전적으로 의존한다. 하나님께서는 자신이 기뻐하시는 뜻에 따라 자연적 원인이 가진 효력을 증가시키거나, 감소시키거나, 중지시키거나, 파괴하신다. 그분은 원하실 때 선한 천사나 악한 천사의 사역과 같은 초자연적 원인을 사용하신다. 또 자신의 피조물의 삶이나 죽음을 명령하시고, 세상을 존재하거나 사라지게 하기 위해 자신의 직접적 능력을 사용하시는 일에서 스스로를 제한하지 않으신다.[131]

웨슬리는 "특별 섭리의 교리를 삶의 모든 상황에 적용할 만큼 … 충분히 이해하는 사람은 매우 소수에 불과함"을 안타까워했다. 특히 하나님의 "세상 통치를 계속해서 비난"하는 소리를 들을 때는 참기 힘들어했다.[132]

---

129 하나님의 섭리에 대한 동일한 가르침이 설교 #39, "The Catholic Spirit," B 2:79-80의 일련의 개인적 질문에서도 나타난다. 예를 들어, "당신은 하나님께서 그분의 능력의 말씀으로 만물을 붙들고 계심을 믿는가? 그리고 그분이 가장 작고 해로운 피조물도 그분께 영광이 되고 그를 사랑하는 사람들에게 유익하도록 다스리심을 믿는가?" 등의 질문이다. 그리스도 안에 감추어진 삶을 사는 그리스도인만이 확신을 가지고 이 질문들에 답할 수 있다.
130 웨슬리는 "단지 일반 섭리"만 인정할 수 있다고 주장하는 사람들에게 "나는 당신들의 말을 이해할 수 없다"고 반박했다. FA, B 11:227, J VIII:159.
131 FA, B 11:227, J VIII:159.
132 Letter to Ebenezer Blackwell, August 31, 1755, *LJW* 3:139.

그러면서도 때때로 특별 섭리를 과도하게 강조하는 잘못된 태도에 대해서는 "열광주의"에 대해 주의를 주었다.[133]

3. 하나님의 주권에 대하여

a. 하나님의 주권에 관한 생각

이제 다음으로 다룰 내용은 웨슬리의 "하나님의 주권에 관한 생각"(Thoughts upon God's Sovereignty)이라는 논문이다 [J X:361–63].

하나님은 자신의 주권적 의지로 세상을 창조하셨고, 창조하신 모든 것을 공의로 다스리신다.[134] 하나님은 인간의 결정에 강제력을 행사하심으로 인간의 자유를 무시하거나 박탈하지 않으신다. 오히려 인류에게 충분한 은혜를 주셔서 사람이 자유로이 응답하게 하시는데, 사람에게 자유를 주신 것은 바로 이러한 관계를 위해서다.

인간이 도덕적으로 자유롭고 책임성 있는 존재라고 믿는 것은 결코 하나님의 주권적 자유를 축소하는 것이 아니다. 오직 비할 데 없이 지혜롭고 능력 있는 하나님만이, 선하게 지으신 우주에서 취약성을 가진 인간의 자유를 감당하실 수 있다. 웨슬리는 하나님의 자유를, 인간의 모든 자유를 초월하면서도 동시에 그들의 도덕적 책임성을 여전히 보존하는 것으로 생각했다.[135]

어떤 유한한 피조물도 창조주께 창조세계가 의로운지 그렇지 않은지 따져 물을 위치에 있지 않다. 창조세계는 언제나 하나님의 전적인 선물로 주어지기 때문이다. 의존적 존재인 피조물이 주권적 창조자를 불의하다

---

133 "The Nature of Enthusiasm," B 2:56–57.
134 JWO 435–36, 452–53, 486.
135 J X:361–62.

고 불평하는 태도는 전혀 이성적이지 못하다.[136]

창조 전 하나님께서는 그 기뻐하시는 뜻대로 창조하실 자유가 있으셨다. 그러나 창조 후 통치자 하나님은 모든 일을 명령만으로 행하시지는 않는다. 그는 "단지 주권자만이 아니라 … 모든 일에서 자신의 불변하는 공의에 따라 행하시는 공정한 재판관"으로 행하시는데, 이는 인간이 "자유로운 행위자"임을 전제한 것이다.[137] "많은 경우 하나님의 자비가 공의보다 더 기뻐할 것이다. … 하나님께서는 마땅한 것보다 더 크게 보상하실 것이다. 그러나 엄격한 공의에 필요한 정도 이상으로 벌하지는 않으실 것이다." 하나님께서는 "사람이 피하는 것이 불가능한 어떤 일을 행하거나" "사람이 행하는 것이 불가능한 어떤 일을 하지 못한 것"에 대해 누구도 질책하지 않으신다. 이는 모든 것을 아시는 하나님의 공의에 따른 것이다.[138]

b. 기적은 중지되었는가?

다음으로 살펴볼 내용은 1749년 1월 4일 자로 된 웨슬리의 "코니어스 미들턴의 최근 논문 '자유로운 연구'에 대한 답신"[Letter to the Rev. Dr. Conyers Middleton Occasioned by His Late 'Free Inquiry'(LCM)]이다 [J X:1-79; LJW 2:312 이하; 마지막 부분은 JWO, 181 이하에 수록되어 있다. 첫 부분은 "참된 기독교에 대한 평이한 설명"(A Plain Account of Genuine Christianity)이라는 제목으로 따로 출판되었다].

캠브리지 대학교 트리니티 칼리지(Trinity College)의 코니어스 미들턴(Conyers Middleton) 박사는 1748년에 "교회에서 지속되는 것으로 여겨지는 기적적인 능력에 관한 자유로운 연구"(A Free Inquiry into the Miracu-

---

136　J X:361.
137　J X:362.
138　J X:363.

lous Powers Which Are Supposed to Have Subsisted in the Christian Church, Etc.)라는 논문을 출판했다. 그는 이 논문에서 사도 시대 이후 참된 것으로 입증된 어떤 기적도 발생한 적이 없다고 주장했다.139 그의 더 깊은 동기는, 니케아 공의회 이전 기독교 자료들이 이미 종교의 타락을 조장하고 있었음을 의도적으로 보여줌으로, 그 자료들을 믿을 수 없는 것으로 만드는 데 있었다. 웨슬리는 미리 계획한 네덜란드 여행을 취소하고 즉시 응답하기 위해 "그 유쾌하지 않은 작업에 거의 20일을" 보내야 할 정도로 그 문제를 매우 심각하게 생각했다.140

웨슬리는 다음의 핵심 문제에 논쟁의 초점을 맞췄다. "교부들의 증언은 사도 시대 이후로 기적적인 은사가 계속 존재했다고 믿을 만한 충분한 근거가 되는가?"141 웨슬리는 사도들에게 부여된 기적의 능력이 어떤 것이었든, "귀가 여리고 미신적이었던" 사도 시대 이후 저술가들에게서는 나타나지 않았다는 주장을 입증하기 위해 미들턴이 제시한 증거를 하나하나 검토했다. 미들턴의 주장은 박해가 몹시 심했던 시기에 기적의 능력이 철회되었다는, 매우 근거가 빈약한 것이었다. 그는 교부 저술가들이 수도원 제도, 유물 숭배, 죽은 자를 위한 기도 등 중세의 가장 비성경적인 요소들을 조장했다고 비난했지만, 그가 제시한 증거는 취약했고, 그의 주장은 논리가 맞지 않았다.142

웨슬리는 미들턴이 "자유로운 연구"에서 제시한 다섯 가지 주장의 기저를 이루는 연구에 대해 통렬히 비판했다. 그는 미들턴 자신이 안디옥의 테오필루스(Theophilus of Antioch), 테르툴리아누스, 미누키우스 펠릭스

---

139 LJW 1:235; 2:88, 101, 105–6, 207, 210, 229, 350, 362.
140 JJW 3:390.
141 LCM, J X:5.
142 LCM, J X:7–14.

(Minucius Felix), 오리게네스, 키프리아누스, 아르노비우스(Arnobius), 락탄티우스(Lactantius) 등 많은 자료를 인용하면서, 사도 시대 이후 기적이 중지되었다는 자신의 본래 주장마저 반박하고 있음을 드러냈다. 웨슬리는, 이그나티우스에 대한 그의 매우 엉성한 지식을 지적하며, "나는 당신이 그의 책을 단 한 페이지도 읽지 않았음을 확신하게 되었으며",[143] "당신은 말을 하면 할수록 더 많은 것을 상상으로 만들어냈음을 … 스스로 입증했습니다"[144]라고 말했다. 웨슬리는 진리를 위해 기꺼이 죽고자 했던 신뢰할 만한 저술가로서 로마의 클레멘스, 폴리캅, 순교자 유스티누스, 이레나이우스 등의 인격과 진실성을 옹호했다.[145]

웨슬리에 따르면, 미들턴은 순진하게 "불신자들의 수치스러운 주장들을 모두 끌어모아 그것들이 확실한 증거인 양 우리에게 제시했다."[146] 그러나 켈수스(Celsus)가 기독교의 기적을 행하는 사람들을 흔한 사기꾼으로 말했고, 루시안(Lucian)이 그들을 돈에 굶주린 거짓말쟁이로 보았다고 해서 뭐가 어떻다는 말인가? 그런 주장이 신뢰할 만한 증거가 될 수는 없다. 미들턴은 나쁜 번역과 의역, 그릇된 인용과 원인귀속, 부정확한 발췌, 상호 모순, 잘못된 결론을 사용해 편향적으로 사실을 왜곡했다. 부흥운동을 일으킨 순회설교자 웨슬리는, 많은 사람이 교부 연구 전문가로 여긴 캠브리지 대학교의 탁월한 교수와 단도직입적으로 논쟁을 벌였다. "비록 당신은 조작으로 켈수스 한 사람의 생각을 수많은 증인의 생각으로 둔갑시켰지만, 가련한 켈수스의 견해를 따르는 증인은 아무도 없었습니다."[147]

143　LCM, J X:19.
144　LCM, J X:24.
145　LCM, J X:16-24.
146　LCM, J X:25.
147　LCM, J X:26-27.

"당신은 우물에서 그 안에 없는 무엇을 길어 올릴 심산이군요."[148]

순교자 유스티누스와 이레나이우스도 때때로 오류를 범할 수 있다는 사실이, 당시에 있었던 기적에 관한 그들의 증언 모두를 불신하는 근거가 될 수는 없다. 교부들이 마귀의 영향력에 관해 연구했다는 사실 때문에 그들을 "가장 잘 속는" 사람으로 치부할 수는 없다.[149] 미들턴은 계속해서 미신을 믿는 요술쟁이, 사기꾼, 사이비를 상상했으나, "계란 껍질을 타고 항해하는 마녀를 증명할 수 없는 것만큼이나 그런 사람들이 존재했다는 것을 증명하지 못했다."[150]

혹시 일부 초기 기독교 저술가들이 가끔 실수를 했더라도, 그것이 "결코 그들 모두가 엉터리였음을 입증하지는 않는다." 미틀턴은 "대단한 일을 할 것처럼 약속했지만, 어설픈 작업 끝에 아무것도 이루지 못했다." 웨슬리는 "당신은 이상한 괴물을 상상으로 만들어내 그것을 우리에게 덧씌우고자 했으나, 그 모든 노력은 실패하고 말았습니다"라고 말했다.[151]

c. 자연주의적 환원주의에 대한 반대

다양한 형태의 기적을 지나치게 단순하게 설명한 자연주의적 환원주의는 원래의 기록보다 그럴듯하지 않다. 마귀의 세력을 내쫓는 것이 간질 발작이나 복화술로 축소될 수는 없다.[152] 사도 시대 이후에 보고된 치유의 기적들 역시 기름이 가진 자연적 효력으로 축소될 수 없다.[153] 진지한 역사가는 자신이 본래 가지고 있던 편견을 강화해주는 자료만 택하지 않는다.

---

148 LCM, J X:29.
149 LCM, J X:36.
150 LCM, J X:37.
151 LCM, J X:38.
152 LCM, J X:44–46.
153 *LJW* 1:235; 2:88, 101, 105–6, 207, 210, 229, 350, 362.

널리 인정되고 있는 것처럼, 초기 기독교인뿐 아니라 이교도들도 기적적인 치유를 주장했고, 기름이 가진 자연적 효력이 어떤 질병은 고칠 수도 있다. 우리는 자연적 인과관계의 정확한 경계를 모르지만, "이 모든 것이 사도 시대 이후 첫 3세기 동안 … 어떤 기적적인 치유도 행해지지 않았음을 입증하지는 않는다."[154] 초기 교회 저술가들이 본 환상과 황홀경적 체험은 델포이 신전의 무녀(巫女)나 쿠메(Cumaean)의 무녀가 경험한 것과 같은 종류의 체험이 아니다.[155]

환상과 예언이 교회 지도자들이 "꾸며낸" 것이라는 증거는 없다. 오히려 자신의 정당성을 주장하기 위해 "마치 무에서 유를 만들어내듯" 본문에 "자신이 만들어낸" 많은 내용을 덧붙인 것은 미들턴이었다.[156]

방언의 은사에 관해서는 많은 경우 기록되지 않았을 수 있다. 그러나 이레나이우스는 자기 시대의 많은 사람이 방언을 말했다고 기록했다. 종교개혁 이후로 "방언의 은사가 한 번도 주어진 적이 없다"고 생각하는 것은 단지 "역사적 오류"일 뿐이다. 방언은 과거 채 50년도 안 되는 시기에 "도파니(Dauphiny) 계곡보다 가까운 지역에서만도 수차례 이상 주어졌기 때문이다."[157]

순교로 기독교를 변증한 사람들이 사기꾼이었음을 입증하려는 노력은 쓸 데 없는 짓이다. "그들은 미움을 받았는데 … 이는 대적자들로 하여금 자연히 자신들이 그렇게도 싫어했던 자들이 날마다 계속해온 도전이 근거 있는 것인지 조사하게 만들었을 것이기 때문이다. 만약 사기 행각을 발견했다면 … 그리스도인들을 사자 밥이 되도록 내던진 것에 대해 더 좋

---

154   LCM, J X:41.
155   LCM, J X:47.
156   LCM, J X:48.
157   LCM, J X:54.

은 핑곗거리를 찾을 수 있었겠지만, 그들은 그렇게 하지 못했다."[158] "기독교 변증가들은 끊임없이 박해자들이 '직접 와서 자신들의 눈으로 보기를' 원했다. 이는 그들의 주장이 사실이 아니라면 그 '교활한 사람들'이 결코 그냥 보고 넘기지 않을 위험한 일이었다. 이러한 정황을 고려한다면, 그들이 주장한 내용의 진실성은 의심할 여지가 없다."[159]

---

158 LCM, J X:60.
159 LCM, J X:60–61.

더 깊은 이해를 위한 독서 자료

Collins, Kenneth. *A Faithful Witness: John Wesley's Homiletical Theology*, 25–29. Wilmore, KY: Wesleyan Heritage, 1993.

Lipscomb, Andrew A. "Providence of God in Methodism." In *Wesley Memorial Volume*, edited by J. O. A. Clark, 383–403. New York: Phillips & Hunt, 1881.

Miley, John. *Systematic Theology*. Reprint, Peabody, MA: Hendrickson, 1989.

Pope, William Burt. *A Compendium of Christian Theology*. 3 vols. London: Wesleyan Methodist Book-Room, 1880.

Rack, Henry D. "Piety and Providence." In *Reasonable Enthusiast*, 420–71. Philadelphia: Trinity Press International, 1985.

Ralston, Thomas N. *Elements of Divinity*. New York: Abingdon, 1924.

Slaatte, Howard A. *Fire in the Brand: Introduction to the Creative Work and Theology of John Wesley*, 115ff. New York: Exposition, 1963.

Summers, Thomas O. *Systematic Theology*. 2 vols. Edited by J. J. Tigert. Nashville: Methodist Publishing House South, 1888.

Watson, Richard. *Theological Institutes*. 2 vols. New York: Mason and Lane, 1836, 1840; edited by John M'Clintock, New York: Carlton & Porter, 1850.

Wood, R. W. "God in History: Wesley a Child of Providence." *MQR* 78 (1929): 94–104.

D. 신정론

신정론은 악의 존재와 능력을 온전히 인식하면서도 하나님의 의로우심을 증명하려는 시도다. 이에 신정론은 악과 고통을 어떻게 하나님의 공의와 능력, 사랑에 대한 생각과 연결 지어 이해할 수 있는지에 대해 논증을 펼친다. 웨슬리는 설교 "이해에 대한 약속"과 "우주적 구원", 그리고 많은 편지에서 통찰력 있는 신정론을 분명하게 제시했다. 이제 살펴보려는 것은 웨슬리가 26세 때 악에 관한 신학적 견해를 부친에게 편지로 써서 보낸 내용이다 [부친에게 보낸 1731년 1월 15일 자 편지 중 윌리엄 킹(William King) 대주교가 쓴 『악의 기원』(Origin of Evil)에 대한 논평, B 25:264-67].

1. 악은 어디에서 왔는가?

a. 악은 어디에서 왔는가?[160]

악은 어떻게 세상에 들어왔는가?[161] 마니교도들이 상상하는 "궁극적이고 독립적인 두 명의 신 개념은 의미상 모순된다. … 또 만약 본질적으로 구분되는 절대 무한자가 두 명이 존재할 수 있다면, 그런 절대 무한자 다수를 포괄하는 더 높은 무한자도 있을 수 있다."[162] "무한히 선한 신이 다른 신에 의해 망가질 수 있는 무엇을 창조했다고 주장하는 것은, 그 본래의 성질에 의해 망가질 것을 창조했다는 주장만큼이나 모순된다. … 그러나 만

---

160 "Unde Malum, or Whence Comes Evil? A Response to Archbishop William King's De Origine Mali," LJW 1:64, 68; 8:254; B 2:234.
161 "악은 선택할 가치가 있는 것을 선택하지 않음으로 영원하고 확실한 질서와 이성에서 벗어난 것입니다. … 따라서 우리는 우리의 자유를 잘못 사용할 가능성에서 악의 기원을 바르게 설명할 수 있습니다." 부친에게 보낸 1729년 12월 9일 자 편지에서 악의 기원에 대한 험프리 디턴(Humphrey Ditton)의 관점에 대해 논평한 내용임(B 25:242).
162 부친에게 보낸 1729년 12월 9일 자 편지에서 험프리 디턴의 주장을 웨슬리 자신의 말로 옮긴 내용임, B 25:241.

약 세상에 악을 허용하는 것이 무한한 선과 일치하며, 거기서 필연적으로 비롯되었다고 한다면 문제는 사라진다."[163]

하나님은 왜 고통을 허용하시는가?

고통은 우리로 하여금 그것을 경계하도록 하고, 마치 죽음에 대한 공포처럼, 고통이 없다면 쉽게 사용할 경향이 있는 것을 경고하기 위해 필요하다. 모든 열정은 이런 것에서 필연적으로 솟아난다. … 그러나 만약 고통과 죽음의 공포가 사라져버리면, 어떤 동물도 오래 살 수 없을 것이다. 따라서 이런 악은 그 이상의 선과 필연적으로 연결되어 있기에, 그것을 허용하는 것은 무한한 선과 모순되지 않고, 오히려 그것에서 비롯된다. 우리는 배고픔, 목마름, 유년기, 나이, 질병, 야생 짐승, 독에 대해서도 동일한 주장을 할 수 있다. 이 모든 것이 허용된 것은, 그 각각이 필연적으로 악보다 더 큰 선과 연결되어 있기 때문이다.[164]

하나님께서는 왜 인간이 의지의 자유를 행사하도록 허용하시는가?

의지의 자유라는 말은 능동적인 자기 결정 능력을 말한다. 이 자기 결정 능력은 무엇이 좋기 때문에 어떤 결정을 내리는 것이 아니라, 스스로 결정을 내렸기 때문에 그것을 기뻐한다. … 사람이 자기 결정 원리를 가지고 있다는 결론을 내리는 것은, (1) 우리의 경험이 그것을 보여주며, (2) 그런 능력이 있다는 징표와 특징을 우리 자신에게서 보기 때문이다. 우리는 선택하기만 하면 자신이 원하는 취향과 감각, 심지어 자기 생각과 반대로도 행동할 수 있음을 안다. 우리는 우리에게 그럴 능력이 있음을 인정하는 것 외에는 달리 이를 설명할 방법이 없다. … 따라서 만일 의지의 자유가 우리가 가진 모든 기능 중 가장 고상한 것이라면, 우리의 최고의 행복은 이 자유를 바르게 사용하는 데 있다는 것이 된다.[165]

---

163 Letter to His Father, January 15, 1731, B 25:264–67; 참고. B 4:279–80, 285–86.
164 Letter to His Father, January 15, 1731, B 25:265.
165 Letter to His Father, January 15, 1731, B 25:265–66, 윌리엄 킹의 표현을 웨슬리가 수정한 내용임.

이 의지의 자유는 때때로 "잘못된 선택으로 인해 고통을 주기도 하는데, 이는 우리가 달리 선택했다면 찾아오지 않았을 고통이다. 즉, 우리가 가질 수 없는 것이나, 우리에게 적합하지 않은 것, 어떤 모순적인 것, 또는 우리 능력의 범위를 벗어나는 것을 선택하는 데서 고통이 발생한다. … 그리고 우리는 무지와 부주의함, 지나친 자유를 행사하려는 태도, 완고함, 습관, 우리의 자연적 성향에 의해 이런 어리석은 선택에 빠져든다. 그러니 우리가 선택할 때 얼마나 주의를 기울여야 하는지 잘 알 수 있다."[166]

b. 하나님께서 피조물이 자유를 오용하지 않게 하시는 세 가지 방법

선택의 자유가 오용되는 것을 허용하시기 위해 하나님께 가능한 선택에는 어떤 것이 있겠는가 하는 질문을 염두에 두고, 가능한 한 우리 자신이 하나님의 입장에 있다고 생각해보자. 하나님께서 피조물로 하여금 자유를 오용하지 않도록 막으시는 방법으로는 다음 세 가지가 가능하다.

1. 어떤 존재도 자유롭게 창조하시지 않는 것이다. 그러나 하나님께서 이 방법을 취하신다면 그 결과는 다음과 같을 것이다.

- 온 우주는 단지 기계에 불과한 것이 되고 만다.
- 만약 그렇다면 그런 우주는 하나님께서 우주에서 가장 기뻐하시는 요소, 즉 그분이 이성적 피조물에게 주신 고결한 자유를 상실하게 된다
- 하나님의 이성적 피조물들은 지금보다 나쁜 상태에 있게 된다. 오직 자유로운 행위자만이 온전히 행복할 수 있기 때문이다. 그러나 나쁜 선택을 할 가능성이 없다면 자유라는 것은 있을 수 없다.

---

[166] Letter to His Father, January 15, 1731, B 25:266; 악의 기원에 대한 이후의 언급은 B 2:401–3, 434, 476; *LJW* 1:44, 64n, 68, 305, 309; 5:117; *JJW* 8:285를 보라.

2. 자유로이 선택할 수 있는 능력을 무효화함으로 올바른 것만 선택할 수밖에 없도록 강제력을 행사하시는 것이다. 그러나 이는 자신이 한 일을 취소하는 일이자 자신이 준 것을 다시 빼앗는 일로, 자기 스스로를 부정하는 것이다.

3. 자유를 오용하려는 유혹조차 느낄 수 없는 곳에 이성적 피조물을 두는 것이다. 그러나 이 역시 자유를 전혀 주지 않은 것과 사실상 동일하다.[167]

만약 타락할 수 있는 자유를 허용하지 않으셨다면, 그것은 하나님께서 인류에게서 가장 특별한 선물을 박탈한 것이 될 것이다. 그러나 하나님께서는 심지어 잘못된 결정도 내릴 수 있는 가능성을 가진 선택의 자유와, 그로 인한 고통스러운 결과 모두를 인간에게 허락하심으로 인간을 영예로운 존재로 만드셨다.

2. 미래에 가능하게 될 이해에 대한 약속

초기 설교 "이해에 대한 약속"의 성경 본문은 요한복음 13:7, "하나님이 하시는 것을 네가 지금은 알지 못하나 이후에는 알리라"(성경 본문의 그리스도를 '하나님'으로 바꿈)라는 말씀이다 [설교 #140 (1730), B 4:279-89 (잭슨판에는 수록되지 않음)].

우리는 타락을 허용하시면서까지 의지의 자유를 허락하신 하나님의 목적을 어떻게 바르게 이해할 수 있는가? 웨슬리는 신약 성경의 종말론에 관한 본문에서 위로를 발견했다. 예수님은 발을 씻기는 것을 거부한 베드로에게 "내가 하는 것을 네가 지금은 알지 못하나 이후에는 알리라"(요 13:7)라고 말씀하셨다. 이 말씀을 통해 웨슬리는 보편적 무지라는 관점에서 인간의 유한성에 대해 깊이 숙고했다.

---

167 Letter to His Father, January 15, 1731, B 25:267, 윌리엄 킹의 표현을 웨슬리가 수정한 내용임.

a. 절제된 지식욕과 과도한 지식욕

적절히 절제한다면 지식의 욕구는 즐겁고 유익하다. 이 욕구는 우리의 논리를 발전시키도록 자극하고, 호기심을 일깨우며, 우리로 지식을 받아들이도록 준비시킨다. "지식의 욕구를 적절한 범위 내에서 절제하고, 지식의 방향을 적절한 대상으로 향하게 한다면, 사람의 마음에서 지식의 욕구보다 더 즐겁고 유용한 성향은 거의 없다." 지식욕은 "영혼이 가장 처음부터 지닌 원리 중 하나다."[168]

그러나 사람의 마음을 즐겁게 하고 마음의 눈을 밝혀주는 이 즐거운 지식의 욕구가 우상화되어 부적절한 대상으로 향하면 고통의 원인이 될 수도 있다. 이 욕구가 적절한 범위를 넘어 그 이상의 것을 추구하면, 그런 탐구는 결코 만족스러운 결과를 얻을 수 없다.[169]

웨슬리는 우리가 이 세상에서는 매우 좁은 범위의 지식밖에 가지지 못하지만, 마지막 부활 때는 온전한 지식을 갖게 될 것을 약속받았다는 성경적 역설에 큰 관심을 가졌다. 이 육체 안에 사는 사람은 누구도 "전능하신 하나님을 온전히 알 수 없다." 그럼에도 이 사실이 본질적으로 비극이나 악이 되지 않는 것은, 성경에서 "이후에는" 충분히 "알게 될 것"이라는 약속을 받았기 때문이다.[170]

b. 현재 우리의 자연에 대한 지식의 결함

웨슬리는 왜 유한한 존재는 무한하신 하나님께서 어떤 방법으로 세상과 천체, 사람의 마음, 은혜, 성령 안에서의 삶 등에 질서를 부여하시는지

---

168 "The Promise of Understanding," B 4:281, 서문 1.
169 B 1:208; 2:561; 3:183–84; 4:341.
170 "The Promise of Understanding," B 4:282, 서문 5.

를 알 수 없는지, 왜 우리는 악이 창조세계에서 일시적으로 활동할 수 있게 되었는지를 충분하게 설명할 수 없는지, 왜 다양한 기질을 가진 자유로운 피조물 사이에 불평등이 존재하는 것이 허락되었는지, 왜 하나님께서 피조물 중 가장 고귀한 존재들이 그렇게 오랫동안 끔찍한 무지에 머물도록 허락하셨는지 등에 관해 일련의 성경적 논증을 제시했다. 비록 하나님께서 세우신 질서에 대한 부분적 증거들이 "우리 눈앞에 날마다" 넘쳐나더라도, 유한한 인간은 누구도 하나님께서 어떻게 세상에 질서를 부여하셨는지를 충분히 알 수 없다.[171] 우리의 지식이 미치지 못하는 먼 우주에서 우리가 알지 못하는 우리 자신의 내면의 깊이에 이르기까지 우리가 충분히 알지 못한다는 사실은 동일하다. 우리는 우주와 우리 자신이 질서 있게 만들어진 사실은 알지만, 왜 그런지는 속속들이 알지 못한다.

웨슬리는 뉴턴의 만유인력의 법칙의 예를 들었다. 즉 "모든 자연체가 서로를 끌어당기는 경향" 곧 인력이 있고, 비밀스러운 사슬에 의해 우주의 모든 부분이 의미심장하게 연결되어 있다는 사실은 분명하다. 그러나 어떻게 이런 경향이 전 우주적으로 균형 있게 어우러지는지, 그리고 우주적 결속력과 자연 전체의 근원이 정확히 무엇인지를 묻는다면, 우리는 단지 "자연 법칙" 같은 이성적 개념이나, "하나님의 손가락" 같은 비유에 의존해 설명할 수밖에 없다. 자연의 움직임의 "무한한 다양성"과 "완벽한 규칙"에 대한 우리의 지식은 어느 순간 한계에 부딪히고 만다.[172]

c. 우리는 인간의 움직임의 원천을 알 수 있는가?

정신과 신체가 어떻게 연결되어 있는가 하는 것은 천체의 집합만큼이

---

[171] "The Promise of Understanding," B 4:282, sec. 1. 1.
[172] "The Promise of Understanding," B 4:283, sec. 1. 1; 만유인력에 관한 언급은 B 3:93; 4:283를 보라.

나 인간의 지식으로 풀기 힘든 수수께끼다. 예를 들어, 사람의 얼굴이 붉어지거나 소름이 돋는 경우처럼, "사람의 가장 깊은 영혼의 생각이 어떻게 몸의 가장 바깥 부분에 즉각적으로 영향을 끼치는지, 또 몸의 가장 바깥 부분에서 받은 영향이 어떻게 그 사람의 가장 깊은 곳의 영혼에 즉각적으로 영향을 끼치는지 누가 알 수 있는가?"[173] 어떻게 생명이 몸과 연결되어 있는가? 영은 어떤 방식으로 물질에 둘러싸여 있는가? 이런 것들이 실증적 연구의 대상이 될 수는 있다. 우리는 정신과 신체의 접점에 관해 부분적인 사실을 설명할 수 있는 어느 정도의 이성적 능력을 가지고 있기 때문이다. 그러나 궁극적으로 "우리는 우리 자신에게도 수수께끼와 같다. 우리는 하나님께서 우리 안에서 놀랍게 일하고 계신다는 사실을 안다. 그러나 그가 어떻게 일하시는지 그 방식은 모른다. 그것은 우리가 현재 가진 능력으로 이해하기에는 너무나 기이할 뿐이다. 우리의 손을 연구하든, 마음이나 머리를 연구하든, 우리는 전능하신 하나님께서 일하신 수많은 흔적을 본다. 그러나 그것들을 추적함으로 그 근원에까지 이르려는 시도는 헛될 뿐이다. '하나님은 구름과 흑암에 둘러싸여 계신 분이시기 때문이다.'"[174]

더 나아가 은혜의 근원 역시 헤아릴 수 없다. 효과적인 기도는 큰 도움이 된다. 그러나 "우리는 어떻게 기도가 도움이 되는지는 설명하지 못한다. 하나님께서 우리에게 역사하시는 것이 어떻게 우리 친구들의 기도의 결과일 수 있는지 … 우리는 이해하지 못한다."[175] 이 모든 '왜?'라는 질문은 종말론적 해명을 기다린다.

---

173 "The Promise of Understanding," B 4:283, sec. 1. 2.
174 "The Promise of Understanding," B 4:284, sec. 1. 2; 시 97:2.
175 "The Promise of Understanding," B 4:284, sec. 1. 4.

d. 자연적, 도덕적, 징벌적 악을 종말론적 관점으로 이해하기

왜 그리고 어떻게 하나님께서 악에 대해 행하시고 제한하며 문을 열고 닫으시는가 하는 것이 현재의 시간과 공간에서는 알 수 없는 것으로 남아 있지만, 이후에는 알게 될 것이라고 하나님께서는 약속하셨다.

> (현재로서는) 우리는 하나님께서 왜 악이 자신의 창조세계에 존재하는 것을 참고 계시는지, 왜 스스로 무한한 선이시며 모든 것을 "심히 좋게" 창조하신 분께서 … 자신의 본성과 완전히 반대되고, 자신의 가장 고귀한 창조물에게 큰 해를 끼치는 악을 허용하셨는지 우리는 설명할 수 없다. '왜 세상에는 죄가 있고 거기에 따르는 고통이 있는가?'라는 질문은 세상이 시작된 후부터 있었으나, 아마도 인간의 이해력이 확실한 답을 찾기 전에 이 세상은 끝날 것이다.[176]

웨슬리의 신정론은 다음과 같이 주장한다.

> 모든 악은 자연적이거나 도덕적이거나 징벌적이다. 자연적 악이나 고통은, 그로 인한 유익이 더 크다면 전혀 악이 아니다. 도덕적인 악이나 죄는 그것을 기꺼이 환영하고 선택하지 않는다면 누구에게도 발생하지 않는다. 징벌적인 악 또는 형벌 역시 죄를 선택하지 않는 한 발생하지 않는다. 이 사실은 공의롭고 선하신 하나님께 모든 비난을 돌리는 태도를 전적으로 멈추게 한다. 하나님께서 피조물에게 선이나 악을 택할 수 있는 자유를 주시고, 행복과 불행을 결정하게 하시며, 생명과 죽음의 선택을 맡기신 것이 하나님의 선하심이나 공의와 모순된다는 주장은 결코 입증될 수 없다.[177]

그러나 "하나님은 왜 그들에게 선택의 자유를 주셨는가? 분명한 사실은, 그것이 그분의 속성 중 어떤 것과도 충돌하지 않는다는 점이다." 그러

---

176 "The Promise of Understanding," B 4:285, sec. 2. 1.
177 같은 곳.

나 하나님께서 우리를 지금과는 다르게 창조하실 수는 없었는가? 만약 하나님께서 사람이 어떤 결정을 내리든 아무 관계 없이 행복하도록 "오직 생명만을 누리게 하시고" "사람을 행복에만 옭아매놓아 불행을 선택할 수 없도록" 창조하기로 결정하셨다고 가정해보자. 그렇게 아무런 선택을 할 수 없는 존재는 인간으로 부를 수 없다. "모든 지혜의 하나님께서 충분한 동기도 없이 무엇인가를 행하지는 않으셨을 것이다. … 그러나 그 동기가 무엇인지는 인간의 눈에 감추어져 있다. … 그 이유는 인간의 귀로 들어본 적도, 인간의 마음으로 상상해본 적도 없는 것일 것이다."[178]

e. 왜 현 세계는 불평등과 제한으로 가득한가?

심지어 복되고 거룩한 삶을 선택한 사람들 사이에도 누구도 설명하지 못하는 불평등이 존재한다. 우리의 삶은 특정한 한계 내에서 이루어는데, 하나님께서는 우리의 행복에 전혀 도움이 되지 않는다면 "자신의 이성적 피조물에게 그런 한계를 정하지 않으셨을 것이다." 그러한 한계들은 공감과 인내라는 덕을 만들어낸다.

많은 고난 속에서 우리는 "대체로 고난의 직접적 이유를 찾고자 한다. 우리는 일반적으로 사람이 어떤 고통을 겪을 때, 그 고통이 없었다면 자연히 향했을 특정한 악을 피하게 되거나, 혹은 그에게 특별히 부족했던 어떤 덕을 이루는 데 유익한 상황이 형성되는 것을 볼 수 있다. 그러나 거기서 한 걸음 더 나아가면 우리는 또다시 길을 잃고 만다. 사람이 왜 자연히 그런 악으로 기울어져야 하는지 설명할 수 없기 때문이다."[179] 만약 자신의 고통이 교만 때문이며, 자신을 겸손하게 하시려는 선한 목적을 가진 것임

---

178 "The Promise of Understanding," B 4:285–86, sec. 2. 1.
179 "The Promise of Understanding," B 4:286, sec. 2. 2.

을 알더라도, "'왜 선하신 하나님께서 내가 그렇게 교만에 빠지도록 내버려두셨는가?' 하는 어려운 문제는 여전히 남는다." 그때 할 수 있는 일은, "깊도다 하나님의 지혜와 지식의 풍성함이여, 그의 판단은 헤아리지 못할 것이며 그의 길은 찾지 못할 것이로다"(롬 11:33)라고 외치는 것뿐이다.[180]

f. 왜 이 세상에 사는 동안은 악의 원인에 대해 무지할 수밖에 없는가?

웨슬리는 하나님께서 인간에게 무지를 허용하신 이유를 네 가지로 설명했다.[181]

1. 그러한 "무지는 우리가 하나님에 대해 아는 것이 너무나 적음을 인식함으로, 우리가 스스로를 바르게 알기 위해 더 노력해야 한다는 가장 유익한 지식을 가르쳐 우리를 겸손하게 만든다." 우리는 "우리가 이해하는 일에서 전적으로 무능하다는 사실"을 받아들여, 그것을 "우리의 행동 방식이나 이유 등 우리가 이해할 수 있는 것들에 진지하게 적용할 수 있다." "우리의 가장 고상한 재능조차도 완전하지 않음을 우리에게 늘 마나 알려주는 많은 실례"만큼 우리 자신을 잘 알게 하는 것이 무엇이겠는가? 스스로 자랑하는 인간의 이성조차 그렇게 불완전하다면, 인간의 구성요소 중 그보다 못한 부분들은 얼마나 더 불완전하겠는가?"[182]

2. 천사들은 지식으로 인한 교만 때문에 타락했다. 따라서 하나님께서는 인간 역시 너무 많은 지식으로 타락하지 않도록, 인간에게 교만에 빠지게 할 정도의 풍부한 지식을 주지 않으심으로 "특별히 그들을 보호하셨다." 따라서 우리에게는 무지가 복이 되는데, 우리는 경험의 부족으로 그

---

180 "The Promise of Understanding," B 4:286–87, sec. 2. 2.
181 웨슬리는 이 단락의 1과 2를 하나로 묶어 이 논증을 세 부분으로 나누었다.
182 "The Promise of Understanding," B 4:287, sec. 3. 1.

것을 잘 깨닫지 못한다.[183] 하나님께서는 우리의 지식을 제한하심으로 우리로 교만에 빠지게 하는 유혹을 억제하신다. 우리는 스스로의 한계를 기꺼이 인정하고 회개할 것을 요구하는 "현재의 이해의 우둔함"으로 인해 겸손을 배운다.[184]

3. 우리는 출생과 죽음 사이에서 "믿음으로 행하고 보는 것으로 행하지 아니함"(고후 5:7)을 요청받는다. 하나님의 가장 중요한 의도는, 지금 우리가 눈으로 보고 지식을 갖는 것이 아니라, "우리가 자신의 전적 선택에 의해 무엇인가를 누구에게 주거나 주지 않는 것처럼, 자신의 의지적 동의에 의해" 스스로 믿기로 선택하는 것이다. 창조주 하나님의 이러한 의도는 우리가 지금 가진 이해력으로도 훌륭하게 이루어지고 있다. 그 이해력은 지식을 위해서는 충분하지 않더라도 신앙을 위해서는 충분하다. 우리는 하나님을 볼 수는 없지만, 신뢰할 수는 있다."[185]

4. 인간의 상대적 무지를 바르게 이해하는 데 가장 설득력 있는 논증은 종말론적 변증이다. 이는 우리가 이후에는 알게 될 것이라는 사실 때문이다(요 13:7). 지금 우리가 무지한 것은 이후에 다음과 같은 것을 주시기 위함이다.

> 천국의 즐거움이다. 그보다 더한 것이 있겠는가! 커튼이 단번에 사라져 하나님의 지혜와 선하심의 온전한 빛을 누리게 되다니! 눈에 보이는 이 세상의 창조주께서 어떻게 그 모든 부분을 함께 붙드셨는지 … 사람의 몸과 영혼의 놀라운 결합과, 영과 물질, 없어져버릴 진흙과 불멸의 구조 사이의 놀랄 만한 조화 … 그리스도께서 왜 보시기에 심히 좋았다고 선언하신 자신의 피조물과 함께하시기

---

183 B 2:131–35; 3:172, 191–92; 참고. 2:429–30; 4:344.
184 "The Promise of Understanding," B 4:288, sec. 3. 2.
185 같은 곳.

위해 죄와 고통을 담당하셨는지를 알게 되다니! 주님께서 받으신 저주에서 비롯된 이 모든 것은 얼마나 형언할 수 없이 복된가! 얼마나 많은 유익이 우리의 결함에서 비롯되고 또 그 결함을 능가하는가! … 이 모든 것은 우리가 영광과 불멸로 옷 입고 순결하고 강하게 되어 하나님을 뵐 수 있도록 하기 위해 잠시 유보되었을 뿐이다![186]

E. 악의 문제

1. 자연적 악에 대하여

웨슬리는 포르투갈에서 발생한 매우 파괴적인 지진이라는 비극적인 사건에서 영국 국민에게 경각심을 가지라고 촉구할 만한 이유를 발견했다 ["최근에 있었던 리스본 대지진에 대한 소고"(Serious Thoughts Occasioned by the Late Earthquake at Lisbon, 1755), J XI:3–10]. 즉, 회개의 기회가 끝없이 주어지지는 않는다는 것이다.[187]

웨슬리가 하나님의 심판의 증거이자 동시에 회개하라는 하나님의 은혜로운 초청으로 여긴 재앙에는 전쟁, 역병, 큰 폭풍, 그리고 가장 놀라운 것으로 지진이 포함된다.[188] 그는 위트슨 절벽(Whitson Cliffs)에 가서 낙석의 원인을 직접 알아보기 위해 많은 노력을 기울였다("나는 무너진 곳 대부분의 주변과 그 위를 걷거나 기어가 보고, 올라가 보기도 했다"). 그는 거기서 자연적 원인을 찾아보려 했으나, 그 사건을 "단지 자연적 원인"으로 축소할 수 있을지에 대해서는 충분히 만족스러운 해답을 얻지 못했다.[189]

---

186 "The Promise of Understanding," B 4:288–89, sec. 3. 3.
187 웨슬리는 리스본 지진이 하나님의 심판이라고 추측할 만한 근거는 아마도 포르투갈의 종교재판과 관계가 있을 것이라고 생각했다; 참고. JJW 4:141; 5:40.
188 지진에 관한 언급은 B 2:390, 507; LJW 3:156; 6:150, 284; JJW 3:453–57; 4:117–20; CH 7:727을 보라..
189 "Serious Thoughts Occasioned by the Late Earthquake at Lisbon," J XI:3, 4; 참고. XI:496–504.

웨슬리는 낭만주의자들을 거짓 평안에 내버려두지 않았다. "혜성에 대해 어떻게 생각하는가? … (아무도 광신주의자로 여기지 않았던) 창의적이고 정확했던 고(故) 핼리(Halley) 박사는 1758년에 [그로부터 3년 후인] 그 놀라운 혜성이 돌아올 날짜가 언제인지 예측했고, 핼리 혜성이 마지막으로 공전할 때는 지구가 태양 주변을 도는 연간 경로와 동일한 궤도로 움직이는 것을 관찰했는데", 이는 자칫 '지구를 불사를 수도 있었다.'[190]

재앙이 자연적 원인으로 일어날 수 있음을 인정하더라도, "그 역시 자연의 주인이신 하나님의 지시 아래 이루어진다. 자연이란 것이 하나님의 기술 또는 하나님께서 물질 세계에서 활동하시는 방법이 아니라면 다른 무엇이겠는가?"[191] 하나님과 교제하며 사는 사람은 "온 세상이 움직이고 산들이 바다에 던져진다 해도 두려워할 필요가 없다."[192]

2. 피조물의 탄식과 우주적 구원

설교 "우주적 구원"의 성경 본문은 로마서 8:22, "피조물이 다 이제까지 함께 탄식하며 함께 고통을 겪고 있는 것을 우리가 아느니라"라는 말씀이다 [설교 #60 (1781), B 2:437–50; J #60, VI:241–53].

a. 미래의 생태 환경에 대하여

웨슬리의 다른 어떤 글보다 철학적 생태학에 가까운 설교 "우주적 구원"은 먼저 식물과 동물의 삶을 타락 이전 인간의 본래 상태와 연관 지어 이해하고, 다음으로는 타락 후 상태와 연결 지으며, 최종적으로는 부활의

---

190 "Serious Thoughts Occasioned by the Late Earthquake at Lisbon," J XI:9.
191 "Serious Thoughts Occasioned by the Late Earthquake at Lisbon," J XI:6, 7.
192 "Serious Thoughts Occasioned by the Late Earthquake at Lisbon," J XI:10; 찰스 웨슬리의 "The Cause and Cure of Earthquakes," J VII:386–99도 참고하라.

빛에서 바라본다. 식물과 동물, 심지어 무생물계가 겪는 고통을 창조, 타락, 죄의 역사, 구원, 완성이라는 구속사의 맥락에서 보는 것이다.

하나님의 자비는 암석, 식물, 동물, 인간, 천사 등 그의 모든 피조물에 미친다.[193] 따라서 우리는 하나님께서 우리에게 보여주신 것과 같은 선과 자비를 나타내, 우리 인간뿐 아니라 다른 피조물들의 고통에 대해서도 우리에게 책임이 주어진 어떤 영역에서든 자비를 베풀어야 한다.

b. 존재의 대(大)사슬

웨슬리는 비길 데 없이 선하신 분이 대단한 다양성과 복잡성을 지닌 창조세계를 (유출한 것이 아니라) 만드시고, 그 안에서 상대적으로 적은 지각을 가진 구성원이 더 큰 지각을 지닌 구성원에 유익을 끼치고, 가능성을 주며, 돕게 하신 존재의 대(大)사슬이 있다고 생각했다.[194] 식물이 동물의 생명을 부양하고 에너지를 공급하는 것같이, 동물들은 인간 생명의 유지를 돕는다.[195]

무기물[196]은 유기물을 부양하고 양식을 공급하는데, 유기물은 다시 동물을 부양하는 먹이사슬의 기초가 되며, 동물은 또다시 유한성과 자유의 흥미로운 조합을 통해 자연에 뿌리를 두면서도 상상력과 이성, 자기 결정 능력이라는 놀랄 만한 능력을 가지고 불안하게 이 특별한 창조세계를 살아가는 인간의 부양을 돕는다. 인류는 "자신의 창조주를 알고 사랑하며 순종함으로 하나님과 교제할 수 있는 피조물"로서 창조세계의 중간적 위계에서 살아가면서, 유한성과 자유 모두를 가지고서 정신과 신체가 서로 연

---

193 "The General Deliverance," B 2:437, 서문 1.
194 "The General Deliverance," B 2:438–41, 서문 1. 1–2; 또 B 2:396–97, 436; 3:464를 보라.
195 "The General Deliverance," B 2:441, sec. 1. 5.
196 B 11:269.

결되어 있음을 경험한다.[197]

c. 타락 전 인간의 상태

웨슬리는 인간의 창조를 특별한 구성 요소인 몸과 영, 유한성과 자유의 독특한 결합으로 보았다. 우리는 동물처럼 몸을 가지고 있으나, 언어적·이성적·창의적·영적 능력을 가진 점에서 동물을 능가한다. 동물들은 우리만큼의 역량을 가지지 못했다. 인간의 자유는 하나님의 선과 자비를 반영할 수 있는 능력을 가졌는데, 인간 이외의 피조물은 그 능력을 다양한 수위로 결여하고 있다.[198] 인간은 다른 피조물보다 훨씬 깊이 "하나님과 교제할 수 있다."[199] 우리는 천사같이 영적 능력을 지니고 있으나, 그들과 달리 시간 속에서 물질적 몸을 가지고 있다.

죄의 역사가 펼쳐지기 전 본래의 상태에서 인간은 타락하지 않은 자유와 죽지 않는 생명을 가졌고, 어떤 죄책이나 염려도 없었다.[200] 각각의 피조물은 나름의 방식으로 하나님의 영광을 나타냈는데, 인간은 하나님의 도덕적 형상을 반영함으로써,[201] 동물들은 생명력 넘치는 삶을 통해서였다.[202] 낙원에서 인간은 선택의 자유를 가지고 하나님의 형상을 반영하며 온전히 행복했다. 그 자유가 없었다면 인간은 "생명 없는 피조물들처럼 악이나 덕을 행할 수 없는 상태"였을 것이다. 하나님의 자연적 형상은 스스로 움직일 수 있는 능력과 이해력, 의지력 등으로 이루어져 있었다."[203]

---

197 "The General Deliverance," B 2:439, sec. 1. 2.
198 같은 곳.
199 "The General Deliverance," B 2:441, sec. 1. 5.
200 "The General Deliverance," B 2:438, sec. 1. 1.
201 "The New Birth," B 2:188, sec. 1. 1.
202 *LJW* 3:108; *SS* 2:230n.
203 "The General Deliverance," B 2:438–39, sec. 1. 1; 참고. "The End of Christ's Coming," B 2:474, sec. 1. 3.

d. 본래의 식물과 동물의 세계

인간은 창조세계의 질서를 다스릴 책임을 부여받아 청지기와 이름을 짓는 자로서 우주의 중심적 위치에 있었다.[204] 모든 동물의 이름은 사람이 지은 것인데, 이는 사람이 식물계와 동물계 전체를 돌보는 청지기 직분을 부여받았기 때문이다.[205] 하나님께서는 자신의 복이 사람을 통해 다른 피조물에게 흘러가기를 원하셨다. 이 방법으로 인간 이외의 피조물은 처음부터 인간의 운명에 자신들의 행복을 의존하고 있었다.[206]

인류의 선함은 하나님의 선하심을 반영함으로 가능하다. 피조물의 선함은 각 존재에 적합한 정도로 창조세계에 유익을 끼치는 데서 발현된다. 모든 피조물은 자신만의 특별한 방법으로 전체를 유익하게 한다. 어떤 피조물도 다른 피조물과 똑같은 방식으로 전체에 유익을 끼치지는 않는다. 성경은 인류가 타락하기 전의 동물계를 풍부한 음식, 즐거움, 감사, 불멸이 있는 낙원과 같이 묘사한다.

인류가 불순종함으로 하나님께서 의도하신 관계를 깨뜨렸을 때 어떤 일이 발생했는가? 그 결과는 존재의 사슬 전체에 매우 처참한 것이었다. 죄로 인해 인간의 삶은 하나님의 복을 전달해 다른 피조물들을 유익하게 할 수 없게 되었다.[207] 이제는 환경 신학과 윤리에 대해 웨슬리가 무엇을 예견했는지 살펴보자.

e. 고통으로 신음하는 창조세계: 로마서 8:19-22

바울은 로마서 8장에서 온 우주가 겪고 있는 현재의 고난을 앞으로 나

---

204 "The General Deliverance," B 2:440, sec. 1. 3.
205 청지기 직분에 관해서는 B 1:548-49; 2:266-67, 276-98; 3:231-32, 239-40; 4:183-84를 보라.
206 "The General Deliverance," B 2:440-41, sec. 1. 3-5.
207 "The General Deliverance," B 2:442, sec. 2. 1.

타날 영광과 비교한다. 창조세계 전체는 고통으로 탄식하면서 이 영광의 때를 기다리고 있다.[208] "생각하건대 현재의 고난은 장차 우리에게 나타날 영광과 비교할 수 없도다"(롬 8:18). 우리에게 나타날 영광은 이미 시작되었으나 아직 완성되지 않은 성령의 사역이다. 이 말씀에서 바울이 염두에 둔 것은 비유기적 · 유기적 생명체와 동물을 포함해 물질적 우주 전체다. "피조물이 고대하는 바는 하나님의 아들들이 나타나는 것이니 피조물이 허무한 데 굴복하는 것은 자기 뜻이 아니요 오직 굴복하게 하시는 이로 말미암음이라 그 바라는 것은 피조물도 썩어짐의 종노릇 한 데서 해방되어 하나님의 자녀들의 영광의 자유에 이르는 것이니라 피조물이 다 이제까지 함께 탄식하며 함께 고통을 겪고 있는 것을 우리가 아느니라"(롬 8:19-22).[209]

이 말씀의 의미는 물질적 우주와 살아있는 모든 피조물이 부활을 기다린다는 것이다. 그런데 이것이 어떻게 현재의 생태적 위기와 관계가 있는지는 특별히 주의를 기울일 가치가 있다. 웨슬리는 동물도 미성숙하게나마 부활을 갈망한다는 독특한 생각을 개진했다. 온 우주는 하나님의 자비의 최종적 현현을 기다리고 있는데, 그것은 벌써 다가오고 있다.[210]

f. 하나님의 복을 동물계에 전달하지 못하는 인류

생물권에 존재하는 많은 불필요한 고난과 고통은 인간의 죄로 인한 것이다. 이로 인해 "피조물은 허무한 데 굴복하게 되었지만 이는 자기 뜻에 의한 것이 아니었다"(참고. 롬 8:20). 동물들은 스스로 선택할 기회를 얻지

---

208 "The General Deliverance," B 2:438, 서문 2.
209 *LJW* 3:107.
210 "The General Deliverance," B 2:438-39, sec. 1. 1-2.

못한 채 그들을 굴복시킨 이들, 즉 한때는 훌륭했으나 어리석게 타락해버린 인간의 의지에 의해 굴복된 것이다. 죄는 인간 이외의 생명을 가진 피조물들을 인간의 운명 아래 종속시켰다.[211] 인간이 스스로의 선택으로 타락하자 동물계와 식물계는 인간이 세대를 거듭하면서 공동으로 내린 선택의 결과로 고통을 당하게 된다.

따라서 죄의 역사는 창조주께서 동물에 대한 계획과 목적을 새로이 전달하시기 위한 결정적 전환점이 된다.[212] "낙원에서 하나님의 모든 복이 사람을 통해 열등한 피조물로 전해지고, 사람이 창조주와 동물의 세계 전체의 소통에서 중요한 통로가 되었으나, 사람이 이 복을 더는 전하지 못하게 되자, 그 소통은 필연적으로 끊어지고 말았다."[213]

인간의 죄는 식물과 동물의 삶에 파괴적 결과를 가져왔다. 우리가 우리 자신의 복의 원천을 잃어버렸기에, 더는 식물과 동물의 세계를 위한 복의 원천이 되지 못한다. 이런 방식으로 식물과 동물의 삶은 상당한 정도로 인간이 초래한 복의 상실과 실질적 불행을 공유하게 되었다.[214] 생물권의 행복은 하나님의 거룩하심과 선하심을 반영하는 인간의 정신과 영의 능력에 의존하게 되었고, 인간이 그렇게 하지 못할 때는 고통을 당할 수밖에 없게 되었다.[215]

g. 동물계에 대한 생태학적·종말론적 신정론

참으로 좋은 것에 대해 부주의했던 우리는 경고를 받은 대로 타락해

---

211 "The General Deliverance," B 2:442, sec. 5.
212 "The General Deliverance," B 2:441, sec. 1. 5.
213 "The General Deliverance," B 2:442, sec. 2. 1.
214 이런 방식으로 불행은 "죄의 파생물"이 되었다. B 2:410; 4:299.
215 "The General Deliverance," B 2:438, 서문 2.

거룩함과 복된 상태를 잃어버리고, 몸은 죽을 수밖에 없게 되었다. 우리가 본래 신뢰로 가득했던 자유를 잃게 되자, 동물들도 자신에게 주어진 제한된 자유의 영역을 상실했다. 그들은 인간의 타락으로 자신들의 복을 상실했다. 따라서 이 취약한 지구 환경에서 동물과 식물의 삶은 죄의 역사에 깊이 연루되고 말았다. 우리의 죄의 결과로 인간의 역사뿐 아니라 자연 질서 전체에 고통이 존재하게 되었다.[216]

만약 만물의 창조주께서 창조된 것 중 어느 것도 멸시하지 않고 모든 피조물이 행복하기를 원하신다면, 어떻게 자연 세계에 그렇게 많은 고통이 존재할 수 있는가? 왜 그렇게 많은 악이 피조물(식물, 동물, 인간)을 억압하고 억누르는 것인가?

그 해답은 역사의 범주 내에서가 아니라, 오직 역사의 종말과 관련해서만 찾을 수 있다. 고통의 문제는 최후의 심판과 관련지어 바라보지 않으면 적절하게 이해할 수 없다.

우리는 고통을 계시의 점진적 전개 과정과 관련지어 이해해야 한다. 우리가 왜 고통을 당하는지에 관해 즉각적이며 합리적인 대답을 요구하는 사람은, 스스로 이 종말론적 해답을 배제해버리는 오류를 범하는 것이다. 웨슬리에게 고통은 그 사회의 역사와 분리되어서는 바르게 이해할 수 없는 것이었다. 각각의 고통받는 사람들은 오직 특정한 사회적 배경에서 그 정체성을 가진다. 우리는 고통받는 사람들을 그들이 속한 시대나 역사와 분리할 수 없다. 역사는 오랜 시간에 걸쳐 형성되었을 뿐 아니라, 죄를 짓고 그 죄가 또 다른 선택에도 영향을 끼치며 대를 잇는 세대들에게 악의 연결고리를 만들어나가게 하는 자유로운 행위자들과 관련되어 있어 복잡

---

216 "The General Deliverance," B 2:442–45, sec. 2; 참고. B 2:400, 428–29, 509; 4:285.

하다. 죄는 개인적으로 풀 수 있는 단순한 문제가 아니며, 죄의 역사는 인간 본성에 파괴적 영향력을 가지고 있다.[217]

h. 타락한 창조세계의 탄식: 동물의 고통에 대하여

우리는 식물과 동물의 세계의 위기에 대해 논의하고 있다. 우리와 그들은 우리가 보아온 유일한 세상인 타락한 세상에 살고 있다. '우리'는 집합적이고 대표적인 존재로서 아담과 함께 한때 낙원에 있었다. 그러나 개인으로서 '나'는 그때 태어나지 않았다. 우리는 동물들이 다음의 요소들을 상실한 세상에 태어났다.

인간의 타락으로 동물들은 본래의 상태를 잃어버렸다. 대부분의 동물은 직관적으로 이를 알기에 본능적으로 사람을 피한다. 타락한 인류는 새, 짐승, 물고기, 식물에게 공동의 적이 되었다. 동물 사냥은 한눈에 보더라도 인간 타락의 증거다. 인간이라는 괴물은 이상하게 기형적이 되어버린 세상에서 포식자의 원형이 되었다.[218]

웨슬리는 집에서 기르는 몇몇 동물은 본래의 기질을 반영하는 특성을 일부 지니고 있다고 생각했다.[219] 그러나 심지어 "친근한 동물들"로서 웨슬리가 평생 깊은 애정을 가졌던, "지칠 줄 모르고 부지런히 주인의 필요나 즐거움을 만족시키는 … 배려심이 많은 말", "주인의 손동작이나 눈짓을 기다리는 충성스러운 개"들조차도 인간의 자유의 오용으로 다양하게 고통을 당한다. 그 외의 동물의 세계는 흉포함과 잔인함으로 가득하다. 그들은 서로를 죽임으로써 생명을 부지한다. 인간의 타락은 그들 본래의 아

---

217 "The General Deliverance," B 2:442–45, sec. 2.
218 "The General Deliverance," B 2:442–44, sec. 2. 2–4.
219 "The General Deliverance," B 2:442, sec. 2. 2.

름다움과 탁월함을 축소시켰다. 비록 인간의 자유에 뒤따르는 죄책이나 불안은 가지고 있지 않지만, 그들은 인간의 죄로 인해 많은 다른 형태의 신체적 고통을 겪는다.[220]

창조세계 전체가 죄의 세력 아래서 탄식하고 있다. 즉, "피조물이 다 이제까지 함께 탄식하며 함께 고통을 겪고 있는 것"(롬 8:22)이다. 한편으로는 우리도 "속으로 탄식"하면서 하나님의 양자가 될 것을 간절히 기다린다(롬 8:23). 우리는 이미 시작되었으나 아직 완성되지 않은 우리 몸의 구원 과정의 완성을 고대한다. 우리는 "이 소망으로 구원을 얻었다"(참고. 롬 8:24).[221]

i. 우주적 구원과 동물계

동물들은 언제까지나 지금의 상태에 머물러 있을 것인가? 우리가 하나님의 약속을 떠나 경험적으로 판단하면 동물들은 항상 지금의 상태로 머물러 있을 것처럼 보인다. 그러나 성경의 계시에 의하면 하나님께서는 모든 피조물을 위해 우주적 구원을 약속하셨다. 동물계는 인간 존재가 하나님의 도덕적 선함을 나타내는 창조 본래의 상태로 회복될 때, 인간이 회복되는 만큼 회복되도록 정해져 있다.[222]

웨슬리는 죄의 역사, 하나님과 인간의 화해, 그리고 우주적 구원의 종말론적 대망이라는 맥락에서 하나님의 창조세계를 생태학적으로 숙고한 특별한 부류의 생태학자였다. 그는 하나님의 창조세계가 아름다움, 자유, 진정한 사랑, 본래의 생기를 회복하면 어떤 모습이 될 것인지 오랫동안 숙

---

220 "The General Deliverance," B 2:444, sec. 2. 3.
221 "The General Deliverance," B 2:445, sec. 3. 1.
222 같은 곳.

고하면서, 거의 비현실적으로까지 보일 수 있는 전망을 갖게 되었다. 그가 주장한 것은 동물의 권리가 아니라, 동물과 관련된 종말론적 신정론이다. 웨슬리는 미래의 동물과 식물의 삶을 시작과 끝, 특히 부활과 연관 지어 바라보았다. 동물과 식물의 종말론적 운명은, 그 모든 것의 타락을 초래한 타락한 인간 의지의 회복을 조건으로 한다.[223]

"피조물도 썩어짐의 종노릇 한 데서 해방되어"(롬 8:21). 바울이 여기서 말씀하는 것은 단지 인간 역사의 해방만이 아니라, 그것에 의해 우주와 모든 피조물이 해방된다는 것이다. "하나님의 자녀들의 영광의 자유"(롬 8:21)는 이러한 해방을 포함한다. 하나님 자녀들의 자유의 회복은 우주에 놀랄 만한 영향을 끼치게 될 것이다.[224]

j. 피조물의 삶이 소외되는 중에도 계속되는 하나님의 공의

우리는 창조세계 안에서의 현재의 생태학적 책임을, 마지막 날 주님께서 물으실 최종적인 책무로 여겨야 한다. 하나님의 자비는 마침내 그의 모든 피조물에 미치게 될 것이다. 하나님의 공의는 피조물의 삶이 소외를 겪고 있는 중에도 계속될 것이며, 궁극적으로는 드러날 것이다.[225] 그때까지 우리는 하나님이 자비로우신 것처럼 우리도 자비로 행하도록 격려받는다.

우주적 구원의 약속은 우리로 하나님께서 돌보시는 연약한 피조물에 대해 부드러운 마음을 갖게 한다. 우리 마음을 넓혀 하나님께서 잊지 않으시는 그들에게로 향하게 한다. 또 우리가 그들과 다르지만 그럼에도 유사

---

223 "The General Deliverance," B 2:444-48, sec. 3.
224 "The General Deliverance," B 2:445-47, sec. 3. 1-5.
225 "The General Deliverance," B 2:445-48, sec. 3.

한 점이 많고, 우리가 그들을 위한 중재자의 역할을 부여받았음을 되새기게 해준다. 우주적 구원의 약속은 하나님께서 예비하신 구원의 때를 소망하고 기대하도록 우리를 격려한다.[226] 동물들이 현재의 속박에서 구원받고 하나님의 자녀의 영광스런 자유의 회복에 참여하는 것은 복음에 선포된 장래의 희망에 달려있다.[227] 인류가 최종적 구원을 얻을 때 하나님께서는 동물들을 그들이 속한 존재의 등급 내에서, 타락 전에 가졌던 초기 상태보다 더 뛰어난 상태로 변화시켜주실 것이다. 만약 영광스러운 부활로 인해 인간의 의식이 천사들과 같은 새로운 수준의 명민함과 영적 특성을 갖게 된다면, 그와 유사한 변화가 동물에게도 일어날 것이다.[228] "동물들에 관해 내가 추측하는 바를 말하도록 허용된다면, 나는 이같이 말할 것이다. 전지하시고 은혜로우신 창조주께서 그들을 존재의 단계에서 더 높이셔서 … 그 가련한 피조물들을 위해 죽음 이후에 더 좋은 무엇인가가 남아있게 하셨다고 생각하면 어떨까?" 이렇게 생각한다면 동물의 고통 문제에 하나님의 공의가 결여되었다는 이의 제기를 잠잠케 할 수 있지 않겠는가?[229]

하나님께서는 때가 되면 타락한 상태를 단지 인간 역사만이 아니라 창조세계 전체에 최종적으로 유익하도록 바꾸실 것이다. 그렇다면 우주적 구원에 관한 하나님의 약속은, 인간 이외의 피조물을 본래의 상태를 뛰어넘어 더 영광스럽게 하신다는 것이다.[230] 이 점에서 우리는 현재 하나님의 은혜로 하나님의 거룩하심과 선하심을 더 반영할 수 있게 된 인간이, 앞으로 더욱 거룩함과 행복, 선함을 회복하게 되었을 때, 그로 인해 동물들

---

226 "The General Deliverance," B 2:447–49, sec. 3. 5–8.
227 "The General Deliverance," B 2:445, sec. 3. 1, 2.
228 "The General Deliverance," B 2:448, sec. 3. 6.
229 Ibid.
230 참고. "The Great Assize"; "God's Love to Fallen Man."

도 함께 복을 받을 것이라는 놀라운 전망을 갖게 된다. 이때는 본래의 낙원의 존재 방식이 다시 회복될 것인데, 거기에는 어떤 슬픔이나 고통, 죽음도 없고, 오직 질서, 자유, 조화, 찬양, 비교할 수 없는 아름다움만 있을 것이다.[231]

이러한 방식으로 창조와 종말의 교리는 서로 밀접하게 연결된다. 종말론은 역사에 대한 보편적인 전망을 요구한다. 종말의 시점에서 보편적인 역사 전체를 개괄하는 것이다. 종말론이란 본질적으로 현재 역사를 종말과 연관 짓고, 또 종말을 역사의 시작과 연관 지어 고찰하려는 시도다. 기독교적 역사 이해는 시작부터 끝까지 종말론적이다.[232]

---

231 "The General Deliverance," B 2:445–46, sec. 3. 2, 3.
232 "Scriptural Christianity," B 1:169–72, sec. 3.

더 깊은 이해를 위한 독서 자료

Bowmer, John. "John Wesley's Philosophy of Suffering." *LQHR* 184 (1959): 60–66.

Collins, Kenneth. *A Faithful Witness: John Wesley's Homiletical Theology*, 29–34. Wilmore, KY: Wesleyan Heritage, 1993.

Hubbartt, G. F. "The Theodicy of John Wesley." *AS* 12, no. 2 (1958): 15–18.

Miley, John. *Systematic Theology*. Reprint, Peabody, MA: Hendrickson, 1989.

Oord, Thomas Jay. "A Process Wesleyan Theodicy: Freedom, Embodiment, and the Almighty God." In *Thy Name and Nature Is Love: Wesleyan and Process Theologies in Dialogue*, edited by Bryan P. Stone and Thomas Jay Oord, 193 – 216. Nashville: Kingswood, 2001.

Pope, William Burt. *A Compendium of Christian Theology*. 3 vols. London: Wesleyan Methodist Book-Room, 1880.

Ralston, Thomas N. *Elements of Divinity*. New York: Abingdon, 1924.

Summers, Thomas O. *Systematic Theology*. 2 vols. Edited by J. J. Tigert. Nashville: Methodist Publishing House South, 1888.

Walls, Jerry. "The Free Will Defense: Calvinism, Wesley and the Goodness of God." *Christian Scholar's Review* 13 (1983): 19–33.

Watson, Richard. *Theological Institutes*. 2 vols. New York: Mason and Lane, 1836, 1840; edited by John M'Clintock, New York: Carlton & Porter, 1850.

7장

인간

7장 인간

A. 창조 시 인간, 타락한 인간, 구원받은 인간

인간의 자아는 하나님께서 주신 본래의 상태, 죄로 타락한 상태, 은혜로 구원받은 상태로 구분되는 자아의 역사와 분리해서는 이해할 수 없다. 인간으로서 나의 존재를 이해하려면 나는 개인 존재로서의 나 자신을 사회의 역사 즉 죄의 역사와 관련지어 바라볼 수 있어야 한다.

웨슬리의 인간론은 하나님의 형상으로 창조된 존재, 스스로의 의지로 타락한 존재, 하나님의 자비로 회복된 존재라고 하는, 인간 존재의 삼중적 역사사회학적 분석으로 끊임없이 되돌아간다. 이 점은 메소디스트 신조와 교리를 다루는 연회록들에 가장 압축적으로 요약되어 있고, 특히 "하나님의 형상" "인간이 무엇이관대?" "인간이란 무엇인가?" "질그릇에 담긴 하늘의 보배" "꿈과 같은 인생" "마음의 기만" "인류의 타락에 대하여" "영적 우상숭배" "한 가지만으로도 족하니라"와 같은 선별된 교육적 설교들에 더 자세히 진술되어 있다. 가장 상세히 설명된 곳은 웨슬리가 쓴 긴 신학 논문인 『원죄의 교리』(The Doctrine of Original Sin)다.

1. 메소디스트 신조의 인간론

a. 원의(原義)를 상실하고 끊임없이 죄로 향하는 성향

하나님께서 본래 창조하신 인간의 본성은 선했지만, 세대를 거듭하며 반복된 인간의 잘못된 결정으로 왜곡되어 비참하고 불행한 상태가 되었다. 메소디스트 25개 신조 제7조는 (인간의 의식에 왜곡이 찾아온 것은 아담이 잘못된 도덕적 모범을 보였기 때문이라는) 펠라기우스주의의 낭만적·낙관주의적 인간론을 배격한다. 메소디스트 신조는 바울—어거스틴—종교개혁의 계보를 잇는 죄 교리를 제시하면서, "(펠라기우스주의자들이 헛되이 주장하는 것처럼) 원죄는 단지 아담의 잘못된 모범을 따르는 것만이 아니기에", 펠라기우스주의는 죄의 집단적이고 역사적인 성격에 바르게 주의를 기울이지 못한 것으로 보아 배척한다.[1]

성경은 에덴동산에서 벌어진 죄는 "모든 사람의 본성이 타락한 것으로, 그 타락한 본성이 아담의 모든 후손에게 자연적으로 전수되므로, 사람은 원의에서 크게 벗어나 본성적으로 악으로 기울어져 있으며, 이는 지속적인 현상이다"라고 가르친다. 현재 인간 실존은 본래의 흠 없는 온전함에서 멀리 벗어나 있다. 단지 사소하게 발을 잘못 디뎠거나 넘어졌기에 언제든 자발적으로 상황을 되돌려 바로잡을 수 있는 것이 아니다. 그것은 실제 역사가 작동하는 방식이 아니다. 실제 역사는 마치 사람이 스스로 거대한 절벽 아래로 떨어져, 원래의 장소인 에덴에서의 원의로 다시 돌아갈 수 없는 것과 같다.[2]

이처럼 타락한 인간은 "본성적으로 악으로 기울어져 있으며, 이는 지속적인 현상이다." 인간의 본성은 하나님의 선행하시는 은혜와 보존하시는 은혜에 저항하는 한, 집요하게 악으로 향하는 성향에 계속 이끌린다. 이는 인간의 실제 역사가 우상숭배, 교만, 육욕이라는 특징으로 점철되어 온 사실에 의해 입증된다. 이후에 웨슬리가 이미 타락한 것을 구원해내기 위해 역사하는 선행은총을 얼마나 끊임없이 강조해왔는지 살펴보겠지만, 그것은 하나님의 구원하시는 은혜에 관한 교리이지, 타락한 인간 본성에 관한 교리가 아니다.

---

1 XXV, art. 7; 참고. *LJW* 2:23; 4:158; 6:175.
2 B 1:118, 495–96; 참고. *CH* 7:213, 652, 691.

b. 창조 시 인간 본성과 타락한 본성

우리는 웨슬리가 아우구스티누스나 칼빈처럼 '인간의 본성'이라는 용어를 창조된 본래의 본성과 타락한 본성이라는 두 가지 다른 의미로 변증법적으로 사용한 것에 주목할 필요가 있다. 창조된 본래의 인간 본성은 하나님의 선하심을 반영했으나, 이후에는 비참하게도 죄의 질병에 빠졌다. 이 질병은 개인의 잘못된 선택으로 인해 반복적으로 악화되어 가정, 사회 구조, 경제 질서, 대인 관계 및 각 죄인의 자유의지를 통해 한 세대에서 다음 세대로 전해졌다. 악은 타락한 인류의 본성 그 자체에 침범했기에 끊임없고 지속적이며 보편적인 것이 되었다. 이것이 인간 역사에 죄가 보편적으로 존재하게 된 이유다. 죄는 아담과 하와의 모든 자손에게 전해져 마치 사람에게 '두 번째 본성'과도 같은 것이 되었다. 그 결과 인간 본성은 실제로 비참하게 손상되었으나, 그럼에도 창조 시 주어진 원의가 완전히 파괴된 상태로 모든 것이 끝나지는 않았다. 죄의 파괴력은 끊임없이 죄로 향하는 인간 의지의 성향으로 나타났다. 이는 인간의 타락을 매우 심각하게 이해한 것이다. 인간 실존은 각 개인의 차원뿐 아니라, 하나님과 맺은 언약의 수장인 아담 아래의 사회 역사적인 공동체로서 인류 역사 전체가 소외를 경험하게 되었다.

2. 타락 이후의 자유의지(메소디스트 신조 제8조)[3]

"아담이 타락한 이후 사람의 상태는 스스로 자연적 능력과 선행으로 자신을 준비해 신앙과 하나님을 찾는 상태로 돌아갈 수 없게 되었다. 그러므로 우리는 선한 의지를 갖도록 우리보다 앞서 행하시고, 우리가 선한 의

---

[3] 영국 국교회 신조 제10조는 웨슬리가 작성한 메소디스트 24개 신조의 제8조가 되었다.

지를 갖게 되면 우리와 함께함으로 그것을 이루게 하시는 하나님의 은혜가 없이는, 하나님께서 기뻐 받으실 만한 선을 행할 능력이 없다"(제8조). 타락 이후 인간은 하나님의 은혜 없이는 죄를 짓지 않는 것이 불가능하다. 세대를 뛰어넘어 전파된 이 죄라는 질병에 한번 걸리면, 사회적 존재로서 죄인은 자신을 결정짓는 인자가 된 죄와 그로 인한 결과를 피할 수 없다. 오직 은혜로만 가능한 믿음, 소망, 사랑이 결핍된 상태에서 자신의 자연적 힘만으로는 행복에 이를 길이 없다. 인간의 영혼은 자기기만이라는 미로에 빠져 벗어나지 못한다.

그 결과 우리에게 생긴 중대한 결함은 우리가 스스로 방향을 바꾸어 자신을 변화시킬 수 없게 되었다는 것이다. 은혜를 떠난 우리의 상태는 "다 치우쳐 함께 무익하게 되고 선을 행하는 자는 없나니 하나도 없도다"(롬 3:12, 시 53:1을 인용함)라는 말씀 그대로가 되고 말았다.[4]

타락한 사람은 하나님께서 먼저 은혜로 역사해주시지 않으면 돌이켜 회개할 수 없다. 우리는 진지한 도덕적 노력이나 사회적 기획, 정치적 결의에 의해서는 본래의 원의의 상태로 돌아갈 수 없다. 우리가 선을 행할 수 있는 어떤 자연적 능력을 가진 것처럼 보이든 그 능력은 철저히 손상을 입어, 하나님을 찾는 것 또는 선을 행하거나 심지어 소망하는 것조차 할 수 없게 되었다. 죄인은 앞서 역사하시는 하나님의 은혜 없이는 선한 의도를 갖거나 유지할 수 없다.

---

[4] 이러한 웨슬리의 인간론은 미국 복음주의 연합형제교회(미국 연합감리교회의 전신-역주)의 신앙고백서(The Confession of Faith of the Evangelical United Brethren Church)에서 다음과 같이 명쾌하게 반복된다. 인류는 "의에서 타락해 우리 주 예수 그리스도의 은혜가 없이는 거룩하지 못하고 죄로 치우친다. 사람은 거듭나지 않으면 하나님 나라를 볼 수 없다. 하나님의 은혜 없이 자신의 힘만으로는 하나님이 기뻐 받으실 만한 선을 행할 수 없다. 그러나 우리는 성령께 감화되고 능력을 받은 사람은 자유로이 자신의 의지를 행사해 선을 행할 책임이 있다고 믿는다."

죄인은 오직 하나님께서 은혜로 "사랑으로써 역사하는 믿음"(갈 5:6)을 불어넣어주실 때만 하나님께서 기뻐하시는 선한 일을 바랄 수 있게 된다. 죄인이 선한 의도를 품게 된다면, 그것은 하나님의 은혜가 먼저 그들을 감동하셔서 그들의 타락한 의지를 변화시켜 그들의 의지를 통해 일하신 결과로 이루어진 것이다.

사람이 현재 믿음과 소망과 사랑을 가지지 못했다면, 이해력을 포함해 자신의 자연적인 능력을 다 동원해 노력하고 또 그것을 무엇보다 즐거워하더라도, 자신 속에 그런 것들을 조금도 만들어낼 수 없다. 하나님에게서 오는 구별된 능력은 사람의 자연적 능력에 해당되지 않으므로, 사람이 가장 낮은 수준의 기독교적인 믿음과 소망과 사랑이라도 갖기 위해서는 … 새롭게 지음을 받아야 한다.[5]

B. 하나님의 형상

1. 자기 형상대로

설교 "하나님의 형상"의 본문은 창세기 1:27, "하나님이 자기 형상 곧 하나님의 형상대로 사람을 창조하시되"라는 말씀이다 [설교#141 (1730), B 4:290-303 (잭슨판에는 수록되지 않음)].

인간이 하나님의 형상대로 창조되었다면, 인간 본성을 "더럽히고 손상시키는 수없이 많은 결점은 어디서 흘러나오는 것인가?" 인간은 질병, 고통, 무지, 그리고 그들이 짐승이나 사탄의 형상으로 지음 받은 것처럼 보이게 만드는 제어하기 힘든 정욕에 빠지기 십상이다.[6]

"'하나님께서는 사람을 하나님 자신의 형상을 따라 의롭게 창조하셨

---

5 Letter to John Smith, June 25, 1746, *LJW* 2:71.
6 "The Image of God," B 4:292, 서문 1-3.

다. 그러나 사람은 하나님께서 주시지 않은 것들을 생각해냈다.' 그는 주어진 자유를 남용함으로 자신의 창조주께 반역해 흠 없는 하나님의 형상을 의도적으로 죄, 불행, 부패로 변질시켰다."[7]

a. 인류는 본래 하나님의 형상으로 의롭게 창조되었는가?

인간은 본래 하나님의 형상대로 지음 받아 진리와 거짓을 분별하고, 모든 것을 사실대로 인식하며, 정확하고 신속하게 판단하고, 사물의 이름을 지을 때는 "임의대로가 아니라 그 내적 본성을 표현할 줄 아는" 충분한 이해력을 가지고 적절하게 지을 수 있었다. 이와 같이 본래 사람은 하나님의 지혜와 의로움을 닮았고 또 표현했다.[8]

명확한 이해력과 함께 인간에게는 "이해력의 지시를 받는" 한 "이해력과 동일한 정도의 완전한 의지"가 주어져 있었다. 그러므로 원의를 지닌 사람의 모든 정서는 그 핵심인 사랑을 중심으로 질서가 바르게 잡혀 있었다. "사랑이 사람의 영혼 전체를 가득 채웠고, 사랑만이 어떤 경쟁자도 없이 그를 사로잡았다. 그의 마음에서 움직이는 모든 것이 사랑이었다."[9]

"인간에게 있는 하나님의 형상을 더욱 뚜렷하게 만든" 것은 "사람이 본래 누린 자유, 즉 사람의 본성에 심어져 그의 모든 부분과 연결된 완전한 자유"였다. 사람은 "자신의 처음 상태를 지속하거나 바꿀 수 있었다. 그가 무엇을 택할지는 자신의 몫이었다. 모든 일에서 자신을 결정지은 것은 자신의 선택이었다. 스스로 결정해 행동으로 옮기지 않는 한, 그는 어느 쪽으로도 기울어지지 않고 균형을 유지할 수 있었다."[10]

---

7   "The Image of God," B 4:293, 서문 4, 창 1:27 과 전 7:29을 연결한다; B 4:294–303; 11:269.
8   "The Image of God," B 4:293–94, sec. 1. 1; 참고. "Justification by Faith," B 1:184, sec. 1. 1. 본래 "하나님을 감당할 수 있었던" 인류에 대한 설명은 B 2:439–41, 448–49를 보라.
9   "The Image of God," B 4:294–95, sec. 1. 2.
10 "The Image of God," B 4:295, sec. 1. 3.

"정확한 이해력, 부패하지 않은 의지, 온전한 자유"의 결과로 인간은 행복했다. 그들의 "이해력은 진리로", 의지는 선으로 만족했고, "전적으로 자유롭게 창조주와 창조세계를 즐거워했으며, 어떤 고통도 없이 언제나 새롭고 순결한 즐거움의 강에 빠져들었다."[11]

b. 원의의 상실이 어떻게 질병처럼 점차 진행되었는가?

"인간의 자유는 필히 일종의 시험을 거쳐야 했는데, 만약 시험이 없다면 그것은 인간에게 어떤 선택의 자유도 없다는 것이 된다." 선악을 알게 하는 나무의 실과는 먹는 것이 금지되었다. 그것을 먹을 때 따르는 결과는 분명히 제시되었다. "네가 먹는 날에는 반드시 죽으리라"(창 2:17). "그러나 사람은 그것을 먹었고, 그로 인해 자신과 후손이 죽게 되었으며, 죽음에 앞서 질병과 고통, 어리석음, 악, 노예 상태를 겪게 되었다."[12]

웨슬리는 정신과 신체의 접점이 본래 상태에서 타락하게 된 과정을 구체적으로 추측해보았다. 인간의 정신과 신체의 접점은 "물질과 영의 혼합물"로서, "정신이나 신체 중 어느 하나가 없이는 다른 하나가 작동하지 않도록" 되어 있었다. 인간의 몸은 "언제나 깨끗해 막힘이 없는" 체액이 담긴 혈관이 있었고, 불멸이 가능한 상태였다. 그러나 사람이 "하나님께서 치명적인 결과를 미리 경고하신" 열매를 먹자, "그 과즙의 입자들이 몸 전체를 돌며 접촉한 모든 곳에 들러붙은 것으로 보인다." 입자들은 몸에 들어가 "모세혈관 내부에 들러붙었고, 그 위에 또다시 핏속에 떠다니던 다른 입자들이 계속 합쳐지면서 자연히 수없이 많은 질환의 원인이 되었을 것이다." 날마다 혈관은 "탄력을 잃어가고 … 더 작은 혈관들이 점차 막혀"

11　"The Image of God," B 4:295, sec. 1. 4.
12　"The Image of God," B 4:296, sec. 2; "Justification by Faith," B 1:185, sec. 1. 5.

결국 죽음에 이른다.[13] 이 설교에서 웨슬리는 심장 질환을 일으키는 혈관 내 치명적 지질 축적에 대해 직관적으로 상당히 정확하게 묘사하고 있다. 서서히 찾아오는 혈관병은 금지된 열매를 먹은 결과로, 아담과 하와는 그렇게 되는 것을 피할 수 있었음에도 그렇게 하지 않았다.

c. 타락이 인간의 이해력, 의지, 자유, 행복에 끼친 영향

타락으로 인해 인간의 정신과 신체라는 "도구는 조화가 심하게 깨져" 네 가지 결과가 뒤따랐다.

1. 인간의 이해력은, "매우 탁한 유리로는" 사물을 제대로 볼 수 없는 것같이, "거짓을 진리로 착각하고", 의심, 오류, 혼돈, 우둔함에 빠지며, 타락 전에는 그리도 잘 파악했던 사물의 본성을 더는 "온전히 파악할 수 없게" 되었다.[14]

2. 인간의 의지는 그것을 인도했던 이해력이 눈멀자 "수많은 악한 기질에 사로잡히게 되었다. 한꺼번에 슬픔, 분노, 증오, 두려움, 수치가 몰려왔다. … 하나님에게서 오던 빛, 삶의 향기 같았던 사랑 그 자체마저 괴로움의 원인이 되었다. 그 빛을 잃고 난 뒤 안식을 찾아 방황하면서도 찾지 못하자" 결국 인간의 의지는 "각종 세상 향락의 독"을 의지하게 되었다.[15]

3. 인간의 자유는 "덕과 함께 사라지고 말았다." "덕의 신하였던 자유는 악의 노예가 되어버렸다."[16]

4. 인간이 "타락한 이해력과 부패한 의지의 노예가 된 결과는, 온전한 이해력과 의지에서 넘쳐흘렀던 행복과 정반대일 수밖에 없었다." 그러므로 "인간을 지금 모습으로 만들어 놓은 것은 선하신 하나님이 아닌 인간 자신이다."[17]

---

13 "The Image of God," B 4:296–97, sec. 1. 1.
14 "The Image of God," B 4:298, sec. 2. 2.
15 "The Image of God," B 4:298, sec. 2. 3.
16 "The Image of God," B 4:298–99, sec. 2. 4.
17 "The Image of God," B 4:299, sec. 2. 5; 타락의 결과에 대한 다른 설명은 B 1:185–87; 2:189–90, 400–412, 467–68, 476–77, 508–9; 4:162–63, 295–99; *LJW* 3:340, 373을 보라.

2. 하나님 형상의 회복은 가능한가?

인간의 이해력은 겸손을 통해 회개, 참된 자기 지식, 신앙에 이르러야 한다. 그런 다음 인간의 의지는 그 새로워진 이해력에 의해 사랑으로 다시 인도 받아, "산산이 흩어져버렸던 진정으로 인간답고 진정으로 하나님을 닮은 기질의 빛줄기들을 다시 모음으로" 하나님께서 우리 죄를 용서해주신 것처럼 우리도 다른 사람을 용서해야 한다. 이처럼 우리는 "지식과 덕"으로 회복되었기에 "자유와 행복으로 나아간다. … 즉, 미래의 행복을 위해 꼭 필요한 것을 제외한 모든 고통에서의 해방뿐 아니라, 하나님 오른편에서 영원히 흘러나올 행복을 미리 맛보며 현재적 행복을 누린다!"[18] 하나님께서 주신 은혜의 방편들을 기꺼이 받아들이는 사람은 누구나 이러한 회복의 은혜를 누릴 수 있다.[19]

a. 꼭 필요한 한 가지: 타락한 형상의 회복

설교 "한 가지만으로도 족하니라"의 성경 본문은 누가복음 10:42의 "한 가지만이라도 족하니라"라는 말씀이다 [설교#146 (1734), B 4:351–59 (잭슨판에는 수록되지 않음)].

인류는 하나님의 형상으로 창조되었음에도, 자유의 상실에서 알 수 있듯 죄가 그 형상을 완전히 지워버렸고, 현재 인간은 "악한 성품"이라는 "무거운 사슬"에 매여 "눈을 들어 하나님을 생각할 수 조차" 없게 되었다. "온 머리는 병들었고 온 마음은 피곤하였으며"(사 1:5).[20]

이제 우리에게 꼭 필요한 한 가지는 "우리의 처음 상태를 회복하고 …

---

18 "The Image of God," B 4:299–300, sec. 3. 1–3.
19 B 2:482–83; 4:299–301, 354–55.
20 "The One Thing Needful," B 4:354, sec. 1. 3; 사 1:5.

거듭나 우리 창조주의 형상으로 새롭게 지음 받으며 … 사탄의 형상을 하나님의 형상으로, 노예 상태를 자유로, 질병을 건강으로 다시 바꾸어 … 우리가 본래 가졌던 자유를 되찾는 일이다."[21] 이것이 우리의 "가장 중요한 한 가지 일 … 우리가 해야 할 단 하나의 일이다."

b. 인간의 창조와 구원의 단 한 가지 목적

"하나님께서 우리를 창조하신 단 하나의 목적"은, 우리로 하나님을 최고로 사랑하고 그분 안에서 모든 것을 사랑하게 하시기 위한 것이다. 온전한 자유와 하나님의 형상 그 자체가 사랑이기 때문이다. "사랑은 영혼의 건강이자 그 모든 능력의 온전한 발현이며, 모든 기능의 온전함이다."[22]

하나님께서 우리를 구원하시는 단 하나의 목적은, 우리가 건강과 자유를 되찾고, 우리 본성의 모든 영적 질병을 고침받는 것이다. 이것이 그리스도의 성육신, 삶, 죽음, 부활의 목적이다. 곧 포로 된 자에게 자유를 선포하고, 우리의 회복에 필요한 것을 명하시며, 그것에 방해가 되는 것을 바로잡으시는 것이다.[23]

하나님의 모든 섭리적 경륜의 단 하나의 목적은 "우리의 성화, 즉 우리를 하나님이 만드신 것들만 사랑하는 잘못된 속박에서 벗어나게 하심으로 창조주께서 값없이 주시는 사랑으로 회복시키시는 것이다."[24]

성령께서 우리 안에서 역사하시는 단 하나의 목적은 "우리를 건강, 자유, 성결로 회복시키는" 꼭 필요한 그 한 가지 일을 이루시기 위해서다.[25]

---

21 "The One Thing Needful," B 4:355, sec. 1. 5; 참고. 2:483.
22 "The One Thing Needful," B 4:355, sec. 2. 1, 2.
23 "The One Thing Needful," B 4:356, sec. 2. 3.
24 "The One Thing Needful," B 4:356–57, sec. 3. 4.
25 "The One Thing Needful," B 4:357, sec. 2. 5.

C. 인간에 대한 두 편의 설교

1. 첫 번째 설교: 제한된 시공간에서 사는 인간

a. 우주에 비하면 너무나 작은 존재인 인간

인간에 대한 첫 번째 설교 "인간이 무엇이관대?"의 성경 본문은 시편 8:3-4의 "사람이 무엇이기에"라는 말씀이다 [설교#103 (1787), B 3:454-63; J #103, VII:167-74]. 이 설교에서 웨슬리는 인간의 삶이 우주의 작은 공간과 날아가는 시간에 속해 있음을 가르친다.

웨슬리는 도덕적, 물질적, 이성적 피조물의 위상을 우주 전체 및 영원함과 비교한다. 인간 삶이 우리에게 얼마나 중요한 것이든, 시간적·물리적으로 보면 광대한 우주의 한 점밖에 안 되는 공간에서 한 줄기 섬광이 번쩍이는 것같이 짧은 시간을 살 뿐이다.

웨슬리가 살았던 18세기는 과학적 실험을 중시하던 시대였기에, 광활한 우주의 시공간 내에서 인간 존재의 위치를 파악하는 데 과거 어느 때보다 유리했다. "무한과 비교하면 창조세계 전체든 그 속에 존재하는 무엇이든 그 크기가 얼마나 되겠는가?"[26] 우리가 이성으로만 판단한다면 "영원을 거처로 삼으시는 분께 피조물은" 너무 짧은 존속 기간을 가졌다는 면에서 "얼마든지 간과될 수 있는" 매우 작은 존재다.[27]

b. 우주에 비하면 너무나 짧은 인간의 존속 기간

인간이 강건해 팔십 세까지 살 수 있다 해도, 우주의 존속 기간에 비한다면 이는 너무나도 짧다. 웨슬리는 현재 인간의 짧은 생명을, 성경에서

---

26 "What Is Man?" 시 8:3, 4, B 3:457, sec. 1. 6.
27 "What Is Man?" 시 8:3, 4, B 3:458, sec. 1. 7; 사 57:15.

사람의 수명이 매우 길었던 시기와는 물론, 나아가 영원이라는 무한한 시간과 비교했다. 그래서 그는 설교 본문으로 다음의 구절을 택했다. "주의 손가락으로 만드신 주의 하늘과 주께서 베풀어 두신 달과 별들을 내가 보오니 사람이 무엇이기에 주께서 그를 생각하시며 인자가 무엇이기에 주께서 그를 돌보시나이까 그를 하나님보다 조금 못하게 하시고 영화와 존귀로 관을 씌우셨나이다 주의 손으로 만드신 것을 다스리게 하시고"(시 8:3-6).

웨슬리는 키프리아누스의 비유를 다음과 같이 인용한다. "지구만 한 크기의 모래 더미가 있는데, 천 년마다 모래 한 알이 소멸된다고 해보자. 그렇더라도 모래 더미 전체의 존속 시간을 영원과 비교하면, 모래 한 알 대 모래 더미 전체의 비율보다 무한히 작을 것이다."[28] 아우구스티누스는 하나님께서 죄로 가득한 인류에게 우주와 시간의 일부를 맡기신 사실 그 자체를 놀라워했다. 그러나 하나님의 창조세계의 광활함에 비추어보면 그것은 "너무나 작은 일부"일 뿐이다.[29]

2. 시공간의 제약을 받는 인간 영혼의 위대함

인간의 삶은 너무나 작고 짧아서 하찮게 느껴질지도 모른다. 물질적 관점으로만 보면 이는 모든 피조물 중 가장 영광스러운 존재인 인간이 자신의 상황을 절망할 수밖에 없게 만든다.[30] 오직 죄인을 무한히 아끼시는 하나님과 연관 지어 자신을 바라볼 때라야 인간의 참된 위대함이 드러난다.[31] 한 영혼의 가치는 너무나 커 물질 세계 전체를 뛰어넘는다. "인간은

---

28 "What Is Man?" 시 8:3, 4, B 3:458, sec. 2. 3.
29 *Confessions*, 1. 1, 3:459n.
30 "What Is Man?" 시 8:3, 4, B 3:459–60, sec. 2. 4–5.
31 B 2:284, 289–90, 382; 4:22–25, 30–31, 292, 298.

단지 흙 집에 불과한 사람의 몸이 아니라 … 하나님의 영광스러운 불멸의 형상으로 지음 받은 영혼이다. 이 영혼은 지구 전체나 해, 달, 별을 합친 것, 물질적 창조세계 전체보다 더 큰 가치가 있다." 영은 "소멸하거나 부패하지 않기" 때문이다.32 이는 물질의 가치를 축소하지 않으며, 하나님께서 예수 그리스도 안에서 베푸신 은혜를 받고 하나님께서 세상에 오신 기쁜 소식을 끊임없이 듣는 각 개인 영혼의 가치를 참되게 드높인다.33 육신을 살아있게 하는 영혼에는 비길 데 없는 가치가 있다. 하나님께서는 먼저 은혜로 생명을 주시고, 타락한 후에는 죄인의 생명을 의롭게 하시며, 최종적으로는 의롭다 함을 받은 사람들의 삶을 성화시키시기 때문이다. 인간의 영혼은 물질적 창조세계보다 높은 위계이며 영속적이다.34

그렇기 때문에 인류는 하나님의 특별한 관심의 대상이다.35 하나님께서는 우리에게 아직도 남아있는 두려움의 그림자를 제거하시기 위해 그의 독생자로 "우리의 구원을 위해" 십자가에서 죽임을 당하게 하셨다.36

3. 또 다른 세상이 존재하는가?

웨슬리는 생명체가 사는 또 다른 세상이 존재할 가능성이 있는지에 관한 수수께끼 같은 질문도 다루었다. 이는 "기독교의 계시를 부정하는 사람들에게 인기 있는 생각"인데, 그것이 하나님의 공의에 대해 그럴듯한 비판을 가하기 때문이다.37 웨슬리 시대의 사람들은 우주에 다른 세상이 존재하는지, 그리고 그것이 기독교의 증언에 어떤 영향을 끼치는지에 대해 논

---

32 "What Is Man?" 시 8:3, 4, B 3:460, sec. 2. 5.
33 B 2:284, 289–90, 382; 4:22–25, 30–31, 292, 298.
34 참고. Augustine, "On the Greatness of the Soul"; Thomas Aquinas, "On the Soul."
35 "What Is Man?" 시 8:3, 4, B 3:460–61, sec. 2. 5–8.
36 BCP, 성만찬, 니케아 신조.
37 "What Is Man?" 시 8:3, 4, B 3:461, sec. 2. 9.

의했다. 주요 사상가 크리스티안 호이겐스(Christian Huygens)는 달에 생명체가 있고, 우주에 지금까지 알려지지 않은 다른 세상이 존재할지도 모른다는 가설을 세웠다. 그러나 그마저도 "죽기 전에는 그 가설 전체를 미심쩍게 여겼다."38

웨슬리는 입증 불가능한 문제에 대한 사변적 논의를 거부하고, 우리가 살고 있는 세계가 유일하신 하나님의 유일한 창조세계라는 중요한 신학적 전제 아래, 창조세계 내에 우리가 모르는 또 다른 세계가 존재하거나 그곳에 생명체가 있을 수 있는지는 실증적 연구로 해결할 문제라고 주장했다. "지금과 같은 세상을 천 개, 백만 개 창조"하는 것은 하나님께 쉬운 일이다.39 그러나 창조하신 세계가 하나뿐이든 그보다 많든, 인류의 전 역사는 영원보다 무한히 짧고, 그 세계의 크기는 무한보다 영원히 작다는 사실은 달라지지 않는다.40

4. 두 번째 설교: 인간은 생각한다

a. 인간은 몸과 영혼의 연합체

두 번째 설교 "인간이란 무엇인가?"는 같은 본문 시편 8:4의 "사람이 무엇이기에"라는 말씀으로 성경적 인간론에 대한 가르침을 이어간다 [설교 #116 (1788), B 4:19–27; J #109, VII:225–30].

사람은 분명 "'놀랍게 만들어진' 신기한 기계"지만, 그것이 전부는 아니다.41 "인간의 몸은 4원소[공기, 흙, 불, 물]가 적절히 균형 있게 조합되어

---

38 "What Is Man?" 시 8:3, 4, B 3:462, sec. 2. 11.
39 "What Is Man?" 시 8:3, 4, B 3:462, sec. 2. 12.
40 "What Is Man?" 시 8:3, 4, B 3:461–63, sec. 2. 8–14.
41 "What Is Man?" 시 8:4, B 4:20, sec. 1; 참고. 3:9, 24; *LJW* 3:336.

만들어졌으며 … 거기서 신체의 열이 발산되는 것"은 확실하다.⁴² 그러나 "나는 누구인가?"라는 질문은 환원주의적 설명 이상을 요구한다. 모든 환원주의는 영혼과 몸의 관계를 이해하지 못해 영혼의 기능을 몸의 기능으로 축소해버린다. 그런 시도는 [홉스(Hobbes)와 흄(Hume)을 따르는 학파들로 대표되는] 영국 경험주의 전통에서 끊임없이 등장했다.⁴³

따라서 우리가 오래 전 시편 기자가 던진 '나는 누구인가?' '사람이 무엇이기에?'(시 8:4) 또는 '인간 존재의 타고난 본성이 무엇인가?'라는 질문을 새롭고 진지하게 던진다면, 그 질문은 환원주의적 자연주의와 유물론의 계속되는 도전에도 언제나 타당성을 지닌다.

그렇다면 사람은 진흙과 뼈 외에 다른 무엇인가? 웨슬리는 다음과 같이 말했다. "나는 내 속에서 생각하고" 오감을 통해 사물을 인식해 "그것에 대한 내적 개념을 형성하는 무엇을 발견하는데, 그런 일은 흙, 물, 공기, 불이나 그것들의 조합으로는 할 수 없는 일이다."⁴⁴ "그것은 상상력과 기억력을 부여받아 … 사물에 대해 판단하고 … 이치를 따지며 … 자신의 행동을 돌이본다."⁴⁵ 사람의 열정과 기질은 "무수히 다양한 변화를 일으킨다. 그런 일들이 영혼이라 부르는 내적 원리 안에서 행동을 일으키는 원동력이 된다."⁴⁶

b. 인간의 자유에 대하여

인간은 의지의 자유를 가지고 있어 자연적 인과관계 속에서 자신의 행동이 유익할지 아닐지를 미리 예상하면서 자유로운 결정을 내릴 수 있

---

42 "What Is Man?" 시 8:4, B 4:20, sec. 2.
43 B 4:29–30, 49–51, 200; 11:56–57.
44 B 1:409; 2:285, 288–89, 294; 4:21; 동물의 감각에 대하여는 B 2:394–95를 보라.
45 "What Is Man?" 시 8:4, B 4:21, sec. 5.
46 "What Is Man?" 시 8:4, B 4:22, sec. 7.

다. 우리는 자유를 사용해 하나님께서 주신 은혜에 반응할지 여부를 선택할 수 있다. 즉, 외적 조건에 의해 단순히 결정되지 않는다는 것이다.[47] 인간의 영혼은 자유롭기에 다양한 우발적인 일에 대응하면서 자신의 운명을 형성해나갈 수 있다.[48] 인간의 자유는 무엇을 할지 말지를 선택(실행의 자유, liberty of contradiction)하거나, 이것이나 저것을 선택(갈등의 자유, liberty of contrariety)할 능력 모두를 가지고 있다.[49] 갈등의 자유가 서로 다른 것 중에서 선택하는 능력이라면, 실행의 자유는 그 결정에 따라 행동하거나 행동을 삼갈 수 있는 능력이다.[50]

인간의 삶의 목적은 하나님을 사랑하고 즐거워하며, 우리의 회복된 능력을 온전히 활용해 창조주를 섬기는 데 있다. 인간의 문제는 이처럼 하나님께서 의도하신 대로 살지 않고 하나님께 반역하는 것이다. 우리가 누리도록 계획된 더할 나위 없는 행복은, 인간이 세대를 이어가며 사회에서 자유를 잘못 사용한 결과로 좌절되었다. 우리 삶의 목적이 방해받아 실행되지 않는 한 우리는 불행하다. 행복할 수 있는 길은 거룩함이며, 이로써 우리는 다시 거룩하신 하나님의 형상을 반영할 수 있게 된다.[51]

c. 정신과 신체의 접점

인간이라는 존재의 특징은 이 땅에 속한 자연적 몸과 살아있는 자의 이성, 양심, 상상력의 역량 사이의 끊임없는 변증법적 긴장이다. 우리가 몸

---

47 우연에 관하여는 *LJW* 1:103; 6:339; 7:45를 보라.
48 "The General Spread of the Gospel," B 2:488–90, secs. 9–12.
49 TUN, J X:468–69, sec. 3. 9; 참고. B 1:130n, 576n. "나는 내가 존재한다는 사실만큼이나 … 말하거나 말하지 않을 자유 … 무엇을 하거나 그 반대로 할 자유가 있다고 확신한다. 나는 '실행의 자유'로 불리는, 무엇을 하거나 하지 않을 능력뿐 아니라, '갈등의 자유'로 불리는, 한 가지 방식대로 행동하거나 그 반대로 행동할 수 있는 능력을 가지고 있다." "What Is Man?" 시 8:4, B 4:24, sec. 11; 또 "The End of Christ's Coming," sec. 1. 4–5와 TUN, sec. 3. 9를 보라.
50 "What Is Man?" B 4:24, sec. 11; 참고. "The End of Christ's Coming," sec. 1. 4, 5; TUN, sec. 3. 9.
51 "What Is Man?" 시 8:4, B 4:24, sec. 11.

과 영혼의 조합을 말할 때는 주로 이를 의미한다.[52] 영혼은 몸에 생기를 주어 살아있게 하며, 사람을 단지 물질 이상의 존재가 되게 한다. 생명을 위해 영혼은 육신에 의존하지 않으나, 몸은 영혼에 의존한다. 몸과 영혼은 인간의 의지의 자유 아래 밀접하게 연결되어 서로에게 지속적으로 깊은 영향을 미치므로, 때로는 타락이 질병의 원인이 되기도 한다. 영적 통찰력, 용기, 결의의 행동은 상당히 많은 종류의 병을 극복할 수 있다. 영혼이 없다면 몸은 스스로 움직일 수 없다.[53]

영혼은 "우주의 모든 움직임의 원천"이신, 생기를 주시는 성령에게서 "활동의 내적 원리를 받아 그것으로 몸의 모든 부분을 자유롭게 다스린다." 그러나 여기서 혈액 순환이나 숨을 쉬는 것 같은 불수의 운동(involuntary motions, 의지나 의식과 관계없이 이루어지는 비자발적 운동-역주)은 제외되는데, 이는 "생명의 유지를 위해 반드시 필요하다." 그렇지 않다면 부주의함으로도 목숨을 잃게 되는 등 "극심한 애로사항이 따랐을 것이다."[54]

"나라는 존재가 내 몸과는 구별된다"는 것은, "내 몸이 죽어도 나는 죽지 않고 계속 존재한다"는 사실을 통해 입증된다.[55] 비록 인간의 존재는 몸과 자연에 토대를 두고 있음에도, 이성이나 상상력, 의식 등에 의해 그 토대를 초월한다. 죽음은 영혼과 몸의 분리로, 비록 몸은 죽으나 영혼은 계속 살아있다. 죽음이 언제 일어나는지는 오직 하나님만 정확히 아시지만, 일반적으로 말하면 생명(*psuche*, 즉 '영혼')이 몸을 떠날 때 일어난다.[56] 부활

---

52 B 4:279–83; 참고. 2:129–34, 382–83, 405–6, 438–39.
53 TJW, 177–79.
54 "What Is Man?" 시 8:4, B 4:22–23, secs. 8, 9.
55 "What Is Man?"시 8:4, B 4:23, sec. 10.
56 이것이 호흡이 끊어진 그 때에 일어나는지, 혹은 혈액 순환이 멈추었을 때나 사후 경직 때에 일어나는지 우리는 알지 못한다. "What Is Man?" 시 8:4, B 4:23–25, secs. 10–12.

때는 영광스러운 몸 안에서의 정신과 신체의 접점을 통해 영혼과 몸의 연합이 회복될 것이다.

영생에 들어가려는 단 한 가지의 목적을 위해 몸에는 다시 생명이 부여된다. "당신은 오직 이를 위해 태어났다. … 즉, 당신은 오감을 만족시키기 위해서가 아니라", "이 세상에 있는 동안 하나님 안에서 행복을 추구하고 발견함으로 천국에서 하나님의 영광을 확고히 누릴 수 있게 하기 위해 창조되었다."[57]

5. 꿈과 같은 인생

설교 "꿈과 같은 인생"의 성경 본문은 시편 73:20, "주여 사람이 깬 후에는 꿈을 무시함같이 주께서 깨신 후에는 그들의 형상을 멸시하시리이다"라는 말씀이다 [설교 #124 (1789), B 4:108–19; J #124, VII:318–25].

a. 꿈 같은 삶과 진정한 삶

이 설교는 꿈 같은 삶과 진정한 삶의 관계를 하나의 날카로운 비유로 가르친다. 이 세상 삶은 마치 꿈을 꾸는 것과 같다. 잠에서 깨면 내가 꿈꾸던 것들은 더는 존재하지 않고 사라져버린다. 대비는 잠시 잠깐의 삶과 영원이라는 시간 사이에서 이루어진다. 진정한 삶은 영원하다. 인간의 삶은 영원에 비하면 꿈과 같아서 순식간에 지나간다. 장차 올 생은 영원하다.[58]

시편 기자는 "악인의 형통함"(시 73:3)과 "마음에 어리석음이 흘러넘치는"(시 73:7, NRSV) 교만한 조롱자들을 생각하다, 인간의 삶이 얼마나 덧없는지에 대한 생각으로 지쳐버렸다. 그러다 그는 다음과 같이 말한다.

---

57 "What Is Man?" 시 8:4, B 4:26, sec. 15.
58 "Human Life a Dream," B 4:109–10, secs. 1–2; 참고. CH 7:398.

"하나님의 성소에 들어갈 때에야 그들의 종말을 내가 깨달았나이다 주께서 참으로 그들을 미끄러운 곳에 두시며 파멸에 던지시니"(시 73:17-18). 하나님께서는 그들을 한순간에 일소해버리실 수 있다. "주여 사람이 깬 후에는 꿈을 무시함같이 주께서 깨신 후에는 그들의 형상을 멸시하시리이다"(시 73:20).[59] 시편 기자의 생각은 "인간의 삶이 얼마나 꿈과 닮아 있는지"를 보여준다.[60]

b. 꿈의 순간적 특성

웨슬리는 꿈의 기원에 대해 흥미로운 의견을 제시했다.[61] 이보다 신비로운 인간의 현상은 거의 없다. 꿈은 어디서 오는가? 원인이 되는 결정인자의 다양한 단층에서 온다. 그 단층은 몸이나 몸의 상태일 수도 있고, 전날의 감정을 다시 떠올리는 기억일 수도 있고, 꿈의 형성에 잠재적 영향을 끼치므로 무시해서는 안 되는 영적 권세일 수도 있다.[62] 하나님께서는 때때로 꿈을 통해 말씀하시기도 하지만, 성경에서의 많은 사례에서 보듯 꿈을 통한 하나님의 메시지는 잘못 판단하기 쉽다.[63]

더 흥미로운 질문은, 우리가 꿈꾸는 상태에 있을 때 그것을 의식할 수 있는가 하는 것이다. 오히려 꿈은 그것에 영향을 준 실제 상황과 연결 지을 때 가장 잘 이해할 수 있다. "우리 삶에서 꿈은, 설교로 말하면 그것을 포함하든 삭제하든 내용상 크게 차이가 없는 여담 같은 것이다." 우리는 꿈의 "앞뒤 문맥이 끊겨 있고", 또 내용이 그 전후에 이루어지는 실제 사건에 매

---

59 "Human Life a Dream," B 4:109–10, sec. 1.
60 "Human Life a Dream," B 4:110, sec. 2.
61 B 2:54, 130, 289, 577; 4:108–19; 11:496–97을 보라.
62 참고, *JJW* 4:229–30; 6:495–96.
63 "Human Life a Dream," B 4:110–11, secs. 3–5. 꿈은 "그것을 뒷받침하는 증거 없이 단순히 믿으면 안 된다." *JJW* 2:226.

우 부수적인 것을 보면서 그것이 꿈인 줄 안다.[64]

모든 것을 동시에 아시는 하나님께서는, 우리가 꿈을 꿀 때 여러 가지 일이 순서도 없이 동시에 일어나는 것과 유사한 방식으로 창조세계를 보신다. 그런 점에서 꿈은 인간의 삶에 남아있는 영원의 자투리 같은 특징을 지닌다. 웨슬리는 이 점에 착안해 꿈을 영원이 아닌 시간과 비교하지만, 그럼에도 꿈은 죄의 역사에 존재하는 영원의 순간적 반영이라는 점에서 영원과도 어느 정도 유사성을 지닌다.[65]

c. 환각 상태와 인간 삶의 유사성

웨슬리의 진정한 관심은 꿈의 기원이나 해석이 아닌, 환각 상태와 유사한 꿈과 그 연장으로서 타락한 세상에서의 인간의 삶에 있었다.[66] 이러한 웨슬리의 설명이 처음에는 환각 상태(*maya*)에 대한 동양 종교의 관점을 반영한 듯 보일 수 있지만, 그에게 더 중요한 동기는 지금 아직 기회가 남아있을 때 영원을 준비하도록 세상 현실의 심각성에 대해 각성하게 하는 것이었다.[67]

꿈은 잠 속에서 상상하는 사건이 우리 생각에 나타나는 상태다. 일종의 공상 상태로 인간이 경험한 것들을 소재로 삼는 하나의 연극과도 같다. 영원에 비하면 꿈같이 사라지는 이 세상 삶은 그같이 일시적인 것이다.

우리는 꿈꾸듯 짧은 세상 삶이 끝나면 영원에서 깨어난다.[68] 꿈의 일시적 특징과 영생의 무한한 지속성 사이에는 유사성이 있다.[69] 그렇게 영원

---

64 "Human Life a Dream," B 4:111, sec. 5.
65 "The General Deliverance," B 2:436–50.
66 "Human Life a Dream," 서문., B 4:109.
67 B 4:112–18.
68 *JJW* 1:245; 5:68, 229.
69 "Human Life a Dream," B 4:112, secs. 6–7.

에서 깨어날 때 우리는 옛 삶과 세상을 완전히 다른 눈으로 보게 될 것이다. 우리는 더는 가치 없고 무상한 그림자 인생을 살지 않을 것이다. 이제 우리는 보고 듣고 느끼지만 그것은 흙으로 만들어진 몸을 통해서가 아니다. 우리는 모든 것을 정확히 보고 듣고 이해한다.[70] 영원에서의 이 새로운 영적 현실 세계에서 눈에 보이는 이 세상 일들은 절대적 중요성이나 가치를 지닌 것으로 여겨지지 않는다.[71] 웨슬리는 이 비유를 통해 현재 삶의 가치를 떨어뜨리려 한 것이 아니라, 영원한 결과를 초래한다는 점에서 현재 삶이 얼마나 중요한지 그 가치를 드러내고자 했다.

d. 꿈과 현실: 일시적인 것과 영원한 것에 대한 비유

중요한 질문은 당신의 "삶이라는 꿈"이 예고 없이 끝나면 당신은 어느 편에 서있을 것인가 하는 것이다. 당신이 세상에 쌓은 보화와 업적을 가치 있게 여기겠는가? 참된 영생을 아는 것이, 영적으로는 죽어 있으면서 세상이 보기에는 대단해 보이는 것보다 훨씬 중요하다.[72] 세상의 꿈에서 깨어날 때 우리는 하늘의 것을 온전히 사랑하면서 자신이 하나님의 빛 가운데 있음을 크게 기뻐할 것인가? 아니면 순간적 그림자에 불과한 이 꿈 같은 삶을 더 사랑해 하늘의 빛에서 도망하기를 원할 것인가? 지금 세상의 것들을 바라는 자들과 비교하면, 영생을 소망하던 사람이 잠에서 깨어나 보일 반응은 얼마나 다르겠는가?[73]

우리 모두는 어느 시점에 가면 꿈 같은 삶에서 진정한 삶으로, 일시적인 것에서 영원으로 깨어나야 한다. 신앙은 세상과 영원이라는 두 세상의

---

70 "Human Life a Dream," B 4:112–13, sec. 7.
71 "Human Life a Dream," B 4:113, sec. 8.
72 "Human Life a Dream," B 4:113–15, secs. 9–10.
73 "Human Life a Dream," B 4:115–17, secs. 12–13.

삶을 서로 연결할 수 있는 토대와 수단을 제공한다. 하나님이 우리와 함께 하신다는 기쁜 소식은, 성육신하신 주님을 통해 영생의 삶을 이미 이 일시적인 세상으로 가져왔다.[74] 우리의 현재 삶이 꿈과 같고, 우리가 곧 진정한 삶으로 깨어날 것임을 기억할 때, 우리는 천국과 세상이 어떻게 연결되어 있는지를 계속 인식할 수 있다.[75] 웨슬리는 영생과 연결 지어 이 세상에서의 시간과 삶을 매우 소중히 여겨야 한다는 간절한 호소로 설교를 마무리한다. 몸을 가지고 살았던 꿈 같은 삶이 속히 끝날 것이기 때문이다. 하나님께서는 우리 영혼을 오늘 밤 부르실지도 모른다.

6. 질그릇에 담긴 하늘의 보배

설교 "질그릇에 담긴 하늘의 보배"의 성경 본문은 고린도후서 4:7, "우리가 이 보배를 질그릇에 가졌으니"라는 말씀이다 [설교 #129 (1790), B 4:161–67; J #124, VII:344–48].

a. 스스로에게도 수수께끼 같은 인간

인간은 "고귀함과 비천함"이 난해하게 뒤섞여 "스스로에게도 수수께끼" 같은 존재가 된 지 오래다. 우리 자신을 더 깊이 살펴볼수록 우리는 스스로에게 더 불가사의한 존재가 된다.[76]

성경은 그것에 대해 명백하게 설명한다. 즉, 인간의 위대함이 하나님의 형상대로 지음 받았기 때문이라면, 인간의 비천함은 하나님께서 주신 자유가 타락했기 때문이라는 것이다. 하나님의 창조를 인간의 타락과 나

74　"Human Life a Dream," B 4:117–18, secs. 14–16.
75　"Human Life a Dream," B 4:118–19, secs. 16–18.
76　"Heavenly Treasure in Earthen Vessels," B 4:162, 서문 1.

란히 놓으면, "인간의 현재 상태의 위대함과 보잘것없음, 존귀함과 비천함, 행복과 불행은 더는 불가사의가 아니라, 그의 본래 상태 및 하나님께 대한 반역의 결과임을 알 수 있다." 이것이 하나님께서 창조하신 본래의 모습과 "인간이 스스로 만든 모습"의 차이를 드러내, "모든 어려움을 제거하고 비밀을 깨닫게 하는 열쇠다."[77]

인간은 비록 음울한 죄의 역사에 빠져 하나님께 반역하게 되었지만, 그럼에도 하나님께서는 은혜로 그들이 다시금 어느 정도 하나님의 형상을 반영할 수 있도록 회복시켜주셨다. 이것이 위대함과 비참함, 영광스러움과 치욕스러움을 동시에 지닌 인간 존재의 불가사의함의 원인이다. 또 이것이 자연적 인과관계와 시간에 뿌리를 두고, 죄에 빠지기 쉬운 상태에 있으면서도 하나님의 선하심을 반영할 수 있는 인간의 놀라운 역량의 원인이다. 나아가 이것이 하나님의 형상으로 지음 받았지만 죄로 타락한 왜곡된 자유의지와, 그 타락한 의지를 통해서도 역사하시는 하나님의 은혜라는 상반된 조합이 팽팽한 긴장을 이루고 있는 우리의 상태다. 우리는 몸을 가졌고 그 몸은 역사의 우여곡절에 영향을 받는다.[78]

b. 우리가 지금 가진 보화

바울은 이 같은 정반대 조합의 이해를 돕기 위해 다음과 같은 유명한 비유를 사용한다. "우리가 이 보배를 질그릇에 가졌으니 이는 심히 큰 능력은 하나님께 있고 우리에게 있지 아니함을 알게 하려 함이라"(고후 4:7). 여기서 '우리'는 먼저 '온 인류'를, 다음으로는 구원의 신앙을 통해 새롭게 태어난 사람들을 의미한다.

전 인류가 이미 공유하고 있는 보화는 "하나님 형상의 잔존물"로, 그

---

77 "Heavenly Treasure in Earthen Vessels," B 4:162–63, 서문 2, 3; 2:188–89, 540–41; 4:293–95.
78 "Heavenly Treasure in Earthen Vessels," B 4:163, sec. 1. 1.

첫 번째는 자유의지, 즉 이해력, 자유, 스스로 움직이고 통제하는 능력을 지닌 자유로운 영적 본성이며,[79] 두 번째는 선과 악을 어느 정도 구분할 수 있는 자연적 양심이다. 우리의 잘못을 고발하고 우리를 변호하는 의식의 작용인 양심은, 의도적인 죄와 의식 가능한 자기기만에 의해 끊임없이 약화되고 왜곡됨에도 우리 안에 하나님 형상의 파편이 남아있음을 증거한다. 이 의지의 자유와 양심이라는 보화는 유신론자, 무신론자, 무슬림, 이교도, "가장 미개한 사람"을 포함해 모든 사람에게서 발견된다.[80] 이는 타락한 인간 역사에도 하나님 형상의 잔존물이 남아있음을 보여준다. "이런 보화는 사람의 모든 자녀, 심지어 그들이 아직 하나님을 모를 때도 어느 정도 가지고 있다."[81]

기독교 신자가 받아 누리는 보화는 믿음으로 온전히 의롭게 되는 것으로, 그로 인해 신자는 하늘로부터 다시 태어난다. 그들의 마음에는 하나님의 사랑이 부은 바 된다. 그들은 하나님 형상의 잔존물만 가진 것이 아니라, 온전한 하나님의 형상으로 새로워진다.[82] 그들에게는 하나님께서 자신 속에 역사하고 계신다는 믿음, "그들을 죽음의 공포에서 자유롭게 하는 평안", "영생의 온전한 소망"이 있다.[83] 거듭난 신자의 보화는 그들 내면에 그리스도께서 확고히 자리해 하나님의 선하심을 닮은 영적 본성을 갖게 되는 것인데, 이는 자연적 결정인자를 통해서도 하나님께서 은혜로 역사하셨음을 드러낸다.

---

79 *LJW* 7:16.
80 "Heavenly Treasure in Earthen Vessels," B 4:163, sec. 1. 1, 2. 웨슬리는 이교도의 정직함(B 1:131–32, 135, 669), 어느 정도의 정의(B 1:500–501, 655–56), 성실함(B 1:263, 307), 도덕 체계(B 1:488–89; 2:66–67, 472–73; 3:199–200), 교양 있는 이교도의 예비적 덕(*LJW* 8:219)을 언급할 때, 그 모두의 토대로서 인간의 의지의 자유와 양심을, 복음 수용을 위한 중요한 전제로 가정했다.
81 "Heavenly Treasure in Earthen Vessels," B 4:163, sec. 1. 1, 2.
82 "Heavenly Treasure in Earthen Vessels," B 4:163–64, sec. 1. 2, 3.
83 "Heavenly Treasure in Earthen Vessels," B 4:164, sec. 1. 3.

c. 질그릇

우리는 이 보화를 질그릇에 가지고 있다. 우리는 죽어 부패하기 마련이고, 사실상 인류 역사 전체만큼이나 이미 부패한 상태다.[84] 우리는 이 보화를 심하게 망가뜨릴 수 있다. 이 보화는 질병, 오류, 죽음에 취약한 깨지기 쉽고 연약한 몸에 담겨 있다. 몸의 고귀함이 손상되고 타락했을 뿐 아니라, 영혼의 방향을 이끄는 지성 역시 무질서하게 되어 "만 가지 형태"의 오류에 빠져 있다.[85]

그럼에도 하나님께서는 "심히 큰 능력은 하나님께 있고 우리에게 있지 아니함을 알게"(고후 4:7) 하시기 위해 그런 보화가 이 비천한 질그릇에 담기는 것을 허락하신다.[86] 하나님의 중요한 계획은, 이런 일시적 육체의 그릇을 비천하게 하심으로, 어떤 제약과 연약함과 고통이 찾아오든 그 연약함을 통해 우리의 진정한 강함이 어디에 있는지 알게 하시는 것이다.[87]

인간의 이성, 의지, 기억력은 심하게 왜곡되었음에도 삼위일체 하나님의 형상의 사본으로 계속 남아있다.

> 삼위일체께서 자신의 형상으로 지으신 그대,
> 이성의 능력을 지니고
> 의지와 기억력의 복을 받았으며
> 무엇보다 뛰어난 감각을 부여받아
> 하나님을 대면할 수 있어
> 그분의 피조물 중 가장 고귀한 그대는

---

84 B 1:177–78; 2:406–8; 3:195–96, 456–60.
85 "Heavenly Treasure in Earthen Vessels," B 4:164–66, sec. 2. 1, 2; 인간의 전적 타락 교리에 대해서는 "The Righteousness of Faith," sec. 1. 4–6을 보라. 참고. *SS* 1:141n; *LJW* 5:231.
86 "Heavenly Treasure in Earthen Vessels," B 4:166–67, sec. 2. 4.
87 "Heavenly Treasure in Earthen Vessels," B 4:166–67, sec. 2. 4–7.

어찌하여 영원히 죽으려 하는가?[88]
우리가 새로워진 사랑 안에서 부활할 때
우리 영혼은 영원토록 그분을,
삼위일체 하나님의 형상을 닮으리.[89]

7. 자연과학의 범위를 넘어선 주장에 대한 논박

a. 필연성에 대하여

웨슬리는 "필연성에 관한 소고"(Thoughts upon Necessity, J X:457–74)와 "필연성에 대하여"(A Thought on Necessity, J X:474–80)라는 두 논문에서 필연성에 대한 주장을 논의한다. 웨슬리는 절대적 이중예정론과 같이 종교를 사칭한 신단동론 환원주의와, 우리 시대에 스키너(B. F. Skinner)와 버트런드 러셀(Bertrand Russell)이 주장한 것을 당대에 이야기한 데이비드 하틀리(David Hartley)와 칸스 경(Lord Karnes)의 주장같이 과학을 사칭한 물질 단동설 사이의 유사성에 특히 관심을 가졌다.

웨슬리는 "눈에 보이는 세계에서 가장 고귀한 피조물이 단지 훌륭한 시계 장치와 같은 존재일 뿐"이라고는 생각할 수 없었다. 인간은 자유로운 행위자로서 "어떻게 행동할지를 스스로 결정하지", 다른 존재의 결정을 무작정 따르지 않는다. 아담이 저지른 전형적인 죄는 다른 이의 강압이 있었다고 변명한 것이었다. 즉, "맞습니다. 내가 선악과를 먹었습니다. 그러나 내가 먹을 수밖에 없었던 원인, 내가 그렇게 행동한 원인은 타인에게 있습니다"라고 말한 것이다.[90]

---

88   *CH* 7:88, 참고. 390, 395, 527.
89   *CH* 7:390.
90   TUN, J X:457, sec. 1. 1.

b. 자연주의적 환원주의의 종류: 고대 환원주의, 과학적 환원주의, 종교적 환원주의

고대에 필연성을 주장한 사람들 중에는 죄의 원인을 이원론적 세계로 돌린 마니교도들과 인간의 행동이 원인과 결과의 끊을 수 없는 사슬에 운명적으로 매인 것으로 여긴 스토아 학파가 있었다.[91] 데이비드 하틀리는 우리의 모든 생각은 사상, 열정, 기질, 행동 모두를 관장하는 뇌파에서 비롯된다고 주장했다.[92] 만약 그렇다면 인간의 모든 행동은 자아가 아닌 외부의 원인에 의해 결정되는 것이 된다. 심지어 덕행이나 악행도 뇌파에 의한 것으로 가정한다.[93]

이와 유사하게 칸스 경은 우주를, 서로 맞물려 돌아가는 수많은 톱니바퀴로 구성되어 있으며, 거기에 인간도 끼어 있는 잘 작동하는 시계 같은 거대한 기계로 묘사했다. 사람은 자신이 자유롭다고 생각하지만 실은 그렇지 않다는 것이다.[94] 그렇다면 자유의지와 관련해 "이성이 작용하는" 체계로 여겼던 모든 것에서 이성 자체는 무능한 것으로 남는다.[95]

이중예정론자들은 "시간 속에서 일어나는 모든 것은 영원 전부터 변경할 수 없도록 이미 결정된 것이다. … 가장 큰 일도, 가장 작은 일도 모두 똑같이 예정되었다. … 그렇다면 사람은 누구나 자신이 행한 것보다 더 크거나 작은 선이나 악을 행할 수 없다"고 주장함으로 과학적 연구의 매우 나쁜 사례를 남긴 것에 어느 정도 책임이 있다.[96] 웨슬리는 과학적 결정론과 종교적 결정론 모두에 반대했다.

---

91 TUN, J X:457, sec. 1. 2; 참고. B 1:76n, 386n; 2:130n, 285n; 3:493n.
92 David Hartley, *Observations on Man* (London: S. Richardson, 1749).
93 "A Thought on Necessity," J X:474–75.
94 Henry Home Lord Kames, *Essay on Liberty and Necessity* (Edinburgh, 1731); Wesley, "A Thought on Necessity," J X:474–80.
95 TUN, J X:477–78.
96 TUN, J X:459, sec. 1. 7.

c. 자연주의적 환원주의에 대한 논박

만약 사람이 (물질적, 심리적, 사회적, 경제적 등) 자기 외부의 물질적 원인에 지배를 받는다면, 거기에는 도덕적 선이나 악, 덕행이나 악행이 있을 수 없고, 따라서 인간의 책임성을 가르치는 성경의 관점과 달리 최후의 심판은 없을 것이다.[97] 필연성에 대한 주장에는 필연적으로 모순이 생긴다.

"평범한 이해력을 가진 사람이 … 이렇게 정교하게 얽혀 있는 문제를 푸는 것은 쉽지 않다. … 그럼에도 그는 그런 주장이 진실일 수 없다는 것은 알고 느끼며 확신한다. 즉, 거룩하신 하나님께서 죄의 창시자일 수는 없는 것이다."[98] 심지어 하틀리마저 "이 체계에 따르면, 우리의 본성을 구성하는 모든 도덕적 요소는 전복되고 … 사람이 더는 도덕적 행위자일 수 없다"는 사실을 시인했다.[99] 인간이 자유를 잃으면 존엄성도 상실한다.[100]

웨슬리는 다음과 같이 말한다. "내가 내 안에서 느끼는 것, 말하자면 눈을 뜨거나 감고, 내 머리를 이리저리 흔들고, 팔이나 다리를 쭉 펴는 것 같은 행동이, 어느 누구도 아닌 나 자신의 결정에 달려있다는 사실을 믿지 못한다면, 즉 내가 내적·외적으로 느끼는 것과는 반대로 내가 반드시 그렇게 할 수밖에 없도록 필연적으로 정해져 있다면, 나는 다른 어떤 것도 믿지 못하고 필연적으로 총체적인 회의론에 빠질 수밖에 없다."[101]

조너선 에드워즈(Jonathan Edwards)는 필연성과 도덕적 책임 양자를 동시에 주장할 수 있는 방법을 찾은 듯 보인다. 그러나 웨슬리가 본 "에드

---

97 TUN, J X:463–64, sec. 3. 1, 2; 참고. B 3:493, 498–99; 4:50.
98 TUN, J X:463, sec. 3. 1.
99 TUN, J X:465, sec. 3. 3.
100 B 2:486; 4:151.
101 TUN, J X:472, sec. 4. 3.

워즈의 총체적 오류"는 다음과 같다. 즉, 이중예정론이라는 "가설"에 따르면 인간의 의지는 "불가항력적으로 강제되어 사람이 이것이나 저것을 바랄 수밖에 없게 된다는 것이다. 만약 그렇다면, 인간은 의지에 뒤따르는 행동은 물론이고, 무엇인가를 원했다는 이유로 책망을 받아서는 안 된다. 그들이 그것을 원할 수밖에 없는 필연성 아래 있었다면, 그들에게 책임을 돌려서는 안 된다. 만약 사람에게 의지뿐 아니라 자유가 없다면, 도덕적인 선이나 악도 말할 수 없다."[102]

자연적 결정론에 대해 웨슬리는, 사람은 어떤 행동을 취하고 싶을 때조차도 종종 그 동기를 거스를 수 있다고 논박했다. 사람은 때때로 더 나은 동기와 반대된 선택을 할 때가 있음이 분명하므로, "전체적으로 볼 때 가장 나은 동기에 의해 선택하는 것이 틀림없다"는 주장은 성립되지 않는다. 우리는 가장 원하는 일이라도 하지 않을 수 있다. 사람은 감각적 인상을 받아들이는 데 수동적이지 않다. 인간의 판단은 바뀔 수 있다. 인간의 정신은 판단과 의지 사이의 일관성을 끊어버릴 수 있는 고유한 능력을 지니고 있다. 사람의 외적 행위가 반드시 의지를 따르지는 않는다.[103]

하나님께서는 인간을 창조하실 때 이해력, 의지, 자유를 부여하셨다. 이해력은 그 결정을 실행으로 옮길 의지를 필요로 하고, 의지는 스스로 결정을 내리기 위해 자유를 요구한다. 자유를 부정하는 것은 인간 영혼의 본질을 부정하는 것이다. 하나님께서는 인간이 행복하거나 불행하도록 필연적으로 결정해놓지 않으신다. 행복이나 불행은 인간이 하나님의 은혜에 반응해 자신의 자유를 어떻게 사용하는지에 달려있다.

---

102 TUN, J X:467, sec. 3. 7.
103 TUN, J X:472, sec. 4. 3; 내적인 죄와 외적인 죄의 구분에 관해서는 B 1:239–40, 245–46, 336–44; 2:215–16을 보라.

더 깊은 이해를 위한 독서 자료

Barker, Joseph. *A Review of Wesley's Notions Concerning the Primeval State of Man and the Universe*. London, ca. 1855.

Collins, Kenneth. *A Faithful Witness: John Wesley's Homiletical Theology*, 105–24. Wilmore, KY: Wesleyan Heritage, 1993.

Matsumoto, Hiroaki. "John Wesley's Understanding of Man." In *Japanese Contributions to the Study of John Wesley*, 79–96. Macon, GA: Wesleyan College, 1967. Also in *WQR* 4 (1967): 83–102.

Miley, John. *Systematic Theology*. Reprint, Peabody, MA: Hendrickson, 1989.

Outler, Albert C. "Diagnosing the Human Flaw: Reflections upon the Human Condition." In *Theology in the Wesleyan Spirit*, 23–45. Nashville: Tidings, 1975.

Pope, William Burt. *A Compendium of Christian Theology*. 3 vols. London: Wesleyan Methodist Book-Room, 1880.

Prince, John W. "Theory of Human Nature." In *Wesley on Religious Education*, 13ff. New York: Methodist Book Concern, 1926.

Ralston, Thomas N. *Elements of Divinity*. New York: Abingdon, 1924.

Reist, Irwin W. "John Wesley's View of Man: Free Grace versus Free Will." *WTJ* 7 (1972): 25–35.

Shelton, R. Larry. "Wesley's Doctrine of Man." *PM* 55, no. 4 (1980): 36, 37.

Summers, Thomas O. *Systematic Theology*. 2 vols. Edited by J. J. Tigert. Nashville: Methodist Publishing House South, 1888.

Vogel, John Richard. "Faith and the Image of God." Master's thesis, DePauw University, 1967.

Walls, Jerry. "The Free Will Defense: Calvinism, Wesley and the Goodness of God." *Christian Scholar's Review* 13 (1983): 19–33.

Watson, Richard. *Theological Institutes*. 2 vols. New York: Mason and Lane, 1836, 1840; edited by John M'Clintock, New York: Carlton & Porter, 1850.

8장

죄

8장 죄

웨슬리는 먼저 자범죄를 다루고 다음으로 원죄를 다룬다.

A. 마음의 기만

설교 "마음의 기만"의 성경 본문은 예레미야 17:9, "만물보다 거짓되고 심히 부패한 것은 마음이라 누가 능히 이를 알리요마는"이라는 말씀이다 [설교 #128 (1790), B 4:149-60; J #123, VII:335-44].

1. 인간의 마음에 대한 낙관주의자들의 오판

역사의 발전에 대한 과도한 낙관주의는 웨슬리 시대의 특징이었다. 많은 사람이, 인간은 죄로 기울어져 있지 않고 본성적으로 선하고 덕스러우며 지혜롭고 행복하다고 믿었다. 웨슬리 시대에 신앙을 멸시했던 소위 교양 있는 사람들은, 인간의 본성은 고귀하고 죄가 없다며 "지나치게 공을 들여 찬사"를 쏟아내곤 했다.[1] 인간에 대한 낙관주의에 깊이 빠진 웨슬리 시대의 현인들은 옛 이교도들보다 조금도 지혜롭지 못했던 듯하다.[2]

오늘도 우리는 자율적 인간의 잠재력에 대해 지나친 환상에 사로잡혀 있다. 위선적인 칸스 경과 회의적인 데이비드 흄은 죄의 책임을 인간의 의지보다 하나님께 돌리면서 하나님을 비난했다. 모든 잘못은 처음부터 문제가 있는 세상을 창조한 창조주께 있는 것으로 생각했다.[3] 웨슬리는 그들의 태도가 전형적인 책임회피임을 지적했다. 어떤 사람은 "나는 종종 이

---

1 "On the Deceitfulness of the Human Heart," B 4:150-51, 서문 1-3.
2 "On the Deceitfulness of the Human Heart," B 4:149-51, 서문 3.
3 "On the Deceitfulness of the Human Heart," B 4:151, 서문 3.

해력 부족으로 잘못된 행동을 합니다"라고 하면서 정신적 원인을 핑계 삼는다. 혹은 "나는 종종 잘못된 감정을 느끼지만, 그것은 내 피와 기분의 움직임에 의한 것입니다"라고 말하면서 신체적 원인을 핑계 삼을 뿐, 그것을 죄로 여기지 않는 사람도 있다.[4] 또 어떤 사람은 악은 세상에 너무나 널리 퍼져 있기 때문에 개인을 비난해서는 안 된다며 사회적 원인을 핑계 삼는다. 그런가 하면 사탄의 책임을 지나치게 과장한 나머지, "사람이 그렇게 행동하도록 강제한" 것은 사탄이기에 "자신들은 책임이 없다"고 말하는 사람도 있다.[5] 웨슬리는 이 모든 주장에 대해 심지어 사탄도 그런 신성모독적인 말은 하지 않는다고 평가했다.

2. 성경이 가르치는 죄의 현실: 왜 인간의 마음은 몹시 악한가?

죄의 기원에 대한 성경의 가르침은 이런 주장들과 전혀 다르다. "만물보다 거짓되고 심히 부패한 것은 마음이라 누가 능히 이를 알리요마는"(렘 17:9). 웨슬리가 이 설교에서 가장 먼저 몹시 악하고 다음으로 만물보다 거짓되어 결국 구원의 은혜 없이는 우리 중 누구도 바르게 알 수 없다고 설명한 것은 인간의 마음이다.

왜 인간의 마음은 몹시 악한가? 이 질문에 답하려면 우리는 교만, 자기고집, 창조주가 아닌 피조물에게로 향하는 과도한 사랑 같은 죄의 뿌리가 아니라, 거기서 비롯된 "죄의 잎사귀, 또는 기꺼해야 그 열매"인 구체적인 죄들에 너무 성급하게 초점을 맞추는 태도를 지양해야 한다. 그런 구체적인 죄들은 우리가 자신을 가장 낮게 여기면서, 모든 것을 자신의 이익이나 정욕, 운명에 어떤 영향을 끼치는가 하는 것을 기준으로 판단하는 태도에

---

4   "On the Deceitfulness of the Human Heart," B 4:151, 서문 3.
5   "On the Deceitfulness of the Human Heart," B 4:151, 서문 4.

서 비롯된다.⁶ 우리는 창조된 것들을 지나치게 사랑한 나머지 그것의 제한되고 유한한 가치를 궁극적인 우상으로 섬긴다. 그러면서 세상의 원천과 토대로서 세상을 우리에게 주신 하나님 앞에서 책임 있는 태도로 살아가지 못한다. 온 우주는 우리가 초래한 영적 무질서에 의해 고통받는다.⁷ 각각의 구체적인 범죄 행위는 이 죄 된 마음에서 비롯된다.⁸ 모든 죄인은 "우상숭배, 교만, 자신에 대해 마땅히 생각할 그 이상의 생각을 품거나 자신이 받은 것이 마치 받은 것이 아닌 양 자신을 높이는 것 … 하나님 이외의 것에서 행복을 찾는 일"에 온 마음을 쏟는다.⁹

모든 사람은 수없이 많은 부분에서 서로 다름에도 "하나님께 적의를 가지고 있다"는 점에서는 모두가 같다.¹⁰ 보편적인 인간의 상태는 "투르크족이나 타르타르족 사람들에게 만연한 죄 중 기독교 국가의 모든 지역에서 발견되지 않는 죄는 하나도 없다"는 말에 잘 표현되어 있다.¹¹

여기에 더해 또 하나의 끔찍한 사실은, 초인간적이고 영적이며 육체가 없는 지성적 존재들이 인간의 자유와 하나님의 권능 모두를 빼앗기로 결심했다는 점이다. 웨슬리는 성경을 통해 바로 그것이 미혹하는 자와 그를 따르는 세력의 목적임을 가르쳤다. 웨슬리는 사탄에 대해 부정확한 것을 많이 말하지 않는 대신, 사탄이 합법적 권세를 잘못된 방법으로 왜곡했다는 사실은 중요하게 다룬다. 그것이 개인적·사회적 죄를 심각하게 논의할 수 있는 배경 지식이 되기 때문이다.¹² 사탄이 자기고집과 교만을 인류

---

6 인간의 자기 고집에 대해서는 B 1:337-38; 3:353-55; 4:152-54를 보라.
7 "On the Deceitfulness of the Human Heart," B 4:152, sec. 1. 1.
8 같은 곳.
9 "On the Deceitfulness of the Human Heart," B 4:154, sec. 1. 4.
10 "On the Deceitfulness of the Human Heart," B 4:155, sec. 1. 4; 창 6:5.
11 "On the Deceitfulness of the Human Heart," B 4:156, sec. 2. 4.
12 "On the Deceitfulness of the Human Heart," B 4:154, sec. 1. 3.

의 역사로 가지고 들어오자, 죄의 역사가 시작되었고, 죄는 온 세상을 뒤덮어 인간의 모든 면에 영향을 끼쳤다.

3. 왜 사람의 마음은 만물보다 거짓된가?

따라서 우리가 하나님의 은혜 없이도 진지하게 자기 이해를 추구하면 쉽게 그것을 이룰 것이라는 생각은 어리석다. 우리의 마음이 거짓되기 때문이다. 만약 사람의 "마음으로 생각하는 모든 계획이 항상 악할 뿐"(창 6:5)이라면, 올바른 자기 지식을 얻기는 어렵다.

이 기만은 우리가 실제보다 훨씬 지혜롭고 선하다고 상상하게 한다. 또 우리 자신뿐 아니라, 우리가 말하는 것을 진실로 받아들여 그것을 의지하는 타인도 속이게 한다. 진실을 구하는 사람이 자신의 부정직함조차 알아차리지 못하는 일은 흔하다. 웨슬리는 이후 키에르케고르나 프로이드처럼 자기기만의 심리학에 깊은 관심을 가졌다.[13] "누가 모든 가식에 숨은 자기기만을 꿰뚫어 발견하고, 또 모든 숨은 미로를 살펴 그것을 추적할 수 있겠는가?"[14] 우리는 얼마나 교묘하게 타인과 자신에게 우리의 참된 모습을 숨기는가?

자기기만을 알아차리는 사람이 그처럼 적은 이유는 무엇인가? 우리는 오래전부터 성경에서 사람의 마음이 "상상 이상으로 가장" 기만적임을 배웠다. "너무나 기만적이어서 대부분의 사람은 끊임없이 자신과 타인을 속이면서도 … 자신의 기질과 성품을 바르게 파악하지 못하고, 자신이 실제보다 훨씬 지혜롭고 선한 줄 안다." 하나님께 겸손히 가르침을 받고 성육신을 통해 섬기는 종 메시아로 오신 그분 외에는 누구도 "기꺼이 자신의

---

13   B 3:98–99; 4:149–60.
14   "On the Deceitfulness of the Human Heart," B 4:157, sec. 3. 5.

마음이 어떤 상태인지 알려 하지 않는다."15

소크라테스는 성찰이 없는 삶은 살 가치가 없다고 생각해 자기 자신을 바르게 알기를 극구 장려했다. 웨슬리는, 우리가 끊임없이 매우 편협한 자기 이익과 자기중심적 관점에 유리하도록 자신을 보기 때문에, 타락한 상태에서 자신을 바르게 아는 것이 어느 정도까지 가능한지에 대해 고민했다. 죄의 술책은 겹겹이 쌓은 자기기만의 장벽에 우리를 가두어놓는 것이다.16

4. 스스로를 기만하는 의지를 바로잡으려면

그러나 하나님께 감사하게도, 이 절망적인 상태는 구원의 신앙을 통해 극복할 수 있다. 하나님에게서 난 사람의 "마음은 의와 진리의 거룩함으로 지으심을 받아 새로워진다"(참고. 엡 4:24).

그러나 웨슬리는 다음과 같은 결정적 조건을 달았다. "인간의 마음은 비록 신자라도 의롭다 하심을 받을 때 전적으로 정결하게 되지는 않는다. 죄를 이길 수는 있게 되지만 그것이 뿌리째 뽑히지는 않는다. 또 죄를 정복하기는 했으나 그것이 완전히 멸절되지는 않는다. 신자는 경험을 통해 첫 번째로 그의 마음에 죄의 뿌리, 자기 고집, 교만, 우상숭배가 남아있음을 보게 된다. 그러나 계속 경계를 늦추지 않고 기도하면, 어떤 것도 그를 이기지 못한다. 또 경험을 통해 신자는 두 번째로 죄가 … 그의 가장 선한 행동에도 들러붙어 있음을 알게 된다."17

사람은 누구도 자신의 마음을 알 수 없고, 오직 그것을 만드신 분만이

---

15 "On the Deceitfulness of the Human Heart," B 4:155, sec. 2. 1.
16 *LJW* 6:139; 감각의 기만에 관하여는 B 3:538을 보라.
17 "On the Deceitfulness of the Human Heart," B 4:157, sec. 2. 5.

아신다. 죄를 깨닫게 하고 의롭게 하며 거룩하게 하시는 은혜 외에는 어떤 것도 인간의 마음을 고칠 수 없다. 은혜의 도움이 없다면 우리는 계속해서 자신을 속이고 스스로를 알지 못한다. 오직 하나님께서 사랑을 드러내실 때만 우리는 자신을 바르게 알 수 있다.

우리에게 하나님이 없다면 얼마나 절망적인가? "자신의 마음을 믿는 자는 어리석은 사람이다."[18] 자신을 지혜롭다고 여기는 자는 가장 어리석은 사람이다. "자신에게 지혜가 부족함을 생각조차 해보지 않은 사람이라면 지혜에서 얼마나 멀리 떨어져 있겠는가? 또 자신을 대단하게 여기는 그 생각이 가르침 받는 일을 가로막지 않겠는가? … 어리석은 자 중에서 자신을 지혜롭다고 생각하는 자만큼 고치기 힘든 사람은 없다."[19] 자신이 확고히 서있다고 확신하는 자보다 더 미끄러지기 쉬운 사람은 없다.[20] 신자는 오직 하나님께서 자신의 마음을 감찰하셔서 실상을 바르게 알게 해주시기를 부르짖어 간구할 뿐이다.

웨슬리는 과학적 연구와 기술 혁신을 통해 인간의 상태가 점진적으로 발전할 것이라는 현실적인 희망을 조심스레 내비쳤다. 그는 당시의 자연 과학의 발전에 반대하는 태도를 취하지 않고, 오히려 그것을 자연과 역사에 나타난 하나님의 섭리적 질서를 바르게 이해하기 위한 노력으로 생각했다. 그러나 이 노력도 교만과 육욕이라는 비뚤어진 것에 중독되기 쉬운 사람을 바로잡는 데는 충분하지 않다.[21]

그리스도께서는 우리로 자신을 온전히 알게 하기 위해 오셨다. 인간의 교만이 얼마나 악하든, 하나님께서는 죄인을 끊임없이 용서하기를 원하

---

18 "On the Deceitfulness of the Human Heart," B 4:159, sec. 3. 1.
19 "On the Deceitfulness of the Human Heart," B 4:159, sec. 3. 2.
20 "On the Deceitfulness of the Human Heart," B 4:160, sec. 3. 3.
21 "On the Deceitfulness of the Human Heart," B 4:159–60, sec. 3.

신다. 하나님께서 다가가 화해하고 용서하고 구원하시며 내면과 외면을 성화시키시는 대상은 자기를 주장하는 죄인이다.²²

B. 인류의 타락에 대하여

설교 "인류의 타락에 대하여"의 성경 본문은 창세기 3:19, "너는 흙이니 흙으로 돌아갈 것이니라"라는 말씀이다 [설교 #57 (1782), B 2:400-412; J #57, VI:215-24].

1. 왜 하나님은 세상에 불행과 마음의 고통을 허락하시는가?

"하나님은 '모든 사람을 사랑하시며 그분의 자비는 그가 지으신 모든 것에 임하는데', 왜 세상에는 고통이 있는가? 죄 때문이다. 죄가 없었다면 고통도 없었을 것이다. (하나님께서 의로우심을 전제한다면) 고통은 죄에 필연적으로 따르는 결과다. 그러나 죄는 왜 존재하는가?"²³ 사람이 하나님을 닮아 영, 의지, 이성, 자유를 가지고 있음에도 "악을 선택"했기 때문이다. 이것이 성경이 말씀하는 "악의 기원에 대한 분명하고도 간결한 설명이다." 성경의 설명이 없다면 사람은 "스스로에게도 수수께끼"로 남을 것이다.²⁴

죄는 하와의 불신앙과 아담의 우상숭배, 즉 하와가 하나님보다 속이는 자를 믿고, 아담이 하나님보다 피조물을 우상으로 사랑한 데서 시작되었다.²⁵ 남자와 여자 두 사람의 잘못이 치명적으로 합쳐져 인간의 원의의 상

---

22 *CH*, "Exhorting and Beseeching to Return to God," B 7:79–94.
23 "On the Fall of Man," B 2:400; 참고. *LJW* 1:88, 97, 102.
24 "On the Fall of Man," B 2:401, 서문 1; 참고. *LJW* 3:375–87.
25 "On the Fall of Man," B 2:401–3, sec. 1. 1.

실을 가져온 것이다. 앞으로 살펴보겠지만, 아담은 인류의 수장으로서 책임이 있었기 때문에 모든 책임을 하와에게 돌릴 수는 없다. 그러나 하와에게도 아기를 낳는 고통과 저주가 따른다. 아담은 자유롭게 죄를 선택함으로 인해 힘든 노동으로 땀을 흘려야 하는 저주가 따랐다. 죄 없는 상태의 상실은 행복의 상실을 의미했다. 타락 이전 세상에는 여성에 대한 차별과 남성의 중노동이 존재하지 않았다.[26]

2. 몸과 영혼의 연합체에 미친 죄의 영향

a. 진흙과 영

하나님께서는 사람을 "단지 물질인 진흙 덩어리가 아니라, 물질적 몸을 입었으나 자신을 닮은 영"으로 창조하셨다.[27] 인간은 그냥 진흙이 아니라, 살아있는 영혼에 의해 형질을 이룬 진흙이다. 몸과 영혼의 접점은 인간의 영이다.

사람이 반역이라는 질병에 빠져 있다는 것은 곧 비틀거리고 넘어질 가능성이 많다는 것이다. 죄의 역사에 가속도가 붙자 곧 "모든 사람은 천 가지 오류에 빠져 매 순간 새로운 잘못을 범하기 쉬운 상태가 되었다." 이 잘못은 단지 무지에서 비롯된 것만이 아니라, 하나님의 뜻을 어기고자 하는 인류 역사 전체와 결탁되어 있다.

정신과 신체[곧 몸(soma)과 영혼(psyche)]의 균형은 정상적인 상태를 쉽게 벗어난다. 살아있는 영혼은 "물질적인 건반"을 연주하므로 "악기의 본성과 상태보다 나은 음악을 만들어낼" 수 없다. 생각은 부패하기 쉬운 육체의 정욕에 왜곡되어 "영혼의 작용을 방해하거나, 기껏해야 매우 불완전

---

26 "On the Fall of Man," B 2:403–5, sec. 1. 2–3.
27 "On the Fall of Man," B 2:409, sec. 2. 6.

하게 도울 수 있을 뿐이다. 그럼에도 영혼은 몸의 도움을 받지 않을 수 없다."[28]

b. 흙으로 돌아갈 것이니라

죄인의 자기 주장으로 가득한 인류 역사의 결과로 "우리는 죽음을 향해 걸어가고 있다." 죽음은 모든 사람에게 찾아온다.[29] 죽음이라는 형벌의 실행은 타락한 인간의 몸에 그 본성과도 같이 내재되어 있다. 타락 이후 인간의 몸은 순환하는 체액들로 채워진 "셀 수 없이 많은 정밀한 세포"로 되어 있고, 그 기능은 청년기와 성인 초기에 최고도에 달한다. 중년이 되면 몸에는 어느 정도의 경직과 협착이 발생하고, 육십 세쯤 지나면 "주름이 체액의 감소를 나타낸다." 체액이 줄어들고 "가는 혈관들이 막히다가, 나이가 아주 많아지면 혈관 자체가 굳어져 … 자연히 죽음이 찾아온다." 삶의 시작부터 "우리는 흙에서 났으니 흙으로 돌아갈 준비를 하는 것이다!"[30]

그러나 하나님께서는 자신의 손으로 지으신 사람을 멸시하지 않으시고, 나무에 달려 자기 몸에 우리의 죄를 짊어지심으로 타락한 모든 자를 위해 해결책을 제공해주신다.[31] 하나님께서는 정의로우셔서 죄를 벌하시는 것처럼 또 자비로우셔서 보편적인 죄악을 해결하시기 위해 성령을 통해 성자 안에서 보편적인 치료약을 제공하신다. 한 분 그리스도의 의는 모든 사람을 의롭게 하기에 충분하다.[32]

---

28 "On the Fall of Man," B 2:403, sec. 2. 2.
29 "On the Fall of Man," B 2:407, sec. 2. 4. 에녹이나 엘리야 등 하나님과 동행해 죽음을 겪지 않은 성경의 특별 사례를 제외하면 죄로 인한 죽음의 판결은 아담과 하와의 모든 자손에게 내려졌다.
30 "On the Fall of Man," B 2:407–8, sec. 1. 5; 참고. 3:269–70.
31 "On the Fall of Man," B 2:410, sec. 2. 8.
32 "On the Fall of Man," B 2:411–12, sec. 2. 9.

C. 영적 우상숭배

1. 자신을 지켜 우상에게서 멀리하라

설교 "영적 우상숭배"의 성경 본문은 요한1서 5:20-21의 "자신을 지켜 우상에게서 멀리하라"라는 말씀이다 [설교 #78 (1781), B 3:103–14; J #78, VI:435–44].

우상을 만들려면 먼저 무엇인가 좋은 것, 곧 창조세계에서의 어떤 선물이 있어야 한다. 그러면 사람은 그것을 실제보다 낫게 여긴 나머지 거짓 신으로 높인다. 우상은 마음 중심을 하나님께 두지 못하도록 유혹하는 것, 창조세계에서 숭배할 만큼 훌륭한 것,[33] 세상에 있는 것 중 헛된 상상과 교만으로 뒤틀린 욕망을 가지고 경배할 만큼 충분히 좋은 것을 말한다.[34]

"영적 우상숭배"는 삼위일체 하나님을 섬기는 "영적 예배"[35]와 전혀 다르다. 웨슬리는 "자신을 지켜 우상에게서 멀리하라"(요일 5:21)며 간절히 부탁한다. 우리가 섬기는 우상은 하나님과 화해할 수 없는 경쟁자가 된다.

사람이 우상을 만들 가능성은 무한하다. 그러나 웨슬리는, 우상을 만드는 목적은 주로 육욕이나 교만, 또는 상상력을 만족시키기 위해서라고 생각했다.[36] 우상숭배의 세 가지 형태는 요한1서 2:16에 요약되어 있다. "이는 세상에 있는 모든 것이 육신의 정욕과 안목의 정욕과 이생의 자랑이

---

33 우상숭배라는 주제에 관해서는 "Original Sin," sec. 2. 7; "On the Deceitfulness of the Human Heart," sec. 1. 4; "On the Wedding Garment," sec. 12도 보라.
34 "The Unity of the Divine Being," B 4:65–67, secs. 12–18; J VII:267–69.
35 웨슬리는 1780년 성탄절에 같은 성경 본문 요한1서 5:20-21에 기초해 이 설교를 작성해 함께 「아르미니우스주의 매거진」(*Arminian Magazine*)에 수록했다.
36 우상숭배의 이 세 가지 형태는 설교 "영적 우상숭배"에서도 다룬다.

니 다 아버지께로부터 온 것이 아니요 세상으로부터 온 것이라."³⁷ 웨슬리는 육욕, 교만, 상상력을 반역의 세 단계로 칭했다.

2. 육욕이라는 형태의 우상숭배

육욕은, 인간의 진정한 삶은 감각적 경험이나 육체적 만족에 있다는 그릇된 생각에 빠지도록 우리를 유혹하지만, 우리는 결코 그런 것으로 만족할 수 없다.³⁸ 감각이라는 우상은 육신의 정욕, 즉 "죄인의 욕망에 영합하는 모든 것"(요일 2:16, NEB)을 먹고 자란다. 우리는 성, 음식, 안전, 돈, 또는 어떤 물질적인 좋은 것도 우상으로 삼을 수 있다. 우리는 감각적 존재이기에 이런 것들을 좋아한다. 문제는 우리가 그런 것들을 주신 분의 뜻은 고려하지 않으면서, 그 자체가 본질적으로 좋은 것인 양 그것들을 사랑할 수 있다는 데 있다. 이것이 감각적 우상숭배가 지닌 문제다.

우리는 육체의 욕구를 충족시키는 감각의 대상을 숭배하려는 유혹을 받는다. 그리고 그런 것의 좋은 점을 과장하면서 우리 삶을 일시적으로 더 편하고 즐겁게 만드는 것들을 우상으로 삼는다. 부자와 가난한 사람 모두 세상의 것에 과도한 애착을 가질 수 있으므로, 육욕은 그들 모두의 영적 질병이 되기 쉽다.³⁹

3. 교만이라는 형태의 우상숭배

육욕이라는 우상이 우리의 육체적이고 물질적인 삶의 능력을 미끼로

---

37 웨슬리는 "모든 죄가 이 세 가지 악덕의 부류에 포함될 수 있다"고 주장한 아우구스티누스와 의견을 같이했다, Augustine, *Enarratio in Psalmum*, 8. 13, MPL 36:115; "The Way to the Kingdom," sec. 2. 2; "The Almost Christian," B 1:137n, sec. 2. 1; 참고. B 1:409; 3:89, 282, 351, 534–35; 4:65, 182–83.
38 "The Unity of the Divine Being," B 4:64–66, secs. 11–13.
39 "The Unity of the Divine Being," B 4:65, sec. 12.

삼는다면, 교만이라는 우상은 자기 초월 능력을 미끼로 삼는다.[40] 육욕이 우리를 지나치게 아래로 끌어내린다면, 교만은 우리를 한계와 능력 이상으로 지나치게 높인다. 교만은 우리에게 한계가 없다는 오만함으로 우리를 유혹한다.[41]

우리는 교만으로 인해 자기중심적 자아가 다른 모든 가치의 중심이라고 상상한 나머지, 우리 자신이 누구인지와 우리가 하는 일을 떠벌림으로 참 하나님의 적이 된다. 또 이생의 자랑에 빠져 타인의 칭찬에서 행복을 찾으려 한다. 결국에는 유한한 존재인 자신을 높여 모든 가치의 중심이 자신이라는 터무니없는 주장에까지 나아간다.[42]

우리는 교만의 원형을, 비록 불가능함에도 하나님 되기를 갈망했던 타락한 천사의 악마적 열망에서 볼 수 있다. 이 터무니없는 교만에서 피조물이 하나님처럼 될 수 있다는 거짓말이 생겨나 인간의 역사를 죄로 깊이 물들였다.[43] 그 결과 우리는 모든 것의 가치를 자신에게 이익이 되는지의 여부로 평가한다.[44]

4. 상상력이라는 형태의 우상

교만과 육욕은 우상숭배적 상상력에 의해 강화되어 우리를 두 가지 서로 충돌하는 방향으로 끌어간다.[45] 우상숭배는 상상력을 통해 좋아하는 대

40　B 1:197–98, 337–38; 2:179; 4:287–88.
41　감각, 상상력, 교만으로서의 우상숭배는 "The Unity of the Divine Being"에서도 논의된다.
42　"On the Education of Children," B 3:348–49, secs. 5–16; J VII:89–94; FA, J VIII:141.
43　영국인의 영적 교만에 대해서는 B 11:238–39, 고대 이스라엘 사람들의 영적 교만에 대해서는 B 11:2008–9, 메소디스트의 영적 교만에 대해서는 B 11:387–89를 보라. 이러한 글에서 웨슬리는, 교만에 대한 신앙적 논의는 특히 사회적 자기비판에 태만하고, 스스로의 사회적 위치나 전통에 대해 충분히 다루지 않는다는 현대의 일반적인 불평을 논박한다.
44　"The Unity of the Divine Being," B 4:65, sec. 12.
45　LJW 4:305; 5:336; B 1:338–39; 3:106–7, 183–84, 524–25; 4:123–24; 11:128.

상을 숭배의 대상으로 높인다. 공상을 통해 유한한 피조물을 하나님으로 만든다. 하나님이 아닌 것이 참 하나님인 양 상상의 나래를 편다.

상상력은 실제로 일어날 가능성에 관심을 갖는 인간의 놀라운 능력이다.[46] 그러나 상상력이 지나쳐 우상숭배적 육욕과 교만의 지배를 받으면 염려와 죄책감을 일으킨다. 감각적 희열이나 자기중심적 교만으로 고양된 상상력은, 색욕과 과도한 자만심의 강박적 중독으로 나아갈 수 있다.

경이로운 창조물인 상상력은 이런 방식으로 점차 본래의 능력과 맞먹을 정도로 대단히 왜곡된다. 상상력에 의해 우리는 하나님보다 덜 사랑해야 할 것을 더 사랑하게 된다.

우상숭배적 상상력으로 증폭된 육욕과 교만은 계속 반복되면서 퍼져나가는 인간 역사 타락의 기본 요소다.[47] 상상이라는 우상은 안목의 정욕을 먹고 자라, 웅장하고 아름다운 것, 의복, 즐길거리에서 만족을 구한다.

상상력에 대한 웨슬리의 심리적 분석에서 핵심적인 특징은, 우상을 만들어가는 과정에서 진기함이 갖는 중요한 역할을 강조한 것이다. 심미적 상상력은 끊임없이 새로운 즐길거리에 목말라하므로, 진기한 것을 찾는 일에서 유희와 재미와 즐거움에 빠진다. 음악, 시, 학문의 즐거움을 더하게 해주는 것도 새로움이다.

웨슬리는 피상적인 배움이 우상숭배와 얼마나 밀접한 관계가 있는지 잘 알고 있었다. 학자들은 그 둘 사이의 관계를 "전혀 알아차리지 못하기에" 새로운 지식 탐구에 "전적으로 몰두하는 것을 대단히 칭찬할 만한 일로 단단히 믿고 있다."[48]

---

46 상상력의 올바른 사용에 대해서는 B 2:294를 보라.
47 "The Unity of the Divine Being," B 4:65–66, secs. 12–14.
48 "Spiritual Idolatry," B 3:106–9, sec. 1. 7–14.

5. 돈과 성에 대한 과도한 집착

세상에 대한 과도한 사랑은, 돈을 사랑하는 집착에 빠지는 것으로 분명히 알 수 있다. 여기서 돈을 사랑함이란, 단지 돈이 가진 기능을 필요로 하는 것이 아니라, 강박 상태에 빠져 돈 자체를 얻기 위해 돈을 추구하고, 돈을 획득하고 소유하는 데서 행복을 느끼는 것을 말한다. 이것이 "사실상 참 하나님을 부인하고 그를 대신해 우상을 섬기는 것이다."[49]

세상에 대한 과도한 사랑은 성이라는 훌륭한 선물의 왜곡으로도 나타나, 사랑하는 사람이라는 피조물에 사랑을 고정하면서, 지속적인 언약적 사랑에 기초를 둔 깨끗한 마음으로 사랑하는 것이 아니라, 상대방을 일시적 쾌락의 대상으로 여긴다. 웨슬리는 기혼자들에게 "배우자를 하나님의 자리에 두지 말아야 하며 … 비록 하나님께서 한 몸으로 만드셨더라도 이 문제를 신중하게 고려해야 합니다"[50]라고 권고했다. 좋은 태도를 습관화해야 하는 것은 행복을 위해서다. 언제나 실제보다 좋아 보이는 우상숭배는 결코 행복을 줄 수 없다.[51]

6. 회개하는 믿음은 우상숭배의 속박을 끊을 수 있는가?

우리는 어떤 우상도 그것이 약속하는 행복을 줄 수 없음을 굳게 확신해야 우상숭배에서 자신을 지킬 수 있다.[52] 우상숭배는 먼저 우리 자신이 받는 유혹이 어떤 것인지 알아차릴 수 있게 해주시고, 또 우상이 아닌 하나님을 신뢰하도록 은혜를 주시기를 구하는 기도로 물리쳐야 한다.[53] 정신을

---

49 "Spiritual Idolatry," B 3:110, sec. 1. 17.
50 "Spiritual Idolatry," B 3:111, sec. 1. 18.
51 "Spiritual Idolatry," B 3:110–11, sec. 1. 17–18.
52 "Spiritual Idolatry," B 3:111, sec. 2. 1.
53 PW 7:194.

차리고 잠에서 깨어 더 나은 것을 선택하고, 참된 행복의 기초 안에서 행복을 구하기로 굳게 결심하지 않으면 우리는 우상숭배를 물리칠 수 없다.[54]

우리는 자신의 무능함, 죄책, 우상숭배의 어리석음을 충분히 자각해 회개하지 않고는 어떤 종류의 우상숭배도 극복할 수 없다. 그러므로 "당신의 실상을 온전히 알게 해주시도록 부르짖으라. … 당신 자신을 온전히 발견해 하나님께서 당신을 아시는 것같이 당신을 알게 해주시도록 기도하라."[55]

우리가 우상숭배를 그치는 일에서 얼마나 무능한지 그처럼 실제적으로 자각해야, "주여 내가 믿나이다 나의 믿음 없는 것을 도와 주소서!"(막 9:24)라고 외치는 믿음을 통해 하나님의 은혜로 우상숭배를 물리칠 수 있다.[56]

---

54 "Spiritual Idolatry," B 3:113, sec. 2. 3.
55 "Spiritual Idolatry," B 3:113, sec. 2. 4.
56 "Spiritual Idolatry," B 3:114, sec. 2. 5.

더 깊은 이해를 위한 독서 자료

Arnet, William. "The Wesleyan/Arminian Teaching on Sin." In *Insights into Holiness*, edited by K. Geiger, 55–72. Kansas City: Beacon Hill, 1962.

Collins, Kenneth. *John Wesley on Salvation*, chap. 1. Grand Rapids: Zondervan, 1989.

Cox, Leo George. "John Wesley's Concept of Sin." *BETS* 5 (1962): 18–24.

Fletcher, John. *An Appeal to Matter of Fact and Common Sense: A Natural Demonstration of Man's Corrupt and Lost Estate*. Bristol, UK: William Pine, 1772.

Outler, Albert C. "Diagnosing the Human Flaw." In *Theology in the Wesleyan Spirit*, 23–24. Nashville: Tidings, 1975.

9장

원죄

9장 원죄

A. 성경, 이성, 경험에 기초한 원죄 교리

1. 웨슬리는 왜 죄를 주제로 가장 긴 논문을 썼는가?

인간의 역사에서 죄보다 더 본래적인 것은 없다. 원죄에 대한 연구에 주목하는 근본적인 이유는 죄 자체뿐 아니라 신정론과 구원을 이해하는 데도 매우 중요하기 때문이다.

웨슬리는 원죄에 대한 견고한 교리가 두 가지 이유로 필요하다고 보았다. 즉, 먼저 인류의 죄악의 원인을 하나님께로 돌리는 것을 바로잡고 다음으로는 칭의의 복음, 신생, 특히 실제로 변화를 가져오는 성화의 은혜를 드높이기 위해서다.[1]

a. 성경, 이성, 경험에 기초한 원죄 교리

웨슬리는 단 한 번 매우 긴 조직신학적인 논문을 썼는데, 그것은 언제나 인기 없는 주제인 원죄에 대한 것이었다.[2] 잭슨판 웨슬리 전집(1756-57) 제9권의 대부분(J IX:191-464)을 차지하는 이 논문은, 원죄를 철저히 해석하고 분석하는 데 이 두꺼운 책의 거의 300페이지를 사용한다. 그 내용을 자세히 읽어본 소수만이, 현대에 웨슬리를 낭만적으로 칭송하는 사람들과 그를 펠라기우스주의자로 오해하는 사람들이 가장 자주 무시해온 웨슬리 신학의 일면을 발견하게 된다. 웨슬리의 글에 대한 제2차 자료들은

1　DOS, pt. 2, J IX:273-85, sec. 2.
2　DOS 외에 원죄에 대한 자료는 JJW 3:374; 4:199; B 1:64-65, 185-89, 211-13, 225-29; 2:170-85; 4:152-55; 9:50-52; 11:163-64, 519-20; LJW 4:48, 67을 보라.

구원론과 교회론에 너무나 초점을 맞춘 나머지 그가 가장 자세히 저술한 원죄에 관한 논문을 전적으로 무시해왔다.

이 논문은 웨슬리의 글 중 가장 읽기 부담스러울 정도로 두껍고 내용도 복잡하다. 독자는 그가 누구의 말을 인용하거나 반박하는지 판단하기 위해 인용 부호에도 매우 주의해야 한다. 현대의 글 쓰는 스타일과 달리 인용문이 매우 많기 때문이다.[3]

『원죄의 교리』(The Doctrine of Original Sin) 제1부 내용 중 일부가 표준설교집 제44번 "원죄"라는 설교[4]에 포함되었지만, 그렇다 해서 그것이 단지 방대한 논문을 요약한 것이라고 생각해서는 안 된다.

비록 웨슬리는 독자의 부담을 덜기 위해 책을 간결하게 압축해 실속 있게 출판하기를 좋아했지만, 『원죄의 교리』에서는 자신의 역사적, 성서해석적, 윤리적 견해를 명확히 하기 위해 길이에 관계없이 충분히 지면을 할애하기로 결심했다. 여기서 그는 다른 어떤 글에서보다 신중한 조직신학자의 역할을 다해, 인간이 죄로 인해 처한 곤경을 깊이 있게 다루었다.[5]

학계에서도 이 주제를 면밀히 다루기는 하지만, 그럼에도 웨슬리가 죄의 심각성을 희석시키는 잘못된 사상을 경고하기 위해 메소디스트 신도회와 반회 지도자들을 가르친 것만큼 강조하지는 않는다.[6] 그 점에서 웨슬리는 오늘날 그의 조언을 구하는 사람들에게 여전히 도움을 줄 수 있다.

그러나 원죄에 대해 이토록 광범위하게 글을 쓴 이유는 무엇인가? 웨

---

3   200주년 기념판에 수록된 원죄에 대한 논문은, 웨슬리 자신의 입장과, 그가 찬성했든 반대했든 다른 사람에게서 인용한 많은 의견을 독자가 구분하기 쉽게 해놓았다.
4   "Original Sin" (1759), B 2:170–85; J VI:54–65.
5   DOS, pt. 1, 서문 5, J IX:194.
6   비록 웨슬리가 1인칭으로 존 테일러에게 말하고, 논증도 그가 주로 사용하던 것보다 더 학문적인 방식으로 이루어졌지만, 그럼에도 이 글은 잘못된 길로 빠질 수 있는 다른 사람들을 위한 도덕적 경고이기도 했다.

슬리는 죄의 문제를 면밀한 연구와 끊임없는 분석을 요하는 심오한 난제로 보았다. 그는 이 문제에서만큼은 어리석은 자들에 대해 묵과하고 있을 수 없었던 것이다.

오늘날에도 웨슬리나 웨슬리안들을 망상적이고 자연주의적이며 인본주의적인 펠라기우스주의자로 비난하는 일은 드물지 않다. 그들이 아무리 항변해도 소용이 없다. 그러나 그런 억측은 그들이 원죄에 대한 웨슬리의 가르침을 진지하게 고려하지 않았음을 드러낼 뿐이다.

b. 음울한 주제

어떤 사람은 웨슬리가 인간 본성에 대해 낙관적인 생각을 가졌다고 상상한다. 웨슬리의 원죄에 대한 논문은 그런 터무니없는 생각을 하는 사람이라면 꼭 읽어볼 필요가 있다. 웨슬리가 기질적으로 인류의 타락한 본성의 끝없는 결과를 쉴 새 없이 한탄하기보다 은혜의 가능성에 더 관심을 가진 것은 사실이다. 그는 개인으로서 인간의 상황과 사회적 상황 모두를 재건하는 일에 평생을 바쳤다. 또 인간 성품의 포괄적 개혁을 위해 노력하기를 주저하지 않았다. 그러나 당시의 시대적 특징인 낙관주의적 풍조에서도 그는 강인한 의지로 죄를 사실적으로 분석했고, 때때로 변하지 않는 인간의 타락성을 비통해하면서 면밀히 관찰했다.[7]

우리는 원죄에 대한 웨슬리의 교리를 진지하게 살펴보지 않고서는 그의 신학을 깊이 파고들 수 없다.[8] 웨슬리도 인정했듯 그것은 음울한 주제지만, 성육신이나 칭의, 구원 같은 기독교의 다른 핵심 교리를 이해하는

---

7 DOS, pt 1, 서문, J IX:193–95.
8 웨슬리는 핵심 교리 중 원죄를 "장중한 교리"(grand doctrine)로 여겼다. LJW 4:146, 153, 237; 5:327; 6:49.

데 필수 전제가 된다. 인간의 죄의 난해함, 깊이, 집요함을 이해하지 못하는 자들은 십자가에 달리신 그리스도에 대해 논의할 필요조차 느끼지 못한다. 우리는 그리스도만이 해결해주실 수 있는 우리가 처한 곤경을 심각하게 받아들이기 전에는 속죄와 구원으로 나아갈 수 없다. 그곳이 신학의 근본 지점이기 때문이다.

c. 죄의 기원을 진지하게 연구해야 할 필요가 있는가?

그리스도인들은 공적인 예배에서 자신의 죄를 자백한다. 그 자백은 타인이 아닌 자기 자신의 죄에 초점을 맞춘다.

현대적인 예배 형식에서는 때때로 죄를 자백하는 행위를 전적으로 배제하는 경우가 있는데, 그것은 가장 웨슬리안답지 않은 웨슬리 후예의 모습이다. 현대 기독교가 너무나 쉽게 경시하는 원죄라는 주제를 웨슬리는 경시하지 않았다. 자유주의 신앙을 가진 개신교인 중 경제적 불평등, 전쟁, 인종차별, 사회적 억압에 반대해 정치적으로 호소하는 설교는 들었어도, 원죄에 대한 설교를 들어본 적이 있는 사람은 거의 없다.

웨슬리는 불평등이 초래한 사회적·역사적 결과뿐 아니라, 신경증의 정신 유전학적 전파 역학에 대한 근대의 분석을 예기했다. 억압, 무의식, 신경증적 행동(neurotic behavior) 등 현대 심리학의 내용에 익숙한 많은 그리스도인이, 어떻게 심리적 기능 장애가 부모에게서 자녀에게 전해지는지에 대해서는 많이 알면서도, 어떻게 죄가 세대를 이어가며 전파되는지에 대해서는 거의 모른다.[9]

---

9 Albert C. Outler, *Theology in the Wesleyan Spirit* (Nashville: Tidings, 1975), 1장.

2. 죄는 사회적으로 전파되는 질병인가?[10]

경제적 억압의 사회적·계급적 전파의 역학은 현대의 그리스도인, 특히 원죄를 심각하게 받아들이기를 거부하는 사람들에게 잘 알려져 있다. 그러나 사회적 계층과 계급투쟁에 대한 현대적 시각은 전통적 기독교, 특히 산업혁명 초기에 웨슬리가 날카롭게 예견한 원죄에 대한 가르침에서 비상한 통찰력으로 설명되어 있다.[11] 웨슬리와 그 이전의 다른 사람들(특히 요하네스 크리소스토무스, 아우구스티누스, 그레고리우스 대제, 토마스 아퀴나스 등)은 마르크스나 레닌, 니부어, 구티에레즈보다 훨씬 전에 무엇이 공익에 도움이 되는지 이해하는 능력을 변질시켜 우리의 현실 인식을 근본적으로 왜곡하는 힘으로 사회적 계층, 경제적 이익, 계급투쟁을 말해왔다.

세대를 이어가며 전파되는 죄에 대한 암묵적 가르침은, 마르크스와 프로이드 시대에 와서야 세속화된 이론으로 나타났지만, 웨슬리와 다른 기독교 교사들은 그것을 이미 명쾌하게 예견했다. 그런 현대적 유형의 해석은 기독교의 원죄 교리를 설명하는 데 어느 정도 유용한 것이 사실이다. 그럼에도 그런 해석들은 결정적으로 부적절한데, 이는 인간이 생명의 토대와 원천이 되시는 하나님과 궁극적인 관계 맺는 것을 의도적으로 기피한다는 사실을 인정하려 하지 않기 때문이다. 이를 미리 언급하는 것은, 어떤 사람은 원죄에 대한 웨슬리의 가르침을 바르게 이해하는 데 부적합한 방식으로 접근하기 때문이다.

우리는 인간이 처한 곤경에 대한 현대의 심리학적 분석이 과거의 전례

---

10 죄를 질병으로 설명하는 내용은 B 1:404, 586; 2:184, 342; 3:134–35, 533–34; 4:86–87을 보라.
11 DOS, pt. 1, J IX:208–38, sec. 2. 1–15.

를 찾기 힘들 정도로 정확하고 예리하다고 생각한다. 프로이드는 신경증이 특히 개인의 성장 과정에 크게 영향을 끼친 주요 인물과의 관계에서 기인하는 것으로 해석하면서 그 원인을 복합적으로 분석했다. 그러나 프로이드 훨씬 이전부터 전통적 기독교는, 죄가 사회적으로 인간관계를 통해 전파되고, 부모의 태도가 신경증적 반응에 악영향을 끼칠 수 있으나, 그런 일도 우리 자신의 의지적 동조 없이 일방적으로는 결코 이루어지지 않는다는 것을 알고 있었다. 왜곡된 성도덕의 세대 간 전파 역시 원죄를 논의할 수 있는 또 다른 통로다.[12]

많은 사람이 인간이 처한 곤경에 대한 현대의 사회적 분석 역시 전례를 찾을 수 없다고 생각한다. 마르크스는 계급투쟁이 계급의식과 억압적 경제 체제에서 기인하는 것으로 해석하면서 그 경제적 원인을 복합적으로 분석했다. 그러나 마르크스 훨씬 이전부터 전통적 기독교는, 죄가 사회적·경제적 체제를 통해 심각하게 전파될 수 있으며, 계급에 의한 편견이 우리가 다른 사람과 맺는 관계의 진정성을 왜곡한다는 것을 알고 있었다.

사회 경제적 질서에서 우리의 위치는 도덕적 판단과 생각하는 방식에 강력한 영향을 끼친다. 우리는 자연히 자신이 속한 계급에 유리한 방향으로 치우쳐 생각하기 때문이다. 불의한 경제적·계급적 억압의 세대 간 전파는 원죄를 다르게 표현한 것이지만, 전통적 기독교의 원죄 교리에 담긴 심오한 이해를 포괄하지는 못한다. 마르크스에게 의식화란, 최하층 계급이 계급 탄압의 부당함에 분노하게 만듦으로 사람들을 조직해 혁명으로 경제적 속박의 사슬을 깨뜨리게 하는 것이었다. 오늘 우리는 시간이 지나면서 그들의 혁명이 빈곤을 낳는 기계일 뿐이었음을 안다. 이는 문제 해

---

12 B 1:533–41; *SS* 1:382.

결을 위해 공산주의 혁명이 아닌 다른 종류의 해방이 필요함을 보여준다. 이런 것이 죄의 역사다. 바르게 이해한다면 원죄는 현대인의 사고와 어울리지 않는 것이 아니다. 오늘날 강단에서 죄에 대한 설교를 들을 수 없게 되었더라도, 원죄는 현대 문화에서 우리가 친숙하게 알고 있는 주제다.

웨슬리는 죄가 전파되는 방식을 일방적으로 이론화하기를 피했다. "나는 성경과 경험을 통해 죄가 전파된다는 사실(fact)을 안다. 그러나 어떻게(how)" 전파되는지는 "불법의 비밀"에 감추어져 있다.[13]

현대인은 죄를 죄라는 용어로 표현하지 않는다. 그럼에도 죄는 여전히 심각한 문제로 남아있다. 우리는 눈만 뜨면 우리 사회가 각종 도시 문제, 성 문제, 억제할 수 없는 탐욕의 문제에 얼마나 깊이 빠져 있는지를 볼 수 있다. 우리의 깊은 곳에는 죄의식이 자리하고 있다. 웨슬리는 원죄의 교리를 계몽주의의 치명적인 낙관주의를 막는 첫 번째 방어선으로 여겼다. 그가 막지 못한 것에 대해서는 오늘날 우리가 그 역할을 감당해야 한다.[14]

웨슬리는 "오래 전부터 인류는 지식과 덕에서 어떤 상태였는가? 또 오늘날은 어떠한가?"[15]라는 질문을 던졌다.

3. 원죄를 부인한 이신론자를 논박함

웨슬리는 원죄라는 전통적 교리를 설명할 때 자신이 독창적인 작업을 하는 것이라고 생각하지 않았다. 단지 당시에 비밀스럽게 활동하던 아리우스주의자들에 맞서 전통적 기독교 신앙을 옹호하는 것으로 생각했

---

13 Letter to John Robertson, September 24, 1753, *LJW* 3:107; 참고. "The Mystery of Iniquity," B 1:32–34; 2:466–68; *CH* 7:115–17.
14 *DOS*, pt. 1, J IX:230–38, sec. 2. 12–15.
15 *DOS*, pt. 1; J IX:196.

다. 그 대표적 인물은 1740년에 유명한 『자유롭고 정직하게 검토해본 원죄에 대한 성경적 교리』(*The Scripture Doctrine of Original Sin, Exposed to Free and Candid Examination*)[16]를 저술해, 원죄 교리의 기본 전제에 이의를 제기한 유니테리언파(Unitarian)이자 이신론을 주창한 노리치의 존 테일러(John Taylor, 1694-1761)를 들 수 있다. 웨슬리는 테일러의 주장이 이신론적 일신론, 펠라기우스주의적 인간론, 환원주의적 기독론, 공로사상적 윤리관, 만인구원론적 종말론에 기초해 있으며, 그 모든 것이 기독교의 본질적인 가르침의 뿌리를 훼손한다고 생각했다.[17] 또 테일러의 유니테리언주의는 율법무용론으로 치우쳤을 뿐 아니라, 그리스도의 십자가 사역을 폄하하고, 그리스도의 신성을 부인하며, 인간 타락의 원인을 하나님께 돌림으로 하나님의 성품에 의문을 제기한다고 보았다.[18]

테일러는 죄를 습관화된 악으로 본 고대 그리스 사상을 따라 죄의 심각성을 완화시켜 습관에 의해 심화된 욕구의 불균형으로 보았다.[19] 그것은 "새 옷으로 갈아입은 오래된 이신론일 뿐이며, 유대교든 기독교든 모든 계시 종교의 토대를 무너뜨린다. … 만약 우리가 원죄라는 토대를 제거하면 … 기독교의 체계는 즉시 무너지게 되어 있다."[20]

웨슬리가 대응했던 이 모든 사상은 현대의 대중적 기독교에서도 여전

---

16 John Taylor, *The Scripture-Doctrine of Original Sin, Exposed to Free and Candid Examination* (London: J. Waugh, 1740). 1741년의 제2판에서는 제닝즈(Jennings)와 왓츠(Watts)에 대한 답변이 포함되었고, 제3판은 웨슬리가 논쟁에 가담하기 11년 전인 1746년에 출판되었다.
17 테일러의 다른 작품으로는 『성경적 속죄 교리 및 성경으로 해설한 주의 만찬』(*The Scripture Doctrine of Atonement and The Lord's Supper Explained upon Scripture*)이 있다.
18 *LJW* 3:180, 208; B 1:461; 3:474; 4:100, 151n, 522.
19 테일러는 아담의 죄에 대한 모든 언약신학적 해석에 반대해, 모든 죄책을 전가될 수 없는 개인적인 것으로 보면서 다음의 주장으로 결론을 맺었다. "만약 우리가 죄 된 성품에 오염되고 타락한 채로 세상에 태어난다면, 죄는 우리에게 본성적인 것이고, 만약 본성적이라면 필연적일 수밖에 없고, 만약 필연적이라면 결코 죄가 아니다." Taylor, *Scripture Doctrine of Original Sin*, 129.
20 *DOS*, 서문 4, J IX:194.

히 유행하고 있다. 그렇다면 그의 글 중 가장 잘 알려지지 않은 원죄에 관한 이 논문이 현대의 청중에게 가장 의미 있는 통찰을 줄 수 있다.[21]

웨슬리는 테일러의 견해를 교회 전체에 서서히 퍼지는 치명적인 독으로 여겼고, 그것을 치료할 해독제가 절실히 필요하다고 생각했다. "나는 마호메트 이후로 테일러 박사처럼 기독교에 큰 상처를 입힌 사람은 없다고 믿는다." 그의 책은 "많은 성직자뿐 아니라, 그들을 배출하는 기관 곧 영국, 스코틀랜드, 네덜란드, 독일의 많은 대학에 피해를 끼쳤다."[22]

웨슬리는 다른 사람이 적절히 응답하지 않았기 때문에 자신이 "더는 침묵을 지켜서는 안 된다"고 믿었다. 그는 자신의 영적 조언을 구하는 모든 사람을 위해 이 잘못에 대해 권고해 바로잡는 것이 목회자로서의 엄숙한 의무라고 생각했다.[23] 웨슬리의 논박은 데이비드 제닝스(David Jennings)의 『성경적 원죄 교리 옹호』(*A Vindication of the Scripture Doctrine of Original Sin*)[24]와 제임스 허비(James Hervey)가 쓴 좌담 형식의 글인 『테론과 아스파시오』(*Theron and Aspasio*)뿐 아니라, 아이작 왓츠(Isaac Watts),[25] 새뮤얼 헵든(Samuel Hebden),[26] 토머스 보스턴(Thomas Boston)[27] 등의 신

---

21 *DOS*, 서문, J IX:192–94.
22 Letter to Augustus Toplady, December 9, 1758.
23 *DOS*, 서문 2, J IX:193. 웨슬리는 1748년 8월 28일 자 일지에 셰컬리(Shackerley)에서 "테일러 박사의 제자들이 원죄를 비웃어 성경적 기독교 전체를 비웃는 것"을 보았다고 적었다. 1751년 4월 10일에 다시 셰컬리로 갔을 때는 "나는 지금 테일러 박사의 제자들과 있기 때문에 보통 때보다 훨씬 강하게 원죄에 대해 말하고 있다. 그리고 하나님께서 나로 몇 년을 더 살게 해주신다면, 테일러가 만들어낸 새로운 복음에 대해 공개적으로 대응하기로 결심했다"고 적었다.
24 David Jennings, *A Vindication of the Scripture-Doctrine of Original Sin* (London, 1740).
25 Isaac Watts, *The Ruin and Recovery of Mankind* (London, 1740).
26 새뮤얼 헵든(1692-1747)은 서퍽(Suffolk)주 렌섬(Wrentham)의 독립교단 목사로, *The Doctrine of Original Sin, as Laid Down in the Assembly's Catechism, Explained*를 저술했다.
27 Thomas Boston, Human Nature in Its Fourfold State, 10th ed. (Edinburgh, 1753), 그 발췌본이 *DOS*, pt. 7에 수록되었다. 조너선 에드워즈는 1758년 이전에는 *The Great Christian Doctrine of Original Sin Defended*를 출판하지 않았다.

중한 연구에 의해 보충되었다.

지금까지 언급한 모든 내용은 웨슬리가 쓴 『원죄의 교리』라는 논문의 배경을 설명하기 위한 서론이다. 이는 기독교의 진실성이 치명적인 위기에 처했다고 여겨 복잡한 신학 논쟁에 참여한 영국 국교회 전도자의 모습을 보여준다. 원죄라는 전제가 잘못된 것이면, 기독교 신학의 다른 모든 교리 역시 바르게 이해하는 것이 매우 어려워질 수밖에 없다.[28]

B. 역사에서 드러난 죄의 증거

1. 인류 역사가 타락의 보편성을 입증함

우리는 웨슬리의 다른 어떤 글보다 원죄에 대한 논문에서 그의 사변형의 신학방법론을 볼 수 있다. 그는 먼저 역사적 논증으로 시작해 경험적·사회적 논증을 거쳐, 마지막으로는 가장 명확하게 성경적 논증과 교부들의 성경 해석을 다룬다.

웨슬리는 원죄에 대한 역사적 증언으로 시작해, 인류의 불행과 죄악의 보편성에 대해 다층적인 역사적 증거를 제시했다.[29] 이 내용은 웨슬리가 1762년에 『원죄의 교리』 제1부를 따로 분리해 『인간 본성의 존엄함』(*The Dignity of Human Nature*)이라는 역설적인 제목을 붙여 재출판한 것이다.

18세기 사람이 19, 20세기에 들어서야 발전한 심리적·사회적 분석을 이미 구체적으로 이해했으리라고 기대하는 것은 어리석은 일이다. 어떤

---

28 *DOS*, 서문, J IX:193–95.
29 전체 제목은 '*The Doctrine of Original Sin according to Scripture, Reason, and Experience*'이다. 여기서 웨슬리는 기독교 전통, 특히 교부 전통의 역할을 성경 해석이라는 범주로 보았다. 그와 유사하게 웨슬리는, 전통이 역사적 기독교 공동체, 특히 전통적 일치를 이룬 기독교의 경험을 증언한다는 점에서, 전통을 '경험' 아래 있는 것으로 바르게 보았다.

사람이 자신이 죽은 후에야 나타난 방법론과 세계관을 알았을 것으로 기대할 수는 없다. 그럼에도 웨슬리를 무시하는 사람들은 자주 그런 터무니없는 이유를 대곤 한다. 근대 이전의 모든 것보다 이후의 것이 도덕적으로 우월하다고 상상하는 현대의 쇼비니즘(chauvinism)은, 웨슬리의 역사적 논증을 구시대적이고 무시할 만하며 심지어 우스꽝스러운 것으로 여긴다.

웨슬리가 사회적·개인적 타락의 보편적 증거로 무엇을 제시했는지 알아보려면, 과거의 것에 대한 현대의 쇼비스트적 경멸이 아닌 웨슬리가 사용한 기준을 공감하는 측면에서 이해하려는 노력이 요구된다. 가장 초기의 인류의 상태를 살펴본 사람만이, 인간이 처한 곤경의 심각성과 스스로의 지식과 덕의 가능성을 오판하는 지속적 성향을 깨달을 수 있다.[30]

2. 인류의 타락과 불행은 보편적인가?

인간의 자유가 타락해 부패하자, 그 결과는 인류 역사에서 긴밀하게 연결된 사건들을 통해 뒤이어 발생한 모든 것에 영향을 끼쳤다. 각 사람의 개인적 선택은 이후에 따르는 대인관계적·사회적 죄의 흐름에 영향을 끼친다. 상상력이라는 훌륭한 능력이 교만과 육욕으로 변질되자, 사람은 마음으로 끊임없이 악한 것을 생각하고 행해 모든 육체가 더럽혀졌다. 인간의 전적 타락 상태란, 피조물인 인간에게 선한 것이 전혀 남지 않았다는 것이 아니라, 인간의 선택의 모든 과정과 내용이 죄로 오염되었다는 것이다.

a. 구약 성경에 나타난 죄의 역사

이러한 타락을 보여주는 사건은 꼬리에 꼬리를 물고 이어진다. 이에

---

30 *DOS*, pt. 1, J IX:196, sec. 1. 1.

근거해 웨슬리가 중요하게 생각한 대표적인 성경 구절은 창세기 6:5의 "여호와께서 사람의 죄악이 세상에 가득함과 그의 마음으로 생각하는 모든 계획이 항상 악할 뿐임을 보시고"라는 말씀이었다. "전염병은 이미 사람의 내면에 퍼져 그들의 규칙과 행동의 원천을 더럽혔다."[31]

죄의 역사에 대한 웨슬리의 연구를 유쾌한 논증이라고 할 수는 없다. 그 참된 목적이, 교만과 방종이 단지 이교도들만이 아니라 구원의 은혜를 받았음에도 다시 배교와 타락에 빠진 자들 중에서도 보편적임을 입증하는 것이었기 때문이다. 성경의 이야기는 인류 역사의 전반적인 과정에 대한 웨슬리의 사고에서 전부는 아니지만 핵심을 형성했다. 그는 오늘날의 표준적인 학문보다 헬라어와 라틴어로 된 그리스와 로마의 문학을 더 널리 공부했다.[32]

노아 이야기는 역사의 보편적 타락, 즉 책임성 있는 자유라는 하나님의 선물이 철저히 타락한 사건을 간략히 보여준다. 플랜 A(낙원)가 반역으로 실패하자, 플랜 B(낙원에서의 추방)가 가동되었다. 그러나 플랜 B도 실패하자 플랜 C가 필요하게 되었다. 그것이 홍수, 새로운 시작, 무지개 언약, 그리고 새 언약이다. 노아는 옛 언약의 폐지뿐 아니라 새로운 시작, 즉 특정한 사람이 아닌 온 인류와의 새로운 언약이 수립되었음을 증거했다.[33]

홍수 후에도 수그러들 줄 모르는 타락 이야기는 장면마다 계속된다. 바벨탑 사건은 전 세계적 언어의 타락을 특징으로 한다. 인간의 언어는 혼잡스러워지고 변질되고 더럽혀졌다. 우상숭배에 빠진 인간은 서로 의사소통을 잘 하지 못했다. 이는 인류의 보편적 타락의 충분한 증거가 된

---

31 *DOS*, pt. 1, J IX:197, sec. 1. 1은 John Hervey, *Theron and Aspasio*, Dialogue 11을 인용하고 있다; 참고. *LJW* 6:121.
32 *DOS*, pt. 1, J IX:196–97, sec. 1. 1–2.
33 *DOS*, pt. 1, J IX:197, sec. 1. 3.

다.[34] 가장 초기의 고대 역사 어디에도 첫 인류가 충분히 개혁되었다는 암시는 없다. 소돔은 의인 열 명이 없어 불과 유황으로 멸망당했다. 죄는 가나안 문화 어디서든 입증되었다. 그곳은 전쟁, 고문, 영아살해, 약탈로 가득했다.[35]

하나님께서는 아브라함을 부르심으로 언약 백성을 새롭게 일으키셨지만, 죄는 다시 이스라엘 자손을 다스리기 시작했다. 사람들은 하나님의 율법과 약속을 받은 그들이 도덕적으로 훌륭할 것이라 기대했지만, 그들은 하나님을 알지 못하는 자들과 똑같이 행동했다. 하나님께서는 백성을 복되게 하기 위해 언약의 율법을 주시고 행복을 약속했지만, 그들은 계속 그것을 무시하고 만성적으로 죄를 지었다.[36] 만성적인 우상숭배는 바벨론 포로 생활로 이끌었고, 우상숭배는 중단되었으나 그것도 잠시였다. 포로 생활은 신자들을 다시 언약의 약속으로 돌아가게 하는 구원이 그 목적이었다. 그러나 백성들은 우상숭배와 완고함으로 포로 생활 중에 회복한 신앙을 다시 상실하고 말았다.[37]

b. 신약 성경에 나타난 죄의 역사

하나님의 은혜와 관계없는 실제 인류의 역사 이야기는 죄가 끊임없이 승리하는 이야기다. 예수님께서도 역사의 지속적인 타락을 암울하게 묘사하셨다. 그분은 당대의 종교지도자들을 죽은 사람의 뼈로 가득해 모든 더러운 악취를 풍기는 회칠한 무덤으로 보셨다(마 23:27).[38]

---

34 DOS, pt. 1, J IX:197, sec. 1. 3.
35 DOS, pt. 1, J IX:200, sec. 1. 8.
36 DOS, pt. 1, J IX:198, sec. 1. 4.
37 DOS, pt. 1, J IX:200–1, sec. 1. 8–10.
38 DOS, pt. 1, J IX:201, sec. 1. 11.

사도 바울은 로마서 1-2장에서 원죄를 결정적으로 다루어 인간 존재는 선하게 창조되었음에도 창조주보다 패조물을 경배하는 죄에 빠져 있음을 지적한다. 인간의 그치지 않는 우상숭배에서 정상적인 성도덕의 파괴와 상상 가능한 다른 모든 죄악까지 모든 형태의 죄의 왜곡이 발생한다.[39]

c. 고대 역사에 나타난 죄의 역사

다음으로 웨슬리는 그리스 로마 역사를 다루면서 헤시오도스(Hesiod), 호메로스(Homer), 아이스킬로스(Aeschylus), 그외 고대 역사가, 시인, 비극작가들과 동일한 질문을 던졌다. 모두는 동일한 하나의 암울한 결론으로 끝난다. 즉, 역사 시대 이후 어떤 사회도 도덕적 책임성이나 행복과는 거리가 멀었다는 것이다. 가장 훌륭한 사회에서도 인간의 고통스러운 희생이 있었으며, 가장 훌륭하다는 사람도 매우 좁은 시야를 가지고 살았다. 카토나 줄리어스 시저와 같은 가장 높은 귀족들의 잔인함은, 로마가 매우 훌륭한 나라였을 것이라는 추측이 실제로는 거짓임을 증명해준다. 웨슬리는 폼페이우스에 대해 "그 정도로 호감 가지 않는 인물은 찾기 힘들 것"[40]이라고 말한다.

로마의 잘못된 사회 관습 중 웨슬리가 특히 흉악하게 생각했던 것은 유아를 유기해 신에게 제물로 바치는 행위였다. 이 외에도 그는 전쟁 포로에 대한 고문, 폭압적 정치, 성적 학대 등을 예로 들었다. 웨슬리는 불의를 혐오한, 도덕적 민감성을 지닌 역사가였다. 또 그는 옥스퍼드 대학교 재학 시절 초기부터 이미 헬라어와 라틴어 원문으로 투키디데스(Thucydides),

---

39 *DOS*, pt. 1, J IX:202–3, sec. 1. 12.
40 *DOS*, pt. 1, J IX:202–4, sec. 1. 12–13.

타키투스(Tacitus), 키케로(Cicero)의 글을 읽은 훌륭한 옥스퍼드 고전 학자였다. 그는 그들이 쓴 이야기 중 죄로 더럽혀지지 않은 부분을 발견할 수 없었다. 죄의 보편성은 합리적으로 그 증거를 대하는 사람에게 명확히 드러난다.[41]

우리는 이 점을 특히 수많은 세대를 아우르는 인류 역사에서 볼 수 있다. 원죄는 마치 이전에 아무 일도 없었던 듯 도덕적으로 완전히 깨끗한 상태로 역사에 들어온 사람이 아무도 없음을 의미한다. 인류 역사는 우리가 태어나기 전에 이미 뒤틀려 있었다. 우리는 타인의 선택에 개인적으로 책임을 지지는 않으나, 그들의 선택은 우리에게 영향을 준다. 그들의 역사가 우리의 역사에 끼어든 것과 마찬가지다. 우리 부모 세대의 경험도 우리 역사에 이미 결정적으로 들어와 있다.

이처럼 인간의 타락은 사회적·역사적 성격을 지닌다. 사회 전체는 특정 시기에 죄가 어떤 모습을 취할지에 영향을 끼친다. 현대인은 매우 개인주의적인 생각으로 자신을 독립체로 여기지만, 성경은 인간의 삶을 공동체적 특성을 지닌 것으로 말씀한다. 죄는 가늠조차 할 수 없을 정도로 대단한 역사적 영향력을 가지고 있다.[42]

C. 인간 타락의 보편성에 대한 사회학적 증거

1. 무신론적 문화에서의 죄의 보편성

만약 웨슬리가 아마추어 사회인류학자로 보인다면, 먼저 그 시기에는 현대적 의미의 인류학 같은 학문 분야가 아직 없었음을 기억할 필요가 있

---

41 *DOS*, pt. 1, J IX:202–8, sec. 1. 12–18.
42 *DOS*, pt. 1, J IX:196–97, sec. 1. 1–2.

다. '이교도'(heathen)라는 용어는 서양의 유신론이라는 전제를 받아들이지 않은 사람들을 가리키는 표현이었다.[43] 웨슬리는 먼저 무신론 문화, 그리고 유신론 문화의 도덕적 행복도를 조사해보았다.

웨슬리는 에드워드 브레리우드(Edward Brerewood)의 인구 지리학에 근거해 세상을 30개 지역으로 나누면 19개는 이교도, 6개는 이슬람교도, 그리고 단지 5개만 기독교인이 사는 지역일 것으로 결론 내렸다.[44] 당시 기독교인은 모든 교단을 합쳐도 소수집단이었다는 것이다. 더 나쁜 소식은, 공식적으로 세례받은 기독교인 중 심각한 비율이 사실상 도덕적으로 책임성 있게 살지 않았다는 것이다.[45]

웨슬리는 『원죄의 교리』 제1, 2부에서 인간 세상을 다문화적으로 조사해, 그중 죄의 충격적 영향을 극복한 사례가 있는지 알아보고자 했다. 그는 먼저 자신이 직접 체험해 어느 정도 직접적 정보를 가지고 있었던 북미 토착 인디언 문화를 폭넓게 다룬 뒤, 다음으로 아프리카와 아시아에 대해 조사한 내용을 다루었다.

사람들이 웨슬리를 이 거대 문명들에 대한 표준적이고 신뢰할 만한 해석자로 여기지는 않을 것이다. 그 역시 그 세대가 가진 고정관념을 공유하고 있었을 것이기 때문이다. 하지만 오늘날 우리의 기준에서 보면 상대적으로 빈약한 자료와 상당한 추측에 근거한 제한적 지식이더라도, 그가 당시 문화에 대한 지식을 자신의 가르침에 활용하는 데 관심이 많았음은 분명하다.[46]

웨슬리는 자신이 어느 정도 직접적으로 경험한 북미 토착 인디언들에

43　*LJW* 1:188, 225, 286; 4:67; 5:327.
44　Edward Brerewood, *Enquiries Touching the Diversity of Languages*, 1614.
45　*DOS*, pt. 1, J IX:210, sec. 2. 2.
46　*DOS*, pt. 1, J IX:208–9, sec. 2. 1.

게서는[47] 그들의 끊임없는 내전이 죄의 증거임을 발견했다. 그는 특히 무방비 상태의 희생자들을 고문하는 모습에 충격을 받았다. 당시 북미 인디언이 살던 지역에서 실제로 살아본 몇 안 되는 영국 작가 중 하나인 웨슬리는, 개화된 18세기 프랑스 지식인들 사이에서 유행했던 것처럼 인디언을 비현실적 상상으로 부풀려 '고결한 야만인'(noble savage, 문명에 오염되지 않은 순수한 인간성을 지닌 야만인-역주)으로 그리지 않았다. 오히려 그 환상을 깨뜨려 인디언 역시 탐욕스러운 식민주의 국가 영국 국민과 다를 바 없이 얼마나 죄에 깊이 빠져 있는지 생생히 묘사했다.[48]

아시아로 넘어가서는, 여자들의 발을 묶어 불구로 만드는 전족의 악습이나, 사회의 발전을 막고 지식과 권력을 가진 소수 엘리트의 지배력 강화의 수단이 되는 30만 자나 되는 한자 등 문화적 편견과 기괴한 전통에 갇혀 어떤 중요한 변화도 만들어낼 수 없는 중국 사회의 복지부동함이 얼마나 충격적인지를 언급한다. 그는 귀족 계급이 사회의 변화를 불가능하게 하는 것은 기득권을 유지하기 위해서인데, 그것이 하인으로 하여금 밥을 먹여주게 하거나 배설물을 보존하게 하는 식의 어이없고 모욕적인 방식으로 이루어지는 것이 아닌지 의심했다.[49]

웨슬리가 묘사한 18세기 아프리카 흑인 문화는 당시의 고정관념에 영향을 받았다. 그는 특히 부족 간 끊임없는 내전과 정의의 결핍에 주목하면서도, 아프리카 토착 문화의 많은 부분을 호의적으로 보기도 했다. 무엇보다 그는 미국 사바나에서 직접 목격한 노예제도에 강하게 반대하면서, 노예제도는 그 일에 연관된 모든 사람을 천하게 만든다고 보았다. 영국과 미

---

47 웨슬리 일지에서 그가 조지아 사역 중 북미 인디언과 교류한 내용은 *JJW* 1:156–62, 236–39, 248–50, 297–98, 406–9를 참고하라.
48 *DOS*, pt. 1, J IX:210–13, sec. 2. 3.
49 *DOS*, pt. 1, J IX:213–15, sec. 2. 4–5.

국의 노예제도 반대운동은 웨슬리의 선례를 따랐다.

이 모든 것을 통해 웨슬리는 인간의 역사를 단지 작은 단편이 아닌 전체의 파노라마로 보여주고자 했다. 즉, 인류 역사 전체가 창세기 3장과 로마서 1–2장이 말씀하는 것과 유사한 타락상으로 가득하다는 것이다. 웨슬리는 죄에 대한 성경적 묘사에는 일관성이 있고, 인류 역사의 어떤 부분을 들여다보아도 그 구체적 사례를 찾을 수 있다고 생각했다.[50] 그는 헨리 윌슨(Henry Wilson)과 조지 케이트(George Keate)가 팔라우제도(Pelew Islands)를 여행하며 쓴 보고서에 대한 비평문인 "최근 출판된 책에 관한 소고"(Thoughts on a Late Publication, 1789)에서, 팔라우 원주민들은 "선천적으로 죄가 없고, 어떤 악한 성품도 없으며, 말과 행동에서 흠잡을 데가 없는 나라"를 세웠다는 그들의 비현실적인 생각에 강력히 이의를 제기했다.[51] 그러나 그런 보고서조차도 그들이 냉혹하게 죄수를 죽이고, 일부다처제를 허용했으며, 자주 절도를 당했음을 보여준다. "나는 팔십 평생을 살면서(그중 40-50년 동안은 매년 평균적으로 64,00킬로미터 정도를 여행하면서) 그 두 신사[52]가 만난 사람을 모두 합친 것보다 더 많은 사람을 만나 대화를 나누었다. 그중에는 크리크족(Creeks)이나 체로키족(Cherokees), 치카소족(Chickasaw) 같은 다양한 인디언이 많았는데, 그들은 기독교를 접할 기회가 전혀 없었다. 그럼에도 그들 중 [팔라우 여행 보고서가 묘사한 것 같은] 그런 사람은 한 명도 찾지 못했다."[53] "만약 사람이 선천적으로 죄가 없으며, 나면서부터 모든 필요한 진리를 깨달을 수 있

---

50 DOS, pt. 1, J IX:208–15, sec. 2. 1–5.
51 "Thoughts on a Late Publication," J XIII:411.
52 Henry Wilson and George Keate, *An Account of the Pelew Islands*; *JJW* 7:464; 8:29; *AM* (1790): 545; (1791): 38–39.
53 "Thoughts on a Late Publication," J XIII:412.

는 빛과 그 빛을 따라 행할 수 있는 능력을 부여받았다면 … 성경의 계시는 그저 지어낸 우화에 불과할 것이다."[54] 호메로스 역시 에티오피아 사람이 흠잡을 데 없이 순수하다는 잘못된 환상을 가진 적이 있다. 그러나 만약 팔라우 원주민에 대한 보고서가 사실이라면, 호메로스조차도 인간을 잘못 판단한 것이다.

2. 유신론적 문화에서의 죄의 보편성

사람들은 무신론적 인류 문화에 침투한 죄 문제가 유신론 세계에서는 얼마나 완화될지 기대하며 궁금해한다. 웨슬리는 먼저 자신이 아는 대로 무슬림 세계를 다루었는데, 이번에도 어떤 부분에서 과장이 없진 않았다. 그러나 그가 글을 쓴 목적이 인류의 타락 및 불행의 보편성을 입증하기 위한 것임을 잊어서는 안 된다. 그의 목적은 이슬람교도들이 그리스도인이나 정령 신앙을 가진 사람들보다 본질적으로 더 타락했음을 주장하려는 것이 아니라, 모든 사람이 죄의 성향을 지니고 있음을 드러내는 것이었다.[55]

웨슬리는 이슬람교도들의 성전(聖戰, holy war)이 종교적 수사로 위장할 뿐 그 숨은 동기는 경제적 이익 추구라고 비난했다. 또 그들이 "다른 나라들에게 늑대와 호랑이"라는 평가를 받는다고도 말했다. 그는 이슬람교도들이 코란을 번역 불가한 신성한 것으로 여기며 집착하는 태도를 고치기 힘든 비이성적 태도의 극치로 보았다. 또 그는 이슬람교의 결정론에 내포된 광신주의 경향을 경고하면서, 그 주창자들에 대해 "대대로 서로를 능가하고자 애쓰는" 경향이 있다고도 말했다.[56]

---

54 "Thoughts on a Late Publication," J XIII:413.
55 이슬람교에 대한 다른 언급은 *LJW* 1:277; 5:250; 6:118, 123, 371; *JJW* 5:242; 1:31–32; *CH* 7:608을 보라.
56 *DOS*, pt. 1, J IX:215–16, sec. 2. 6.

우리는 웨슬리가 다른 문화를 바라본 관점을 우리 시대의 표준으로 삼으려는 것이 아니다. 단지 인간 본성의 보편적인 타락상과 그것이 어떻게 세계 각 지역 사람들의 상황에서 나타났는지에 대한 웨슬리의 근본적인 시각을 이해해보려는 것이다.

3. 기독교 문화에서의 죄의 보편성

웨슬리는 무신론적인 문화와 유신론적인 문화에서의 죄의 보편성을 설명한 다음, 이어서 기독교 문화에 널리 퍼진 특정한 죄의 형태를 다루었다. 처음에는 그리스 정교회, 다음은 로마 가톨릭을 다룬 후 웨슬리는 마지막으로 개신교를 가장 호되게 책망한다. 그는 그리스 정교회와 로마 가톨릭 전통에서 성례에 대한 가르침의 남용과 개혁에 대한 저항을 즉시 발견할 수 있었다. 반종교개혁(The Counter-Reformation)의 이단 심문은 로마의 교회법에 만연해 있던 겹겹이 쌓인 위선을 드러냈다.[57]

이러한 전통들에 대한 웨슬리의 책망이 얼마나 강했는지를 생각하면, 그가 개신교를 다룰 때는 더 온화한 태도를 보일 것이라고 예상할지도 모른다. 그러나 그의 비난은 더 강해졌다. 그는 앞서 언급한 어떤 문화에 대한 비판보다 자신이 속한 개신교의 타락상을 언급할 때 가장 엄중했다. 그는 성미 급한 개신교인들이 얼마나 서로 불화하는 성향을 지녔고, 어떻게 지속적 개혁을 이루는 일에 실패했으며, 특히 사회의 악습을 개선하는 일에 실패했는지 정직하게 지적했다. 개신교 중심의 사회에서 지속된 불의의 대표적인 사례로는 가난, 전쟁, 사회적 억압, 매춘, 각종 소송이 있었고, 이에 더하여 "악인들이 사회의 가장 높은 지위에 올라 있었다."[58]

---

57 *DOS*, pt. 1, J IX:217–19, sec. 2. 7–9.
58 *DOS*, pt. 1, J IX:219–21, sec. 2. 9.

정의의 실현을 맹세한 법정 자체가 정의를 왜곡하는 도구가 되어버렸다. 변호사들에게서 정직은 찾아보기 힘든 것이 되었다.[59] "이웃이 내 소를 빼앗기로 작정하면, 그는 내 소의 소유권이 자신에게 있음을 입증하기 위해 변호사를 고용한다. 그러면 나도 내 권리를 지키기 위해 다른 변호사를 고용해야 하는데, 이는 스스로 자신을 위해 변론하는 것이 법에 저촉되기 때문이다. 변론이 시작되면 그들은 어떤 주장이 더 타당한지에는 관심 없고, 상황과 관계없는 말만 늘어놓는다."[60]

웨슬리의 요점은, 문명으로 인한 유익이 가장 밝게 빛나는 곳이라도 죄는 없는 곳 없이 모든 곳에 존재한다는 것이 우리가 경험하는 사실이라는 것이다. 인간의 의지가 작용하는 모든 곳에는 그 불행한 결과가 뒤따른다. 인류 역사에서 죄와 불행의 사회적·개인적 전파에 대한 암울한 이야기인 불의의 역사를 찾을 수 없는 곳은 어디에도 없다.[61]

4. 전쟁은 사회적 죄의 표본인가?

웨슬리가 사회적 죄의 사례로 가장 많이 언급한 것은 전쟁이다. 그는 지도자가 지나치게 권력을 열망하면 어떤 일이 벌어지는지 사실적으로 관찰했는데, 바로 무고한 자들의 희생이다. 그는 도덕적 우월성을 핑계 삼아 애국심을 고취해 제도적으로 끔찍한 일을 하면서도, 겉으로는 합리적이고 선한 의도를 가진 양 스스로를 속이는 사람들의 모습에 충격을 받았다.

누가 전쟁을, 신앙은 고사하고 이성이나 상식과 조화시킬 수 있겠는가? … 평원 이쪽에 4만 명의 남성이 있다. 무엇을 위해서인가? 저편에도 어느 정도 거리에

---

59 *DOS*, pt. 1, J IX:228–30, sec. 2. 11.
60 *DOS*, pt. 1, J IX:219–21, sec. 2. 9, 아브라함 코울리(Abraham Cowley)의 말을 인용함.
61 *DOS*, pt. 1, J IX:230–38, sec. 2. 12–15.

3~4만 명이 있다. 이들은 상대방의 머리나 몸통을 총으로 쏘거나, 칼로 찌르거나, 머리통을 깨뜨려 그들 대부분의 영혼을 최대한 빨리 영원한 지옥으로 보낼 것이다. 그들이 누구인지 잘 알지도 못하는데 … 그렇게 해야 할 이유가 무엇인가? … 이런 방법으로 도대체 무엇을 증명하겠다는 것인가! 논쟁의 결론을 맺는 참으로 놀라운 방법이다!

세상에 전쟁이 있는 한, 인간 이성의 힘과 탁월한 덕성에 대한 모든 주장은 교만과 무지에서 나온 위선과 허튼소리 외에 아무것도 아니다.[62]

5. 경험적 자기 성찰은 죄의 보편성을 입증함

웨슬리는 지금까지의 고발만으로는 충분하지 않은 듯, 각 독자에게 자신의 행동을 '점검'할 것을 권고했다. 인류 역사의 객관적 상황이 어떻든, 진지한 사람은 더 개인적이면서도 내면적으로 다음과 같은 질문을 던질 수 있다. '나는 내 행실에 만족하는가?' '내가 마지막 결심을 한 후 실제로 행실을 고치기까지 얼마나 시간이 걸렸는가?' 각 독자는 이런 질문을 가장 솔직하게 매일의 선택의 상황에 적용해야 한다.[63] '내 양심이 내가 옳지 못한 일을 했음을 마지막으로 알려준 이후 얼마나 시간이 지났는가?' '옳지 못하다는 것을 알면서도 비이성적인 욕망을 만족시키지 않았는가?' '내가 화를 낸 것이 마땅한 정도를 넘어서지는 않았는가?'[64] 솔직한 답은 본인만 알 수 있다.[65] 일말의 후회도 없이 이런 질문에 답할 수 있는 사람은 거의 없을 것이다.

---

62 *DOS*, pt. 1, J IX:221–23, sec. 2. 10.
63 *SS* 2:215.
64 자신의 양심을 돌아보아 회개할 것을 강조한다는 점에서 웨슬리는 청교도 전통을 계승한다. B 1:299; 2:215, 511; 3:124n.
65 *DOS*, pt. 1, J IX:236–38, sec. 2. 15.

그러므로 아직도 원죄에 대해 의심이 남는 사람은, 전적으로 정직한 태도로 스스로를 관찰함으로 자신에게 비뚤어진 동기가 있는지, 혹은 좋은 의도였으나 결과가 좋지 않았는지 면밀히 살펴보아야 한다. 웨슬리는 이 외에도 약속을 하고 지키지 않은 것이 있는지, 배우자를 바르게 대하고 있는지, 자녀들은 자신이 올바른 삶을 살고 있다고 생각하는지, 가장 가까운 사람이 자신을 신뢰할 만한 사람으로 평가하고 있는지 등 끈질기게 스스로를 점검하게 하는 질문을 던진다. 죄책감이 느껴져 그것이 어디서 비롯되었는지 고민한다면 그것이 바른 양심의 소리가 아니겠는가?

우리는 변화를 결심하면서도 같은 상태에 머물러 있다. 또 진리나 사랑에 반하는 말을 내뱉은 후 나중에 후회한다.[66] 만약 사람이 모두 정직하다면 영수증 따위가 필요할까? 진지하게 자신을 성찰하면서 자신의 행동을 관찰한 사람은, 자신이 단지 타락의 징표만 가진 것이 아니라, 그보다 훨씬 못한 상태임을 깨달을 것이다.

사회학자 어빙 고프만(Erving Goffman)이 인상 관리 이론을 말하기 훨씬 전에 웨슬리는 "사람들 대다수는 자신의 최악의 모습을 드러내지 않는다. 그들은 실제 자신보다 더 낫게 보이려고 연구하며, 자신의 잘못은 할 수 있는 한 감추려 한다"는 사실을 알고 있었다. 우리는 타인이 자신의 전부를 알 수 없도록 일부를 감춘다. 우리가 인상을 관리하는 방법은 언제나 실제보다 더 나은 척하는 것이다.[67] 웨슬리에 의하면, 이 모든 사회학적 진리는 인간 타락의 보편성을 경험적으로 증거한다.[68]

죄책감은 우리가 인간관계에서 하나님의 선하심을 반영하는 데 실패

66　*DOS*, pt. 1, J IX:231–34, sec. 2. 12.
67　*DOS*, pt. 1, J IX:234, sec. 2. 13.
68　*JWTT* 56.

하고 있는 원인이 무엇인지 볼 수 있도록 도와줌으로 스스로 정신을 차리게 하는 일에 중요한 역할을 한다. 또 우리를 하나님 존전에 서게 하는 긍정적인 역할을 한다. 양심은 우리가 인간의 유한성으로 인해 하나님의 형상을 비추는 일에 실패할 때마다 그 사실을 가차없이 깨닫게 해주는, 인간이 보편적으로 경험하는 의식이다.[69]

6. 인간의 불행은 인간의 의지의 악함 때문임

"인류의 보편적인 불행은 이러한 보편적 타락의 결과이자 증거다. 사람은 누구나 불행하다(예외는 매우 드물다!). 이는 사람이 악하기 때문이다. … '고통은 죄와 함께하고 죄를 뒤따른다.'"[70] "악한 기질"이 우리 마음을 다스리는 한, 평안은 머물 곳이 없다. "죄가 문제의 뿌리고, 거룩하지 않은 것이 불행의 원인이다." 따라서 불행의 원인을 경제적 어려움으로 돌리지 말아야 하며, 그 해결책 역시 검소함이나 풍요로움에서 찾으려 해서는 안 된다.[71]

인류 역사가 이러한 불행의 영향을 받지 않은 때는 한순간도 없었다. 우리의 불행의 원인은, 우리가 본래 창조 시에 부여받은 하나님의 형상, 즉 그분의 거룩함을 반영하지 못하는 데 있다. 우리는 어느 정도나마 하나님을 반영해 그분의 형상을 드러낼 수 있는 본래의 능력을 행사하지 않는다. 우리의 완고한 악이 불행의 근원이다.

의도적 자범죄를 오랜 세월 축적해온 인류 역사에 대해 다소 불행하다는 표현을 사용하는 것은 적절하지 않다. 비참함이나 불행보다 훨씬 강한

---

69   B 1:301–4; 3:479–90.
70   *DOS*, pt. 1, J IX:235, sec. 2. 14.
71   *DOS*, pt. 1, J IX:237, sec. 2. 15; 참고. B 1:197–98; 4:287–88.

용어가 필요하다. "죄는 고통을 초래하는 악한 원천이다. 따라서 각 개인뿐 아니라 온 가족, 마을, 도시, 나라를 압도하고 세상의 모든 지면을 뒤덮은 불행의 홍수는, 하늘 아래 존재하는 모든 민족에게서 악이 넘쳐흐른다는 사실을 보여주는 증거다."[72] 우리는 이 모든 것을 역사, 사회, 자신 스스로를 연구함으로 이성적이면서도 경험적으로 알 수 있다. 또 성경 말씀 외에도 우리 자신의 경험과 역사의 관찰을 통해 알 수 있다.

D. 원죄에 대한 성경의 가르침

웨슬리는 역사적·사회학적·경험적 조사로 원죄에 대한 충분한 증거를 제시했음에도, 죄의 역사로 인해 온 인류에게 죄책과 영적 죽음이 초래되었다는 사실에 반대하는 이신론[73]의 주장을 논박할 때는 주로 성경에 근거했다.

1. 죄의 첫 번째 원형

'원죄'에서 '원'(原, original)은 인류 역사에서 '첫 번째'라는 의미를 담고 있다. 즉, 사건이 태초의 인간의 이야기까지 거슬러 올라간다는 것이다. 또 '원'은 이후에 일어나는 모든 사건의 원형이 된다는 의미를 담고 있다. 즉, 이후의 모든 죄는 첫 번째 죄에서 파생되는 것으로, 이미 타락해 있는 인간의 상태에서 형성되어 역사에서 다른 죄들을 형성하는 표본이 된다.

인간은 하나님께서 자유를 주시자마자 즉시 그것을 타락시켜 더럽혔

---

72 *DOS*, pt. 1, J IX:235–38, sec. 2. 14–15.
73 이신론에 대한 웨슬리의 언급은 B 3:452, 494, 499; FA, B 11:175–76; *LJW* 2:75, 96, 313; 7:263–65; *JJW* 1:357; 3:433를 보라.

다. 이것이 바로 인간이 인류 역사의 태초부터 행해오고 있는 것이다. 그리고 이것이 원죄의 본질적인 의미다. 타락한 인류의 역사는, 이후의 모든 관계에 영향을 끼치는 방식으로 죄에 의해 형성되어왔다.

인류의 근본적인 타락을 성경적으로 묘사하고 그것이 인류 전체에 의미하는 바를 설명하는 방법은, 아담과 하와의 이야기를 다시 들려주는 것이다.[74] 그들은 이후 역사 전체에 결정적 영향을 끼치면서 거룩함과 행복에서 타락했다.[75]

우리 각각은 그들의 이야기와 연관되어 있다. 그들의 이야기가 곧 우리의 이야기, 즉 인류의 이야기이자 죄의 역사가 된 것이다. 그들이 한 일이 우리에게 영향을 끼치듯, 우리가 한 일은 우리 이후의 모든 사람에게 영향을 끼친다. 망가진 자유는 고통과 슬픔의 한탄과 신음소리를 미래를 향해서도 끊임없이 흘려보낸다. 우리 죄의 결과는 우리에게서 끝나지 않고 우리가 보지도 못한 미래의 사람들에게 나쁜 영향을 미친다.

2. 사람이 죄로 인해 고통받을 수 있는가?

우리는 인류 역사의 중심에 자리 잡은 죄를, 단지 나쁜 모범을 따르는 것이나 나쁜 환경에서 사는 것, 또는 잘못된 교육의 결과로만 보아서는 안 된다. 죄를 바르게 이해하려면, 이미 타락했지만 현재적으로도 타락해가고 있는 의지에 대한 성경의 면밀한 가르침을 살펴보아야 한다.[76]

원죄의 첫 번째 성경적 증거는, 아담과 하와가 죄를 짓자 매우 수치스

74　B 4:366.
75　DOS, pt. 4에서 웨슬리는, 존 테일러에 대한 아이작 왓츠의 응답인 『인간의 타락과 회복』(The Ruin and Recovery of Mankind, 1741)에서 상당한 분량을 발췌해 수록함으로 이 주장을 뒷받침했다; DOS, pt. 4; J IX:397–415.
76　DOS, pt. 2, J IX:238–39, sec. 1. 1.

러움을 느꼈고, 벌거벗었음에 대한 자각, 두려움, 죄책감을 가졌으며, 받은 은혜를 상실했다는 것이다. 그들은 자기 죄를 인정하지 않으려는 교만 때문에 거룩하신 하나님 앞에서 느낀 수치심조차 교묘하게 숨겼다.[77]

성경적으로, 아담의 죄의 결과는 그 자신만이 아니라 그의 모든 후손도 죽게 된 것이다.[78] 아담 안에서 모든 사람이 아담 한 사람의 불순종의 결과로 죽게 되었다.[79] 아담이 지은 죄 때문에 그의 후손까지 벌을 받는 것이 정당하지 않다고 주장하는 것은 잘못이다. 그 주장은 인간의 역사가 세대에서 세대로 이어지며 서로 긴밀하게 연결되어 있음을 부인하는 중대한 오류에 기초해 있기 때문이다.

인류가 서로 연결되어 있음은, 우리가 서로에 의해 고통받는다는 사실을 통해 입증된다. "우리는 아담의 죄로 인해서도 고통을 받고, 인류의 첫 부모에게 내려진 형벌 때문에도 고통받는다. 우리는 그들의 범죄의 결과로 죽는다. 그러므로 우리는 어떤 의미에서 그들이 지은 죄의 책임을 함께 지고 있다. 죄책이 죄에 대해 형벌을 받아야 하는 책임 외에 무엇이겠는가? 현재 우리는 모두 하나님께서 아담에게 경고하시고 내리신 것과 동일한 벌을 받고 있다는 점에서 … 아담의 죄의 책임을 어떤 방식으로든 지고 있다."[80] 그러나 죄가 어떻게 죽음으로 이어지는가?

---

77 *DOS*, pt. 2, J IX:241–42, sec. 1. 4; 참고. B 1:442–43.
78 *SS* 1:157.
79 *DOS*, pt. 2, J IX:240–41, sec. 1. 3; 창 2:17.
80 *DOS*, pt. 2, J IX:242–43, sec. 1. 5, 여기에서 웨슬리는 제닝스의 『성경적 원죄 교리 옹호』를 언급한다.

E. 죄와 죽음

1. 육체적 죽음과 영적 죽음의 차이

테일러는 타락의 결과를 아담 개인이 육체적으로 죽은 것으로 개인주의적 관점으로만 해석했다. 타락이 인간 본성을 부패시켜 사회적으로 엄청난 결과를 가져온다는 사실을 깨닫지 못한 것이다. 웨슬리는 그에게 아담의 죽음은 단지 개인적으로 육체의 생명을 잃은 것 이상을 의미한다고 답했다. 하나님께서 미리 경고하시고 형벌로 내리신 죽음은 육체에 영향을 끼치는 모든 악에 대한 심판을 포함한다. 즉, 그것은 육체의 죽음(몸의 사멸)과 영적 죽음(영생의 상실) 모두를 포함하는 "육체의 죽음, 영적 죽음, 영원한 죽음"이다.[81]

원죄의 결과는 사람이 끊임없이 죄로 향하는 성향을 갖게 된 것이며, 인류 역사상 모든 개인의 자범죄는 그 성향에서 비롯되었다. 테일러는 의로우신 하나님께서 어떻게 조상의 죄의 책임을 후손에게 물을 수 있는지 이해하지 못했다. 웨슬리는 부모의 죄가 종종 후손에게 고통을 준다는 사실을 드러내는 성경 말씀들에 담긴 인류의 공동성을 강조했다.[82]

2. 구원은 아담 안에서 잃은 것을 회복시키는가?

한 사람에 의해 죄가 세상에 들어왔다. 아담이 경고받았던 형벌은 이제 온 인류에게도 주어져, 모든 사람이 하나님 앞에서 죄인이 되었다. 단 한 번의 범죄로 죽음이 인류 역사를 다스리게 되었다. 이 한 번의 법적 판결에 모든 사람이 연루되었다. 인류의 사회적 유대로 인해 아담의 모든 후

---

81 *DOS*, pt. 2, J IX:244–45, sec. 1. 6; 육체적 죽음과 영적 죽음에 대해서는 B 1:142–47, 227–28을 보라.
82 *DOS*, pt. 1, J IX:244–46, sec. 1. 6–7.

손은 그 결과를 감수해야 하는 기정(旣定) 상황에서 살아간다.

한 사람의 범죄로 모두가 죽은 것처럼, 한 사람으로 인해 은혜가 모든 사람에게 주어진다(롬 5:15-19). 한 사람 아담 안에서 모든 사람이 죽었다. 한 사람 그리스도 안에서 모든 사람이 생명을 얻는다. 한 사람에 의해 잃은 것을 다른 한 사람에 의해 회복한다. 아담과의 관계로 인해 우리 모두가 고통받는다. 그러나 기쁜 소식은, 두 번째 아담과의 관계를 통해 모든 사람에게 새 생명이 주어지고, 그를 믿는 모든 사람이 실제로 새 생명을 얻는다는 것이다.[83]

비록 모든 사람이 아담 안에서 영적으로 죽었지만,[84] 인류는 그리스도를 통해 아담 안에서 잃은 것보다 더 큰 복을 얻었다. 죄가 더한 곳에 은혜가 더욱 넘치게 되었다(롬 5:20).[85] 우리가 그리스도를 통해 얻는 유익은 아담으로 인한 손해보다 훨씬 크다. 회개하고 그리스도를 믿는 사람은 원죄뿐 아니라 모든 죄의 사함을 받는다. 그리스도께서는 신자들을, 아담이 낙원에서 누렸던 것보다 훨씬 복된 상태가 되게 해주신다.[86]

3. 웨스트민스터 요리문답의 가르침

다음으로 웨슬리는 원죄에 대한 주요 성경 본문, 특히 웨스트민스터 요리문답 중 원죄에 관한 여섯 가지 문답에 인용된 성경 구절들에 대한 상세한 해석을 덧붙였다.[87] 웨스트민스터 요리문답은 웨슬리가 원죄에 대한 성경 구절을 해석하는 데 유용한 틀을 제공해주었다. 그래서 웨슬리는

---

83 *DOS*, pt. 2, J IX:255–57, sec. 1. 16.
84 *DOS*, pt. 2, J IX:257–61, sec. 1. 17–18.
85 *DOS*, pt. 2, J IX:253–55, sec. 1. 14.
86 *DOS*, pt. 2, J IX:242–46, sec. 1. 5–7.
87 *DOS*, pt. 2, J IX:261–88, sec. 2. 1.

"내가 이 요리문답에 서명한 적은 없지만, 대체로 매우 훌륭하게 작성되었다고 생각한다. 그것은 명확한 성경 구절에 기초해 있으므로, 나는 기꺼이 그것을 변호하기 위해 노력할 것이다"[88]라는 설명을 덧붙였다.

테일러는 웨스트민스터 신앙고백의 그 여섯 가지 문답 모두에 반대했다. 그는 그것이 (1) 인간의 자유와 도덕적 주체성을 훼손하고, (2) 신정론을 더욱 난관에 빠뜨린다고 생각했기 때문이다. 웨슬리는 테일러의 두 가지 반대를 모두 논박했다. 원죄는 인류에게 도덕적 선택의 능력이 없음을 의미하는 것이 아니다. 하나님께서는 언제나 선행은총 또는 주도적인 은혜를 통해 사람을 구원의 은혜로 이끌고 계시기 때문이다. 칼빈이 가르친 일반 은총과 유사하게 선행은총은 모든 사람에게 어느 정도의 자유의지를 회복시킨다. 이성의 판단을 따르는 도덕적 행위자가 정치적인 사회에서 비교적 정의를 추구하며 살아갈 수 있는 것은, 자신의 타락한 본성의 능력이 아닌 일반 은총에 의한 것이다.

선행은총의 넉넉함은 적어도 우리가 회개와 믿음으로 나아가는 데 필요한 은혜를 간구하는 것이 가능하도록 모든 인류에게 주어진다.[89] 하나님께서 "모든 사람을 위한 구원자"를 보내 인류의 구원을 위해 일하셨다는 사실은, "누군가 구원받지 못한다면 그분의 정의와 자비가 부족하기 때문은 아님을 충분히 보여준다."[90] 원죄 교리에 의해 신정론에 발생한 긴장은, 인간의 논리가 아닌 하나님의 구원의 행위, 즉 성자를 통해 십자가에서 보이신 하나님의 구원의 행위와 우리 마음에서 행하시는 성령의 역사로 해결된다. 원죄라는 값진 교리는 은혜라는 값진 교리의 전제이자, 한

---

88 *DOS*, pt. 2, J IX:261, sec. 2. 1.
89 *DOS*, pt. 2, J IX:273, sec. 2. 9–10.
90 *DOS*, pt. 2, J IX:285, sec. 2. 18.

쌍의 짝을 이루는 교리다. 온 인류가 스스로를 구원해낼 가능성이 없는 죄책과 형벌에 연루되어 있기에, 우리는 그리스도를 통해 주어지는 하나님의 은혜에 우리 자신을 온전히 맡길 수밖에 없다.

F. 언약의 수장인 아담과 하와의 협력

1. 아담이 지닌 공적 지위: 언약의 수장

웨슬리가 옹호한 웨스트민스터 요리문답의 첫 번째 문답은 다음과 같다. "아담과 맺으신 언약은 아담 한 사람만이 아니라 그의 후손을 위한 것이기도 하므로, 일반적인 출생을 통해 아담의 후손이 된 모든 인류는, 아담의 첫 범죄 때 그의 안에서 죄를 짓고 그와 함께 타락했다."[91] 원죄는 죄의 보편성을 가장 잘 설명해준다. 다른 모든 대안적 설명, 즉 잘못된 모범을 따름, 좋지 못한 습관 형성, 잘못된 교육의 영향, 시간의 흐름 등의 이유로 죄가 널리 퍼지게 되었다는 설명은, 가장 결정적인 첫 번째 이유를 도외시함으로 죄가 인류 역사 전체에 만연하게 된 이유를 발견하는 데 실패했기에 부적절하다.

아담은 온 인류를 대표하는 언약의 수장으로서 "공적 지위를 지닌 사람"이었다.[92] "선악을 알게 하는 나무의 열매는 먹지 말라"(창 2:17)는 하나님의 명령과 그것을 어긴 치명적인 결과는 단지 아담 개인에게만이 아니라 인류 전체에 공동으로 주어진 것이다.[93]

'인류의 대표'(representative head)나 '언약의 수장'(federal head) 모두

---

91 COC 111:679; DOS, pt. 2, J IX:262, sec. 2. 2.
92 LJW 4:98, 155.
93 DOS, pt. 2, J IX:262, sec. 2. 2.

성경적 용어는 아니기에, 웨슬리는 두 용어 모두에 길게 논쟁할 만한 가치를 두지는 않았다. 그럼에도 그는 성경이 아담과 그리스도를 남성과 여성 모두를 포함하는 전 인류의 대표자로 제시한다고 주장했다. '공적인 사람'으로서 아담은 그리스도를 예시하는 유형적 인물이었다. 아담 안에서 모든 사람이 법적으로 죽었듯, 그리스도 안에서 모든 사람이 하나님의 은혜로 다시 살기 때문이다. 하나님께서는 아담의 죄를 모든 인류에게 지우셨듯, 우리 모두의 죄를 그리스도께 지우셨다.[94] 비록 하와의 선택이 아담의 선택보다 시간적으로 앞서지만, 아담은 그것을 승낙함으로 이후의 모든 역사에서 죄를 대표하는 인물이 되었다.

2. 아담의 타락이 이후 인간 역사에 초래한 결과

웨슬리가 옹호한 웨스트민스터 요리문답 중 두 번째는 다음과 같이 말한다. "타락으로 말미암아 인류는 죄와 비참한 처지에 떨어졌다."[95] 아담의 불순종은 아담에게만 육체적 고통과 죽음을 가져온 것이 아니라, 모든 사람에게 죄책과 영적 죽음을 가져왔다. 전 인류가 공동으로 죄와 고통의 상태에 휩쓸려 모든 사람이 타락하고 죄책을 짊어지며 형벌의 대상이 되었다.[96] 타락으로 인해 모든 사람에게 있었던 하나님의 형상은 완전히 지워지지는 않았으나(창 5:1-3; 전 7:29) 심각하게 훼손되었다. 로마서 5장과 고린도전서 15장은 이를 영적 죽음의 상태로 묘사한다. 타락 이전 아담은 완전했으나, 절대적으로 완전한 것은 아니었다. 그는 더 성장하고 변화해 자신의 선택으로 미래를 바꿀 수 있었기 때문이다. 그는 자신이 본래 가진

94　*DOS*, pt. 3, J IX:332–34, sec. 6. 인류가 죄의 질병으로 떨어진 것에 대해 아담과 하와는 공동의 책임이 있다. 그러나 창세기에서 실패에 대한 언약의 수장으로서의 책임은 아담에게 있다.
95　*DOS*, pt. 2, J IX:263, sec. 2. 3; COC 111:679.
96　*DOS*, pt. 1, J IX:263, sec. 2. 3.

자유의지의 결과로 유혹받을 수 있는 상태였다. 죽음은 죄에 대한 형벌이 아니라, 이 세상에 있는 것들이 덧없음을 알게 해 우리가 미혹받지 않게 하기 위해 주어진 것이므로 모든 인류에게 유익하다는 테일러의 주장과 반대로, 성경은 죽음이 형벌임을 끊임없이 말한다.[97]

웨슬리가 옹호한 웨스트민스터 요리문답 중 세 번째 문답은 다음과 같다. "죄는 이성적 피조물에게 규율로 주어진 '하나님의 율법을 부족하게 지키거나 어기는 것이다.'"[98] 타락으로 인해 이런 죄는 "우리의 본성" 즉 인류 역사의 모든 사람이 지닌 제2의 본성 같은 것이 되었다. 성경은 우리가 죄로 죽어(엡 2:1) 지체 속에 죄의 법이 있는 것으로 설명한다(롬 7:23).

3. 인류가 빠져든 구렁텅이

웨슬리가 옹호한 웨스트민스터 요리문답 중 네 번째 내용은 다음과 같다. "사람이 그 타락한 처지에서 죄가 되는 것은, 일반적으로 원죄로 부르는 아담의 첫 범죄의 죄책, 원의의 상실, 온 성품의 부패이며, 또 그 원죄에서 비롯되는 모든 자범죄다."[99]

"여호와께서 사람의 죄악이 세상에 가득함과 그의 마음으로 생각하는 모든 계획이 항상 악할 뿐임을 보시고"(창 6:5). "그때에 온 땅이 하나님 앞에 부패하여 포악함이 땅에 가득한지라"(창 6:11).[100] 우리가 "다른 이들과 같이 본질상 진노의 자녀이었더니"(엡 2:3)라는 분명한 성경 말씀을 애써 부인하려는 태도는 적절하지 않다.[101] "육신의 생각은 사망이요 … 육신에

---

97   DOS, pt. 2, J IX:258–59, sec. 1. 18.
98   DOS, pt. 2, J IX:264, sec. 2. 4; 웨스트민스터 소요리문답 제14 문답(Q 14, COC 111:678)에서 인용함.
99   COC 111:679; DOS, pt. 2, J IX:264, sec. 2. 5; 죄를 부채로 설명한 내용은 B 1:586을 보라.
100 DOS, pt. 2, J IX:272, sec. 2. 9.
101 DOS, pt. 2, J IX:266–69, sec. 2. 6.

있는 자들은 하나님을 기쁘시게 할 수 없느니라"(롬 8:6, 8).[102] "초자연적인 은혜가 없다면 우리는 하나님께서 기뻐하시는 것을 원할 수도, 행할 수도 없다"(참고. 빌 2:13)[103]

웨슬리는, 만약 죄가 본성적이라면 필연적일 수밖에 없다고 주장한 테일러에 대한 데이비드 제닝스의 예리한 논박을 확증했다. "만약 죄가 우리의 의지가 부패해 왜곡된 것을 의미한다면, 그것은 마치 우리 본성이 타락으로 부패하게 된 것과 마찬가지이므로, 죄는 우리에게 참으로 본성적인 것이 된다. 그러나 본성적이라 해서 그것이 원래부터 하나님의 손에서 비롯된 것은 아니다. … 교만하거나 성을 잘 내는 기질은, 사람이 스스로 그렇게 되었든 부모에게서 물려받았든 악하다." 만약 죄가, 부패해 왜곡된 의지가 우리를 부추겨 죄 된 행위를 하게 되었음을 의미한다면, 그런 죄가 필연적일 수밖에 없다는 주장은 자명하지 않다. "만약 부패해 왜곡된 의지로 인해 죄가 필연적인 것이 되었고, 그렇기 때문에 죄일 수 없다면, 그것은 사람이 더 많은 죄를 지을수록 더 죄를 짓지 않은 것이 된다. … 그는 점점 더 악해지는 것이 아니라, 점점 더 깨끗해지는 것이 된다."[104]

"하나님이 그 죄 된 행위의 원인이 되시는가? 그분은 행할 수 있는 능력의 원천이시지만 … 죄의 원천은 아니시다. … 이에 동의하지 않는다면, 당신은 하나님을 하늘 아래 모든 죄의 직접적 원인으로 만드는 것이다." 원죄에 대한 이러한 관점은, 헬라어를 사용한 동방교회와 라틴어를 사용한 서방교회를 아우르는 고대 교회, 그리고 "우리가 아는 한 하늘 아래에 있는 모든 교회"가 한목소리로 공식적으로 인정한 것이다.[105]

---

102 *DOS*, pt. 2, J IX:271, sec. 2. 8.
103 *DOS*, pt. 2, J IX:273, sec. 2. 10.
104 Ibid, 제닝스의 『성경적 원죄 교리 옹호』, 68을 언급함.
105 *DOS*, pt. 2, J IX:274, sec. 2. 11.

4. 원죄와 자범죄의 구별

웨슬리가 옹호한 웨스트민스터 요리문답 중 다섯 번째 내용은 다음과 같다. "원죄는 자연적 생식에 의해 우리의 첫 번째 부모에게서 그 후손에게로 전해진다. 그들에게서 난 모든 사람은 그런 방식으로 죄 안에서 잉태되고 태어난다."[106] 자범죄는 원죄에서 비롯된다. 악한 행실은 악한 마음에서 비롯된다. 우리는 죄로 향하는 자연적 성향을 따르기로 선택한다. 시편 저자가 "내가 죄악 중에서 출생하였음이여 어머니가 죄 중에서 나를 잉태하였나이다"(51:5)라고 표현한 것과 같다. 만약 인간이 간교한 죄에 붙들려 있지 않다면, 그리스도 안에서 죄인을 구원하시는 하나님의 은혜의 사역은 필요하지 않을 것이다. 웨슬리는 이에 대한 경험적 증거를, 신생아들의 태생적 자기중심성과 어떤 사람은 외부의 유혹 없이도 죄를 짓는다는 사실에서 발견했다. 이러한 모습이 내면적으로는 선한 것을 주시는 하나님께 대한 반역에 뿌리를 두고 있다고 본 것이다.

한 사람의 죄와 그 결과로 오는 형벌은 다른 사람에게도 영향을 미친다. 이것은 인간 역사에서 죄가 지니는 사회적이고 공동적인 성격 및 결과와 관련된 원리다. 조상의 죄로 후손이 고통을 받는 경우는 사실상 흔하다. 이것이 우리가 자유라는 소중한 선물을 받았기에 치러야 하는 값비싼 대가다.

그러나 하나님의 은혜는 우리에게 이 근본적인 성향을 이길 수 있는 힘을 부여해준다.[107] 우리가 비록 "죄 중에 잉태되고 죄악 속에서 형성"되었더라도, 우리가 지은 어떤 죄라도 제거해주시는 하나님의 구원의 은혜

---

106 *DOS*, pt. 2, J IX:275, sec. 2. 13.
107 *DOS*, pt. 2, J IX:275, sec. 2. 12.

는 언제나 부족함이 없다. "어머니가 죄 중에서 나를 잉태하였나이다"(시 51:5)라는 구절은 꼭 성관계를 말하는 것이 아니라, 육신적 잉태가 일어나는 죄의 보편적 인류의 역사를 말하는 것이다. 하와는 우리 모두의 어머니다.[108] "누가 깨끗한 것을 더러운 것 가운데서 낼 수 있으리이까 하나도 없나이다"(욥 14:4).[109] 그러나 누구도 다른 사람의 타락을 핑계로 자신 스스로는 죄에 대한 책임이 없다고 항변할 수 없다.

G. 죄의 은밀한 전파에 관한 질문에 답함

1. 세대를 뛰어넘는 죄의 사회적 성격

죄가 사회적 성격을 지녔다는 주장은 성경에 깊이 기반을 두고 있다. 그것은 우리가 스스로의 개인적인 행동에 대해서만 책임질 뿐, 다른 사람이 한 행동이나 자신의 행동이 다른 사람에게 끼친 영향에 대해서는 책임이 없다고 생각하는 단순한 개인주의와 완전히 반대된다. 히브리인들은 인간 존재의 사회적 성격에 대한 의식이 강했다. 웨슬리는 타인과 관계를 맺고 살아가는 인간에 대한 이해를 공유했고, 그것을 18세기의 언어와 논쟁, 도덕적 선택으로 가져왔다.

우리가 속속들이 이해할 수는 없지만 어느 정도는 경험적으로 아는 방식으로 당신의 죄는 나에게, 내 죄는 당신의 손주에게, 내 조부의 죄는 나에게 영향을 끼칠 수 있다. 이런 인과관계의 사슬은 전혀 이해나 연구가 불가능한 것은 아니지만, 그럼에도 인간의 자유에 관해서는 죄라는 풀 수 없는 비밀이 여전히 남아있다. 인간에게 주어진 선택의 자유의 결과들이

---
108 *DOS*, pt. 2, J IX:275–79, sec. 2. 13.
109 *DOS*, pt. 2, J IX:279–80, sec. 2. 14–15.

서로 뒤섞이는 복잡한 역사에서는 그 사슬이 밝혀지지 않고 가려지는 경우가 흔히 있기 때문이다.

죄의 영향은 대대로 퍼져나간다. 웨슬리는 죄를 하나님과 나 자신 오직 둘의 문제로만 여기는 개인주의적 관점에 반대했다. 죄에 대한 개인주의적인 관점은 자신의 결점이 누구에게도 영향을 주지 않고, 혹 주더라도 사소한 영향이거나, 영향이 심각하더라도 영원하지는 않을 것이라고 상상한다. 그러나 그렇지 않다. 웨슬리는 인간이 사회적 언약에 전적으로 매여 있다고 보았다. 아담이 온 인류, 즉 모든 살아있는 자들의 어머니인 하와에게서 생명과 호흡을 얻은 모든 사람을 대표하는 언약의 수장이라는 개념은 궁극적으로 그것을 나타낸다. 온 인류를 잘못된 길로 이끈 것은 한 남자와 한 여자였다.

그들의 자유로운 선택은 운명으로 정해졌거나 이미 결정된 것이 아니라 스스로의 의지에 따른 것으로, 그 선택의 권한은 인간을 창조하실 때 본래 자유를 부여하셨고 그 후로도 계속 인간의 자기 결정권을 존중하시는 하나님께서 허락하신 것이다. 하나님은 죄를 원하지 않으시지만, 그분의 비할 데 없는 사랑과 거룩함을 함께 나눌, 자유롭고 동료애를 지녔으며 자기 결정권을 가진 사람들을 보존하시기 위해 죄를 허용하신다.

2. 온 인류에게 퍼진 아담과 하와의 죄

우리 세대는 다음 세대에게, 다음 세대는 그다음 세대에게 좋고 나쁜 영향을 모두 끼치게 될 것은 누구나 예측할 수 있는 일이다. 모든 사람은 상상의 세계가 아닌 실제 역사를 살고 있기에, 어느 누구도 아직 아무것도 그려지지 않은 백지 상태에서 시작할 수는 없다. 우리는 확실히 다른 사람의 운명과 가능성에 영향을 끼친다. 이것이 인간의 선택의 도덕적 결과에 대한 매우 현실적인 가정이다. 웨슬리는 원죄의 교리가 창세기부터 요한계시록까지 성경 전체, 특히 예언서와 사도들의 증언, 그리고 무엇보다 확실하게 예수님의 말씀에서 명확히 입증됨을 발견했다.

죄를 설명하는 일에 그보다 현실적이지 못한 가설은 모두 결함이 있다. 어떤 사람은, 죄는 철저히 사회적 결정에 의해 발생한다는 주장으로 교묘하게 죄에 대한 책임을 모면하려 한다. 즉, 우리가 잘못된 모범을 따르거나, 잘못된 습관을 형성하거나, 사회적인 활동 과정에서 죄를 짓게 되므로, 죄는 우리의 의지적 동의 없이 전파된다는 것이다. 이에 대해 웨슬리는, 사회적 과정은 분명 죄를 전파하지만, 그럼에도 우리의 의지적 동의 없이 전파할 수는 없다고 답한다. 아담과 하와가 시작한 타락의 역사를 우리 각 사람이 반복하고 더 강화한다.

3. 하나님과의 교제를 상실한 것이 더 큰 고통의 원인이 되는가?

웨슬리가 옹호한 웨스트민스터 요리문답 중 여섯 번째 내용은 다음과 같다. "전 인류는 타락해 하나님과의 교제가 끊어졌고, 하나님의 진노와 저주 아래 있게 되었으며, 그로 인해 이 세상의 온갖 비참함을 겪게 되었다."[110] 웨슬리에 의하면, "모든 면에서 영광이 사라지고 어둡고 무질서하며 더럽고 부패한 상태는, 위대한 거주자가 이 성전을 떠나셨음을 너무나 명백히 보여준다."[111]

하나님께서는 본래 우리 본성을 순결하게 창조하셨다. 악은 하나님의 허용적 의지 아래 아담의 자유로운 선택에 의해 발생한, 본성의 어이없는 타락이다. 그렇지 않다면 악을 만든 책임이 하나님께 있을 것이다. 하나님

---

110 COC 111:679–80; *DOS*, pt. 2, J IX:282, sec. 2. 17.
111 *DOS*, pt. 2, J IX:288, sec. 2. 20; John Howe, *The Living Temple* (London: Parkhurst, 1703)에서 인용함.

은 최초의 원동자(原動者), 즉 온 우주의 모든 움직임의 원천이시며, 따라서 모든 식물, 동물, 사람의 활동의 첫 번째 원인이시다. 그러나 죄는 하나님께서 뜻하신 것이 아니라, 사람의 의지의 산물이다. 우리는 어머니 뱃속에 있을 때조차도 죄의 역사에 흠뻑 젖어 있다. 그것은 하나님께서 하신 일이 아니라, 하나님께서 허용하신 인간의 교만, 질투, 반역적 태도의 결과다. "지금 이 순간에도 우리에게 선택의 능력을 공급하시는 하나님은 죄 된 행위에 대해서는 책임이 없으시다. 죄 된 행위는 우리가 그 능력을 악용한 결과이기 때문이다."[112]

웨슬리는 죄의 역사를 허용했다는 이유로 하나님의 의로우심에 이의를 제기하는 사람들에게 종말론적인 견지에서 다음과 같이 답한다. "하나님께서 그들 모두를 위해 구원자를 보내주신 사실이, 그분이 정의로우면서도 자비로운 분이심을 충분히 입증한다."[113]

4. 신자에게도 죄로 향하는 성향이 남아있는가?

현재 우리는 아담보다 더 나쁜 도덕적 환경에 놓여있는가? '도덕적 환경'이 종교와 덕의 퇴보를 말한다면, 답은 '그렇다'다. 그러나 그것이 영적 성장을 위한 공급을 가리킨다면, 답은 '아니다'다. 우리는 하나님의 은혜로 아담보다 훨씬 나은 상태에 있기 때문이다.[114]

우리는 하나님의 허용 아래 아담에게서 죄로 향하는 본능적 성향을 물려받았다. 그렇더라도 하나님께서 인간의 자유에서 나오는 잘못된 행위의 원인은 아니시다. 그분은 그것을 단지 허용하셨을 뿐이기 때문이다. 타

---

112 *DOS*, pt. 3, J IX:335, sec. 7.
113 *DOS*, pt. 2, J IX:285, sec. 2. 18.
114 *DOS*, pt. 2, J IX:289, sec. 3.

락한 역사 속에서 태어난 모든 사람은 "죄로 향하는 본능적 성향"을 가지고 있다. "그렇더라도 '필연'이라는 말이 '불가항력'을 의미한다면, 죄로 향하는 성향은 결코 필연적인 것이 아니다. 우리는 언제나 우리와 함께하시는 하나님의 은혜로 죄에 저항할 수 있고, 죄를 이길 수 있기 때문이다."[115]

웨슬리는 인간에게 타락해 죄로 향하는 성향이 있음을 반대한 테일러에 대한 응답으로, 우리가 악한 행동을 하는 것은 우리가 죄인이기 때문임을 주장했다. "나는 (그리고 당신이 인정하든 하지 않든 당신 역시) 죄로 향하는 성향이 있고, 내가 기억하는 한 나 자신 스스로 무엇인가를 결정하기 전부터 교만, 복수심, 우상숭배의 성향을 가지고 있었다."[116]

부모의 악은 정말 자녀에게 영향을 끼치는가? 가장 일반적인 조사는 그렇다는 사실을 보여준다. 그러나 이것이 하나님의 의로우심을 부인하는 이유가 될 수는 없다.

만약 우리가 원죄라는 전제를 없애면, 아이들이 그토록 일찍부터 죄를 짓게 되는 다른 이유를 찾기 힘들다. 아이들에게 다양한 능력이 생기면 그들은 곧 무질서해진다. 이성의 바른 사용과 남용이 함께 늘어간다.[117]

인간의 자유는 기회만 주어지면 언제나 이 타락한 상태로 이끌려 그것을 실행하는 경향을 보여왔다. 죄의 사회적 역사는 개인의 자유를 해로운 습관으로 악화시키는 경향이 있다. 자유의 선물과 함께 부득이 동반되는 것이, 그 자유가 죄를 향해 나아갈 가능성이다. 개인의 자기 결정권으로서의 자유는 죄의 역사를 더 깊이 왜곡하고, 더 나쁜 것을 택하려는 유혹에 교묘하게 동조하기 위해 나름대로 특별한 방법을 계속해서 찾아낸다.

---

115 *DOS*, pt. 2, J IX:284, sec. 3.
116 *DOS*, pt. 2, J IX:294, sec. 3.
117 *DOS*, pt. 2, J IX:295, sec. 3.

5. 죄책이 다른 사람에게 전가될 수 있는가?

히브리인들의 희생제사 의식에서 죄책이 속죄양에게 전가되었듯, 그리스도는 우리 죄를 십자가에서 감당하셨다. 의로우신 하나님은 무죄한 자는 벌하지 않으신다. 그러나 "하나님께서는 유아조차 무죄하게 보시지 않고 아담의 죄책에 연루된 것으로 여기시기에", 그들은 부모의 의로움으로 인해 혜택을 받을 수 있는 것과 같이, 때로 부모의 죄로 큰 고통을 겪기도 한다.[118]

모든 사람이 죄의 저주 아래 있다는 것은, 모든 사람이 고통을 경험하고 있다는 사실에서 알 수 있다.[119] 고통은 개인적·직접적인 죄를 짓지 않았더라도 간접적·공동적인 죄의 결과로도 생길 수 있다. 동물과 어린이들은 스스로의 의지로 개인적인 죄를 실행으로 옮기지 않았음에도 고통 받을 수 있다. 그들의 삶이 공동의 죄라는 환경에서 이루어지기 때문이다.[120] 힘든 노동과 출산의 고통은 조상의 죄로 후손이 고통받는다는 사실의 사례가 되는 성경적 증거다. 그러나 고난이 얼마나 크든 "가장 신앙적인 사람은 어떤 재앙이나 박해에도 불행해지지 않는다." 그들은 어떤 상황에서도 기뻐하고 감사하는 법을 배웠기 때문이다.[121]

인간 본성이 근본적으로 타락했다고 가르치는 것이 인간을 경멸하는 것은 아니다. "우리의 본성이 어떠하든, 우리는 하나님의 은혜로 그분의 자녀이자 상속자가 되었기 때문이다." 죄인이 본성적으로 자신의 의무를 다할 수 있는 능력은 상실했더라도, 하나님의 은혜를 통해서는 행할 수 있으므로, 하나님의 뜻을 행하는 것은 여전히 사람의 의무다.[122]

---

118 *DOS*, pt. 3, J IX:316, sec. 1.
119 *DOS*, pt. 3, J IX:317–19, sec. 2.
120 *DOS*, pt. 3, J IX:320–26, sec. 3.
121 *DOS*, pt. 3, J IX:324–26, sec. 3.
122 *DOS*, pt. 3, J IX:327, sec. 4.

H. 구원과 원죄 사이의 감추어진 연관성

1. 원죄와 신생

중생은 스스로 노력해 "거룩한 습관을 갖추어가는" 과정을 뜻하지 않는다. 이는 중생을 인간의 노력에 의한 자연적 변화로 설명하지만, 중생은 그런 것이 아닌 하나님께서 주시는 초자연적 은혜에 의한 변화이기 때문이다. "신생은 당신이 생각하는 것처럼 성화의 과정이나 전부가 아니라 그 시작이다. 이는 출생이 인생의 전부가 아니라 시작인 것과 같다. 사람은 '어머니에게서 태어남으로' 자연적 삶을 살기 시작하고, '하나님에게서 남으로' 영적인 삶을 살기 시작한다."[123]

사람은 먼저 죄를 이해하지 못하면 "경건의 능력을 얻을 가능성이 없다." "누구든 자신의 죄와 무능함을 깊이 깨닫기 전에는 참되게 그리스도를 믿지 않는다. 그리스도를 믿는 일은, 자신이 타락한 본성을 가졌음을 깨닫기 전에는 있을 수 없고, 있었던 적도 없다."[124]

원죄는 도덕적 노력을 하지 않게 만드는 위협이 되기는커녕, '사랑으로써 역사하는 믿음'을 갖도록 우리의 의지를 준비시키는 회개의 동기가 된다. 도덕적 혐오감을 통해 사람을 하나님에게서 멀어지게 하기는커녕, 죄인이 더 근본적으로 하나님의 은혜를 의지하게 함으로 그분께로 돌이키게 한다.

> 우리가 본성적으로 "죄로 죽어" 있기에 "진노의 자식"이라고 말하는 원죄의 교리는, 우리 자신에 대한 참된 지식을 갖게 해주어 회개를 도우며, 이를 통해 십자가에 못 박히신 그리스도에 대한 참된 지식과 믿음으로 우리를 인도한다. 믿

---

[123] *DOS*, pt. 2, J IX:310, sec. 3.
[124] *DOS*, pt. 2, J IX:313, sec. 3.

음은 사랑으로써 역사하고(갈 5:6), 사랑은 마음과 생활의 성결을 낳는다. 결과적으로 원죄의 교리는 하나님의 아들이 삶과 죽음을 통해 불러일으키려 하셨던 온전한 신앙을 촉진한다(촉진하는 데 절대적이고 필수불가결하다).[125]

신생을 통해 신자는 진정한 내적 변화, 곧 영혼이 "의와 진리의 거룩함"(엡 4:24)으로 새롭게 되고, 하나님의 형상을 회복함으로 "새 사람을 입는다"(골 3:10). 신자의 내면에서는, 타락 전 아담처럼 하나님의 사랑이 그의 감각과 욕구와 열정을 다스린다.[126]

2. 현대 문화에서 재구성한 웨슬리의 원죄 교리

웨슬리의 가르침은, 비록 현재 개신교 전통의 상속자들이 그런 내용을 쉽게 무시하는 사회에서 살아감에도 그들에게 여전히 중요하다.[127] 설교자들은 현대 개신교인 청중이 다른 모든 성경적 가르침의 중심축이 되는 원죄 교리를 충분히 이해하고 있다고 생각해서는 안 된다.

이 중심축을 재확립하려면 신자들에게 이를 필수적으로 가르쳐야 한다. 가르치는 사명에 헌신한 사람에게는 원죄 교리를 중요하게 다룰 책임이 있다. 비록 현대의 문화가 그것을 배척하더라도 그들은 현대인에게 그 엄숙한 성경적 진리를 가르칠 의무가 있다. 그러려면, 처음에는 달아 보이나 실상은 매우 씁쓸함만 안겨주는 낭만적 낙관주의라는 현대 문화의 추동력과 맞서 싸우는 꿋꿋함이 필요하다.

우리는 마약의 남용이 확산되는 것을 지켜봤는데, 이는 헤어나오기

---

125 *DOS*, pt. 2, J IX:312, sec. 3.
126 *DOS*, pt. 3, J IX:339–45, sec. 8.
127 로버트 차일즈(Robert Chiles)는『웨슬리 신학의 근간 교리와 그 변천』, 조종남 역(서울: 선교횃불, 2017)에서, 메소디스트 신학 전통은 원죄와 하나님의 은혜에 대한 강조에서 점차 인간의 자유의지의 역할을 강조하는 쪽으로 옮겨가는 경향이 있다고 주장한다.

어려운 증상에 빠졌다는 것을 미처 깨닫기도 전에 순진해 보이는 사람들을 사로잡고, 그들이 자신의 습관을 충족시켜야 한다고 느끼게 하며, 혼합된 동기와 결탁하고, 중독된 상태에 머물기 위해 폭력을 자행하는 것으로 나타났다. 이러한 특징은 원죄가 어떤 것인지 보여준다. 여기서 말한 핵심 요소처럼, 원죄 역시 겉으로 보이는 것과 다른 부분이 있고, 벗어나기 힘들며, 죄 된 욕망을 느끼고 그것과 결탁하게 된다는 것이다. 사람은 죄와 결탁하므로 죄가 전혀 없을 수 없고, 죄에 속박되어 있음을 느끼는 것도 자신이 전에 선택한 것의 영향이 전혀 없지 않다.

웨슬리는 [이후 라인홀드 니부어(Reinhold Niebuhr)가 자세히 진술한 것처럼] 기독교 교리 중 광범위한 경험적 증거로 뒷받침되는 유일한 것이 원죄 교리임을 직관했다. "원죄는 … 상상력이 발동한 결과가 아니라 명백하고 분명한 사실이다. 우리는 이것을 매일 우리 눈으로 보고 귀로 들으며 산다. 이는 모든 나라의 이교도, 이슬람교도, 유대인, 그리스도인 전체에 해당된다. 그런 기질과 행실은 장사꾼과 천박한 사람들뿐 아니라 영국의 귀족이나 신사, 성직자에게도 나타난다. 정상적인 사람이라면 누구도 이를 부인할 수 없고, 누구도 원죄 이외의 다른 것으로는 그것을 설명할 수 없다."[128]

오늘날 아이러니하게 '새로운 소식'(뉴스)으로 불리는 것도 날마다 새롭게 이에 대한 증거를 끊임없이 제공한다. 대중 매체는 인간의 타락을 끊임없이 활용해 뉴스를 만들어내지만, 그것을 원죄라는 관점에서 볼 수 있는 사람은 매우 소수다.

---

[128] 사무엘 스패로우(Samuel Sparrow)에게 보낸 1772년 7월 2일 자 편지, *LJW* 5:327.

I. 결론

웨슬리는 죄 문제의 해결은 정치적인 방법이 아니라, 오직 한 사람 한 사람의 마음이 철저히 변화됨을 통해서만 가능하다고 생각했다. 수많은 경제적 문제는 죄에서 비롯되며, 경제적인 방법만으로는 해결할 수 없다. 죄인의 갱신은, 인간 세상에 찾아와 자신을 십자가에 내어주신 하나님의 독생자의 자비로운 사랑에 바르게 응답할 때 주어지는 신생에서 시작된다. 신생은 우리 삶의 모든 영역을 새롭게 개조한다. 비록 원죄가 인류 역사의 시작부터 종말까지를 포괄하는 엄청난 주제이긴 하지만, 그것에 대한 바른 이해는 각 죄인을 개인적 결단, 마음의 변화, 회개의 기회로 이끌어간다.[129]

만약 인류의 본성이 언제나 의로웠다면, 죄의 보편성을 설명할 수 있는 방법은 없었을 것이다. 인간의 죄의 범위와 깊이에 대해 유일하게 가능한 설명은 오직 원죄에 대한 성경적 설명뿐이다.[130] 우리가 저지르는 죄는 비록 우리의 본성이 타락한 결과라 하더라도 여전히 우리의 책임이다. 우리는 죄의 근본적 시작에 대해서는 개인적 책임이 없지만, 죄를 계속 저지르는 것에 대해서는 책임이 있다.

웨슬리의 『원죄의 교리』 부록 중 제4부에는 존 테일러에 대한 아이작 왓츠의 응답인 『인간의 타락과 회복』(The Ruin and Recovery of Mankind, 1741), 제5, 6부에는 테일러에 대한 응답으로서 새뮤얼 헵든의 소책자들, 제7부에는 토머스 보스턴의 『인간의 네 가지 상태』(Fourfold State of Man)에서 발췌한 상당한 분량의 글이 수록되어 있다.

---

129 *CH* 7:513, 550, 560.
130 *DOS*, pt. 2, J IX:286–88, sec. 2. 20.

웨슬리는 존 테일러에게 보낸 편지 끝부분에서 자신이 이 글을 쓰게 된 강한 동기를 다음과 같이 밝혔다. "만약 당신의 주장이 이토록 중요한 주제에 관한 것이 아니었다면, 나는 당신과 논쟁하지 않았을 것입니다. 그것은 거인을 손으로 막는 것과 같은 것이니 말입니다. … 나는 지금 당신으로 인해 몹시 마음 아파하고 있습니다. … 아! 선생님, 당신도 틀릴 수 있다는 사실을 아셨으면 합니다! 당신이 더 낫다고 판단한 방향으로 지나친 극단까지 너무 멀리 갔다는 사실을 말입니다! 다시 한 번 당신의 입장을 그 근본부터 검토해보시기를 바랍니다."[131] 이 딜레마에 대한 해결책을 찾는 독자는 이 시리즈의 다음 권을 읽어보기를 권한다.

---

131 *DOS*, pt. 6, J IX:431–33.

더 깊은 이해를 위한 독서 자료

Bainbridge, W., and M. Riggall. "Wesley and Dr. John Taylor of Norwich." *PWHS* 16 (1928): 69-71.

Baker, Frank. "Wesley and Arminius." *PWHS* 22 (1939): 118, 119.

Blaising, Craig. "John Wesley's Doctrine of Original Sin." PhD Diss., Dallas Theological Seminary, 1979, microfilm.

Burtner, Robert W., and Robert E. Chiles. *A Compend of Wesley's Theology*, 107ff. Nashville: Abingdon, 1954.

Collins, Kenneth. "Prevenient Grace and Human Sin." In *Wesley on Salvation*. Grand Rapids: Zondervan, 1989.

Dorr, Donal. "Total Corruption and the Wesleyan Tradition: Prevenient Grace." *Irish Theological Quarterly* 31 (1964): 303-21.

Hannah, Vern A. "Original Sin and Sanctification: A Problem for Wesleyans." *WTJ* 12 (Spring 1977): 47-53.

Harper, Steve. *John Wesley's Message for Today*, 27-30. Grand Rapids: Zondervan, 1983.

Joy, James R. "Wesley: A Man of a Thousand Books and a Book." *RL* 8 (1939): 71-84.

Keefer, Luke L., Jr. "Characteristics of Wesley's Arminianism." *WTJ* 22 (Spring 1987): 88-100.

Lindström, Harald J. *Wesley and Sanctification*. Nashville: Abingdon: 1946.

Miley, John. *Systematic Theology*. Reprint, Peabody, MA: Hendrickson, 1989.

Payne, George. *The Doctrine of Original Sin*. London: Jackson and Walford, 1845.

Pope, William Burt. *A Compendium of Christian Theology*. 3 vols. London: Wesleyan Methodist Book-Room, 1880.

Ralston, Thomas N. *Elements of Divinity*. New York: Abingdon, 1924.

Rose, Delbert. "The Wesleyan Understanding of Sin." In *Distinctive Emphases of Asbury Theological Seminary*, 7–30.

Slaatte, Howard A. *Fire in the Brand: Introduction to the Creative Work and Theology of John Wesley*, 115ff. New York: Exposition, 1963.

Smith, H. Shelton. *Changing Conceptions of Original Sin*. New York: Scribner, 1955.

Starkey, Lycurgus M. *The Work of the Holy Spirit*. Nashville: Abingdon, 1962.

Summers, Thomas O. *Systematic Theology*. 2 vols. Edited by J. J. Tigert. Nashville: Methodist Publishing House South, 1888.

Watson, Richard. *Theological Institutes*. 2 vols. New York: Mason and Lane, 1836, 1840; edited by John M'Clintock, New York: Carlton & Porter, 1850.

Williams, Colin. "Original Sin." In *John Wesley's Theology Today*, 47ff. Nashville: Abingdon, 1960.

Williams, N. P. *The Ideas of the Fall and of Original Sin*. London and New York: Longmans Green, 1927.

알파벳순 웨슬리 설교 목록
(200주년 기념판, 잭슨판 출처)

200주년 기념판은 'B', 잭슨판은 'J'로 표기했다. 설교 번호 앞에 샤프[#] 부호를 붙였다. 이전 웨슬리 전집에서 웨슬리 설교가 아닌데도 웨슬리 설교에 포함시켜 저자가 바로잡았거나, 다른 판에서 서로 다른 제목이나 번호를 붙였을 경우에는 별[*] 표로 표시했다.

The Almost Christian (#2, B 1:131-41 = #2, J V:17-25), Acts 26:28

Awake, Thou That Sleepest (#3, B 1:142-58 = #3, J V:25-36), Ephesians 5:14

A Call to Backsliders (#86, B 3:201-26 = #86, J VI:514-27), Psalm 77:7-8

The Case of Reason Impartially Considered (#70, B 2:587-600 = #70, J VI:350-60), 1 Corinthians 14:20

The Catholic Spirit (#39, B 2:79-96 = #2, J V:492-504), 2 Kings 10:15

*The Cause and Cure of Earthquakes (찰스 웨슬리의 설교, #129, 잭슨판에만 수록됨, J VII:386-99), Psalm 46:8

The Causes of the Inefficiency of Christianity (#122, B 4:85-96 = #122, J VII:281-90), Jeremiah 8:22

A Caution against Bigotry (#38, B 2:61-78 = #38, J V:479-92), Mark 9:38-39

Christian Perfection (#40, B 2:97-124 = #40, J VI:1-22), Philippians 3:12

The Circumcision of the Heart (#17, B 1:398-414 = #17, J V:202-12), Romans 2:29

The Cure of Evil Speaking (#49, B 2:251-62 = #49, J VI:114-24), Matthew 18:15-17

The Danger of Increasing Riches (#131, B 4:177-86 = #131, J VII:355-62), Psalm 62:10

The Danger of Riches (#87, B 3:227-46 = #87, J VII:1-15), 1 Timothy 6:9

Death and Deliverance (#133, B 4:204-14; 잭슨판에는 수록되지 않음)

Dives and Lazarus (#115, B 4:4-18 = "The Rich Man and Lazarus"라는 다른 제목, #112, J VII:244-55), Luke 16:31

The Duty of Constant Communion (#101, B 3:427-39 = #101, J VII:147-57), Luke 22:19

The Duty of Reproving Our Neighbor (#65, B 2:511-20 = #65, J VI:296-304), Leviticus 19:17

The End of Christ's Coming (#62, B 2:471-84 = #62, J VI:267-77), 1 John 3:8

The First Fruits of the Spirit (#8, B 1:233-47 = #8, J V:87-97), Romans 8:1

Free Grace (#110, B 3:542-63 = #110, J VII:373-86), Romans 8:32

The General Deliverance (#60, B 2:436-50 = #60, J VI:241-52), Romans 8:19-22

The General Spread of the Gospel (#63, B 2:485-99 = #63, J VI:277-88), Isaiah 11:9
God's Approbation of His Works (#56, B 2:387-99 = #56, J VI:206-15), Genesis 1:31
God's Love to Fallen Man (#59, B 2:422-35 = #59, J VI:231-40), Romans 5:15
The Good Steward (#51, B 2:281-99 = #51, J VI:136-49), Luke 16:2
The Great Assize (#15, B 1:354-75 = #15, J V:171-85), Romans 14:10
The Great Privilege of Those That Are Born of God (#19, B 1:431-43 = #19, J V:223-33), 1 John 3:9
Heavenly Treasure in Earthen Vessels (#129, B 4:161-67 = #129, J VII:344-48), 2 Corinthians 4:7
Heaviness through Manifold Temptations (#47, B 2:222-35 = #47, J VI:91-103), 1 Peter 1:6
Hell (#73, B 3:30-44 = #73, J VI:381-91), Mark 9:48
Human Life a Dream (#124, B 4:108-19 = #124, J VII:318-25), Psalm 73:20
The Imperfection of Human Knowledge (#69, B 2:567-86 = #69, J VI:337-50), 1 Corinthians 13:9
The Important Question (#84, B 3:181-98 = #84, J VI:493-505), Matthew 16:26
In What Sense We Are to Leave the World (#81, B 3:141-55 = #81, J VI:464-75), 2 Corinthians 6:17-18
An Israelite Indeed (#90, B 3:278-89 = #90, J VII:37-45), John 1:47
Justification by Faith (#5, B 1:181-99 = #5, J V:53-64), Romans 4:5
The Late Work of God in North America (#113, B 3:594-609 = #131, J VII:409-29), Ezekiel 1:16
The Law Established through Faith, 1 (#35, B 2:20-32 = #35, J V:447-57), Romans 3:31
The Law Established through Faith, 2 (#36, B 2:33-43 = #36, J V:458-66), Romans 3:31
Lord Our Righteousness (#20, B 1:444-65 = #20, J V:234-46), Jeremiah 23:6
Marks of the New Birth (#18, B 1:415-30 = #18, J V:212-23), John 3:8
The Means of Grace (#16, B 1:376-97 = #16, J V:185-201), Malachi 3:7
The Ministerial Office (#121, B 4:72-84 = #115, J IV:72-84), Hebrews 5:4
More Excellent Way (#89, B 3:262-77 = #89, J VII:26-37), 1 Corinthians 12:31
The Mystery of Iniquity (#61, B 2:451-70 = #61, J VI:253-67), 2 Thessalonians 2:7
National Sins and Miseries (#111, B 3:564-76 = #111, J VII:400-408), 2 Samuel 24:17
The Nature of Enthusiasm (#37, B 2:44-60 = #37, J V:467-78), Acts 26:24
The New Birth (#45, B 2:186-201 = #45, J VI:65-77), John 3:7
New Creation (#64, B 2:500-510 = #64, J VI:288-96), Revelation 21:5
Of the Church (#74, B 3:45-57 = #74, J VI:392-401), Ephesians 4:1-6
Of Evil Angels (#72, B 3:16-29 = #72, J VI:370-80), Ephesians 6:12
Of Former Times (#102, B 3:440-53 = #102, J VII:157-66), Ecclesiastes 7:10
Of Good Angels (#71, B 3:3-15 = #71, J VI:361-70), Hebrews 1:14

부록 1 알파벳순 웨슬리 설교 목록　419

On Attending the Church Service (#104, B 3:464-78 = #104, J VII:174-85), 1 Samuel 2:17
On Charity (#91, B 3:290-307 = #91, J VII:45-57), 1 Corinthians 13:1-3
On Conscience (#105, B 3:478-90 = #105, J VII:186-94), 2 Corinthians 1:12
On Corrupting the Word of God (#137, B 4:244-51 = #137, J VII:468-73), 2 Corinthians 2:17
On the Death of Mr. Whitefield (#53, B 2:325-48 = #53, #133, J VI:167-82), Numbers 20:10
On the Death of Rev. Mr. John Fletcher (#133, B 3:610-29 = #133; J VII:431-52, 1785), Psalm 37:37
On the Deceitfulness of the Human Heart (#128, B 4:149-60 = #128, J VII:335-43), Jeremiah 17:9
On the Discoveries of Faith (#117, B 4:28-38; #117, J VII:231-38), Hebrews 11:1
On Dissipation (#79, B 3:115-25 = #79, J VI:444-52), 1 Corinthians 7:35
On Divine Providence (#67, B 2:534-50 = #67, J VI:313-25), Luke 12:7
On Dress (#88, B 3:247-61 = #88, J VII:15-26), 1 Peter 3:3-4
On the Education of Children (#95, B 3:347-60 = #95, J VII:86-98), Proverbs 22:6
On Eternity (#54, B 2:358-72 = #54, J VI:189-98), Psalm 90:2
On Faith (#106, B 3:491-501 = #106, J VII:195-202), Hebrews 11:6
On Faith (#132, B 4:187-200 = #122, J VII:326-35), Hebrews 11:1
On the Fall of Man (#57, B 2:400-412 = #57, J VI:215-24), Genesis 3:19
On Family Religion (#94, B 3:333-46 = #94, J VII:76-86), Joshua 24:15
On Friendship with the World (#80, B 3:126-40 = #80, J VI:452-63), James 4:4
On God's Vineyard (#107, B 3:502-17 = #107, J VII:203-13), Isaiah 5:4
*On Grieving the Holy Spirit [윌리엄 틸리(William Tilly)의 설교, #137, 잭슨판에만 수록됨, J VII:485-92], Ephesians 4:30
*On the Holy Spirit [존 갬볼드(John Gambold)의 설교, #141, 잭슨판에만 수록됨, J VII:508-20], 2 Corinthians 3:17
On Knowing Christ after the Flesh (#123, B 4:97-106 = #123, J VII:291-96), 2 Corinthians 5:16
On Laying the Foundation of the New Chapel (#112, B 3:577-93 = #112, J VII:419-30), Numbers 23:23
On Living without God (#130, B 4:168-76 = #130, J VII:349-54), Ephesians 2:12
On Love (#149, B 4:378-88 = #149, J VII:492-99), 1 Corinthians 13:3
On Mourning for the Dead (#136, B 4:236-43 = #136, J VII:463-68), 2 Samuel 12:23
On Obedience to Parents (#96, B 3:361-72 = #96, J VII:98-108), Colossians 3:20
On Obedience to Pastors (#97, B 3:373-83 = #97, J VII:108-16), Hebrews 13:17
On the Omnipresence of God (#118, B 4:39-47 = #118, J VII:238-44), Jeremiah 23:24
On Patience (#83, B 3:169-80 = #83, J VI:484-92), James 1:4

On Perfection (#76, B 3:70-87 = #76, J VI:411-24), Hebrews 6:1

On Pleasing all Men (#100, B 3:415-26 = #100, J VII:139-46), Romans 15:2

On Predestination (#58, B 2:413-21 = #58, J VI:225-30), Romans 8:29-30

On Redeeming the Time (#93, B 3:322-32 = #93, J VII:67-75), Ephesians 5:16

*On the Resurrection of the Dead [벤자민 칼라미(Benjamin Calamy)의 설교, #137, 잭슨판에만수록됨, J VII:474-85], 1 Corinthians 15:35

On Riches (#108, B 3:518-28 = #108, J VII:214-22), Matthew 19:24

On Schism (#75, B 3:58-69 = #75, J VI:401-10), 1 Corinthians 12:25

On Sin in Believers (#13, B 1:314-34 = #13, J V:144-56), 2 Corinthians 5:17

On a Single Eye (#125, B 4:120-30 = #125, J VII:297-305), Matthew 6:22-23

On Temptation (#82, B 2:156-68 = #82, J VI:175-84), 1 Corinthians 10:13

On the Trinity (#55, B 2:373-86 = #55, J VI:199-206), 1 John 5:7

On Visiting the Sick (#98, B 3:384-98 = #98, J VII:117-27), Matthew 25:36

On the Wedding Garment (#127, B 4:139-48 = #127, J VII:311-17), Matthew 22:12

On Working Out Our Own Salvation (#85, B 3:199-209 = #85, J VI:506-13), Philippians 2:12-13

On Worldly Folly (#126, B 4:131-38 = #126, J VII:305-11), Luke 12:20

On Zeal (#92, B 3:308-21 = #92, J VII:57-67), Galatians 4:18

Origin, Nature, Property, and Use of Law (#34, B 2:1-19; #34, J V:433-46), Romans 7:12

Original Sin (#44, B 2:170-85 = #44, J VI:54-65), Genesis 6:5

Prophets and Priests (#121, B 4:72-84 = The Ministerial Office, #115, J IV:72-84), Hebrews 5:4

Public Diversions Denounced (#143, B 4:318-28 = #143, J VII:500-508), Amos 3:6

Reformation of Manners (#52, B 2:300-324 = #52, J VI:149-67), Psalm 94:16

The Repentance of Believers (#14, B 1:335-53 = #14, J V:156-70), Mark 1:15

The Reward of Righteousness (#99, B 3:399-414 = #99, J VII:127-38), Matthew 25:34

*The Rich Man and Lazarus (#115, "Dives and Lazarus"라는 다른 제목, B 4:4-18 = #112, J VII:244-55), Luke 16:31

The Righteousness of Faith (#6, B 1:200-216 = #6, J V:65-76), Romans 10:5-8

Salvation by Faith (#1, B 1:117-30 = #1, J V:7-16), Ephesians 2:8

Satan's Devices (#42, B 2:138-52 = #42, J VI:32-43), 2 Corinthians 2:11

Scriptural Christianity (#4, B 1:159-80 = #4, J V:37-52), Acts 4:31

The Scripture Way of Salvation (#43, B 2:153-69 = #43, J VI:43-54), Ephesians 2:8

Self-Denial (#48, B 2:236-59 = #48, J VI:103-14), Luke 9:23

Sermon on the Mount, 1 (#21, B 1:466-87 = #21, J V:247-61), Matthew 5:1-4

Sermon on the Mount, 2 (#22, B 1:488-509 = #22, J V:262-77), Matthew 5:5-7

Sermon on the Mount, 3 (#23, B 1:510-30 = #23, J V:278-294, Matthew 5:8-12

Sermon on the Mount, 4 (#24, B 1:531-49 = #24, J V:294-310), Matthew 5:13-16

Sermon on the Mount, 5 (#25, B 1:550-71 = #25, J V:310-27), Matthew 5:17-20

Sermon on the Mount, 6 (#26, B 1:572-91 = #26, J V:327-43), Matthew 6:1-15

Sermon on the Mount, 7 (#27, B 1:591-611 = #27, J V:344-60), Matthew 6:16-18

Sermon on the Mount, 8 (#28, B 1:612-31 = #28, J V:361-77), Matthew 6:19-23

Sermon on the Mount, 9 (#29, B 1:632-49 = #29, J V:378-93), Matthew 6:24-34

Sermon on the Mount, 10 (#30, B 1:650-63 = #30, J V:393-404), Matthew 7:1-12

Sermon on the Mount, 11 (#31, B 1:664-74 = #31, J V:405-13), Matthew 7:13-14

Sermon on the Mount, 12 (#32, B 1:675-686 = #32, J V:414-22), Matthew 7:15-20

Sermon on the Mount, 13 (#33, B 1:687-98 = #33, J V:423-33), Matthew 7:21-27

The Signs of the Times (#66, B 2:521-33 = #66, J VII:409-19), Ezekiel 1:16

The Signs of the Times (#66, B 2:521-33 = #66, J VI:304-13), Matthew 16:3

Some Account of the Late Work of God in North America (#113, B 3:594-608 = #131, J VII:409-29), Ezekiel 1:16

The Spirit of Bondage and of Adoption (#9, B 1:248-66 = #9, J V:98-111), Romans 8:15

Spiritual Idolatry (#78, B 3:103-14 = #78, J VI:435-444), 1 John 5:21

Spiritual Worship (#77, B 3:88-102 = #77, J VI:424-435), 1 John 5:20

The Trouble and Rest of Good Men (#109, B 3:531-41 = #109, J VII:365-32), Job 3:17

True Christianity Defended (#134, Jackson ed. only, VII:452-62), Isaiah 1:21

The Unity of the Divine Being (#120, B 4:61-71 = #114, J VII:264-73), Mark 12:32

The Use of Money (#50, B 2:263-80 = #50, J VI:124-36), Luke 16:9

Walking by Sight and Walking by Faith (#119, B 4:48-59 = #113, J VII:256-64), 2 Corinthians 5:7

Wandering Thoughts (#41, B 2:125-37 = #41, J VI:23-32), 2 Corinthians 10:5

The Way to the Kingdom (#7, B 1:217-32 = #7, J V:76-86), Mark 1:15

What Is Man? (#103, B 3:454-63 = #103, J VII:167-74), Psalm 8:4

Wilderness State (#46, B 2:202-21 = #46, J VI:7-91), John 16:22

The Wisdom of God's Counsels (#68, B 3:551-66 = #68, J VI:325-33), Romans 11:33

The Wisdom of Winning Souls (#142, 200주년 기념판에만 수록됨, B 4:305-17), 2 Corinthians 1:12

The Witness of the Spirit, 1 (#10, B 1:267-84 = #10, J V:111-23), Romans 8:16

The Witness of the Spirit, 2 (#11, B 1:285-98 = #11, J V:123-34), 2 Corinthians 1:12

우리말 웨슬리 설교 목록

우리말 웨슬리 설교 목록은 한국웨슬리학회가 번역·출판한 「웨슬리 설교전집」(총 7권), 한국웨슬리학회 편 (서울: 대한기독교서회, 2006)을 정리했다. 각 권 아래 '설교 번호, 제목: 영문 제목: 성경 본문 = 페이지' 순서로 표기했다.

제1권
설교 1 믿음으로 말미암는 구원: Salvation by Faith: 에베소서 2:8 = 15
설교 2 명목상의 그리스도인: The Almost Christian: 사도행전 26:28 = 33
설교 3 잠자는 자여 일어나라: Awake, Thou That Sleepest: 에베소서 5:14 = 47
설교 4 성경적인 기독교: Scriptural Christianity: 사도행전 4:31 = 67
설교 5 믿음에 의한 칭의: Justification by Faith: 로마서 4:5 = 93
설교 6 믿음으로 얻는 의: The Righteousness of Faith: 로마서 10:5-8 = 113
설교 7 하나님 나라로 가는 길: The Way to the Kingdom: 마가복음 1:15 = 133
설교 8 성령의 첫 열매: The First Fruits of the Spirit: 로마서 8:1 = 151
설교 9 노예의 영과 입양의 영: The Spirit of Bondage and of Adoption: 로마서 8:15 = 171
설교 10 성령의 증거 Ⅰ: The Witness of the Spirit, Discourse Ⅰ: 로마서 8:16 = 195
설교 11 성령의 증거 Ⅱ: The Witness of the Spirit, Discourse Ⅱ: 로마서 8:16 = 215
설교 12 우리 자신의 영의 증거: The Witness of Our Own Spirit: 고린도후서 1:12 = 235
설교 13 신자 안에 있는 죄: On Sin in Believers: 고린도후서 5:17 = 251
설교 14 신자의 회개: The Repentance of Believers: 마가복음 1:15 = 273
설교 15 대심판: The Great Assize: 로마서 14:10 = 297
설교 16 은총의 수단: The Means of Grace: 말라기 3:7 = 317
설교 17 마음의 할례: The Circumcision of the Heart: 로마서 2:29 = 345

제2권
설교 18 신생의 표적: The Marks of the New Birth: 요한복음 3:8 = 15
설교 19 하나님께로부터 난 자의 특권: The Great Privilege of Those That are Born of God: 요한1서 3:9 = 33
설교 20 우리의 의가 되신 주: The Lord Our Righteousness: 예레미야 23:6 = 51
설교 21 산상설교 Ⅰ: Upon Our Lord's Sermon on the Mount Ⅰ: 마태복음 5:1-4 = 69
설교 22 산상설교 Ⅱ: Upon Our Lord's Sermon on the Mount Ⅱ: 마태복음 5:5-7 = 89
설교 23 산상설교 Ⅲ: Upon Our Lord's Sermon on the Mount Ⅲ: 마태복음 5:8-12 = 109

설교 24 산상설교 IV: Upon Our Lord's Sermon on the Mount IV: 마태복음 5:13-16 = 131

설교 25 산상설교 V: Upon Our Lord's Sermon on the Mount V: 마태복음 5:17-20 = 153

설교 26 산상설교 VI: Upon Our Lord's Sermon on the Mount VI: 마태복음 6:1-15 = 177

설교 27 산상설교 VII: Upon Our Lord's Sermon on the Mount VII: 마태복음 6:16-18 = 197

설교 28 산상설교 VIII: Upon Our Lord's Sermon on the Mount VIII: 마태복음 6:19-23 = 221

설교 29 산상설교 IX: Upon Our Lord's Sermon on the Mount IX: 마태복음 6:24-34 = 245

설교 30 산상설교 X: Upon Our Lord's Sermon on the Mount X: 마태복음 7:1-12 = 267

설교 31 산상설교 XI: Upon Our Lord's Sermon on the Mount XI: 마태복음 7:13-14 = 283

설교 32 산상설교 XII: Upon Our Lord's Sermon or the Mount XII: 마태복음 7:15-20 = 295

설교 33 산상설교 XIII: Upon Our Lord's Sermon on the Mount XIII: 마태복음 7:21-27 = 311

설교 34 율법의 기원, 본성, 속성 및 용법: The Original, Nature, Properties, and Use of the Law: 로마서 7:12 = 327

설교 35 믿음으로 세워지는 율법 Ⅰ: The Law Established through Faith Ⅰ: 로마서 3:31 = 349

설교 36 믿음으로 세워지는 율법 Ⅱ: The Law Established through Faith Ⅱ: 로마서 3:31 = 369

제3권

설교 37 광신의 본성: The Nature of Enthusiasm: 사도행전 26:24 = 15

설교 38 편협(偏狹)한 믿음에 대한 경고: A Caution against Bigotry: 마가복음 9:38-39 = 35

설교 39 관용의 정신: Catholic Spirit: 열왕기하 10:15 = 59

설교 40 그리스도인의 완전: Christian Perfection: 빌립보서 3:12 = 79

설교 41 방황하는 생각: Wandering Thoughts: 고린도후서 10:5 = 109

설교 42 사탄의 계략들: Satan's Devices: 고린도후서 2:11 = 127

설교 43 성경적 구원의 길: The Scripture Way of Salvation: 에베소서 2:8 = 145

설교 44 원죄: Original Sin: 창세기 6:5 = 165

설교 45 신생: The New Birth: 요한복음 3:7 = 185

설교 46 광야의 상태: The Wilderness State: 요한복음 16:22 = 205

설교 47 여러 가지 시험을 통한 괴로움: Heaviness through Manifold Temptations: 베드로전서 1:6 = 227

설교 48 자기 부인: Self-Denial: 누가복음 9:23 = 247

설교 49 험담의 치료: The Cure of Evil-Speaking: 마태복음 18:15-17 = 265

설교 50 돈의 사용: The Use of Money: 누가복음 16:9 = 281

설교 51 선한 청지기: The Good Steward: 누가복음 16:2 = 301

설교 52 생활방식의 개혁: The Reformation of Manners: 시편 94:16 = 323

설교 53 조지 휫필드의 서거에 대하여: On the Death of George Whitefield: 민수기 23:10 = 353

제4권

설교 54 죽음과 구원: Death and Deliverance: 욥기 3:17 = 15

설교 55 먼저 그의 나라를 구하라: Seek First the Kingdom: 마태복음 6:33 = 25

설교 56 수호천사에 대하여: On Guardian Angels: 시편 91:11 = 35

설교 57 죽은 자를 위한 애도에 대하여: On Mourning for the Dead: 사무엘하 12:23 = 47

설교 58 하나님의 말씀을 부패시키는 것에 대하여: On Corrupting the Word of God: 고린도후서 2:17 = 57

설교 59 위선에 대하여: On Dissimulation: 요한복음 1:47 = 67

설교 60 안식일에 대하여: On the Sabbath: 출애굽기 20:8 = 77

설교 61 이해에 대한 약속: The Promise of Understanding: 요한복음 13:7 = 93

설교 62 하나님의 형상: The Image of God: 창세기 1:27 = 105

설교 63 영혼을 구원하는 지혜: The Wisdom of Winning Souls: 잠언 11:30 = 121

설교 64 비난받는 대중오락에 대하여: Public Diversions Denounced: 아모스 3:6 = 133

설교 65 하나님에 대한 사랑: The Love of God: 마가복음 12:30 = 147

설교 66 하늘에서와 같이 땅에서도(미완성된 설교 초고): In Earth as in Heaven: 마태복음 6:10 = 171

설교 67 한 가지만으로도 족하니라: The One Thing Needful: 누가복음 10:42 = 177

설교 68 빛의 자녀들보다 더 지혜로움: Wiser than the Children of Light: 누가복음 16:8 = 189

설교 69 선한 사람들의 괴로움과 쉼: The Trouble and Rest of Good Men: 욥기 3:17 = 203

설교 70 순수한 의도: A Single Intention: 마태복음 6:22-23 = 215

설교 71 사랑에 대하여: On Love: 고린도전서 13:3 = 225

설교 72 값없이 주시는 은총: Free Grace: 로마서 8:32 = 237

설교 73 옥스퍼드의 위선: Hypocrisy in Oxford: 이사야 1:21 = 267

설교 74 예정에 대하여: On Predestination: 로마서 8:29-30 = 283

설교 75 삼위일체에 대하여: On the Trinity: 요한1서 5:7 = 295

설교 76 중요한 질문: The Important Question: 마태복음 16:26 = 309

설교 77 국가적 죄와 비극들: National Sins and Miseries: 사무엘하 24:17 = 331

설교 78 새 교회의 초석을 놓음에 있어: On Laying the Foundation of the New Chapel: 민수기 23:23 = 347

설교 79 의에 대한 보상: The Reward of Righteousness: 마태복음 25:34 = 365

설교 80 최근 북미에서의 하나님의 사역: The Late Work of God in North America: 에스겔 1:16 = 383

제5권

설교 81 타락한 자들을 부르심: A Call to Backsliders: 시편 77:7-8 = 15
설교 82 영적 예배: Spiritual Worship: 요한1서 5:20 = 35
설교 83 영적 우상숭배: Spiritual Idolatry: 요한1서 5:21 = 53
설교 84 그리스도의 오신 목적: The End of Christ's Coming: 요한1서 3:8 = 69
설교 85 부(富)의 위험성: The Danger of Riches: 디모데전서 6:9 = 87
설교 86 열심에 대하여: On Zeal: 갈라디아서 4:18 = 113
설교 87 공평하게 숙고된 이성의 역할: The Case of Reason Impartially Considered: 고린도전서 14:20 = 129
설교 88 우주적 구원: The General Deliverance: 로마서 8:19-22 = 147
설교 89 시간을 아끼라: On Redeeming the Time: 에베소서 5:16 = 165
설교 90 인류의 타락에 대하여: On the Fall of Man: 창세기 3:19 = 179
설교 91 타락한 인류를 향한 하나님의 사랑: God's Love to Fallen Man: 로마서 5:15 = 193
설교 92 하나님이 시인하신 일들: God's Approbation of His Works: 창세기 1:31 = 211
설교 93 지옥에 대하여: Of Hell: 마가복음 9:48 = 225
설교 94 악한 천사들에 대하여: Of Evil Angels: 에베소서 6:12 = 241
설교 95 선한 천사들에 대하여: Of Good Angels: 히브리서 1:14 = 257
설교 96 복음의 보편적 전파: The General Spread of the Gospel: 이사야 11:9 = 271
설교 97 가정의 신앙생활에 대하여: On Family Religion: 여호수아 24:15 = 289
설교 98 불법의 신비: The Mystery of Iniquity: 데살로니가후서 2:7 = 305
설교 99 자녀교육에 대하여: On the Education of Children: 잠언 22:6 = 325
설교 100 믿음의 분요에 대하여: On Dissipation: 고린도전서 7:35 = 345
설교 101 인간 지식의 불완전함: The Imperfection of Human Knowledge: 고린도전서 13:9 = 357

제6권

설교 102 인내에 대하여: On Patience: 야고보서 1:4 = 15
설교 103 하나님의 사려 깊은 지혜: The Wisdom of God's Counsels: 로마서 11:33 = 27
설교 104 세상과 분리된다는 것은 무엇을 의미하나: In What Sense we are to Leave the World: 고린도후서 6:17-18 = 43
설교 105 부모에게 순종함에 대하여: On Obedience to Parents: 골로새서 3:20 = 61
설교 106 사랑에 대하여: On Charity: 고린도전서 13:1-3 = 77
설교 107 완전에 대하여: On Perfection: 히브리서 6:2 = 95
설교 108 목사에게 순종함에 대하여: On Obedience to Pastors: 히브리서 13:17 = 119
설교 109 참 이스라엘 사람: An Israelite Indeed: 요한복음 1:47 = 135

설교 110 교회에 대하여: Of the Church: 에베소서 4:1-6 = 149

설교 111 우리 자신의 구원을 성취함에 있어서: On Working Out Our Own Salvation: 빌립보서 2:12-13 = 165

설교 112 플레처 목사의 죽음에 즈음하여: On The Death of John Fletcher: 시편 37:37 = 179

설교 113 새로운 창조: The New Creation: 요한계시록 21:5 = 207

설교 114 하나님의 섭리에 대하여: On Divine Providence: 누가복음 12:7 = 219

설교 115 분열에 대하여: On Schism: 고린도전서 12:25 = 239

설교 116 세상과 벗 된 것에 대하여: On Friendship with the World: 야고보서 4:4 = 253

설교 117 아픈 자들을 심방하는 일에 대하여: On Visiting the Sick: 마태복음 25:36 = 273

설교 118 영원에 대하여: On Eternity: 시편 90:2 = 293

설교 119 시험에 대하여: On Temptation: 고린도전서 10:13 = 309

설교 120 의복에 대하여: On Dress: 베드로전서 3:3-4 = 323

설교 121 성찬을 규칙적으로 시행해야 할 의무: The Duty of Constant Communion: 누가복음 22:19 = 341

제7권

설교 122 모든 사람을 기쁘게 하는 일: On Pleasing All Men: 로마서 15:2 = 15

설교 123 옛날에 대하여: Of Former Times: 전도서 7:10 = 29

설교 124 인간이 무엇이관대?: What is Man?: 시편 8:3-4 = 43

설교 125 이웃에 대한 책망의 의무: The Duty of Reproving our Neighbour: 레위기 19:17 = 55

설교 126 더 좋은 길: The More Excellent Way: 고린도전서 12:31 = 69

설교 127 시대의 표적: The Signs of the Times: 마태복음 16:3 = 87

설교 128 교회의 예배 참여에 대하여: On Attending the Church Service: 사무엘상 2:17 = 101

설교 129 하나님의 포도원: On God's Vineyard: 이사야 5:4 = 119

설교 130 부자와 나사로: The Rich Man and Lazarus: 누가복음 16:31 = 139

설교 131 양심에 대하여: On Conscience: 고린도후서 1:12 = 157

설교 132 믿음에 대하여 Ⅰ: On Faith: 히브리서 11:6 = 173

설교 133 부에 대하여: On Riches: 마태복음 19:24 = 185

설교 134 인간이란 무엇인가?: What is Man?: 시편 8:4 = 199

설교 135 믿음의 발견에 대하여: On the Discoveries of Faith: 히브리서 11:1 = 209

설교 136 하나님의 편재하심에 대하여: On the Omnipresence of God: 예레미야 23:24 = 221

설교 137 보이는 것으로 행하는 것과 믿음으로 행하는 것: Walking by Sight and Walking by Faith: 고린도후서 5:7 = 231

설교 138 하나님의 일체성: The Unity of the Divine Being: 마가복음 12:32 = 245

설교 139 목회적인 직분: The Ministerial Office: 히브리서 5:4 = 259

설교 140 기독교의 무능함에 대한 원인들: Causes of the Inefficacy of Christianity: 예레미야 8:22 = 271

설교 141 꿈과 같은 인생: Human Life a Dream: 시편 73:20 = 285

설교 142 육체를 따라 그리스도를 아는 것에 대하여: On Knowing Christ after the Flesh: 고린도후서 5:16 = 297

설교 143 단순한 눈에 대하여: On a Single Eye: 마태복음 6:22-23 = 307

설교 144 세상의 어리석음에 대하여: On Worldly Folly: 누가복음 12:20 = 321

설교 145 결혼예복에 대하여: On the Wedding Garment: 마태복음 22:12 = 331

설교 146 마음의 기만: The Deceitfulness of the Human Heart: 예레미야 17:9 = 341

설교 147 질그릇에 담긴 하늘의 보배: The Heavenly Treasure in Earthen Vessels: 고린도후서 4:7 = 353

설교 148 하나님 없는 삶에 대하여: On Living without God: 에베소서 2:12 = 361

설교 149 재물 축적의 위험성에 대하여: On the Danger of Increasing Riches: 시편 62:10 = 369

설교 150 믿음에 대하여 II : On Faith: 히브리서 11:1 = 383

존 웨슬리의 기독교 해설 1: 하나님과 섭리

Copyright ⓒ 웨슬리 르네상스 2021

초판1쇄 2021년 4월 30일

지은이 토머스 C. 오든
옮긴이 장기영
펴낸이 장기영
편 집 장기영
교정·윤문 이주련
표지 오인표 (도서출판 토비아)
인쇄 (주) 예원프린팅

펴낸곳 웨슬리 르네상스
출판등록 2017년 7월 7일 제2017-000058호
주소 경기도 부천시 호현로 467번길 33-5, 1층 (소사본동)
전화 010-3273-1907
이메일 samhyung@gmail.com

ISBN 979-11-966084-5-3
값 22,000원

이 책은 저작권법에 따라 보호받는 저작물이므로 무단 전재와 복제를 금지하며
책 내용의 일부를 이용하려면 저작권자의 동의를 받아야 합니다.